AMMA

CELLE QU'ON ATTENDAIT...

Du même auteur

(Sélection d'ouvrages autour des grandes figures spirituelles)

L'Abbé Pierre, l'insurgé de Dieu, éditions n°1, 1989.

Sœur Emmanuelle, Fixot,1993.

Quarante ans d'amour, Stock, 1993.

Abbé Pierre, mes images de bonheur, de misère et d'amour, Fixot, 1994.

Sœur Emmanuelle, secrets de vie, Anne Carrière, 2000.

Les guérisons miraculeuses, Plon, 2002.

L'Abbé Pierre, une vie, Calmann-Lévy, 2005.

Soeur Emmanuelle, la biographie, Anne Carrière, 2006.

Il nous a tant aimés...les dernières années de l'abbé Pierre, Albin Michel, 2009.

Petites leçons de bonheur avec l'abbé Pierre et Sœur Emmanuelle, Jean-Claude Gawsewitch, 2011.

L'aventure du Père Pedro, Le Rocher, 2013.

Je m'appellerai François, First, 2014.

Akamasoa, rêves d'enfants, Le Rocher, 2014.

Je suis Thérèse d'Avila, FE Editions, 2014

Insurgez-vous ! Le Rocher 2017 (avec le père Pedro).

Pierre Lunel

AMMA

CELLE QU'ON ATTENDAIT…

éditions du
ROCHER

Éditions du Rocher
28, rue Comte Félix Gastaldi
BP 521 – 98015 Monaco
www.editionsdurocher.fr
ISBN : 978-2-268-10271-9
EAN Epub : 9782268102955

Ce livre est offert en action de grâce à Amma…
Elle a déverrouillé un trésor enfermé au fond de mon cœur. Elle m'a donné à voir et à sentir ce que je n'avais encore jamais vu et senti. Son amour m'a fait toucher du doigt l'ineffable…

Pour ma petite-fille chérie, Eva Damaris…
Puisse-t-elle apprendre que la force de la vie
et la force de l'amour sont l'expression du Divin
qui est en nous, qui est en elle…

Je vis… pour qui ? Pour quoi ?

« La nature fait les choses sans se presser
et pourtant tout est accompli. »
LAO-TSEU

Je suis sur terre depuis longtemps déjà et je ne suis pas certain de savoir à quoi tout cela aura servi… Qui suis-je ? Un homme habité de sentiments contradictoires. Un jour je suis bon, un jour je me révèle mauvais. Ces interrogations et cette incertitude auraient pu me rendre pessimiste, mais ce fut le contraire : j'ai décidé de voir le verre à moitié plein plutôt qu'à moitié vide. J'ai décidé d'appliquer ce constat à l'humanité et de me consacrer à l'étude de l'optimisme. Cela m'a appris qu'il est souvent plus facile d'être mauvais que bon. La bonté ne s'acquiert pas facilement, elle exige un long travail sur soi. Il est beaucoup plus aisé de se laisser guider par la jalousie, l'envie, l'égoïsme ou la haine, qui ne réclament le plus souvent de nous aucun effort particulier. Mais cet effort est nécessaire si on veut contribuer à établir la paix et la fraternité. La plupart d'entre nous n'y parviennent pas seuls, par simple volonté ou discipline. Comme saint Thomas devait, pour reconnaître Jésus ressuscité, toucher ses plaies, nous avons besoin d'exemples qui nous motivent. Nous sommes tous des saint Thomas, pas vraiment méchants mais pas très audacieux non plus. Nous attendons qu'on nous désigne la route car nous ne la voyons pas. Je suis un pauvre pèlerin qui a besoin de voir une étoile pour se mettre à marcher. Un pèlerin rempli de doutes, chutant même de Charybde en Scylla, pécheur devant l'Éternel. Chaque vie est un pèlerinage. Le mien a consisté à me nourrir de grands exemples qui m'ont sauvé dans les mauvais moments, quand ma « part du diable » pointait le bout de son nez. Je n'éprouve aucune honte à le dire, car chacun a la sienne. Certains aiment trop l'argent, d'autres le pouvoir. Pour ma part, c'était la gloire vaine. Le besoin d'être reconnu. Admiré. Fêté. Sans doute aurais-je aimé être célèbre, au point de me contenter d'une célébrité d'opérette. La pire de toutes. Cette « part du diable » se conjugue souvent avec les changements de route, le désir de pousser plus loin ses avantages. Aujourd'hui, je contemple tout ce passé avec humour et sans aigreur. Que de sottises m'ont évité de commettre ces grandes figures qui m'accueillirent auprès d'eux, pendant trente ans. Merci mon Dieu !

Le premier de mes héros fut l'abbé Pierre. Depuis le jour de ses funérailles, dans le petit cimetière d'Esteville en Normandie, je ne cesse de penser qu'il m'a sauvé. Sauvé de quoi ? Je n'en sais rien. Il arriva dans ma vie un jour de 1989, au beau milieu des préparatifs du bicentenaire de la Révolution française. On les avait confiés au président Edgar Faure et j'étais à ses côtés. J'avais quarante-deux ans, un orgueil insensé et l'illusion de ne pas être petit en côtoyant les grands. L'abbé arriva dans le bureau de la rue de Talleyrand, dans le 7e arrondissement de Paris. Edgar fit un discours. L'abbé répondit – ou plutôt balbutia – quelques mots, les yeux fermés. Et ce fut tout. Je le raccompagnai jusqu'à l'ascenseur ; c'est alors que je croisai son regard, un regard d'adolescent, fait surprenant chez un vieil homme. Quelque chose s'ouvrit en moi. Ce n'était pas une chose inconnue. Ce regard-là faisait remonter à la surface des choses que j'avais peu ou prou déjà ressenties quand je méditais sur le *Notre Père* ou sur les *Béatitudes*, tentant de comprendre ce qu'étaient la charité et la bonté. L'abbé Pierre, en un seul regard posé sur moi, m'avait fait ressentir et voir des espaces infinis. Ce regard était comme une étoile. En tout cas, elle éclairait un chemin. *Mon* chemin.

Ce regard-étoile a duré plus de vingt ans. Vingt ans d'émotion, de joie, avec parfois quelques éclairs qui me laissaient entrevoir l'Essentiel. Dieu, peut-être ? Vingt ans qui me permirent d'entrevoir et de sentir auprès de cet homme extraordinaire ce qu'était cet Amour dont on parle dans les Évangiles. Un Amour au-delà de soi, qui s'adresse à ceux qui n'ont rien, aux pauvres que personne ne voit parce que personne ne veut les voir. Sans doute n'ai-je pas tout compris, mais au moins ai-je appris à regarder le pauvre, à ne pas m'en éloigner, à ne pas en avoir peur. L'abbé Pierre, lui, allait encore plus loin : il les aimait. J'ai essayé bien maladroitement de traduire dans des livres ce qu'était cet Amour. Je l'ai décrit, à défaut de le comprendre en profondeur. Cinq livres plus tard, je me sentais toujours impuissant à en saisir l'essence. Peut-être était-ce de l'ordre de l'indicible... J'éprouve le sentiment d'avoir seulement approché le mystère. Cependant son feu m'a brûlé. Il m'a consumé. Je suis sorti transformé de ce « tête-à-cœur » de vingt ans. Que de souvenirs de l'abbé Pierre me reviennent qui font barrage aux mauvais penchants et au découragement ! J'en évoquerai un : c'était un jour à Saint-Wandrille, dans l'abbaye normande près d'Yvetot où l'abbé Pierre vivait auprès des moines bénédictins qui, disait-il, accueillaient sa vieillesse... À peine arrivai-je près de lui qu'il me demanda à brûle-pourpoint si je n'avais pas vu un homme dans le train. Il me le décrivit. Je me souvins de cette personne assise devant moi. C'était un homme accablé. L'abbé me quitta sur-le-champ. Je ne le revis que trois heures plus tard. Il avait fait dix fois le tour du village pour le retrouver. Cet homme était un désespéré qu'il tenait à bout de bras... Il était ainsi, l'abbé Pierre : quand un désespéré avait besoin de lui, rien d'autre ne comptait. « Sers en premier le plus souffrant », disait-il souvent. Quand il mourut, j'eus l'impression de perdre un grand-père très cher. Je me sentis orphelin.

Le hasard, doublé d'une faim de retrouver cet amour-là m'avait mis sur les pas d'une certaine sœur Emmanuelle.

La dame qui plaisantait sur les plateaux de télévision ne badinait pas sur le terrain. Je l'appris à mes dépens le premier jour où j'arrivais dans le bidonville du Caire pour enquêter sur sa vie. Elle me prit par la main et de son pas claudicant m'entraîna dans une sarabande auprès des familles de pauvres. Le soleil était étouffant et l'odeur des ordures horrible. On nous fit asseoir pour nous offrir un repas. Craignant l'intoxication, je mangeai du bout des lèvres.

« Tu n'as pas faim ? me dit-elle.

— Euh..., balbutiai-je... la fatigue... le soleil... le voyage... je n'ai pas faim !

— Écoute, me dit-elle, je pense qu'il vaudrait mieux que tu reprennes ton avion. Si tu n'es pas capable de manger ce qu'ils mangent, alors au revoir ! »

Je m'empressai d'engloutir mon plat de pâtes. Elle ne plaisantait pas avec l'amour des pauvres. Cela signifiait vivre avec eux, manger comme eux, dormir dans une masure. Comme eux. Il fallait bien que je m'y fasse. J'y suis resté six mois. Pauvre parmi les pauvres, telle était la règle pour avoir le droit d'en parler, sinon on était un farceur. Sœur Emmanuelle était venue vers eux à presque soixante-dix ans, alors qu'on la priait de prendre sa retraite, perchée sur une carriole tirée par un âne qui transportait son lit, des livres, et quelques affaires. Sa vitalité et sa joie de vivre étaient telles qu'en sa compagnie je me suis déshabitué du confort et j'ai même perdu mes peurs. Je ne pouvais plus me passer de la folie d'amour de cette vieille dame qui me rappelait l'héroïne du film *Harold et Maude*... J'étais devenu un drogué d'Emmanuelle. Je l'ai accompagnée jusqu'à la fin. À plus de cent ans, elle continuait de se battre pour les SDF du sud de la France. J'ai bu comme du petit-lait ses confidences, ses anecdotes, ses secrets. Je me souviens d'une de mes dernières conversations avec elle. Elle se tenait assise sur un muret de la maison de retraite de Callian et balançait ses jambes comme une gamine. À une question que je lui posai, elle répondit du tac au tac : « Cela, mon cher, je ne te le dirai pas ! Ce sera pour un livre à paraître après ma mort qui s'appellera *Confessions d'une religieuse*. Désolé, mon cher ! » Elle écrivit ce livre avec son confesseur, provoquant un petit scandale dans certains cercles de l'Église chrétienne. Sacrée Emmanuelle ! J'entends quelquefois, les jours de déprime, monter son petit rire cristallin…

Mon errance n'était pas achevée… Je tombai bientôt sur le père Pedro. L'abbé Pierre m'avait averti au sujet de ce géant barbu capable de soulever des montagnes. Il était arrivé là, disciple de saint Vincent de Paul, et avait bâti une cité d'espérance de 25 000 âmes, misérables parmi les pauvres. Ce que mère Teresa avait bâti à Calcutta, Pedro l'avait fait à Madagascar. L'abbé Pierre m'avait soufflé : « Auprès de Pedro, nous sommes tous des enfants de chœur. » Ce qui pouvait alors paraître comme un compliment exagéré correspondait à la réalité. Au bout de cinq ans passés à ses côtés, je me demande encore où il va puiser l'énergie et l'enthousiasme qui lui permettent de relever des défis insensés. Vivant d'abord quinze ans dans le sud au milieu des populations paysannes les plus pauvres du monde, épousant leur cause au risque d'y laisser la santé, puis découvrant dans les abords de Tananarive une misère au-delà de tout ce qu'il aurait pu imaginer, il se jeta dans le combat, et, à partir de rien, finit par ériger un royaume de 25 000 pauvres auxquels il apporta, avec leur aide, de quoi manger, de quoi travailler, de quoi se soigner, et surtout, l'école pour 13 000 enfants. De quoi rêver… Ce géant, qui comme le chevalier Bayard se montrait sans peur et sans reproche, se laissait dévorer par le feu de la justice et de l'amour. À côté de lui, on se sentait minuscule. Quand vous croisez des héros, vous avez deux possibilités : soit vous partez en courant, soit vous les suivez. Je n'ai jamais regretté de les suivre. Chaque fois qu'une épreuve m'a frappé, et que j'ai été tenté de me laisser couler, la voix et le visage de mes héros étaient là pour me dire : pas question d'abandonner !

Un jour, il y a bien longtemps, alors que je traversais une période de doutes, j'eus envie d'entreprendre un pèlerinage étrange : il s'agissait d'aller un peu au hasard visiter le monde à la découverte des vrais héros de notre temps. Ils ne se ressemblaient pas, et pourtant, ils étaient faits de la même pâte. Ils étaient tous des âmes données, données au bien. Pour cela, il faut partir avant l'apparition du moindre signe. Il est possible que rien n'apparaisse. Il est possible que ce soit le contraire. En tout cas, on ne découvrira jamais rien si on n'est pas un pèlerin ou un chercheur. « Danse avec les fous ! » m'avait conseillé l'abbé Pierre. C'est un conseil que j'ai essayé de suivre. Toujours. Il m'a permis de chercher mon étoile en marchant. Il m'a permis de croiser sur ma route des êtres de lumière. Car le bien n'est pas abstrait, c'est une présence.

Cette présence charnelle du bien, je l'ai éprouvée encore récemment. Mais je n'étais pas en terre familière, celle de la foi de mes ancêtres, la mienne. On n'y parlait pas de Jésus et des Évangiles. Et cependant, on me parlait du bien. C'était en Inde, dans le Sud, dans le Kerala. Je ne sais pas, à vrai dire, comment j'étais arrivé là. Cela d'ailleurs importe peu. Il s'agit simplement d'aller là où votre destin vous dit d'aller.

Pourquoi avais-je alors décidé d'aller en Inde ? Cette décision était d'autant plus étrange que rien ne m'appelait vers cette civilisation plurimillénaire. Mes gènes m'avaient fait méditerranéen. J'avais grandi au bord de cette mer qui me racontait, dans mon enfance, les Grecs, les Romains, les anciens Égyptiens. Toute une mythologie qui m'était familière, celle des dieux de l'Olympe, de l'Iliade et de l'Odyssée, ou des dieux de Karnak. Je m'étais nourri d'histoire et de grandes chevauchées. Je connaissais mieux Alexandre le Grand, César, Napoléon, Cortés et Pizarro, que Siddhârta Gautama et les sagesses d'Orient. Pourtant, un jour, à l'adolescence, je découvris, émerveillé, la figure de Bartolomé de Las Casas, le père des Amérindiens massacrés. Ce fut une conversion. La lecture de *Siddhartha* de Hermann Hesse m'ouvrit un monde.

L'Inde m'apparut dans son mystère et m'entrouvrit la porte de sa sagesse. Je dévorai les écrits de Sri Aurobindo, de Ramakrishna, de Vivekananda, de Ramana Maharshi, de Ma Ananda Moyi sans les comprendre vraiment, mais qu'importait... j'étais sous leur charme indéfinissable. La vie de Gandhi me fascinait. J'aurais aimé rencontrer les maîtres spirituels de l'Inde.

En 1995, presque par hasard – mais y a-t-il vraiment des hasards ? – j'approchai d'Amma. C'était certes de loin, mais rien n'est loin quand il s'agit d'Amma. Son amour réduit les distances. L'*ashram* d'Amma, Amritapuri, au cœur d'une forêt de cocotiers du Kerala qui s'étendait à perte de vue, n'était pas alors ce qu'il est devenu. Il ressemblait à un gros village auquel parvenait au bout d'une route si bosselée qu'on avait le derrière mis à mal. À partir de Kollam, la ville la plus proche, il fallait compter deux heures d'une traversée d'une forêt d'un vert profond. Ici, au Kerala, vivait Mata Amritanandamayi Devi, qu'on appelait simplement Amma, ce qui signifiait « la mère ». J'assistai pour la première fois à cette scène extraordinaire : Amma donnant le *darshan*. Ce mot qui, dans la culture spirituelle de l'Inde, signifie « la vision du divin », s'habillait d'infinie tendresse avec elle. Elle étreignait durant des heures, sans manifester de lassitude, des gens qui, d'une manière ou d'une autre, étaient malheureux. Des gens qui souffraient. Les gestes de tendresse sont aussi indispensables que l'assiette et le toit. M'approchant d'Amma pour recevoir son *darshan*, je la détaillai à loisir. De petite taille, à peine supérieure à celle de mère Teresa, sa corpulence enveloppée dans un sari blanc, elle souriait d'un sourire lumineux. Chacun avait droit à son sourire autant qu'à son étreinte. Elle embrassait celui qui arrivait comme s'il avait été le premier alors qu'ils étaient des milliers. Elle alliait l'amour et la tendresse de la mère.

La foi est une grâce indépendante d'un cri de détresse comme de la prière la plus fervente. Elle opère dans le champ du mystère et de l'inattendu. Quand elle survient, elle est à la mesure de chacun, là où il se trouve. Lente ou spontanée. Totale et éblouissante. Enfantine pour certains, traversée de doutes pour les autres. La foi est multiforme, à la mesure de l'infini de Dieu et, pourtant, elle est une. Elle se nourrit de la bonté divine. Elle est comme une quintessence de la grâce. J'appartiens à la catégorie la plus commune des gens de foi : celle pour qui elle est zébrée de doutes et d'orages. La foi de celui qui verrait en Dieu, comme dit Aurobindo, « un éternel enfant jouant à un jeu éternel dans un éternel jardin ». Pourtant, ma foi pleine de trous n'empêcha pas le caractère décisif de ma rencontre avec Amma. La sagesse d'Amma m'apparut essentielle au monde et aux tempêtes qui le griffent. Essentielle parce qu'elle était tendre. J'assimilais d'emblée sa présence à celle de l'amour vivant, celui qui renversait tout sur son passage. Elle était devenue à mes yeux comme une âme franciscaine d'Asie. L'amour habitait Amma comme il avait pris possession du saint d'Assise. Je ne savais pas encore que, lors de ses voyages, Amma s'était rendue à Assise et avait ressenti comme une révélation la force de l'amour qui habitait François, parce qu'elle était habitée du même amour. J'avais un peu compris, bien moins qu'elle cependant, la nature de cet Amour lorsque j'avais lu *Le Très-Bas* de Christian Bobin. J'eus la chance de comprendre un peu mieux l'Amour d'Amma en me noyant dans son sourire.

Enthousiaste, je voulus tout connaître d'elle : d'où elle venait, son enfance, la naissance de sa mission et son essence. Quelle sottise et quel orgueil! Cela revenait à chercher à comprendre l'Amour, alors qu'il faut le vivre et en être brûlé. Elle était née près de là, il y avait à peu près un demi-siècle, dans ce sud de l'Inde, ce fameux Kerala où, selon la légende, notre saint Thomas serait peut-être arrivé après la mort de Jésus. On appela cette enfant Soudhamani, ce qui signifie « pur joyau ». Un « joyau » à la peau un peu trop brune : au pays des castes, ce teint la destinait à être servante. Cette fille de pêcheurs alla peu à l'école. Pour corriger ce mauvais départ dans la vie, deux bonnes fées survinrent :

la foi et la compassion. L'enfant était une méditative. Elle participait aux jeux de l'enfance, mais il lui arrivait de s'évader dans les rêves. Trop souvent, au gré de certains. On l'appelait, mais elle n'entendait pas. Perdue dans les songes, on la retrouvait assise sur la plage, fixant le ciel et les vagues, priant et chantant le nom de Dieu. Elle souriait. Elle apprenait l'amour. Le vrai Amour. À cet amour, elle faisait don de tout ce qui l'affligeait, de l'école, qui lui était refusée, jusqu'aux mauvais traitements. Levée à trois heures du matin, elle lavait le linge de la maisonnée, s'occupait des bêtes et songeait à la souffrance des gens plutôt qu'à la sienne. Cette souffrance des autres était devenue la sienne. Elle était une âme donnée. Calmer cette souffrance devenait sa raison d'être. La raison de sa venue ici-bas. Il arrive que le bien suscite le mal, et que l'amour suscite la haine. On voulut la ridiculiser, l'humilier et même... l'assassiner. Un jour, son frère aîné la chassa. Docile, elle partit vivre au cœur de la nature, en compagnie des plantes, du soleil, des étoiles et de la mer. Les animaux devinrent ses frères et ses sœurs. Comme saint François, elle les aima et les comprit. La nuit quand elle s'endormait, une petite chienne lui servait d'oreiller. Le temps passa et elle tenta de revenir vers les siens, mais on continua de la persécuter. Elle continua de sourire et de chanter.

Les raisons qui firent que la fille du pêcheur devint un mahatma, « incarnation de la sagesse », restent un mystère. Il nous faut nous contenter de l'observer et de la suivre avec humilité.

Pourquoi, après cette première rencontre, suis-je parti ? Pourquoi ne suis-je pas resté auprès d'elle, pour en savoir davantage ? Pour grandir en amour. Sans doute n'était-ce pas le moment. Le bon moment n'est jamais celui que l'on choisit, il relève d'une volonté qui n'est pas la nôtre et qui lui est supérieure. Je devais courir le monde, hésiter entre le pouvoir, l'ivresse des choses et le bien, ce bien que je me contentais d'admirer de loin, sans courage ni audace. Par peur ? Par sottise ? Sans doute les deux. Certains ont la lumière en eux alors que d'autres ont la lumière à leurs côtés. Je fais partie des seconds. J'admire les géants et je témoigne de ce qui est beau. En quittant Amritapuri, en cette année 1995, je m'étais juré de revoir Amma. Le déclic est revenu vingt ans plus tard sous la forme d'une pomme dotée d'un singulier pouvoir : elle ne flétrissait pas. Cette pomme avait été donnée par Amma à une amie, médium extraordinaire dont j'écrivais la vie. Yaguel Didier me désigna la pomme sur son bureau et me dit : « Tu vois, cela fait maintenant plus de trois mois qu'elle me l'a donnée et elle ne flétrit pas. » À cet instant, j'ai su qu'il me fallait la revoir.

Je me noie dans ce sourire

« L'amour n'est pas une émotion ; c'est un flot continu de pure conscience et de puissance illimitée »
AMMA

Sourire, ce geste si naturel, est aussi une grâce. Cela m'avait frappé la première fois, mais quand je la revis, j'en fus chaviré. Le visage est la première porte qui s'entrouvre devant le regard, le sourire d'Amma ouvrait cette porte en grand. Ce sourire qui éclairait les traits réguliers de son visage était une invitation à la douceur et à la tendresse. Ce sourire vous prenait par la main et vous emmenait vers des mondes inconnus où vous avez envie d'aller depuis toujours, parfois sans le savoir. Des rêves à vivre comme si vous redeveniez le petit enfant que vous n'avez jamais cessé d'être. Je pensais, en la revoyant, que le saint d'Assise devait avoir le même sourire. Comme Bouddha, Krishna ou Jésus. Sourire de l'être réalisé, de la divine incarnation... Je l'observai tandis qu'elle étreignait le monde. Ce qui me paraissait dominer dans ce sourire, c'étaient la bonté et la compassion, avec parfois un éclair de malice, car Amma est mutine et espiègle. Il semblait qu'elle souriait jusqu'à la chevelure... Ne dit-on pas parfois de certaines gens qu'ils sourient jusqu'aux oreilles? Le sourire d'Amma n'hésitait jamais, comme cela arrive chez ceux qui mesurent leur effet sur autrui. Le sien ne calculait jamais : il se donnait. Mieux, il s'abandonnait. Il était celui de l'âme qui ne meurt pas. Il était actif, dévastateur, révolutionnaire. Il refusait l'inacceptable.

Il n'était pas fait pour plaire à l'instant. Il était l'essence de la joie d'être au monde. Il disait la bonté et la beauté, sans doute comme une quête du paradis perdu.

On se perdait et on se retrouvait dans le sourire d'Amma. Quand le hasard vous permet d'approcher une grande âme, vous voudriez tout savoir en un instant, mais elle ne se livre jamais aussi vite. Un être est toujours un mystère pour les autres et pour lui-même ; une grande âme, plus encore. Une vie terrestre est un entrelacs de souvenirs, certains clairs, d'autres flous, mêlés au silence et au secret. On ne saurait accéder à la vérité de l'être. On peut l'approcher, on ne saurait percer son mystère. Vouloir toucher la vérité de l'être, c'est gravir la montagne, frôler le sommet et dégringoler jusqu'en bas. Il m'a fallu vingt ans et cinq livres pour approcher de loin l'âme de l'abbé Pierre. Il est séduisant de s'approcher d'Amma, de partir à l'aventure vers elle, de remonter le fil de sa vie, de sentir le goût de son âme, ou du moins de le croire. Cependant, sa vie se déroule dans un cadre culturel et spirituel différent du mien : celui de l'Inde. Des Occidentaux comme Arnaud Desjardins, le père Ceyrac, Henri Le Saux ou Alain Daniélou ont mis une vie entière à l'approcher. Soyons humbles. L'âme des saints est comme un puits sans fond, cela est d'autant plus vrai lorsqu'il s'agit d'une âme qui vient de loin.

La grâce de l'enfant

« Le plus grand des voyageurs n'est pas celui qui a fait dix fois le tour de la terre, mais celui qui a fait une seule fois le tour de lui-même. »

GANDHI

Il est difficile de partir sur les traces d'une enfant touchée par la grâce, invisible à nos yeux. L'identification au divin nous échappera toujours. J'ai donc hésité. À présent, je pense, au regard de mon expérience, à tous ceux qui ont besoin d'elle et qui ne le savent pas. Je le fais depuis le cœur, depuis l'humilité, et non depuis l'intelligence. Je le fais, j'espère, dans la compassion de tous ceux qui l'approchent, en particulier de ses premiers compagnons, les moines qui l'entourent aujourd'hui. Qu'ils me pardonnent mes erreurs, mes absences ou approximations. Qu'ils me jugent avec le cœur, afin de me corriger là où il faudra. J'apporte mon enthousiasme, mon regard d'enfant ainsi que ma foi de charbonnier, cette foi qui vient d'en bas.

Cette histoire est extraordinaire, elle est l'une des plus belles pour notre temps troublé. Je vous propose d'y entrer à tâtons.

On en sait très peu sur la petite enfance d'Amma, et à peine davantage sur sa première adolescence. On commence à la voir en clair à partir de ses vingt ans, quand la rejoignent ses premiers disciples. On pourrait penser que tout commence alors, ce qui serait faux : tout a commencé bien avant. La révélation, comme souvent, précède de loin la mission.

Mais la révélation est dans l'ombre de la nuit. Qui garde le souvenir de l'enfance d'un maître ? Les parents, les frères et les sœurs, les amis d'enfance... Ils ne racontent rien, ou si peu. L'enfance de Jésus est, elle aussi, méconnue. Or, il était le fils d'un charpentier et l'enfant qui deviendrait Amma était la fille d'un pêcheur. Nous sommes chez les humbles et les pauvres ; ces gens n'ont pas d'histoire. Les textes qui tentent de retracer leur parcours sont toujours écrits *a posteriori* et sont pleins de trous et d'imprécisions. Les Évangiles disent peu de l'enfance de Jésus, laissant plus de place au doute et aux interrogations qu'aux certitudes. Mais peut-être ces doutes nous mettent-ils sur le chemin mieux que des archives établies.

Je devine en cette enfant un avatar, une incarnation voulue par Dieu. Je n'ai eu aucune révélation. Je le crois dans l'intime de mon cœur. Je n'ai jamais vu couler une telle intensité d'amour pour la création entière, pour tous les êtres vivants, les hommes et les animaux comme les plantes et l'univers. Il est difficile de mieux la décrire que ce que dit le docteur Jane Goodall, quand elle remet à Amma le prix Gandhi-King pour la non-violence : « ... Un être qui est l'incarnation même de la bonté... L'amour de Dieu incarné dans un corps humain. » Si Amma est Mère Divine, comme le pensent tant de gens, elle a bien d'autres choses à faire que de se raconter. Elle n'a pas de chroniqueur auprès d'elle.

L'un des tout premiers à avoir rejoint Amma en 1978, Neal, un Américain qui deviendra Swami Paramatmananda, raconte dans un livre enthousiasmant (*Sur le chemin de la liberté*) qu'il fallut attendre le premier voyage d'Amma aux États-Unis et en Europe, en 1987, pour rassembler ce qu'on pouvait savoir de la vie d'Amma. Rien n'avait été écrit sur elle et l'entreprise se révéla difficile. Neal questionna tous les témoins qu'il put trouver, mais nul ne connaissait vraiment sa vie. La seule qui aurait pu répondre était Amma elle-même. Elle accepta, et entreprit de se raconter à Neal. Une expérience étonnante.

Amma nous livrait quelques faits puis, agacée, se levait et partait. Nous posions des questions, nous efforçant de relier entre eux des petits bouts d'information et de remplir les blancs concernant les détails et les dates... Finalement nous parvînmes à écrire l'essentiel de la vie d'Amma[1].

J'ai dit que je croyais au fait qu'Amma est une incarnation divine. Certains lecteurs en seront peut-être surpris. Je ne désire cependant choquer personne. Écrivain catholique, chrétien de toujours, amoureux de Jésus, proche de l'abbé Pierre, de sœur Emmanuelle et du père Pedro, je ne crains pas les foudres de l'Inquisition. De toute façon, l'Église ne brûle plus les sorciers... Pourquoi Dieu qui aime d'Amour l'humanité entière ne s'incarnerait-il qu'une fois, une fois pour toutes et en un seul endroit ? S'il en décidait autrement, cela amoindrirait-il le message sublime de Jésus ? L'humanité retombe régulièrement. Cette chute convoque régulièrement la présence de Dieu. La tradition indienne, aussi respectable et profonde que la nôtre, admet que Dieu puisse s'incarner chaque fois que l'humanité s'égare. La crise matérialiste et le désert spirituel ne sont-ils pas préoccupants ? Pourquoi Dieu ne s'incarnerait-il pas à nouveau au nom de son Amour pour sa création ? Pour Amma, il ne fait pas de doute que Jésus est une incarnation divine. En écoutant la sainte, j'ai le sentiment que le message de l'Amour est un. Il n'est pas catholique, bouddhiste, ou hindouiste, il est celui de l'humanité et il existe pour elle.

Il était une fois une famille de pêcheurs sur les rives du Kerala, non loin d'Alappad, dans un village du nom de Vallikavu. Ils s'appelaient Idammanel. Ces pêcheurs étaient pauvres mais généreux, comme c'est l'habitude chez ceux qui n'ont rien. Ces pêcheurs n'étaient pas âpres au gain. Une fois mis de côté le peu dont ils avaient besoin pour vivre,

---

1. Tome II, p. 100-101.

ils distribuaient le reste de la pêche à ceux qui manquaient. Dans la famille Idammanel comme dans les autres familles, on pensait à l'âme et à sa destinée davantage qu'aux plaisirs matériels. Certains de ses membres avaient vécu jadis comme des saints. Les grands-parents paternels d'Amma, par exemple, avaient observé les préceptes de prière, de non-violence et de générosité qui sont au cœur de la culture indienne et transmis ces valeurs à leurs enfants. Leur exemple marqua leur fils aîné, qui s'appelait Sougounanandan. Il apprit l'art de jeter ses filets, ce qui essentiel pour un pêcheur, mais il apprit aussi la danse et le chant sacré. La religion indienne, très vivante même après tant de millénaires, a toujours allié la beauté à la spiritualité. La danse et le chant sont partie prenante de la prière et éclairent le chemin du sacré. La mythologie indienne est d'une incroyable beauté. Dans les récits sacrés de l'Inde, la danse et le chant aident le bien à vaincre les forces du mal. Sougounanandan apprit donc à prier, à chanter, à danser. Tout autour de lui respirait le sacré. La mer du Kerala était belle. Elle était source inépuisable de méditation, d'inspiration et de sagesse. La nature verdoyante, la forêt de cocotiers qui entouraient le village offraient un écrin à la méditation.

Sougounanandan s'émerveillait dans ce cadre propice aux jeux d'enfants. Rien n'égale le bonheur d'un jeune être sensible. Les jours s'ajoutaient aux jours lorsque, soudain, survint un événement en apparence anodin qui devait le marquer profondément. Qui aurait pu prêter attention à ce brave homme un peu fou qui arriva inopinément ? L'Inde regorge de *sadhus*, ce qui désigne, en sanskrit, des moines errants qui prophétisent volontiers. Celui qui surgit devant Sougounanandan prophétisa ainsi : c'est ici que l'âme des saints attend de s'unir avec celle de Dieu. Ce genre de prophétie est courant et, cependant, elle marqua le jeune pêcheur. Pourquoi le *sadhu* l'avait-il énoncée ? Pourquoi désigner ce lieu comme saint ? Ce n'est que beaucoup plus tard que Sougounanandan comprit.

Sougounanandan devint pêcheur et un peu commerçant comme ses ancêtres. Il était hors de question de gagner sa vie autrement sur ces rives du Kerala. Il se maria. L'élue de son cœur s'appelait Damayanti. Elle était belle et elle aimait Dieu si intensément qu'on la surnommait « la femme brahmane ». Ils eurent treize enfants. L'aînée, Ratnambika, mourut alors qu'elle n'avait que quatre ans. Kastouri, une fille, était la seconde. Le troisième, un petit garçon, mourut à peine arrivé sur terre. Soudhamani, celle qui deviendrait Mata Amritananda Moyi, était la quatrième. Elle s'ouvrit à la vie un jour de kartika, la troisième constellation, une des Pléiades, à 8 h 30. Comme la mortalité infantile était forte à cette époque, en particulier dans les villages, le couple perdit cinq enfants en tout. Il leur restait quatre filles et quatre fils : Kastouri, Soubhagan, Soudhamani (Amma), Sougounamma, Sajani, Souresh, Satish et Soudhir.

Damayanti était non seulement belle, mais très sensible. Ses nuits étaient peuplées de rêves dans lesquels apparaissait tout un monde familier de dieux et de déesses. Ces dieux lui parlaient. Surtout quand elle attendait un enfant. Cette disposition prit une intensité particulière tandis qu'elle portait son quatrième enfant. Elle le raconta à son mari : chaque nuit, lui disait-elle, le Seigneur Krishna entrait en elle sous la forme d'un rai de lumière. Sougounanandan prit le parti d'en rire : « Ce n'est pas étonnant. Tu répètes des mantras vingt heures par jour ! » « Peut-être, répliqua-t-elle, mais c'est la première fois que c'est si fort. Tu le croiras ou pas, mais je suis sûre que cet enfant est différent. » Cette nuit-là, Sougounanandan fit le même rêve que sa femme et en fut bouleversé.

Damayanti passa le temps de sa grossesse au bord de la mer dans une petite hutte où elle et son mari s'isolèrent du reste de la famille dans le seul compagnonnage de l'océan. Quand arriva le terme, elle aurait voulu accoucher auprès de sa mère comme à son habitude, mais elle n'en eut pas le temps. Elle accoucha d'une petite fille qui, fait très curieux, ne pleurait pas comme le font les autres bébés. Damayanti s'en inquiéta. Cet enfant était-il vivant? Elle se rassura : l'enfant la regardait et lui souriait. Ce sourire bouleversa Damayanti. Nous étions le 27 septembre 1953. La peau du bébé était brune, particulièrement brune, tirant un peu vers le bleu, alors que ses parents avaient le teint clair. On en fut surpris. Personne sur le moment n'aurait songé que ce teint rappelait celui de Krishna. Le père et la mère l'attribuent à une malédiction : en Inde, la couleur sombre révèle plutôt les basses origines. On appela donc ce bébé Soudhamani, ce qui signifie « joyau d'ambroisie ». Dieu leur envoyait une enfant « noire », ce qui n'était pas un bon signe. Elle était également une fille, ce qui n'arrangeait rien. Personne alors n'aurait pu imaginer le destin de cette enfant.

Sa sœur Kastouri était présente à la naissance de l'enfant. Elle n'avait que quatre ans. Un fait étrange lui revient en mémoire lorsqu'elle y repense : les jambes du bébé étaient pliées à sa naissance comme en position de lotus. Sans doute une position prise dans le ventre de sa mère...

L'enfant était différente et semblable aux autres. Jamais, se souvient Kastouri, elle n'a marché à quatre pattes comme ils le font tous. Elle marcha et parla très tôt, à six mois, ce qui n'est pas commun. À deux ans, Soudhamani commença à prier et à chanter. Sa ferveur n'était pas celle d'un enfant ordinaire. Elle possédait une grâce naturelle. Elle regardait parfois avec insistance les photos des saints et des dieux qui ornaient les murs de la maison. Petite, elle aimait donner, ce qui n'est pas commun à cet âge. Kastouri se souvient encore : sur le chemin de l'école, elle et Soubhagan, son frère aîné, s'achetaient des bonbons avec la menue monnaie que leur donnait leur père; Soudhamani donnait ses piécettes à ceux qu'elle trouvait tristes sur son chemin. Les gens l'aimaient. Ils l'appelèrent « Kounjou », un terme affectueux qui signifie « la petite ». Son sourire, ce sourire de l'enfance, ne la quittera pas. C'est son sourire d'aujourd'hui. Elle montrait un amour pour

Krishna et commençait à louer son nom. Sa voix fascinait et les gens du village prirent l'habitude de venir l'écouter chanter au lever du soleil.

Ses parents auraient pu être heureux d'un tel enfant, et pourtant, ils avaient peur pour elle. Tous les parents ont peur de la différence : elle peut nuire à l'avenir de l'enfant. Le mystère inquiète. Que deviendra une petite fille qui semble n'aimer que la prière ? Une enfant qui passe son temps à louer Dieu est-elle normale ? Pourquoi cette petite fille n'aimait-elle pas, comme toutes les autres petites Indiennes, les beaux vêtements pailletés et brillants ? C'était incompréhensible. Comment pourrait-elle, quand le temps serait venu, assurer sa destinée de femme ? En Inde plus qu'ailleurs, tout est par avance réglé. La destinée d'une fille est d'être une épouse, gardienne du foyer, et de donner des enfants à son mari. Une fillette qui délaisse les jeux d'enfants pour s'isoler au bord de l'océan et se perdre dans la contemplation, cela effraie. Il n'est rien de pire que la peur : elle induit la méfiance, la colère, parfois même le rejet. Pour rapprocher Soudhamani de la norme, ses parents commencèrent par la gronder, en vain... Elle était sur un chemin bien à elle et ne pouvait l'expliquer. Or, il est difficile d'aimer ce qu'on ne peut comprendre ; les autres enfants se mirent à la jalouser. Kounjou ressentait le mal comme le bien. Le bien la comblait, le mal la chagrinait. Pourtant, elle semblait heureuse, épanouie, gaie. Elle étudiait avec facilité et ses maîtres n'avaient d'yeux que pour elle, au grand dam de ses petits compagnons, qui lui faisaient comprendre leur agacement. Elle répondait par la gentillesse. Vive et enjouée, elle avait sa manière d'être au monde. À la fin, son sourire emportait les cœurs.

Mais Sougounanandan et Damayanti assistaient à l'éclosion d'une sainte sans rien voir. Bien plus tard, alors qu'on venait de partout pour la rencontrer, on interrogea Sougounanandan, dont la franchise nous réjouit : « Amma est devenue quelqu'un d'important. En retirez-vous de la fierté ? ». Et Sougounanandan répondit : « Non, pas du tout, je suis quelqu'un d'ordinaire. Je ne suis pour rien dans tout cela. Je suis simplement heureux de voir une telle chose. Damayanti et moi trouvons que c'est une chance formidable d'en être témoins[2]. »

La petite se mit à suivre sa mère partout. Damayanti se levait tous les jours à quatre heures du matin pour cueillir des fleurs et faire une « *puja* » (rite d'offrande et d'adoration) dans le « *kalari* », le petit temple attenant à la maison. Kounjou apportait des fleurs et assistait à la *puja* pendant que tout le monde dormait. Elle s'était mise, dans son enfance, à lire d'elle-même le *Bhagavatam* (la vie de Krishna). « Il faut que nous la laissions étudier », dit son père. Son intelligence étonnait. Dans ces villages, personne évidemment ne connaissait le sanskrit, la langue des textes sacrés de l'Inde. Pourtant, aussi étrange que cela puisse paraître, Kounjou en savait assez pour enseigner des mantras sanskrits aux autres enfants.

---

2. *Matruvani*, juin 2009.

Un jour, la tendresse d'Amma se réveilla dans mon cœur

« C'est l'amour qui meut les atomes et les étoiles. »
DANTE

Rencontrer Amma, c'est connaître la joie de la simplicité. Une simplicité généreuse qui ouvre les cœurs. Avec elle, vous n'avez pas besoin de connaître le malayalam, sa langue maternelle, ni même l'anglais. Elle parle la langue du cœur, la langue de l'amour, avec des mots que tous peuvent entendre sans même les comprendre. Heureux sont ceux qui n'ont jamais manqué de tendresse ou qui pensent n'en avoir jamais manqué. Pour les autres, c'est-à-dire l'humanité qui souffre, un acte de tendresse ne sera jamais vain. Pour celui qui est en manque, un regard d'amour vaut tout l'or du monde. Le misérable à qui vous jetez votre pièce à la va-vite, dans le creux de la main, en prenant garde de ne pas le toucher, préférerait un regard d'amour, un mot de compassion. Nous sommes tous misérables lorsque nous manquons d'amour, même ceux qui paraissent forts, qui semblent tout avoir. Nous avons tous une blessure, une souffrance, un chagrin, avoué ou bien secret. Nous sommes des esseulés au milieu de la foule. Nul réseau social ne comblera d'amour le vide de nos cœurs. Un sourire porteur de tendresse est beaucoup plus puissant.

Je regarde ces longues files qui se pressent vers Amma. Pas une fois je ne me questionne sur ce que ces gens viennent chercher chez elle. Si je le faisais, je serais un orgueilleux et un sot. Que l'on soit choyé par la vie ou bien un pauvre bougre souffrant de mille maux, l'espérance peut naître d'une étreinte qu'on reçoit. Surtout si cette étreinte vient de l'âme. Une espérance débridée ou timide, mais vraie. Osons l'avouer pour de bon : nous sommes des affamés de tendresse ! Nous aimons, en Occident, pour paraître intelligents, railler l'émotion et le sentiment. *Le Monde*, que l'on a connu mieux inspiré, écrit à propos d'Amma un article sous le titre « La multinationale du câlin ». C'est un titre qui fait sourire mais qui ne définit rien. Un titre de l'écume, à l'usage des cœurs secs, des disciples de Voltaire au petit pied. Dans le passé, j'y avais succombé. J'avais observé le *darshan* d'Amma en curieux, soucieux de déceler, derrière cette étreinte, des failles, des conventions, des artifices. Je me trompais : il n'y avait ni tromperie ni tricherie. L'observant, des images drôles me venaient à l'esprit : Amma, au visage rond comme Purnima, la pleine lune, massait le dos de ses visiteurs. Je mis du temps à voir la tendresse d'Amma, pure comme le regard que Jésus portait sur ses frères. La première fois où je rencontrai Amma, voici vingt-cinq ans, je ne le fis pas, je n'eus pas l'audace de l'enfant et je ne ressentis pas ce que j'aurais dû ressentir. Seule l'écume de la vague touchait alors mes lèvres. J'éprouvai une émotion exotique, qui aurait dû être évanescente, et pourtant cette écume ne s'évaporait pas. Elle vivait au-dedans de moi comme un baume sur mes angoisses, un linge frais sur mon front. Le visage d'Amma, la douceur de son regard, son sourire si bon venaient dans mes songes pour me rassurer.

J'attendais sans le savoir de la vie qu'elle rachète cette occasion ratée et me fasse enfin connaître ce que j'aurais dû connaître. Il y a peu, à Châlons-en-Champagne, je pus à nouveau m'approcher, m'agenouiller devant d'elle, sentir ses bras m'envelopper, l'entendre me dire des mots que je ne comprenais pas, mais qui me parlaient. Je sentis ce que signifiait d'être touché par la grâce. Je reconnus en Amma un principe vivant dont le monde avait faim. Au fond c'était la même grâce que j'avais ressentie jadis devant l'abbé Pierre secourant un malheureux qui voulait mourir, devant sœur Emmanuelle relevant un chiffonnier tombé à terre, devant le père Pedro de Madagascar accueillant des enfants sortis de l'abîme. C'était la même qui m'avait tiré à Lourdes des larmes de joie. Comme si Dieu passait par là…

Combien de gens Amma a-t-elle étreints ? Vingt millions ? Trente millions ? Quarante millions ? Les chiffres importent peu. Quel sens supplémentaire cela aurait-il qu'Amma, au crépuscule de sa vie, ait pu embrasser l'humanité tout entière ? La grâce dispose du pouvoir de diffuser à l'échelle du monde. Le message du Christ, transmis à quelques-uns, a touché deux milliards d'humains. Celui du Bouddha, parti de rien, un milliard. L'amour porté par Amma signifie bien plus que le nombre de ceux qui le reçoivent. Tous les Messages sont ainsi. Amma ne prétend à aucun monopole. Seule la qualité de l'amour légitime celui qui est digne de le donner. Amma serait heureuse qu'il y ait d'autres Amma. Elle dit à ce sujet : « Ce serait merveilleux, le monde a grand besoin de cœurs remplis de compassion. Une seule Amma ne peut pas étreindre tout le genre humain, non ? » « Quand Amma embrasse les gens, il ne s'agit pas seulement d'un contact physique, mais d'une pure vibration d'amour », confie-t-elle. Les effets de cette vibration sont différents selon la personne qui la reçoit. L'amour est une énergie dans les deux sens : l'énergie de celui qui donne fusionne avec celle de celui qui reçoit. Cette énergie guérit de façon différente, car la même souffrance n'est jamais vécue de la même manière par chacun. De la paix intérieure à l'élévation de spiritualité, le pouvoir thérapeutique de l'amour est à l'image de l'univers : multiple et infini…

Aussi, quand je la revis, à Châlons-en-Champagne, ai-je été bercé de tranquillité et de sérénité. Il s'agissait d'une sérénité nouvelle. Comment la décrire ? Cette sérénité, un paralytique rencontré voici longtemps sur le pont surplombant le gave de Lourdes, la décrivait mieux que je ne saurais le faire.

J'enquêtais sur les miracles et je questionnais les miraculés. « Vous venez ici depuis longtemps ? » lui dis-je. « Depuis vingt ans » me répondit-il. J'ajoutai sottement : « Vous, rien, à ce que je vois, ne vous est donc arrivé ? Vous n'êtes pas guéri ? » Le paralytique plongeant son regard dans le mien me répondit : « Monsieur, vous n'avez rien compris. Depuis vingt ans le miracle est là. Il n'a pas touché mes jambes. Il m'a apporté la paix que j'avais perdue. Cette paix est plus précieuse que mes jambes. » Quelle leçon !

Amma connaît la force de l'amour parce qu'Elle *est* amour. Cette force la rend capable de se donner dans une tension peu commune. Son amour est sans fin car cette offre vient de Dieu. « Amma, pourquoi prends-tu les gens dans tes bras ? » lui demande-t-on parfois. « Demande-t-on à la rivière pourquoi elle coule ? » répond-elle.

Comme l'amour, la parole d'Amma coule, simple et limpide, profondément humaine. Quand on lui demande : « Amma, quel bienfait peut-on retirer du *darshan* ? » elle répond : « Comment percevons-nous pleinement la beauté et le parfum d'une fleur ? En étant complètement ouvert à la fleur. Imagine que tu aies le nez bouché : tu passeras à côté. Le *darshan* est un flot constant, sans fin. Il suffit de le recevoir. Si, pendant au moins une seconde, tu parviens à t'abstraire complètement du reste du monde, il produira toute sa plénitude... Plus on est ouvert, plus on reçoit. L'ouverture du cœur appelle l'amour. Rien d'autre. » Tout est dit.

J'ai souvent reçu le *darshan* d'Amma ; chaque fois j'ai eu l'impression que c'était la première fois. Il est des choses que j'apprends et d'autres que je sens. Les saints, les sages, les mystiques bénissent la terre depuis la nuit des temps. Amma est-elle différente d'eux ? En Inde, le saint ne se laisse ni approcher ni toucher. On ne lui parle en direct que rarement. On le voit à distance, parfois de si loin qu'on peut à peine distinguer ses traits. Il est hiératique, inaccessible, précieux. On s'incline, on se prosterne devant lui ; il ne nous donnera qu'un signe, un mot, un regard. On pourrait s'en offusquer. On ne doit pas, car c'est ainsi. En Inde, on ne se touche pas. La pudeur est la règle. La femme ne doit pas toucher l'homme qu'elle ne connaît pas. Même les femmes entre elles sont très réservées. Vous ne verrez pas là-bas de franches embrassades comme chez nous. Amma est une révolutionnaire. Chacun est reçu dans ses bras, homme ou femme, beau ou laid, jeune ou vieux, propre ou sale, intouchable ou brahmane. Amma est unique en son genre. On peut penser qu'il est simple d'étreindre n'importe qui, mais le faire toute la journée serait épuisant pour la majorité d'entre nous. Or, Amma garde au bout de la nuit la même grâce et la même fraîcheur. Sous l'apparente banalité de son geste surgit le mystère. Amma me berce, caresse mes cheveux, murmure Dieu à mon oreille. Je sors de moi, je m'évade de mon espace pour rejoindre le sien. Elle me fait entrer dans son être. Je ressens physiquement son enracinement en Dieu. Dieu est heureux chaque fois qu'elle accueille quelqu'un dans ses bras car Dieu est en chacun. Nous sommes une foule de dieux, des petits et des grands, des droits et des bossus, des maigres et des gros. On baigne dans l'Origine, l'Essentiel, l'Inqualifiable. Dieu est là et mieux encore, on sent qu'il est heureux.

Mystérieuse adolescence

« Ce dont on a le plus besoin, c'est d'un cœur aimant. Suivez la voie juste, montrez de la bienveillance envers vos frères, et libérez-les de la souffrance. »
BOUDDHA

Ému, je voulais toujours en savoir plus sur Amma. Quand on aime quelqu'un, rien ne nous importe plus que son mystère, même s'il en reste toujours une part. On n'en démord pas, l'être amoureux est tenace. Un détail, une anecdote, une parole le font entrer en connivence. Un petit peu, un éclair, une fraction de seconde, et tout s'éclaire : la vie de l'enfant, les interrogations de l'adolescente, la révélation de la jeune fille, l'approche de l'âme avec Dieu, la grâce.

Il ne fait aucun doute que ses parents l'aimaient, mais ils n'étaient pas riches. Leur préoccupation était de voir leurs enfants se mettre à travailler comme eux-mêmes l'avaient fait. L'amour des parents pour leurs enfants leur permet de tolérer à peu près tout, sauf ce qui échappe à leur entendement. Or, c'était le cas du comportement de Soudhamani, qui s'isolait dans une solitude étonnante pour son âge, assise face à l'océan. Même privée de l'appui inconditionnel de ses parents, Kounjou grandissait. Sa vie demeurait difficile. Elle l'acceptait. Douce au-delà de l'imaginable, heureuse, son acceptation était celle d'un sage. Ce n'était pas le caractère d'un enfant. Quand elle eut neuf ans, Damayanti tomba malade et sa fille dut ajouter les tâches de la maison à celles de l'école. Levée à trois heures du matin, elle ne se couchait pas avant dix ou onze heures du soir. Ce rythme déjà difficile pour un grand l'était davantage pour un enfant. Le travail de chaque jour ne lui laissait que des miettes de temps, qu'elle consacrait à prier et à méditer. Damayanti était autoritaire et dure à la tâche. Il en était ainsi des mères indiennes dans les milieux pauvres. C'était ainsi qu'on élevait les enfants. Il ne fallait pas attendre de Damayanti la moindre reconnaissance pour le travail accompli.

Kounjou n'en voulait pas à sa mère : elle l'aimait autant qu'elle aimait son père. Aucune rebuffade ni aucune gronderie n'auraient pu l'éloigner d'eux.

Dans le village, tout le monde aimait Soudhamani. Pour tous, elle était Kounjou, « la petite », une mascotte. On la consolait si on la voyait triste, on essuyait ses larmes quand elle était chagrinée comme le sont parfois les enfants. La compassion des villageois la touchait profondément. Rien n'était aussi beau, rien n'était plus précieux! Excepté Dieu, le soutien qui échappait à tous les regards. Il était son bien-aimé. Il portait le joli nom de Krishna et la rendait heureuse. Ce bonheur était toujours plus fort que la souffrance... Quand Dieu lui semblait lointain, elle s'attristait. Le mystère de Dieu veut qu'il soit présent à un moment et absent l'instant qui suit. L'absence de Dieu présageait son retour. Alors que la plupart des gens ne cherchent Dieu que lorsqu'ils en ont besoin, Kounjou en faisait une quête absolue. Le moindre instant sans Dieu était pour elle un déchirement : le monde se glaçait, le soleil disparaissait, les oiseaux ne chantaient plus, les vagues de l'océan se figeaient. Dans ces instants, la vie se faisait fragile, suspendue au bon vouloir du retour de Dieu. Kounjou ne consentait jamais à son absence : elle le priait de revenir pour que la vie lui revienne. Elle criait. Ses cris imposaient silence à la jungle. Elle ne mangeait plus, ne dormait plus. Quand le soleil décroissait alors à l'horizon, elle s'épouvantait d'une journée sans Dieu. « Où es-tu? Où es-tu? » Ses nuits se faisaient cauchemar. Elle ne riait plus. À quoi bon rire sans

Dieu ? « Comment pourrais-je, ô mon Dieu, me réjouir sans te connaître ? Comment pourrais-je profiter de la vie si tu l'as désertée ? »

Un jour, ému par son chagrin, son père la prit contre elle pour la consoler. « Emmène-moi dans les montagnes de l'Himalaya ! » lui dit-elle. Il le lui promit. Elle s'endormit. Quand elle se réveilla, elle vit bien qu'elle n'était pas dans l'Himalaya ; elle se remit à pleurer.

Amma garda un souvenir enchanteur de son enfance au milieu des villageois de Vallikavu. Ils étaient solidaires et généreux les uns envers les autres. C'était la règle dans les villages d'autrefois, en Inde, ou ailleurs et cela garde la saveur d'un paradis perdu. Quelqu'un allumait le feu dans une maison, il le partageait avec les voisins ; il suffisait d'aller le chercher dans une coque de noix de coco tapissée d'huile. Combien de fois Kounjou a-t-elle répété ce geste, et tant d'autres semblables ? On vous donnait le feu et, en échange, on faisait de menus travaux pour vous remercier. Damayanti veillait au service mutuel. Elle l'enseignait à sa fille : « Soudhamani, va chercher le feu là-bas. Si tu vois en entrant quelque chose à faire, fais-le. Lave leur vaisselle, balaie, aide-les ! » Damayanti avait certes des défauts, mais elle était généreuse et exigeante sur le respect des vieilles solidarités. Elle était l'exemple vivant des vertus qu'elle enseignait à sa fille. On n'écrasait personne, on coopérait, on mettait une part de poisson pour les veuves et les personnes âgées. Il n'y avait pas de mendiants à Vallikavu, puisqu'il n'était pas nécessaire de mendier : tous étaient nourris, même ceux qui n'avaient rien. Tous les enfants avaient chaque jour droit à quelques pièces pour s'acheter des bonbons. Le père d'Amma était exemplaire : que la pêche fût bonne ou mauvaise, il y avait toujours une assiette à la maison pour le voisin moins chanceux. Damayanti, de son côté, travaillait sans relâche. Elle élevait des poulets, des canards, des chèvres et des vaches. Elle fabriquait même des cordes à partir de la fibre de la noix de coco. Comme si cela ne suffisait pas, elle cultivait des plantes ayurvédiques dans son jardin et en faisait des remèdes. Damayanti était d'ailleurs une véritable femme d'affaires.

Si Damayanti donnait, elle détestait qu'on la vole, ce que faisait Kounjou pour donner ensuite. Dans la famille, on répétait : « Il faut manger même quand on n'a pas faim, car si on ne mange pas, Soudhamani prend la nourriture pour la donner à quelqu'un d'autre. Quand on a faim, il n'y a plus rien ! » Damayanti ne montrait pas à sa fille ce qu'elle avait de beau, car elle craignait qu'elle ne le donne à un pauvre. Swamini Krishnamrita Prana nous conte cette anecdote[1]. Damayanti avait des vaches et vendait leur lait, mais jamais elle n'aurait coupé d'eau ce lait pour gagner davantage. Elle était d'une honnêteté scrupuleuse. Quand c'était le tour de Kounjou de porter le lait au marché, elle le donnait aux pauvres puis elle coupait le restant avec de l'eau. L'acheteur, qui n'était pas dupe, allait se plaindre à Damayanti. Celle-ci appelait sa fille : « Qu'as-tu fait avec le lait ? » « Maman, certains n'avaient ni lait ni argent, alors je leur ai donné le lait. » On la corrigeait mais elle recommençait. « Une fois, racontera son père, je lui avais acheté des boucles d'oreilles. Elle ne les a portées qu'une semaine. Ne les voyant plus sur elle, je lui ai demandé : "Où sont tes boucles d'oreilles ?" Elle a commencé par me dire : "Je les ai mises quelque part." Je détestais le mensonge, je l'ai battue. Elle m'a avoué : "Il y a une vieille dame dans une maison voisine qui n'a rien avalé depuis trois jours… Je les lui ai données, ainsi elle pourra les vendre pour s'acheter à manger." Elle voyait des mendiants assis près de chez nous vêtus de hardes, elle leur donnait nos vêtements. Nous trouvions les hardes des mendiants sur la corde à linge. Les nôtres avaient disparu ! »

Vallikavu, où Amma a grandi, était peuplé de gens simples. Certains affirment qu'elle est née dans la pauvreté, ce qui est

1. *Le Voyage sacré*, p. 85.

très exagéré. On ne gagnait pas beaucoup mais ce n'était pas à proprement parler une vie pauvre. C'était une vie digne où on mangeait à sa faim, où le nécessaire ne manquait pas. Mais on vivait au jour le jour et il y avait toujours un risque de tout perdre, malgré les solidarités. Il suffisait d'une maladie, d'une séparation, d'une pêche vaine pour qu'on manque soudain de tout. Amma n'a jamais été pauvre, mais elle a vu ce que c'était que de devenir pauvre. Cette pauvreté autour d'elle la faisait souffrir et elle voulait s'occuper de ceux qui souffraient. Elle grandissait parmi des gens solidaires dont l'étonnante délicatesse de cœur ne se trouve pas dans des milieux plus aisés. Jamais Kounjou n'aurait visité des voisins au moment du repas, car ils l'auraient partagé avec elle en se privant du meilleur. À Vallikavu, on s'intéressait peu à l'argent. On ne veillait pas jalousement sur son bien. On gardait le cœur et les mains libres pour aimer et donner. On aimait les enfants, les siens comme ceux des autres. Ils jouaient ensemble, comme frères et sœurs. Kounjou grandissait dans cette fraternité. Comme jouets, on avait les plantes, les arbres, les animaux, dans un écrin merveilleux : la jungle et l'océan. Vallikavu était un petit village : une centaine de huttes tout au plus, collées les unes aux autres. C'était comme une grande famille. Kounjou n'oublierait jamais le rire des enfants, et son bonheur de les voir grimper aux arbres comme des écureuils pour cueillir des mangues.

La santé de Damayanti déclinait. Elle travaillait moins et sa fille davantage. Kounjou prenait le relais jour et nuit et se chargeait de tout : le ménage, la lessive, le soin des bêtes. La maison n'était pas grande pour deux adultes et huit enfants… Entre deux occupations, elle courait vers l'école où elle arrivait en retard. Elle en souffrait, car elle aimait la classe. Mais elle dut abandonner l'école alors qu'elle n'avait pas dix ans, au début de l'équivalent de notre CM2. Elle n'avait pas le choix, il lui fallait se sacrifier pour ses frères et sœurs et pour aider sa mère. Kastouri se souvient des subterfuges de sa cadette.

Au beau milieu de la classe, elle se plaignait de maux au ventre, demandait à la maîtresse de la renvoyer chez elle, accompagnée par sa cousine Aisha... À peine arrivée, la douleur imaginaire disparue, elle plongeait dans les tâches domestiques. Son intelligence était brillante et elle possédait une mémoire étonnante. Elle aidait les petits à faire leurs devoirs, ce qui la consolait d'avoir dû quitter l'école. Sa curiosité était insatiable. Un jour, elle dit à son père : « Papa, je sais tout. » Celui-ci crut à une boutade. Elle voulait dire qu'elle savait tout le contenu de son dernier livre d'école. Il voulut en avoir le cœur net. Il alla chercher un livre flambant neuf qui avait été à peine ouvert. Il pria Kounjou de lui dire ce que le livre racontait. Elle s'exécuta et le récita par cœur, de la première à la dernière ligne. Stupéfait, il prit le livre de Kastouri, d'une classe supérieure. La petite ne se démonta pas. C'était stupéfiant.

Elle semblait douée en tout. Quand elle ramassait l'herbe pour la vache, elle allait deux fois plus vite que ses frères et sœurs. Elle se montrait habile à tisser les cordes pour les pêcheurs. Kounjou accomplissait tout sans broncher et avec le sourire et, quand elle avait fini, vers vingt-trois heures, elle priait. La prière était sa respiration, son moment de grâce, elle s'y évadait. Il lui suffisait d'un rien. Un chant qui venait de nulle part, la vue d'un oiseau, une pensée fugitive ou mille autres choses. Elle songeait à Dieu à tout instant. Elle répétait son nom. Excellente nageuse, elle restait volontairement sous l'eau pour répéter le nom de Dieu des dizaines de fois avant de refaire surface. Elle fit un jour le vœu de penser à Dieu à chaque seconde de sa vie.

Un jour, elle faisait ses courses au marché. Elle entendit un chant. Elle s'en approcha, et vit qu'une famille, des chrétiens, pleurait un de ses morts. Kounjou partagea leur chagrin. Elle sentit soudain qu'elle partait très loin. Au-delà de l'espace, au-delà du temps. Ce soir-là, elle rentra en retard et sa mère, en colère, la frappa. Elle ne sentit rien.

Elle prit l'habitude de s'unir à Dieu. Cette union aiguisait sa compassion. Elle prenait contre son cœur ceux qui souffraient et elle les consolait. Elle continuait de dérober argent, habits et nourriture à sa famille pour les donner. Sa joie abolissait ses craintes. Elle aimait les vieillards. Ceux-ci lui racontaient que leurs enfants s'étaient éloignés d'eux. Elle les conduisait chez elle, les lavait, les nourrissait puis elle les ramenait chez eux. Une voix intérieure lui apprit que la souffrance était la conséquence du *karma*, c'est-à-dire des mauvaises actions qu'on avait commises dans sa vie ou dans ses vies antérieures. La loi du *karma* n'interdisait pas la compassion, bien au contraire. La famille servait à manger aux pauvres issus des castes inférieures, mais elle respectait la barrière des castes et les servait dans la cour. Il n'était pas question de braver l'impureté. On leur donnait un récipient en céramique rempli de gruau de riz ainsi qu'une serviette et un peu d'huile. Rapide comme l'éclair, Soudhamani surgissait et s'installait parmi eux. Elle mangeait avec eux. Elle cajolait et étreignait les enfants des basses castes. Pour beaucoup, c'était un scandale : elle transgressait la coutume.

Damayanti réveillait la maisonnée à quatre heures du matin et les récalcitrants avaient droit à un seau d'eau sur la tête. Amma était toujours éveillée la première. Elle avait abandonné sa part de couverture à ses sœurs. Debout, elle leur préparait le petit déjeuner avant qu'ils ne partent pour l'école. Elle éprouvait une tendresse particulière pour son petit frère Satish qui avait dix ans de moins qu'elle. Elle veillait sur lui comme une seconde mère.

Les années s'écoulaient. L'adolescente atteignit ses treize ans. Elle ressemblait comme deux gouttes d'eau à l'enfant qu'elle avait été jadis. Ses qualités avaient mûri, mais sa condition était inchangée. Sa destinée était écrite. Damayanti l'envoya travailler chez sa propre mère, à six kilomètres de là. Durant quatre ans, elle s'y rendit chaque jour en bateau par la lagune. C'était un voyage enchanteur. L'air de l'aube et celui du crépuscule au retour, la couleur changeante de l'eau, le clapotis des vagues, le lever du soleil, l'apparition de la lune, tout chantait et louait la nature, la création et le génie de Dieu. Ses aînés, eux, avaient eu droit au lycée, privilège dans ces familles où les études des enfants s'arrêtaient d'ordinaire à l'école primaire. Kounjou ne ressentait aucune jalousie. Tout était dans l'ordre. Tout était bien. Elle aimait et elle était sur terre pour cela. Uniquement. Elle possédait la grâce de prier et de contempler Dieu en toutes choses. Les oiseaux lui parlaient, la nature lui parlait, l'océan lui parlait. Les vagues la berçaient. Elles lui chantaient l'amour de Dieu pour ses créatures. Son âme joignait l'âme du monde. Elle chantait l'univers. Les mots lui venaient comme l'eau vive. Sa voix envoûtait. On l'écoutait en silence. On se rassemblait autour d'elle, on s'asseyait pour l'entendre. C'était le chant du monde. Elle emmenait chacun vers des espaces ignorés. Elle adorait les *bhajans*, les chants dévotionnels de l'hindouisme. Invitée chez des gens de temps à autre pour chanter, elle arrachait et emportait la page du livre de chants. C'était pour elle le plus beau des cadeaux. Aller vers les pauvres, tout donner et se donner tout entière. La seule chose qui comptait était le sourire sur le visage du pauvre, sa reconnaissance. Dieu lui commandait d'être compatissante.

Un jour, plus tard, une dame âgée prit le bateau à la jetée de Vallikavu. De là, elle gagnerait la rive de l'autre côté de la lagune puis marcherait jusqu'à l'école des pêcheries de Kuzhithura. La vieille dame s'appelait Selin Rodriguez. Elle allait faire en chemin une rencontre qui demeurerait à jamais dans sa mémoire. Une jeune fille était assise en tailleur, plongée en méditation, inconsciente de tout ce qui l'environnait. Son épaisse chevelure s'enroulait en chignon au-dessus de sa tête. La vieille dame songea à l'aura de lumière dont les artistes ont l'habitude de couronner le visage du Christ ; il lui semblait qu'elle nimbait le visage de cette jeune fille. Elle s'approcha et la reconnut. Elle avait été son élève ainsi que celle de son père, elle lui avait enseigné l'anglais et son père la couture.

Cela remontait à loin. Selin avait été institutrice en CE2 et CM1 à Kuzhithura et elle avait enseigné à une enfant qui s'appelait Soudhamani. Selin avait enseigné aussi à ses deux sœurs Kastouri et Sougounamma et à son frère Soubhagan. Les souvenirs revenaient : les camarades de l'enfant qui se plaignaient d'elle et ne la comprenaient pas. Les enfants se montrent parfois impitoyables. La vieille dame avait entendu dire par beaucoup qu'Amma aurait quitté la classe en CM1. C'était faux ! Elle était passée en CM2. L'institutrice se souvenait d'elle, assise au deuxième rang de la classe. C'était une élève brillante ; Selin n'avait pas compris à l'époque pourquoi, au bout de deux semaines, Soudhamani n'était plus revenue. Peu après, elle l'avait retrouvée chez son propre père, le sacristain de la petite église d'à côté, qui lui enseignait la couture. Cela avait duré deux ans. Le sacristain disait à Selin : « Tu sais, Soudhamani apprend à une vitesse extraordinaire. Il suffit de lui montrer une chose une fois. Elle comprend aussitôt. Elle a appris très vite à coudre à la main, à la machine et à broder. » Soudhamani avait une drôle d'habitude qui intriguait le sacristain : elle allait souvent s'asseoir, seule, dans le cimetière qui jouxtait la chapelle. Il se souvenait de l'avoir vue parler, assise près des tombes. Un jour, Selin, l'institutrice, devint une fidèle d'Amma. À chaque fois, Amma s'écriait en riant : « Bonjour maîtresse ! » Le sacristain mourut à quatre-vingt-quatorze ans. On trouva dans sa poche une photo d'Amma. On l'enterra dans le petit cimetière attenant à l'église[2].

---

2. *Matruvani*, septembre 2012.

L'amour n'est pas toujours celui qu'on croit

« J'en suis arrivé à la conclusion qu'il n'importait guère qu'un être soit croyant ou non, il est beaucoup plus important qu'il soit bon. »

Sa Sainteté le DALAÏ-LAMA

Derrière le sourire d'Amma se cachait un chemin escarpé dont je compris vite l'exigence. Celui qui pense avoir touché au but en séjournant à Amritapuri se trompe. Éclairer son visage d'un sourire, parler à ses voisins d'une voix de miel, méditer durant des heures, faire la vaisselle et le ménage sont bien loin de suffire. Avec son sourire confondant, Amma nous désigne la voie à suivre : celle de l'amour. Ce n'est pas du tout celui auquel nous pensons généralement et que nous croyons si bien connaître. Ici c'est une sorte d'Amour majuscule. Un amour pur, sans *ego*. C'est l'amour sans échange, le don sans retour. Pas l'amour pour soi, mais l'amour don de soi. Cela va contre nos habitudes, mais il serait dommage de mourir sans avoir connu la lumière divine que cet amour peut apporter : il faut donc se rallier à Amma. Mais elle vous aura prévenu : l'ascension est rude, il vaut mieux s'armer de son meilleur piolet. « Si tu n'as pas l'amour, tu n'es qu'une cymbale qui retentit », disait saint Paul. Gardez à l'esprit cette certitude. Vous vous rassurerez, vous n'éprouverez plus de peur. Que craignez-vous ? Amma est un premier de cordée de haute volée. Le meilleur guide qui soit. Elle va à votre rythme, ne vous lâche pas la main. Elle vous attendra si vous vous essoufflez, vous donnera à boire si vous avez soif, à manger si vous avez faim. À chaque étape, elle vous fera goûter un avant-goût de la félicité. Le vrai bonheur est là, si près et si loin. Une fois ce bonheur goûté, je me sentis comblé ; il me sembla que ma vie avait été fade jusqu'à ce moment. Maintenant, je m'engage dans cette cordée nez au vent. Je suis enthousiaste, je n'ai pas peur ; je sais qu'avec elle, je ne risque rien et que si d'aventure je chute, je me relèverai, car Amma m'attendra et me relèvera. Elle n'abandonne jamais ceux qui prennent le risque d'aimer.

La quête de l'Amour est un peu comme l'Everest de la condition humaine. Pour l'alpiniste, tomber dans une crevasse, être emporté par une avalanche ou s'égarer sont des risques où l'on joue sa vie. Sur les chemins de notre existence, on ne risque pas la mort, mais l'objectif est flou et difficile à trouver : on avance à tâtons, on titube, on hésite, on tombe, on repart ou on reste. On ne sait jamais vraiment où on va. La vie est un labyrinthe, un clair-obscur de chausse-trappes, les unes prévisibles, les autres inattendues. Le vrai chercheur est celui qui cherche le chemin ; il n'est pas nécessairement celui qui le trouve. Lorsqu'il a de la chance, sa recherche peut être brève, mais elle peut aussi être longue, semée d'embûches et même douloureuse. C'est notre destin. Mais ce qui ne sera jamais pardonné, c'est de refuser de chercher, car comme jadis Perceval le Gallois quêtant le Graal, nous sommes tous des chercheurs de vie. Cette recherche est toujours initiatique, elle nous forge et fait de nous des êtres accomplis. Par-dessus tout, il nous appartient de chercher un sens à nos vies, inlassablement.

La plupart du temps, le point de départ de la quête réside dans un instant précis, celui où nous prenons conscience que nous butons sur un obstacle qui bouche notre horizon et débouche sur un mal-être, sur une insatisfaction. Pour certains, il s'agira d'un sentiment de vide au milieu d'un océan trop plein, de la brutale survenue d'un sentiment d'incomplétude après avoir fait tout ce qu'il fallait pour « réussir sa vie » selon les normes de la société. Pour d'autres, ce sera la sensation de la vacuité au milieu de l'abondance. On peut tout avoir – un beau métier, une belle maison, parfois deux, de belles voitures, de beaux enfants, des succès amoureux – et cependant se sentir malheureux. Pour d'autres encore, ce sera le sentiment de ne pas connaître l'amour alors qu'ils volent de conquête en conquête. Pourquoi l'avoir ne comble-t-il pas notre être ? Pourquoi après avoir conquis dix fois, cent fois, n'est-on pas heureux ? Pourquoi passons-nous à côté du bonheur, de l'amour, de la vie, de notre raison d'être sur cette terre ? Parce que nous confondons l'être et le paraître, l'insignifiant et le fondamental, le désir et l'amour, le bonheur et la joie passagère, la gloire et le sens.

Amma dessine devant nos yeux ce qui, sans aucun doute, représente pour l'immense majorité un lourd sujet de préoccupation – dans le meilleur des cas – et qui peut même se révéler une obsession. Elle va d'emblée à l'essentiel, au fondamental, à l'absolu, à l'amour. Nous sommes tous en désir d'aimer et d'être aimés, même ceux qui prétendent le contraire. Être aimé d'une personne chère représente le bonheur, et même le Bonheur avec une majuscule. C'est si important qu'on n'hésite pas à piétiner des engagements ou des promesses au nom d'un nouvel amour. Cela fait-il de nous des heureux ? Ceux qui approchent Amma l'interrogent sur le drame lié au caractère évanescent de l'amour humain, la confusion entre l'amour, le désir et le plaisir, la souffrance indicible de l'abandon. À toutes celles et tous ceux pour lesquels l'amour se conjugue à la fois avec le bonheur et le malheur, Amma conseille d'ouvrir leur cœur.

À peine mon regard eut-il croisé le sien que j'entendis au fond de mon cœur ces mots : « Aimes-tu vraiment ? » La clairvoyance d'Amma est telle qu'il n'est pas nécessaire que vous lui expliquiez votre âme. Avant que vous n'ayez ouvert la bouche, elle a compris. Pas une seconde elle n'a pensé que je venais lui parler de la misère du monde, ce que pourtant j'avais médité de faire. D'emblée elle a déchiffré le mystère de mon cœur. Avant même qu'elle eût parlé, j'entendis ces mots qui semblaient venir de toute éternité : « Sais-tu ce qu'est l'amour ? Sais-tu seulement que l'amour est un mouvement qui soulève vers Dieu ? » Pourtant, ce questionnement ne me guérissait pas, de même qu'il n'avait pas dû guérir des affres de l'amour toutes celles et tous ceux qui les vivent. L'impatience est un travers trop humain. Amma ne dit jamais qu'on guérit en un instant des maux dont on est l'auteur et qui ont élu demeure en nous. Amma ne fait que nous mettre sur la bonne voie, mais elle le fait avec une force inouïe. Certains choisissent le chemin plus vite que d'autres ; la plupart hésitent, retombent pour mieux repartir. C'est une petite graine qu'Amma a semée dans notre cœur. Il suffit de la libérer des mauvaises herbes qui l'empêchent de croître. Nos « mauvaises herbes » sont dures à arracher, et elles repoussent vite. En Inde, on les appelle des « *vasanas* ». Les miennes sont tenaces ; sans doute ai-je fait l'école buissonnière trop longtemps. À peine avais-je entendu en mon cœur ces mots – « Sais-tu vraiment ce qu'est l'amour ? » – que je me hérissais. Allait-on me proposer de faire abstinence ? Je n'étais pas un moine. Je ne l'avais jamais été. J'avais résisté aux conseils de sœur Emmanuelle, je résisterais donc à ceux d'Amma. Sœur Emmanuelle me disait : « Ton amour n'est que de l'écume sur la crête des vagues. Il ne dure pas. » Je goûtais l'image, mais peu la chanson. Emmanuelle faisait allusion à l'écume du désir, mais je me sentais le droit de trouver belle cette écume, de la prendre dans la main, de regarder s'évanouir dans le creux de ma paume les petits diamants qui frissonnaient avant de mourir. Si la magie colorait la vie des gens, c'était en partie grâce à cette écume. Pourtant cette magie était fugace, et cette fugacité consommait sa perte. C'était comme si un trésor nous était montré, coffre ouvert, pour aussitôt disparaître. Une sensation de plénitude assouvie et aussitôt évanouie. Le coffre des plaisirs s'ouvrait sur des ténèbres qui ressemblaient au vide. Le désir et le plaisir ne pouvaient nous combler et cependant il n'était rien qui nous obsédât davantage. C'était cet amour dont il était question à longueur de romans, en Occident comme en Orient.

Amma me donnait à entendre une leçon simple et révolutionnaire, qui me travaillait en profondeur, que je ne pouvais oublier. Là se trouvait le bonheur. Amma ne condamnait pas le corps, mais la joie que seule il procure ne mène pas à Dieu ni au bonheur. J'étais un être possessif. Cette possessivité nourrissait mon angoisse : j'avais peur que l'on ne réponde pas à mon amour avec une force égale à la mienne, que le désir de l'autre ne soit pas à la hauteur du mien. Cela changea le jour où je pris connaissance d'une histoire que racontait Amma, celle de Tulsida : « Il était une fois un grand homme d'affaires, follement amoureux de son épouse. Le désir qu'il éprouvait de son corps était si violent qu'il finit par l'empêcher de penser à autre chose, et même de travailler. Sa femme lui dit alors : "Si tu avais tourné vers Dieu le désir que tu nourris pour moi, qui suis sa créature, tu serais Dieu depuis longtemps." Ce mot le frappa comme la foudre et fit de lui un sage et un saint. »

D'autres paroles d'Amma me bouleversèrent : « L'amour est jaillissement, non des lèvres, mais du cœur, disait-elle. Peut-on expliquer pourquoi coule le fleuve? Pourquoi scintillent les étoiles? Non, alors accepte humblement le vent de l'amour. Le vent de l'amour détruit l'*ego*, le Toi et le Moi disparaissent et se fondent pour devenir Un. Le "je t'aime" doit se métamorphoser en "je suis amour universel". Et un jour, tu sauras dire : "Je n'attends pas l'amour, car je suis l'amour, je suis une source inépuisable d'amour qui donnera toujours de l'amour et rien que de l'amour à tous ceux qui viendront à moi." Le jour où tu cesseras d'attendre l'amour, il viendra à toi. »

Une question demeurait : Comment s'aperçoit-on que ce jour-là est arrivé? Ce n'est que bien plus tard que j'obtins la réponse, par une histoire, empreinte de poésie et claire comme de l'eau de roche : « Un maître spirituel demanda à ses disciples comment ils savaient que la nuit était terminée et qu'il faisait jour. L'un d'eux répondit : "Quand, en voyant venir quelqu'un, je puis distinguer s'il s'agit d'un homme ou d'une femme." Le maître écarta la réponse. Un autre disciple lui dit : "Quand je vois un arbre au loin et puis distinguer si c'est ou non un manguier." Le maître sourit, secoua encore une fois la tête et dit : "Voici la vraie réponse. Quand vous voyez en tout homme un frère et en toute femme une sœur, alors c'est la fin de la nuit et le début du jour. Jusqu'à cet instant, même si le soleil de midi illumine la terre, vous aurez été dans la nuit." » Je comprenais enfin : il s'agissait de cesser de me concentrer sur *mon* corps et *mon ego* afin de voir dans l'autre un frère. Là était le signe que l'amour naissait. Et pour cela, il me suffisait de cesser de penser et de dire : *ma* maison, *mon* emploi, *mon* affaire, *mon* salaire, *ma* femme, *ma* maîtresse, *mes* enfants, *mon* chien… Le bonheur de l'amour vous possède quand on ne possède rien. L'amour est dans la nudité. Je n'ai rien : je suis nu devant Dieu et cependant je déborde d'un trop-plein, qui est l'amour. Me revint à la conscience une phrase de Teilhard de Chardin : « Le jour viendra où, après avoir apprivoisé les vents, les marées et la gravitation, nous apprivoiserons pour Dieu les énergies de l'Amour. Et, ce jour-là, pour la seconde fois dans l'histoire du monde, l'être humain aura découvert le feu. »

Inutile de se leurrer. Il est difficile d'oublier les pulsions du corps, de mettre de côté l'amour désir pour aller vers cet autre amour qui est le pur amour… Tout est sensuel sur la terre. La nature se fait complice. La même nature, qui nous élève vers les cieux et nous enlumine l'âme, embrase aussi le corps. La contemplation de la mer nous enivre, notre corps frissonne sous l'air frais, le soleil le réchauffe, l'eau le rafraîchit : tout appelle au désir et aux sens. Avant de rencontrer Amma, je n'écoutais plus le chant des oiseaux, je ne contemplais plus les fleurs, je n'étais plus émerveillé par le lever de la lune et le roulis de l'océan. Mon amour était humain, trop humain.

Amma voit tout, sent tout, comprend tout. Ses paroles me transpercent. « L'amour est l'amour, qu'il soit humain ou divin. Mais l'amour divin est sans fond, tandis que l'amour humain erre entre la cime et le gouffre. Au début, dans l'amour humain, tout est beau, puis beauté et espérance s'évanouissent. Il ne reste qu'amertume et chagrin. L'amour divin commence dans une beauté douce et sereine, puis il doit affronter la terrible souffrance que crée le désir d'union avec Dieu. Cette union divine est moins aisée que l'union humaine, mais si on l'atteint, l'extase est indicible, éternelle. On vit chaque instant au cœur de l'amour. Tu n'es plus qu'Amour, Union, Unité. »

La parole d'Amma m'enivrait. « Il était une fois, dans l'Inde ancienne, une très belle princesse qui s'appelait Manohari. Sa mère comptait, parmi ses suivantes, une femme du nom d'Aroundhaty qui était très pieuse et très pure. Quand elle vint prendre son poste au palais, elle amena son fils Aroun, qui avait exactement l'âge de la petite princesse. Les deux enfants jouaient ensemble et les années passèrent, tandis qu'entre eux naissait une belle amitié, bien que Manohari fût riche et Aroun pauvre. Puis l'amitié devint amour. Un authentique amour qui n'avait rien d'étroitement sensuel et intéressé. Tout éloignement leur était souffrance et tout rapprochement bonheur, tenu secret car une princesse et un petit pauvre ne sont pas nés pour être heureux ensemble. Pourtant ils souffraient mille morts dès qu'ils se séparaient. Comment le roi et la reine ne s'en seraient-ils pas aperçus ? Évidemment, ils ne supportaient pas l'idée qu'une princesse pût aimer le fils d'une suivante. Le roi exila Aroun très loin, dans une île perdue, puis pour être enfin et à jamais tranquille, le fit empoisonner. Les soldats mirent son corps dans un coffre de bois et l'enterrèrent. Cela se passa de nuit, mais des voleurs surprirent la scène. Ils crurent que le coffre contenait un trésor et se mirent en devoir de le déterrer. Ils y trouvèrent un homme qui respirait encore faiblement et eurent pitié de lui. Quand ils l'eurent soigné, il reprit ses esprits et vomit le poison, mais souffrit plus encore en apprenant d'où était venu l'ordre de le mettre à mort. Éperdu de douleur, il s'enfuit dans la forêt. Au palais, depuis ce qu'elle croyait être la mort de son bien-aimé, la princesse ne dormait ni ne mangeait. Le peu de vie qui lui restait était devenu pur amour. Son regard mourant brillait de l'indicible joie qu'il donne. Les médecins s'étonnaient que son corps délicat portât des coupures et griffures dont nul ne connaissait la cause. Au loin, celui qu'elle aimait survivait à grand-peine, à la façon des bêtes des forêts. Tigres et serpents ne lui faisaient aucun mal ; ils respectaient sa souffrance. Son corps se déchirait aux épines et, au même instant, se déchirait la peau délicate de Manohari. Voilà ce qu'est l'amour pur. Le roi se désespérait et il fit venir un « rishi », un mage puissant. "Ta fille est dans l'amour d'un homme, lui dit le mage. Seule la vue de cet homme peut la sauver." "Hélas, je l'ai fait mourir", répondit le roi, navré de douleur. "Non, dit le *rishi*. Cet homme est en vie." Le roi envoya donc rechercher Aroun dans son île. Quand il arriva enfin auprès de Manohari, il l'effleura et elle s'éveilla aussitôt de sa torpeur mortelle. Tout fut oublié. Ils n'avaient jamais été séparés. »

J'ai mis quelque temps à comprendre le sens de cette légende. Pour parvenir à tout donner et à ne rien attendre, il faut que le « moi » se dissolve dans le « soi ». C'est ce passage qui est douloureux. Quiconque refuse de passer par là reste toujours en marge de l'amour véritable et ne le connaîtra pas. Si on reste à la surface des choses, il est inutile d'espérer voir l'Infini. Si on ne fait que regarder les étoiles, sans se laisser pénétrer de leur beauté, on ne peut réfléchir à l'origine de l'univers. Chacun de nous doit faire Un avec le monde dans l'amour.

Une autre histoire a enchanté ma jeunesse : elle raconte le cheminement de l'amour humain vers le pur amour. Elle est comme une version occidentale de la légende indienne d'Aroun et de Manohari. Cependant, ce n'est pas une légende, mais une histoire vraie. Cela se passa en France, voici plus de huit cents ans. Héloïse était une jeune fille de seize ans, dotée de toutes les grâces du corps, du cœur et de l'esprit. C'était une étudiante très douée. Le maître qui l'enseignait s'appelait

Pierre Abélard. Il avait trente-cinq ans et était professeur à l'université de Paris, éblouissant, beau comme un dieu, au sommet de son art et trop sûr de lui. Il vit Héloïse et en tomba éperdument amoureux. Elle vivait chez son oncle, un chanoine du nom de Fulbert qui l'aimait et la protégeait. Pierre lui offrit de s'occuper de sa nièce et de lui dispenser ses leçons. Il quitta son domicile pour s'installer chez le chanoine. Elle l'avait aimé au premier regard. Devant eux les livres restaient ouverts, mais il y avait plus de baisers et de sourires dans les leçons que de citations d'Aristote. Elle était éperdue d'amour ; lui délaissait la philosophie pour lui écrire des poèmes qui couraient tout Paris et finissaient sur les lèvres des femmes. Héloïse et Abélard passaient leurs jours à attendre leurs nuits. Paris bruissait du scandale. Ce qui devait arriver arriva : Fulbert les surprit. Fou de rage, il chassa Abélard. Celui-ci, en secret, enleva Héloïse et l'emmena en Bretagne, chez sa sœur, où elle mit au monde un enfant. Abélard, pris de remords, voulut demander pardon. Il comprenait la douleur de l'oncle d'Héloïse et proposa de l'épouser pour réparer sa faute. Mais Héloïse n'était plus la jeune fille éblouie, qui consentait à tout. Elle refusa. Stupéfait, il lui demanda ses raisons. Elle lui répondit qu'elle l'aimait trop pour emprisonner le plus grand philosophe de son temps. Il fallait qu'il restât libre. Par amour, elle finit par consentir. Le mariage fut secret. Fulbert l'apprit et perdit la tête. Il conçut sa vengeance. Une nuit, tandis qu'Abélard se reposait, des hommes à sa solde entrèrent dans sa chambre, le maîtrisèrent et le castrèrent. Une lame d'acier avait transformé en eunuque l'homme le plus séduisant. Une fois rétabli, il dit ceci : « Combien est juste le jugement de Dieu qui me frappe dans la partie de mon corps qui a péché ! » Héloïse s'enferma dans un couvent.

Quand ils se revirent, il avait cinquante ans et elle trente. La suite est extraordinaire. Elle obtint de lui qu'il la regarde à nouveau les yeux dans les yeux. Il obtint d'elle que leur rencontre ne leur serve plus qu'à aller vers Dieu. Les lettres qu'ils échangeaient étaient sublimes. Héloïse ne reniait pas l'amour des corps. Elle lui écrivit : « De quelque côté que je me tourne, ces voluptés s'imposent à mes regards avec les désirs qu'elles réveillent. Elles n'épargnent même pas mon sommeil. Je devrais gémir des fautes que j'ai commises, et je soupire après celles que je ne puis plus commettre ». Lui ne parlait plus que de l'amour en Dieu. Abélard mourut le 21 avril 1142 à l'abbaye de Cluny. Vingt ans plus tard, jour pour jour, elle le suivit. Cette histoire ne cesse de me hanter. En amour, qui fut le plus grand : Héloïse ou Abélard ? Celui qui ne parle plus que de Dieu ? Ou celle qui gémit au souvenir des corps ? Tous les deux sont grands, car ils ont repoussé la possessivité des amants. Amma m'a fait comprendre ceci : « Vouloir posséder et craindre de perdre sont une seule et même chose. Seul un regard exempt de peur peut dissiper la peur dans le regard de l'autre. L'amour, le vrai, n'a que faire de posséder. Il est donné et n'est jamais repris. Il ne sert à rien de ramer dans une barque dont on n'a pas détaché l'amarre. Le désir de posséder l'autre est cette amarre ; il nous tire vers la rive. Et sur la rive sont la douleur et la jalousie. » Un peu plus tard, je relèverai ce joyau dans son enseignement : « Une femme qui vivait près d'ici au siècle dernier était follement jalouse. À peine son pauvre mari rentrait-il du travail qu'elle lui faisait les poches, fouillait ses vêtements, traquait les odeurs féminines. Anxieuse, elle jaugeait la crainte et la culpabilité au fond de l'œil de son mari, elle épluchait son agenda en quête d'une adresse inconnue. Elle finissait toujours par trouver quelque chose, peu probant certes, mais cela lui suffisait. Un jour, stupeur, elle ne trouva rien. Quoi, pas même un cheveu suspect ! Elle fondit en larmes. Le mari, éberlué, lui en demanda la raison. "Tu pleures, parce que tu ne trouves rien ?" Et elle lui répondit : "Je savais bien que ça arriverait. Voici que tu choisis tes maîtresses parmi les chauves !" »

Des images m'envahissent. Aroun et Manohari sur un radeau de bois précieux, Héloïse pâmée dans les bras d'Abélard au moment où Fulbert les surprend, Guenièvre, la reine du Graal, qui regarde en pleurant s'embraser à l'horizon la barque funèbre d'Arthur. Amma et son sourire, Amma et ses mots simples, Amma qui nous parle d'amour comme personne ne m'en avait jamais parlé, Amma qui ne renie pas la passion et la comprend, Amma et son regard d'enfant plongé dans l'éternité... À force de contempler Amma, je sais que la sainteté donne ce regard d'enfant. Plus je la regarde et plus me revient en mémoire une anecdote de la vie de Bouddha qui est pour moi la plus belle définition de l'Amour. Le Bouddha, dans sa jeunesse, avait des ennemis qui s'irritaient de voir en lui autant de vertus. Ils voulurent ruiner sa réputation et lui envoyèrent la courtisane la plus célèbre de son temps. Elle était d'une fascinante beauté et les ennemis du Bouddha se frottaient les mains : pas un homme n'avait su résister aux charmes de cette femme. Bouddha l'accueillit et l'aima. Mais il l'aima comme un père. Elle tenta de le séduire. Il lui répondit avec une douceur très pure : « Je t'aimerai lorsque personne d'autre ne t'aimera. Je t'aimerai quand tout autre amour t'aura abandonnée. » La courtisane partit en colère. Quarante ans s'écoulèrent. Ses disciples accompagnaient le Bouddha mourant à sa dernière demeure. Il remarqua soudain, accroupie contre un mur, une femme en haillons. C'était une lépreuse, une vieille bossue dont le visage était à moitié rongé par la maladie. Bouddha demanda qu'on l'arrête. Lentement il descendit de sa civière et marcha vers cette femme. Il l'enveloppa de ses bras dans une étreinte pleine d'amour et il lui dit : « Ne t'avais-je pas dit que je t'aimerais toujours ? »

Le chemin d'amour de l'enfant du Kerala

« Croire qu'un être qui s'appelle Amour habite en nous en chaque instant du jour et de la nuit, voilà ce qui a fait de ma vie un ciel anticipé. »
Sainte THÉRÈSE D'ÁVILA

Kounjou grandissait. Le travail de la cuisine et de l'étable, c'était pour elle. Ainsi Damayanti, sa mère, en avait-elle décidé. Son destin était de servir, puisqu'elle savait si bien le faire : elle servait sa famille et servirait bientôt un mari. Damayanti n'était guère différente de toutes les mères indiennes et elle observait la coutume. Les destins se trouvaient ainsi tracés : aux garçons, la pêche ; aux filles, le service de la maison. Il en était ainsi depuis toujours. De treize à dix-sept ans, Kounjou apprit à servir, chez elle et dans sa proche famille. Cette condition ne gâchait pas son bonheur, plus fort que les réprimandes et les corrections. Kounjou possédait la sagesse en elle, celle qui permet de comprendre où réside la vraie joie, naturelle et simple, qu'offrent la nature, la contemplation de l'océan et l'amitié avec les animaux.

Cette joie naturelle se trouvait transfigurée par la proximité de Dieu, de l'intime. Le dialogue de la jeune fille avec Dieu est de l'ordre de l'indicible, car on ne peut traduire l'infini. On doit se contenter de l'approcher avec humilité. Un voyage en bateau sur la lagune pour rejoindre la maison de sa grand-mère, un temps de silence et de contemplation des flots, le chant des oiseaux, le bruissement du vent, le clapotis des vagues. Cette béatitude lui permettait de voir le positif dans ses tracas. Un jour, sa mère lui refusa les trois sous pour payer la traversée sur la lagune alors qu'elle les avait donnés aux aînés pour se rendre au lycée. Kounjou l'acceptait, non par soumission mais par amour. Elle n'avait pas l'argent pour payer le bateau, elle irait à pied.

Qu'importait ! Cela lui permettait de longer l'océan plus longuement encore. Elle allait à pas très lents pour ne rien perdre de sa divine beauté, et se laissait griser par le ressac. Nous pouvons tous ressentir la nature, mais il est rare que cela nous conduise aussi haut. Nous jouissons de la beauté, nous pleurons de joie, mais nous ne voyons pas Dieu. Kounjou le voyait et lui parlait. De ce dialogue, nous ne savons rien, sinon l'écorce extérieure qui s'appelle le bonheur. Le reste nous échappera toujours ; cela s'appelle le mystère de l'être réalisé. La lecture des lettres de sainte Thérèse d'Ávila nous permet en partie d'entrebâiller la porte du mystère, celui du dialogue cœur à cœur entre Dieu et sa créature. La tristesse cédait devant cette extase. L'océan n'était pas le seul complice qui lui indiquait la route : les champs lui chantaient la même prière. Elle continuait de voler du riz chaque fois que c'était nécessaire pour l'offrir aux pauvres. Quand elle avait un petit moment, elle allait jouer avec les enfants des pauvres. Elle avait gardé son cœur d'enfant. Quand elle priait, elle oubliait tout danger. Un jour, en barque, elle priait si fort qu'elle lâcha les rames et entra en *samadhi*[1]. « *Samadhi* »... Comment traduire ce mot étrange ? La conscience du monde alentour s'abolissait quand l'esprit s'évade du corps. Kounjou fixa le ciel et resta immobile. Les rames lui tombèrent des mains. La barque dériva. Un bateau fut tout près de la heurter. À l'ultime seconde, l'adolescente reprit conscience et s'éloigna.

1. Extase mystique.

Vers seize ans, elle commença à travailler pour son oncle, le frère de sa mère, qui vivait à une dizaine de kilomètres. Sa famille, de braves gens, l'accueillit bien. Ici ou là, rien ne comptait vraiment. Seul comptait l'amour. La vie lui avait appris ceci : chacun aime égoïstement ou par pur désir. Personne n'aime de manière désintéressée. Dieu seul aime ainsi. C'était pour cela qu'elle aimait Dieu.

Quand Kounjou revint chez elle, rien n'avait changé. Damayanti souffrait horriblement de ses rhumatismes. Rude, elle l'avait laissée, rude elle la retrouvait. Damayanti ne jouait rien d'autre que le rôle qui lui était imparti par Dieu. Kounjou jouait le sien, celui de surmonter l'épreuve. Damayanti respectait Dieu à l'appui d'une piété régulière, mais de convenance : une piété bornée. Une piété d'observance, d'interdits. Une piété que l'on retrouve partout en Inde.

C'était comme si elle en voulait à sa fille de ne pas lui ressembler, d'être différente de millions de jeunes Indiennes. Il y avait comme une incommunicabilité entre la mère et la fille, Kounjou l'acceptait avec le sourire. Elle savait toutefois se faire respecter : elle était petite de taille, mais quand elle saisissait le poignet de sa mère qui voulait frapper, Damayanti ne pouvait s'en défaire. Si Damayanti décochait un coup de pied, Kounjou l'attrapait par la jambe. Bref, elle lui tenait tête. Accepter ne voulait pas dire subir. La mère et la fille vivaient dans deux mondes différents, et cependant, elles s'aimaient. Un jour, Damayanti réprimanda Kounjou. « Comment peux-tu appeler "père" tous les hommes âgés et appeler "mère" toutes les femmes âgées ? » « N'en sois pas étonnée, lui répondit-elle, car je n'ai jamais vu mon vrai père et ma vraie mère. Alors, pour moi, tous sont père et mère. » C'était inintelligible à Damayanti.

Ses frères et ses sœurs la traitaient souvent de « folle ». Ils ne comprenaient pas ses propos. Soulever un poids très lourd en disant « c'est léger », accomplir une tâche difficile en disant « c'est facile », parler en dehors de toute logique ; tout cela est difficile à entendre. La « folle » passait pour orgueilleuse, comme ce fameux jour où elle dit à ses sœurs : « Aujourd'hui, c'est facile d'être ensemble. Un jour viendra où vous ferez la queue pour venir me voir. » Quelle mouche la piquait ? Pour qui se prenait-elle ? Elle leur livrait des indices. Elles prenaient cela pour de l'orgueil.

Pour corser le tout, il y avait Soubhagan. C'était son frère aîné. Soubhagan détestait Dieu et méprisait la femme. Il terrorisait tout le monde autour de lui. Sa sœur ne fit pas exception : il la persécuta en lui interdisant de fréquenter les jeunes de son âge, garçons ou filles. En Inde, les garçons, surtout les aînés, disposent d'une autorité sur leurs sœurs. Mais cela allait bien plus loin : Soubhagan ne pensait qu'au mal. Le bien et la prière lui étaient étrangers. Kounjou n'en avait cure. Elle triait le bon grain de l'ivraie et transformait le plomb en or. Aimer sans rien attendre en retour était beau. Beau comme la nature, le vent et l'océan au lever du soleil. Beau comme Dieu. Elle chantait en travaillant, en priant, en donnant. Elle chantait même dans la nuit quand tout le monde dans la maison dormait. Damayanti et Soubhagan lui criaient de se taire, mais elle n'obéissait pas et chantait seulement moins fort. Si un jour survenait un voile de tristesse, il lui suffisait d'aller à l'aube au bord de l'océan. L'océan était sa mère. La mère qui l'accueillait quand sa mère humaine lui ordonnait de se taire car, pour elle, les murs d'une maison ne devaient jamais entendre ce que disent les filles. Mais Kounjou n'avait jamais su parler à voix basse et l'océan, au contraire, la priait de chanter. Donc le soir après le coucher du soleil, elle allait auprès de l'océan. Là, elle parlait aux dieux dont sa mère affichait les images partout dans la maison. Il n'y avait alors personne qui reconnaissait Dieu en elle. Bien plus tard, quelqu'un demandera au père d'Amma s'il ne regrettait pas d'avoir administré des corrections à un dieu. « Amma ne nous disait pas qu'elle était Dieu, dit-il. La mère de Rama ne l'a-t-elle pas chassé dans la forêt ? La mère de Krishna ne l'a-t-elle pas battu ? Aucun des deux n'avait révélé qu'ils étaient Dieu. Amma non plus. »

Kounjou ne possédait presque rien et n'en désirait pas davantage. Cependant, un jour, elle songea qu'il lui fallait un métier pour gagner un peu d'argent si elle voulait continuer à aider les pauvres sans avoir à voler. Elle décida qu'elle apprendrait à coudre et en fit part à sa mère. Damayanti se mit en colère. Apprendre à coudre? Quelle drôle d'idée… Kounjou se marierait et s'occuperait de sa famille. En Inde, ce sont les parents qui choisissent l'époux de leur fille. Les jeunes gens ne se choisissent pas par inclination. Ses parents songeaient pour Kounjou à un cueilleur de noix de coco. On ne pouvait pas imaginer plus bas comme parti. Pour l'inciter à accepter, on lui permit de faire une heure de couture chaque jour. La couturière qui pouvait lui apprendre ce métier habitait un autre village, ce qui équivalait à faire trois heures de marche en plein midi sous une chaleur de plomb. L'adolescente l'accepta comme un cadeau venu de Dieu. Elle devait confier plus tard : « Ma joie venait du bonheur des autres. Je ne pensais jamais à mon confort ni au poids de mon travail. Chaque fois que m'était offerte une occasion de servir et d'aider les autres, j'essayais de m'en acquitter avec un maximum de sincérité et d'amour. » C'était tout.

Les cours de couture ne coûtaient pas cher. Au dernier moment, ses parents refusèrent de les lui payer. La jeune fille dut donc s'en charger : elle accepta de ravauder les vêtements déchirés que les gens lui donnaient. Elle apprit la broderie. Elle travaillait dans la joie, elle chantait. Le prêtre chrétien de l'église voisine était un homme bon. Elle se mit donc à le fréquenter. Elle ne voyait aucune différence entre les religions. Que l'autre soit hindou ou chrétien, elle ne s'en souciait pas. « Mais nous sommes des hindous ! » lui dit l'un de ses frères en apprenant qu'elle était devenue l'amie de ce prêtre. « Et alors ? répondit-elle. Ne sommes-nous pas tous des enfants de l'amour ? » Pour Kounjou, Jésus et Krishna étaient frères.

Un jour, après avoir embrassé Kounjou, le prêtre partit pour devenir moine. Un peu plus tard, il confia : « J'ai été béni pour l'avoir rencontrée. On parlera tellement d'elle dans le futur. » Ce prêtre fut sans doute le premier à voir ce que les autres ignoraient. Lors d'un séjour, je voulus me rendre dans la petite église de l'autre côté de la lagune. Je désirai revivre en songe la rencontre entre un chrétien et une hindoue. Le lieu était désert. L'église était fermée, j'en ai fait le tour, jusqu'au petit cimetière. Là, j'ai fermé les yeux et humé cette brise de fin de mousson. J'ai vu ce prêtre, j'ai vu Kounjou. Leurs regards étaient bien les leurs et leurs paroles aussi. Ce fut un moment de plénitude.

Alors que Damayanti voulait qu'elle s'habille de vêtements sans attrait, contrairement aux jeunes filles de son âge, elle décida de s'habiller de blanc. Bien plus tard, un Hollandais du nom de Peter devait lui offrir ce dont elle rêvait : une machine à coudre.

Qu'est-ce donc qu'être heureux ?...

« Dieu ne donne rien à qui ne travaille pas pour l'obtenir. La grâce et l'effort personnel sont interdépendants. »
AMMA

La quête du bonheur est aussi vieille que l'humanité. Nous avons pris l'habitude de dire que l'humanité a fait de grands progrès au cours des millénaires, mais force est de constater que la découverte de la recette du bonheur n'en fait pas partie. L'être humain est devenu l'ennemi public numéro un pour la terre et pour la vie sur terre. Les terroristes terrorisent. La concurrence sauvage nous dresse les uns contre les autres. Les forts exploitent les faibles. La corruption se généralise. Le stress fait le bonheur des psys. La relation entre les êtres s'est dégradée au point de devenir relation d'utilité : « Peux-tu me satisfaire ou non ? Si c'est non, je n'ai rien à faire avec toi. » Amma constate avec tristesse : « L'être humain est allé sur la lune ; puisse-t-il en rapporter un peu d'humanité. » La science progresse à pas de géant, les sociétés s'organisent, l'économie bat son plein, on philosophe sur tout. On réforme à tout-va. Nos distractions sont infinies. Et pourtant, notre quête du bonheur est devenue frénétique. À force d'être évanescent, il est devenu suspect. Quand on croise un visage heureux, on est intrigué, on lui demande d'où lui vient sa joie. La conclusion est claire : le bonheur ne se trouve dans aucun facteur extérieur. S'il existe et qu'il n'est pas à l'extérieur, c'est donc qu'il est forcément à l'intérieur ; notre erreur fut de le chercher pendant si longtemps à l'extérieur. Les philosophes grecs des temps anciens, de même que les sages de l'Inde le savent depuis toujours : le nectar du bonheur est en nous. Si nous comprenons cette évidence, nous accédons au bonheur en même temps qu'à la liberté puisque nous ne sommes plus prisonniers du monde extérieur. Amma nous dit : « L'amour vrai est l'expression du bonheur intérieur. »

Le bonheur d'Amma dans sa jeunesse peut paraître incompréhensible : elle était regardée de haut, solitaire et on la privait de l'éducation qu'elle aurait méritée. Je me suis interrogé. Je suis parvenu à l'idée qu'il ne fallait pas se tromper sur la nature du bonheur. Qu'est-ce que le bonheur de l'enfant Kounjou ? Il n'est pas dans l'avoir, puisqu'elle ne possède rien. Son premier et dernier bien, une machine à coudre, ne lui sert que pour les autres, pour aider les pauvres. Son bonheur à elle consiste à se laisser glisser dans l'attraction de la bonté. Non seulement ses peines lui semblent légères, mais elles ont la vertu d'une initiation. Amma dit qu'un pèlerinage vers l'absolu doit aborder tous les chemins : chemin de roses, chemin de ronces ou, la plupart du temps, les deux. C'est le *tout* qui fait le bonheur. Le tout d'une vie et pas seulement le souvenir du délicat parfum de la rose. Le bonheur plonge ses racines dans l'acceptation de tout : de la félicité comme de la souffrance et du chagrin. Jamais la seule acceptation de ce qui nous convient. La pensée d'Amma excelle à dire simplement des choses compliquées. Il m'aura suffi d'approcher d'Amma pour comprendre cette évidence : le bonheur n'est pas pensé ; il est vécu. Sa définition est claire. Dans un succulent petit livre, Swamini Krishnamrita Prana, qui suit Amma depuis plus de trente ans, raconte une histoire qui m'enchante :

> *Un lionceau demanda un jour à sa mère : « Maman, où vit le bonheur ? » « Il est sur ta queue, mon fils ! » Alors, toute la journée, il tenta sans répit d'attraper sa queue, espérant ainsi attraper un peu de bonheur. Mais après avoir essayé toute la*

> *journée, il n'en était pas plus proche qu'au départ. Quand il en parla à sa mère, elle lui sourit et dit : « Mon fils, tu n'as pas besoin de pourchasser le bonheur. Aussi longtemps que tu continueras à marcher sur le bon chemin, le bonheur sera toujours avec toi*[1]. »

Amma nous dit : « Le bonheur est une décision, comme toute autre décision. » Cela peut paraître incroyable : souvent on place le bonheur si haut qu'il ressemble plus à une grâce qui nous tombe dessus plutôt qu'à une décision qui dépendrait de nous. Comme si on ne pouvait rien au fait qu'il vienne ou non. Selon qu'on est croyant ou non, ce serait alors soit le fruit du hasard, soit celui de la grâce. Or, si on se penche davantage vers un bonheur conçu par décret, on n'y trouve que des déceptions. La consommation nous domine pour faire de nous ses esclaves, ce qui crée beaucoup d'amertume en échange de jouissances éphémères. Partout autour de nous, la « civilisation » nous chuchote des pièges et nous offre ses petits bonheurs comme des bonbons : plus d'argent, plus de pouvoir, plus de reconnaissance. Ces chuchotements, permanents et omniprésents, génèrent de l'amertume et de l'envie, en plus de couvrir des chants plus beaux : ceux qui nous font chanter au-dedans.

Alors je finis par comprendre que la recherche de ce bonheur factice m'a été imposée. J'ai fait comme tout le monde : j'ai suivi, j'ai obéi à la consommation les yeux fermés. Décider de prendre en mains mon bonheur est une réelle épreuve, car les princes de la consommation sont séduisants et leurs messages subtils. Ce sont comme des démons charmants. Si je les écoute, je traînerai ma carcasse entre avancées et renoncements. J'aurai goûté à la célébrité, au pouvoir, aux beaux objets, aux femmes, et que restera-t-il ? Le vide, le néant ? D'aucuns relatent ce qu'aurait dit Onassis sur son lit de mort :

---

1. Swamini Krishnamrita Prana, *Sourire du cœur*, 2017.

« J'ai raté ma vie ! » Cet aveu vient de la clairvoyance qui lui a été donnée par la proximité du néant. Le milliardaire adulé et puissant, maître de la vie – la sienne comme celle des autres – nous apprend que la richesse et tout ce qu'elle implique ne lui ont pas apporté la paix.

Arrivé à son troisième moment de vie, celui qui commence quand s'achève le second consacré au travail, l'homme a le choix : se lamenter sur son rôle social perdu ou, au contraire, construire une nouvelle vie sur de nouvelles données du succès. Il faut opter pour le second choix. On y est d'ailleurs conduit, car tout ce qui semblait posséder de la valeur dans la deuxième partie de vie perd tout son prix dans la troisième. Il ne sert plus à rien de se battre pour arriver à ses buts, d'écraser l'autre au besoin, de séduire à tout-va, ni d'être obsédé par l'avoir. S'y essaierait-on qu'on serait ridicule, à la façon de ces vedettes qui ne veulent pas décrocher, de ces vieux qui veulent faire jeune, de ces retraités nostalgiques de leur pouvoir perdu. Le ridicule peut tuer l'âme... Il faut alors laisser la place aux jeunes et s'occuper à mieux vivre, à chercher le vrai bonheur. On y gagne deux choses : on évite de se rendre malade en pourrissant sa vie par des regrets et on découvre la joie de ne pas mourir avant d'avoir connu ce qu'est le bonheur. La plupart des gens attendent que soit achevé le parcours de la réussite professionnelle. Heureux ceux qui y parviennent avant, car la quête du bonheur vaut tout autant pour la jeunesse que pour la vieillesse. Les avertissements viennent nous rappeler, pendant que nous accumulons des biens, que notre destin ne se résume pas à les accumuler mais que notre vie peut avoir un autre sens, que nous sommes sur terre pour autre chose. Nous connaissons tous des signaux dans la vie qui nous disent de changer si nous voulons être heureux. Ils sont souvent négligés, mais ceux qui les suivent ne reviendront jamais en arrière.

Je garde en mémoire l'exemple de ceux qui ont été de ces audacieux, partis, après leur réussite matérielle, sur des chemins de dépouillement, d'offrande de leur vie pour le bonheur des autres. J'ai, un temps, aimé la réussite. Puis il y a eu des ratés, les œillères se sont déchirées sous la force du vent, et j'ai soudain pu voir autre chose. D'où venait ma curiosité ? Enfant, de la contemplation de la Vierge lors du mois de Marie ? De la lecture de la vie des saints ? Je n'en sais rien. Ce que je sais, c'est que je me suis souvent laissé distraire, mais mon goût de la réussite a tout de même décru. J'ai continué mon chemin cahin-caha, bordé de matériel et de spirituel, ce qui a gâché toutes les chances de réussir d'un côté comme de l'autre. Mais je ne suis pas malheureux. Le spirituel gagne un peu chaque jour sur le matériel et ses sirènes. Écouter la petite musique du cœur dépasse les joies de l'*ego*. Je vois bien que l'amour ne peut être que désintéressé. Je vois bien qu'il est partout et dans de toutes petites choses. Aimer, c'est aimer la vie, sous quelque forme qu'elle soit. Et la respecter.

Si j'ose cette confidence, c'est pour confirmer que les chemins sont multiformes, aussi nombreux que nous sommes et que rien n'est jamais désespéré. Dieu ne distribue pas des bons et des mauvais points. Il ne juge que la vérité de l'être, qui est avant tout celle du cœur. Swamini raconte l'histoire de l'Américain Randy Pausch, célèbre professeur d'informatique, couvert de gloire, condamné par un cancer du pancréas à l'âge de quarante-sept ans et qui passa les six derniers mois de sa vie à donner des conférences enthousiastes[2]. Il parlait aux gens de la beauté d'être sur terre, de l'amour qu'il ressentait pour chaque seconde qui s'écoulait, de sa contemplation de la nature, de sa joie de rêver, de penser, d'agir, bref : d'être vivant. Il fit cela jusqu'au dernier instant. Il avait simplement accepté de partir en remerciant Dieu d'avoir si bien vécu. Il ne connaissait pas le vide et éloignait la désillusion et la peur. Il mourut en paix. Je me souviens aussi de Norman Cousins, un journaliste californien. Atteint d'une maladie incurable, il passa les quinze jours qui le séparaient de l'opération de la

2. *Sourire du cœur*, p. 8.

dernière chance à sourire, à rester joyeux et empli de gratitude pour les bienfaits dont sa vie l'avait comblé. Ses médecins constatèrent que sa maladie avait miraculeusement disparu : plus rien, plus la moindre trace. Le miracle, s'il en est un, portait trois noms : bonheur, acceptation, gratitude.

Amma le sait depuis l'enfance. Elle sait ce que nous ne savons pas ou que nous mettons de longues décennies à entrevoir. Elle sait que le bonheur réside dans l'émerveillement et la gratitude devant la vie. Elle sait que le malheur provient du refus de tout ce que Dieu nous offre, les joies et les peines. Lorsqu'on refuse, lorsqu'on désire, le vide s'empare de nous ; plus le désir est grand, plus grande sera la désillusion. Nous en sommes très malheureux… Que faire ? Aimer et servir l'autre. Les autres. Le bonheur se résume en peu de mots : faites le bien et n'attendez rien en retour. Vous trouverez la vraie raison de vivre. Raison de vivre et bonheur ne font qu'un. Aimer, c'est donner tout sans rien attendre. C'est difficile pour nous qui connaissons l'amour comme une caresse partagée plutôt qu'un don. L'*ego* nous colle à la peau comme la tunique de Nessus collait à la peau d'Hercule. L'*ego* et le désir sont une seule et même chose : nous voulons bien aimer mais à la condition que l'objet de notre amour se laisse posséder. Cet amour n'est rien d'autre que notre *ego* maquillé en amour. C'est difficile de s'en défaire ! Des gens engagés dans la voie spirituelle depuis des décennies aiment Amma de toute leur âme, et cependant leur amour demeure possessif. Ils se sentent malheureux à en mourir dès qu'il leur semble qu'Amma aime davantage un autre qu'eux-mêmes. Ce sont des gens admirables et pourtant terriblement humains. L'*ego* ne bat pas en retraite sans se battre.

Le mot « spiritualité » est aussi mystérieux que lumineux. Beaucoup le confondent avec la religion, avec l'institution, avec les curés, les papes et tous les prêtres de la terre. Nous nous rebellons contre l'institution. Des milliers d'années de soumission à l'ordre établi, aux rites, à l'injustice et même aux génocides font de nous des révoltés et des insoumis.

On insulte alors les Églises avec les Évangiles, on confond la loi avec l'essence. Nous oublions alors que nous sommes non seulement un corps, un mental, une intelligence, mais que nous sommes aussi une spiritualité, une âme. À force de tout confondre, par habitude et par peur, notre être spirituel se rabougrit. Nous paraissons forts, mais nous sommes faibles, malgré nos progrès, nos ordinateurs, nos téléphones, nos fusées. Nous sommes comme ce monstre de la Bible, ce Léviathan qui dévore les ressources de la terre jusqu'à les épuiser sans penser à ses enfants, qui consomme pour consommer jusqu'à l'indigestion et qui a fait de l'argent son Dieu, alors que son âme souffre. Le corps et l'intelligence ont fait main basse sur l'homme et l'ont transformé en être faible et névrosé. Les psychiatres sont devenus les médecins les plus opulents de la terre. « Il y a à peine quelques siècles, les gens étaient forts et ne souffraient que peu de troubles mentaux, nous dit Amma. Ils savaient affronter les difficultés de la vie. Aujourd'hui, ils sont devenus faibles et s'effondrent au moindre obstacle. Il fut un temps où une personne sur un million avait besoin d'un psychiatre. Puis le pourcentage passa à une sur mille et enfin à une sur cent. Nous arriverons bientôt au point où il faudra presque un psychiatre par personne. Finalement on ne trouvera plus de psychiatres puisqu'ils auront eux-mêmes besoin d'un traitement. Le seul moyen d'enrayer ce déclin est de nous éveiller à la vraie vie. Il n'est pas nécessaire de la chercher bien loin puisqu'elle existe en nous. Si nous nourrissons notre spiritualité, notre corps, notre intelligence, notre esprit retrouveront leur harmonie. »

La force spirituelle et la soif de la vraie source n'ont jamais quitté Amma. Elle y avait goûté enfant, alors qu'elle travaillait depuis l'aube jusqu'à tard le soir. Dans l'humidité qui règne dans cette partie de l'Inde, les vêtements sont vite trempés. Un jour, Kounjou voulut se changer et emprunta les vêtements de sa sœur et de sa mère. Celle-ci se mit en colère : « Je t'interdis de porter de beaux vêtements neufs ! » Kounjou ne lui en voulut pas. Elle résolut de ne plus jamais porter de vêtements neufs et de se contenter de ceux dont les autres ne voulaient plus. Un autre jour, elle revêtit un vieux chemisier aux motifs de couleur. Cela déplut à son frère, qui la soupçonna de vouloir séduire et lui ordonna de l'enlever. Elle obéit. Elle mit le feu au chemisier, sans chagrin ni ressentiment. Désormais, elle s'habillerait de blanc. Quand ses parents lui refusèrent l'argent pour prendre le bateau, Kounjou fit jusqu'à sept kilomètres par jour pour aller travailler là où on l'envoyait. Elle ne ressentit ni amertume ni colère. En marchant, elle disposerait de davantage de temps pour prier et chanter. Quand la prière la rapprochait de Dieu, elle ne ressentait plus rien des choses de la terre. Elle était sous la pluie et le vent, dans la boue, sans même s'en rendre compte. Un jour, ses amis craignirent même pour sa santé et l'allongèrent sur le lit de son frère qui, furieux, renversa le lit et jeta sa sœur dehors. Elle ne dit rien et décida de passer ses nuits à la belle étoile. C'était la volonté de Dieu, elle l'acceptait. Comment peut-on blâmer Dieu ? Quand Amma marche, elle récite son mantra à chaque pas. S'il lui arrive de l'oublier, elle fait deux pas en arrière et le chante. Puis elle reprend son chemin. Cette habitude est restée ancrée en elle. Elle récite son mantra comme elle respire.

Divine métamorphose

« Quel que soit le chemin emprunté par l'homme pour me rejoindre, c'est le chemin que j'emprunte pour aller à sa rencontre. Car tous les chemins sont miens ! »
BHAGAVADGÎTÂ

Aussi loin que je me souvienne, le nom de « mahatma » m'a fasciné. Il m'était devenu familier depuis le temps où je dévorais les vies de Gandhi. « Mahatma », en Inde, signifie « grande âme ». Dans mon esprit, toutes les grandes consciences de la terre, indiennes ou pas, étaient des mahatmas. J'admirais ceux qui s'étaient élevés contre le scandale de l'esclavage, de la misère et de l'oppression : Bartolomé de las Casas, qui, après avoir commencé une vie de conquistador, était devenu le défenseur des autochtones du Mexique et du Pérou, massacrés ; le mahatma Gandhi, qui avait libéré par la non-violence l'Inde du colonisateur anglais ; Nelson Mandela, qui avait accordé son pardon aux bourreaux de l'apartheid. J'aurai toujours regretté de ne pas avoir vu mère Teresa prenant entre ses bras un mourant de Calcutta. Mais je n'étais pas à plaindre… J'avais pu suivre durant vingt ans, l'abbé Pierre, la voix des sans-voix, qui m'avait transformé. Quand je fus près d'Amma, je sus que ma rencontre avec elle serait tout aussi déterminante. Je voulus m'approcher d'elle par le cœur, aussi près que possible. Quand vous approchez la lumière, vous voulez comprendre d'où elle vient.

Cette femme de soixante-cinq ans, l'une des plus grandes figures de l'Inde, avant d'être reconnue par tous pour un mahatma, et par beaucoup comme un *avatar*[1], avait vécu une vie d'être humain... Enfant, elle avait connu les joies et les chagrins d'un enfant. Adolescente, elle avait connu les joies et les tourments propres à cet âge. Elle était semblable à nous et cependant si différente. Sa densité spirituelle était unique, sa soif de Dieu inhabituelle chez un enfant. L'amour de Dieu, dans sa quintessence, relève de l'incompréhensible. Il suscite parfois la haine, parfois l'ironie, le plus souvent le doute. Thérèse d'Ávila et la petite Thérèse de Lisieux ont parfois été regardées comme folles, mais c'est une erreur ! Les fous de Dieu sont les moins folles des personnes. Ils sont au contraire les plus sages, ils ont tout compris. Ils savent tout des destins premiers et des fins dernières. Nous balbutions la vie, eux ont répondu aux seules questions qui vaillent : Qui suis-je ? Que dois-je faire ? Où dois-je aller ? Quel est le sens de ma vie ? Où va notre terre ?

À côté de cela et du don d'elle-même, rien ne comptait. La petite Thérèse s'immergeait en Jésus, et Kounjou s'immergeait en Krishna, dans un désir d'absolu qui la faisait regarder comme un être étrange et inquiétant. On châtiait la jeune fille. Elle souriait, priait, dansait. Déjà à cette époque, elle entrait en *samadhi*, c'est-à-dire en extase. Ces immobilités peuplées de la grâce la comblaient. Elle n'était qu'une fille de pêcheurs, une élève qui s'était arrêtée à l'équivalent du CM2, elle n'avait jamais étudié la théologie, elle ignorait tout des Védas, des *Upanishad*, du *Mahabaratha* et cependant elle savait tout. La sagesse millénaire de l'Inde coulait en elle.

Dans sa famille, on songeait à la marier. On se marie tôt en Inde, particulièrement chez les filles issues de milieux pauvres. Marier une fille signifiait pour les parents qu'on ne

---

1. Vient d'un mot sanskrit qui signifie « descente » ou « descendre » et peut se traduire par « incarnation divine ».

l'aurait plus à charge, ce qui revenait à se débarrasser d'elle pour la confier à un mari, dot à l'appui. Damayanti avait élevé ses quatre filles en vue du mariage. Elle leur avait appris tout ce qu'une future épouse doit savoir pour être maîtresse de maison et elle en était fière. Les parents de Kounjou tenaient la vertu de leurs filles en grande importance ; aussi tous ceux du sexe masculin étaient vus comme suborneurs potentiels. Il fallait les tenir à l'écart. Damayanti interdisait donc à ses filles de parler aux hommes, leur commandait de baisser la tête en leur présence et d'éviter de les regarder. La nuit tombée, les quatre filles de Sougounanandan et de Damayanti étaient enfermées à double tour dans la maison et on avait élevé une palissade gardée par un gros chien. Pourtant, les hommes étant ce qu'ils sont, Damayanti tremblait. Il fallait marier les filles le plus tôt possible. Kounjou, pas plus que ses trois autres sœurs, n'eut le choix de son mari. Les rencontres libres comme chez nous, celles qui répondent au sentiment amoureux, sont rares en Inde. Dénicher un mari appartenait au père, et le père de Kounjou lui trouva un bon parti. Une première rencontre fut arrangée avec le « fiancé » et sa famille. C'était l'occasion, la seule, pour la future épouse de voir celui qu'on lui destinait. Kounjou avait bien senti ce qui se tramait. Cette fois, accepter ce que proposaient ses parents revenait à refuser l'appel de Dieu. Elle n'aurait pu accepter à la fois l'un et l'autre. Elle choisit Dieu. Un jour, on la pria d'apporter du thé à un inconnu dans la pièce à côté. Elle refusa encore. Après ce camouflet, le père se le tint pour dit et se mit en quête d'un autre parti. Cette fois, ce fut Damayanti qui pria sa fille d'apporter à l'inconnu un plateau de bananes. Pour la seconde fois, elle refusa : « Va donc porter les bananes toi-même ! » répondit-elle. Lors d'une troisième tentative, Damayanti se fit douce comme le miel et pria sa fille de prendre exemple sur son attitude à elle en présence du garçon. Kounjou se mit alors à hurler et elle menaça le garçon avec un « *olakka* », un bâton de sept kilos dont on se servait pour piler le riz. Le garçon et sa famille prirent leurs jambes à leur cou. La fille était folle…

Ils recommenceraient, mais elle savait ce qu'elle voulait et ce qu'elle ne voulait pas. Ce fut pour elle un moment terrible. Un moment où parfois il lui sembla perdre sa joie de vivre et son bonheur d'être. Elle s'enfuirait. En attendant, ils firent tout pour mater ce caractère rebelle. Cela devint intenable. Un jour, elle résolut d'en finir : elle irait se noyer dans la mer, ainsi tout s'achèverait. Mais la vie en elle était plus forte que tout chagrin. Son destin exigeait qu'elle vive et qu'elle accepte tout. Dieu lui commandait de tenir bon.

Elle voyait Dieu dans la splendeur de sa création. Dans cet océan qui scintillait au clair de lune, dans cette jungle frémissante autour d'elle, dans ces oiseaux qui pépiaient, dans ces animaux qui s'approchaient d'elle et semblaient la comprendre, dans ces rayons de soleil qui venaient après la pluie, jusque dans ces grains de sable qui murmuraient sous ses pieds. Tout était amour pur. En *samadhi*, elle entrait en communion avec Dieu, elle le voyait, elle lui parlait, elle dansait avec lui. Krishna aimait chanter et danser. Dieu était en elle et chantait. Krishna était en toute chose. Elle l'apercevait partout : dans les arbres, dans les plantes, dans les petits enfants qui la suivaient pour jouer. Il n'était pas extérieur à elle ; il faisait partie d'elle. Il était son âme. Elle était Krishna et Krishna était elle. Plus jamais elle ne reviendrait en arrière.

Faire de sa vie une guirlande de beauté…

« La valeur d'un homme tient dans sa capacité à donner et non dans sa capacité à recevoir. »
Albert EINSTEIN

Amma m'a appris qu'il ne sert à rien de désirer accéder à l'Everest de la spiritualité si cela ne sert pas à accomplir le grand commandement de Dieu qui est d'aimer l'autre plus que soi. Cette leçon d'Amma me touche profondément. Le commandement de Dieu n'était donc pas différent que l'on soit chrétien, hindou, bouddhiste ou ce que l'on voudra. « Aimez-vous les uns les autres comme je vous ai aimés », disait Jésus, qui pardonnait à la pécheresse Marie Madeleine parce qu'elle avait beaucoup aimé. Jésus qui disait : « Si nous ne sommes pas comme ces petits enfants, nous ne serons pas dignes d'entrer dans le royaume des cieux. » Amma ne parlait pas autrement, n'agissait pas autrement. Krishna ou Jésus sont les deux faces d'une même réalité qui se nomme Dieu.

Certains d'entre nous croient en Dieu et d'autres n'y croient pas. Pourtant nous sommes tous, les citoyens d'une seule et même terre, et ce faisant serviteurs de l'esprit. À peine venus au monde, nous débutons, parfois sans le savoir, une transformation spirituelle qui se confond avec la vie. C'est à nous de décider de l'issue de cette transformation, de choisir si nous laissons ou non le matériel l'emporter sur le spirituel, mais dès le départ la boussole de l'esprit nous désigne la bonne direction, la seule possible : l'amour. Si nous perdons le cap, Amma nous console et règle à nouveau la boussole. Il suffit de la regarder vivre, de la regarder faire. Son exemple est extraordinaire. Il est un stimulant incroyable. Amma est comme affamée d'amour.

Je suis fasciné par sa résistance à la fatigue. Des journées entières, si ce n'est des nuits, assise, elle donne son *darshan* à des milliers d'individus. Elle les serre contre elle, de toute son âme. Comme si ces milliers n'étaient qu'un seul. Où va-t-elle puiser cette énergie qui se donne à chacun comme s'il était son propre enfant ? Il lui est insupportable d'en laisser quelques-uns en dehors par manque de place ou de temps. Non, il n'y a aucun laissé-pour-compte dans la tendresse d'Amma. Un jour, à Penang en Malaisie, on la vit sortir à la tombée de la nuit, après avoir donné son baiser au dernier inscrit de la salle. Au-dehors l'attendait une foule immense. Elle repartit donc s'asseoir, après avoir demandé qu'on ouvre en grand les portes de la salle. Depuis l'aube, elle ne s'était pas reposée ni ne s'était interrompue pour boire et manger. Elle recommença son *darshan* jusqu'à ce qu'il n'y ait plus personne dans la salle. On sait l'attention d'Amma pour la souffrance, il est impossible que cela ne lui demande pas une énergie de tous les instants. Sa conscience du mal est étonnante. Elle connaît le mal de chacun même si ce chacun devient des milliers. Ce qui pourrait apparaître comme répétition ritualisée devient des instants de compassion personnelle donnée à chacun. Amma ne fait aucune confusion entre toutes les souffrances même si elles se ressemblent : maux physiques, chagrins d'amour, solitudes, dépressions, diabète, paralysie. Aucun mal pour elle ne ressemble à un autre, même s'il est le même. Chacun requiert son amour, que tout son être s'emploie à nous donner à tous. C'est grâce à ce flot d'amour qu'elle nous devine. Vous n'avez pas besoin de lui dire de quoi vous souffrez, elle le sait. Elle sait même mieux que vous ce dont vous souffrez.

Une grande âme n'est pas là simplement pour nous émouvoir, mais pour nous aider à progresser. Amma ne nous demande pas d'être ce qu'elle est. Elle nous invite à œuvrer dans le même sens : elle nous demande de rester vigilants et clairvoyants à travers nos vies. Nous pourrons trébucher, nous montrer égoïstes, vaniteux ou orgueilleux, certes ; mais à la condition de demeurer conscients de ce qui est bien ou mal, conscients que le sens de notre vie n'est pas d'amasser des richesses en ne pensant qu'à soi, mais plutôt de faire la paix avec nous-mêmes pour donner de l'amour. D'avancer à cloche-pied, s'il le faut, mais d'avancer quand même. Nous ne parviendrons peut-être qu'au camp de base, au pied de la montagne… Mais en levant les yeux, nous verrons le sommet, et, tout là-haut, peut-être, Dieu qui nous interpelle. Alors nous continuerons d'avancer.

Amma nous dit ceci : faire de sa vie un don d'amour est, parmi toutes les grâces, la plus grande. Entre vivre en solitaire dans la contemplation de Dieu et sourire à celui qui souffre, Amma n'hésite pas. Parmi tous, Swami Paramatmananda, qui était arrivé près d'elle sous son nom de Neal, était l'un de ceux qui avaient recherché le plus assidûment sa voie. Avant de vivre à l'*ashram* de Ramana Maharshi, il avait rencontré des grands yogis et des sages. Il alla un jour sur une montagne où un *rishi*[1], disait-on, habitait dans une caverne et demeurait depuis cinquante ans en union avec Dieu. Il acheta quelques offrandes et grimpa jusqu'à la grotte. À son arrivée, le *rishi* sortit en hurlant : il poursuivait avec un bâton un jeune berger suivi de quelques chèvres. Pourquoi cette colère ? Le jeune berger avait troublé la méditation du yogi. Nealou songea : « Si c'est là le résultat que l'on obtient en restant assis pendant des heures à méditer sur Dieu, ce n'est pas ma voie. »

L'exemple de Gandhi me revient à l'esprit. Un jour, le jeune avocat est en Afrique du Sud et voyage en train dans un

1. Sage visionnaire.

compartiment de première classe. Les Indiens n'ont pas le droit de s'asseoir en première ; le contrôleur le jette donc du train. Qu'aurions-nous fait en pareille situation ? Nous aurions éprouvé de la colère, de la peur ou une lâche résignation. Il en va tout autrement du jeune Gandhi, qui refuse toute passivité face à l'injustice, mais qui refuse en même temps d'user d'un moyen d'action injuste pour défendre une cause juste. Il lui faudra deux décennies pour réussir, mais jamais il ne transigera avec ses principes. Ce moment aurait pu être l'un des pires de sa vie, mais ce fut au contraire un événement fondateur.

Bien entendu, nous ne sommes ni Amma ni Gandhi, qui parviennent à suivre la bonne voie sans s'en éloigner, mais nous pouvons regarder ce qu'ils font et écouter ce qu'ils nous conseillent : ne jamais transiger avec l'absolu et ne jamais abandonner. Certains s'étonneront devant les souffrances qu'Amma a dû supporter et les épreuves qu'elle a dû traverser, car il est légitime de penser qu'une incarnation divine ne souffre pas. Je ne suis pas de ceux qui le croient parce que j'ai grandi dans le mystère du Christ. Amma a enduré cela pour nous montrer comment affronter les problèmes qui nous attendent dans la vie. Amma est venue dans un corps humain et elle agit et vit à peu près comme n'importe quel être humain. Bien qu'elle se soit volontairement incarnée, elle a choisi d'en connaître toutes les souffrances. Elle dira un jour : « Si vous désirez communiquer avec un sourd-muet, il est impossible de lui parler dans votre langue. Pour faire passer le message, il vous faudra employer le langage des signes. Mais cela n'implique pas que vous-même soyez sourd. »

La révélation

« On ne peut ressentir l'amour et la compassion véritables que lorsque l'on prend conscience de l'unité de la force de vie qui est le fondement et le support de l'univers entier. »
AMMA

J'avais gâché en vanité tant d'heures de ma vie. J'étais conscient que je n'avais plus de temps à perdre. Je lisais et j'écoutais les leçons d'Amma. La justesse de sa vision du monde jointe au charme de sa parole entraient en moi comme l'eau d'un nouveau baptême. Ce maître tapait si bien dans le mille du drame de l'humanité, les remèdes qu'il proposait me paraissaient si évidents que je me sentais rassuré et plus fort sur les horizons du monde. À l'écouter, je sentais bien que nous n'étions pas perdus et que la fin du monde n'était pas pour demain, à condition d'opérer un changement de cap. Je ne connaissais pas Amma depuis longtemps, et cependant sa voix m'était familière. Comme si son écho résonnait en moi depuis toujours. C'était la voix de la Mère universelle. La voix d'un être de lumière et celle de tous les grands initiés de jadis qui parlaient à travers elle avec des mots pour notre temps. Il y avait en elle Jésus et Bouddha autant que Krishna, le dieu dansant. Orientale, elle parlait à la fois pour l'Orient et l'Occident, puisque l'humanité était une et que les souffrances étaient partout les mêmes. Pour moi, chrétien, la voix de la fille de pêcheurs issue d'un coin de l'Inde, était la même que celle de Jésus en Galilée. Le *Notre Père* se fondait dans les accents des Védas. En écoutant Amma, je comprenais pourquoi de grands sages d'Occident avaient pu trouver sur les rives de l'Inde un nouveau Jourdain, pourquoi le père Ceyrac et Arnaud Desjardins avaient pu y rafraîchir leur foi. J'étais près de penser et de croire que saint Thomas, le dubitatif des Évangiles, était venu se ressourcer en Inde après la Croix.

Elle me fascinait et je voulais mieux la connaître, ce qui était difficile sans savoir sa langue maternelle, le *malayalam*. Mon chemin spirituel, qui était celui d'un éternel débutant, me fermait la porte de révélations accessibles aux initiés. Il ne me restait plus qu'à ouvrir mon cœur qui, comme on le sait, est plus intelligent que l'intelligence elle-même. Il me restait la candeur de l'enfant. Je voulus sentir à défaut de savoir. Il m'apparaissait comme une infidélité de ne pas oser la suivre pas à pas.

Je l'avais laissée jeune fille alors que son amour de Dieu ne lui laissait d'autre choix que de l'accepter. Je l'avais vue aux prises avec l'incompréhension, avec les incertitudes. Jeune fille, le destin de Kounjou ne semblait pas encore scellé. Certes, on se souvenait de ce jour lointain où un *rishi* errant et un peu fou lui prédisait un avenir extraordinaire. Mais justement le *rishi* était un peu fou... Petit à petit, Kounjou se laissait glisser dans l'acceptation de l'amour, puis ce fut le tour de l'acceptation de l'adolescente, puis celle de la jeune fille. On l'avait vue aux prises avec sa mère. On se souvenait de sa condition de petite « domestique », du rejet qu'inspirait sa peau noire. On l'avait vue refuser ce mariage qui n'était pas son destin. Puis un jour, il y eut autre chose...

Un mercredi soir du mois de septembre 1975, elle cheminait vers chez elle en compagnie de son petit frère Satish. Elle était allée couper de l'herbe pour les vaches et marchait avec un gros ballot sur la tête, comme le font les paysannes de l'Inde. En marchant, elle priait. Elle entendit alors un chant. Elle en avait l'habitude mais pourtant, celui-ci lui parut différent. C'était un chant qui venait d'ailleurs. Elle se mit à courir vers son origine : c'était une assemblée de dévots de Krishna qui priaient. Poussée par une force inconnue, elle se mêla à eux. Ils la regardèrent et Krishna leur apparut, dans sa beauté, sa grâce et sa divinité. Ils étaient pétrifiés. Kounjou leur dit : « Apportez-moi de l'eau. » On la lui apporta et elle se mit à les bénir. Un événement comme celui-ci fait toujours des sceptiques. « Si tu es Krishna, fais-nous un miracle ! Alors, nous te croirons. » « Il n'existe pas de miracle, répondit-elle, le seul miracle est en vous. Vous avez en vous le joyau pur. Pourquoi en demandez-vous l'imitation ? Priez et vous verrez ce joyau en vous-mêmes. » Ils insistaient : « Fais-nous un miracle quand même et nous te croirons. » « Les prodiges ne m'intéressent pas, répondit-elle. Je suis ici pour vous libérer par le cœur et non pour des prodiges. S'il est un miracle, c'est celui-ci. Aucun autre ! »

Ces incrédules n'étaient pas méchants : ils doutaient simplement, ce qui est le propre de l'homme. Ce n'est ni un crime ni un péché. Le doute de saint Thomas après la Résurrection n'est pas moins honorable que la foi des saintes femmes qui reconnaissent Jésus dans le ressuscité. Il en va de même pour ce qui se passe ce jour-là avec la fille du pêcheur. Ces gens sont prêts à croire, mais ils craignent en même temps d'être dupes ; il leur faut une preuve. Si cette fille est habitée par Dieu, alors qu'elle fasse un miracle !

Kounjou y consent et demande qu'on lui apporte une cruche d'eau. Avec cette eau, elle asperge les assistants. Puis, elle demande à l'un d'eux de plonger sa main dans la cruche. Quand il la retire, elle est couverte de lait. Kounjou demande alors à un autre de plonger sa main ; cette fois, c'est du pudding sucré. On fait ensuite circuler la cruche dans la foule, afin que tous puissent avoir du pudding, et toujours, elle reste pleine à ras bord. C'est une version indienne des Noces de Cana en Galilée. Les sceptiques virent et ils crurent. Un peu plus tard, Kounjou dira : « Jusqu'à ce jour, tout le monde ignorait que je m'étais identifiée à Krishna. Ce jour-là, tout fut différent.

Dieu me demandait une fois pour toutes de m'absorber en Lui. C'est alors que j'entendis cette voix intérieure : des milliers et des milliers de personnes de par le monde sont écrasées par la misère. J'ai beaucoup à accomplir par toi qui es une avec Moi. » Chaque tradition raconte la métamorphose de ceux que Dieu appelle. Parvenue à un certain degré, l'âme franchit l'étape ultime qui sépare la terre du ciel, l'âme humaine de l'âme divine. Cette accession représente le rachat de tout mal et l'apothéose du bien. Les ténèbres s'évanouissent, le ciel investit la terre. C'est le cadeau de Dieu à l'humanité. Kounjou dira : « À compter de ce jour, j'avais la faculté de tout connaître au sujet de chaque personne. Quand je voyais les gens et devinais leur souffrance, je ressentais pour eux une immense compassion. Je pouvais comprendre leurs requêtes sans même qu'ils m'en parlent. »

Les grandes missions connaissent leur essor dans l'infiniment petit. Pour Jésus ce fut la grotte de Bethléem, pour François d'Assise une église en ruines, pour Amma une étable transformée en temple, adossée à la maison paternelle. Elle avait commencé à donner ses *Bhavas Darshans*[2] au petit groupe de disciples qui grossissait de jour en jour. Dans le sud de l'Inde, les fortes averses sont courantes ; un jour, ce fut si violent que tous ne purent se protéger à l'intérieur du petit temple. Kastouri, la sœur d'Amma, se souvient que la pluie torrentielle tomba tout autour mais épargna l'espace proche du temple et de la maison[3].

Je raconte les choses telles qu'elles furent dites par Amma elle-même et telles qu'elles furent confirmées par sa sœur, qui en fut le témoin direct[4]. Je ne peux en savoir davantage. Certains de ceux qui furent ses premiers disciples ont eu des échanges avec elle sur le sujet, mais il semble qu'eux-mêmes ne

---

2. Étreindre chacun, en étant identifié à la divinité.
3. *Matruvani*, juin 2012.
4. *Matruvani*, juin 2012.

soient pas parvenus à comprendre ce qui s'est réellement passé. Cela échappe à l'intelligence humaine. Demande-t-on à Jésus ressuscité comment s'est déroulée la Résurrection ? Nealou, très proche d'Amma, eut la curiosité de lui demander quel était le moment précis où elle avait atteint la Réalisation[5]. Amma se contenta d'abord de cet aveu étrange : « Je suis une folle qui ne sait rien ! »

Mais plus tard, Amma admit qu'elle avait réalisé l'union avec Dieu durant son adolescence. Et elle ajouta : « Mais tout cela n'est qu'une "*lila*[6]". » Cela n'avait d'autre but que de donner un exemple au monde. Amma n'a jamais pensé que cet univers était réel : depuis sa naissance, elle ne sent que la réalité de Dieu. « Les Krishna et les Devi Bhavas sont soumis à la volonté d'Amma, elle peut les manifester quand bon lui semble. Ils sont pour le bien du monde. Son être le plus profond est toujours le même, la Paix éternelle[7]. »

---

5. Il est assez difficile de donner de la réalisation spirituelle une définition qui satisfasse tout le monde. Mais s'il n'existe pas une seule voie spirituelle pour tous, on peut s'accorder sur le point qu'il s'agit d'un état absolu de conscience où on se sentirait enfin réalisé.
6. Jeu divin.
7. Swami Paramatmananda, *Sur le chemin de la liberté*, tome II.

Ne plus dire « je t'aime », mais « je suis amour »

« Le problème d'aujourd'hui n'est pas l'énergie atomique, mais le cœur des hommes. »
Albert EINSTEIN

Nous sommes des pèlerins de l'amour et de la souffrance. Certains n'ont pas connu l'amour d'une mère, d'autres sont trop amoureux du désir ou croient qu'aimer exige d'être aimé. Dans l'attente, dans le manque, nous mourons à nous-mêmes. Amma nous le répète : aimer n'est pas ce que l'on croit, une balance égale entre deux dons, le mien et le tien. Aimer est au contraire déséquilibre entre un don total, le mien, et, éventuellement, le tien. Parce que nous sommes des humains, nous sommes convaincus qu'un « je t'aime » doit être réciproque. En réalité, nous souffrons du déséquilibre dans une attente frustrante qui n'a pas lieu d'être. La vérité est que nous mettons dans notre amour trop de désir et pas assez d'amour. L'amour n'est pas un troc, c'est un don. Le don n'a pas besoin d'un contre-don. C'est une vérité extrêmement difficile à admettre. Accepter du destin de n'être ni riche ni puissant, passe encore, mais aimer sans réciprocité ? Seuls les saints le peuvent. À mes yeux, l'amour est une drogue dont je ne saurais me passer. Une vie sans être aimé m'est insupportable, et c'est le cas de la quasi-totalité de la population humaine. Nous sommes tous affamés du désir d'être aimés. Amma, elle, aime sans conditions. Elle écoute nos plaintes, apaise nos douleurs. Elle a deviné nos peines : nous pensons ne pas être aimés comme nous le méritons. Quand nous allons nous blottir contre elle, neuf sur dix d'entre nous n'ont qu'une prière en tête : « Délivre-moi de mes peines de cœur. Amma, toi qui peux tout, fais que l'on m'aime ! » Le mal d'amour est le mal le plus répandu, le mieux partagé ; on a l'habitude de le lier très étroitement au bonheur. Certains vont même jusqu'à tuer au nom de l'amour.

Amma veut nous persuader que notre condition n'est pas inchangeable et que nous ne serons pas éternellement dans la souffrance. Elle nous console, mais nous éclaire aussi. Si notre amour et notre *ego* ne font qu'un, nous perdrons toute chance d'aimer vraiment. Laisserons-nous cette chance en route ?

Les mahatmas sont beaucoup plus forts que les psychiatres. Comme ils fusionnent avec le divin, ils vous devinent avant que vous n'ayez parlé. Amma nous sait dominés par le désir amoureux, qu'elle ne méprise pas, mais dont elle connaît les ravages. Sa mission consiste à nous faire ressentir l'amour vrai, à nous montrer comment l'atteindre. Cela représente le travail de toute une vie, mais le bonheur n'est que dans cet amour-là.

Amma nous dit : « N'aimez pas… *soyez* amour ! » Il nous faut cesser de perdre du temps à parler d'amour, à essayer de le définir. Plus vous en parlerez et moins il vous habitera. Laissez-le travailler en vous. Vous le sentirez progresser, vous envahir, vous inonder. Il est serein, doux et tendre. Il n'est pas la passion, ce poison charmant. Il n'apporte pas, comme elle, la frustration et la jalousie. Il prend toute sa place dans votre cœur, lui fait découvrir la compassion. Avec elle viendra le bonheur. Il n'y a plus de séparation, plus de pluralité, plus d'*ego* face à d'autres *ego*, mais un sentiment du Tout unifié. Ce n'est pas une utopie, mais une réalité. Il est certes difficile d'y parvenir, mais il faut s'efforcer de tendre vers cela. L'amour-compassion n'attend de nous qu'un acquiescement, une acceptation, une clé pour investir votre cœur, et enfin nous pourrons nous défaire du manque, de la jalousie, de la douleur de la séparation et de la haine. Vous mettez cette clé dans le trou de la serrure, vous la tournez et le bonheur est là. Nous possédons tous cette clé pour ouvrir la porte du bonheur, libre à nous de nous en servir. Amma sait combien c'est dur. Elle ne nous promet pas d'accéder d'un tour de clé au paradis : il nous faudra nous débarrasser de nos mauvaises habitudes. Et Dieu sait qu'elles sont coriaces !

Regardez Amma, regardez-la agir, vous verrez que l'amour et la compassion sont *un*. Je l'entends nous dire : « Ma voie n'est pas celle de la libération, mais celle de l'amour et du service au monde. » Autrement dit, il ne faut pas se libérer du mal, mais chercher à créer le bien. Cette parole surprendra ceux qui pensent que le travail d'une vie consiste à se libérer du mal. Mais se libérer, pour quoi faire ? À quoi bon se libérer si cela ne sert que nous-mêmes ? Ne serait-ce pas là un des pièges de l'*ego* ? Peut-être le pire. Nous devons aimer les autres au-delà de nous-mêmes. Amma nous dit encore que le secret d'une vie consiste à apprendre à aimer et à servir le monde. Prier, ce n'est pas réclamer à Dieu un médicament pour chaque douleur ; c'est plutôt lui demander de nous aider à les accepter et à les oublier en servant. Une vie, ce n'est pas jouer à éviter nos turpitudes, c'est les affronter et les vaincre. Une croyance populaire veut qu'il y ait sur terre des gentils et des méchants, des généreux et des cœurs secs, condamnés à rester dans la même catégorie toute leur vie. Mais ce n'est pas si simple : même les assassins aiment leur mère. La bonté et la compassion, nous les avons tous et toutes ; certains les ont simplement plus enfouies que d'autres. Apprendre à aimer, nous dit Amma, ressemble à n'importe quel apprentissage. Quand vous voulez apprendre à lire, à écrire, à chanter, à danser, vous travaillez. Pour apprendre à aimer, c'est la même chose. Il suffit de commencer, d'avancer, de reculer et, en fin de compte, de progresser. Apprendre à aimer, c'est apprendre à donner. C'est nous entraîner à oublier nos désirs, à nous oublier, en concentrant tous nos efforts sur le mal de l'autre.

Contribuer à la guérison d'autrui est bien plus gratifiant que la réalisation de nos désirs, que la personne soit ou non reconnaissante. Les satisfactions de l'*ego* sont éphémères. On peut avoir une belle voiture, mais vite s'en lasser ; une belle maison, mais à laquelle on ne prête plus attention. On peut avoir conquis l'homme le plus riche de la terre, la femme la plus désirable qui soit, et cela s'évapore toujours. Ce n'est qu'une succession de faux bonheurs, ceux qui annoncent le vide des cœurs.

Amma n'a rien pour elle. Elle vit simplement : tout l'argent de ses œuvres va aux nécessiteux. Elle mange peu et de manière irrégulière, elle dort peu. Elle méprise sa fatigue, se donne entièrement. Elle écoute inlassablement tous ceux qui viennent à elle. Est-elle heureuse ? Oui, mieux que cela, et son bonheur illumine le monde. Sans cela, comment pourrait-elle résister à l'avalanche ? Toute la misère du monde tomberait sur ses épaules : il est déjà éprouvant d'écouter un proche raconter ses chagrins, il est logique de croire que ce soit invivable pour Amma, à qui se confient des milliers de personnes. Pourtant, ce n'est pas le cas, elle va chercher dans l'amour pur son écoute et sa compassion : « L'amour ? nous dit-elle avec humour. Il est à l'intérieur de vous. Il suffit de changer d'attitude pour le trouver. Vous n'êtes pas des lampadaires, mais de vrais transformateurs capables de générer une énergie gigantesque. Vous n'êtes pas une bougie qu'il faut allumer, mais vous avez tous à l'intérieur un soleil qui est sa propre source de lumière. »

C'était un jeune mahatma…

« Lorsque nous cherchons Dieu, l'amour dit : par ici ! »
Victor HUGO

Un petit banian poussait en bordure du rivage de Vallikavu. Une minuscule couronne de plantes multicolores, installée à ses pieds par les jeunes gens du village, lui rend hommage. Puis, ils avaient construit tout à côté une petite hutte recouverte de palmes tressées. Là, tous les soirs, ils venaient chanter des *bhajans*, des chants sacrés, en l'honneur de Krishna. C'est en cet endroit que Kounjou, quelques années plus tard, vint chaque soir chanter des *bhajans* à son tour. Auprès d'elle, des gens venant de partout alentour commençaient à affluer. Ils avaient pris l'habitude de lui confier leurs peines et leurs souffrances. Kounjou les apaisait. La nouvelle de ses bienfaits commença à se répandre comme une traînée de poudre et les gens de tous les villages proches vinrent lui confier leurs chagrins. Au fil du temps, ces malheureux qui repartaient chez eux consolés ou guéris devinrent des pèlerins, et les pèlerins devinrent des dévots. Parmi eux se rencontraient déjà toutes sortes de gens, certains frappés par le malheur, d'autres en quête de bonheur, d'autres simplement curieux. Tous avaient un bienfait à demander, un malheur à raconter, une souffrance à apaiser. Tous repartaient convaincus que cette jeune fille n'était pas comme les autres. Kounjou ne rejetait personne. À ses yeux, chacun était sacré, chacun était créature de Dieu. Il lui commandait de les accueillir avec bonté et elle lui obéissait.

Sougounanandan, le père de Kounjou, s'interrogeait depuis longtemps déjà. Il douta encore durant des années, puis il s'abandonna à la volonté de Dieu. Cela survint d'une manière simple. Un jour, il entendit sa fille chanter des *bhajans* et la vit accueillir des gens. Il avait assisté à cette scène des dizaines de fois. Cette fois, il pleura et il crut. Il lui arrivait encore de craindre pour elle : les parents demeurent toujours des parents. Ils veulent toujours le meilleur pour leurs enfants. Sougounanandan et Damayanti voyaient grandir leur fille, ce qui les enchantait et les inquiétait tout à la fois. La grâce de Dieu garde une part de son mystère. Serait-elle heureuse dans ce qu'elle avait choisi ? Ils restaient, en dépit de leur foi, des gens ordinaires, soucieux de la coutume : ils sentaient sur eux peser les regards d'autrui. Des regards qui admiratifs, qui interrogatifs – parfois même hostiles. Ils s'interrogeaient. Combien de temps cela allait-il durer ? Un an ? Deux ans ? Dix ans ? Il leur était impossible d'imaginer que cela durerait toute une vie. Même Dieu pouvait se lasser de ses enfants les plus chéris. Les missions confiées par Dieu ne sont pas toujours éternelles. Pour les parents de Kounjou, un jour viendrait où elle ne chanterait plus, n'écouterait plus, n'apaiserait plus, ne guérirait plus. Ce jour-là sonnerait l'heure du mariage, l'accomplissement du destin de la jeune fille. Ce n'est jamais facile d'élever des êtres prédestinés. Dans les Évangiles, lorsque Joseph et Marie, en visite au Temple de Jérusalem, perdent soudain l'Enfant Jésus, ils le cherchent, inquiets à en mourir, pour finalement le retrouver au milieu des rabbins. Jésus lit à haute voix les Écritures et, se tournant vers ses parents, leur dit : « Ne saviez-vous pas que je me trouvais dans la demeure de mon Père ? » On peut imaginer leur stupéfaction.

Les parents de Kounjou, encore une fois, lui proposèrent de prendre époux. Elle refusa. C'était définitif. Découragés, ils consultèrent un astrologue d'un lieu éloigné et lui soumirent l'horoscope de leur fille. Celui-ci répondit, en proie à une forte émotion : « Votre fille est un mahatma ! Oubliez toute idée de mariage, cela serait cause d'un grand malheur. »

Il ne se trouvait pas que des êtres de foi parmi ceux qui venaient. Certains voulaient la confondre, l'acheter en lui commandant des miracles, ainsi qu'on a toujours fait avec les mages d'ici et d'ailleurs. Elle souriait : « Je dis non pour les miracles ! Je ne cherche aucune renommée, aucune célébrité. Il n'est qu'un seul trésor. C'est celui qui est au fond de votre cœur. Celui-là ne s'achète pas. Oubliez l'argent et les biens du monde. Je n'ai qu'un but : servir Dieu et les gens qui souffrent. Avec un total désintéressement. L'argent n'intéresse pas Dieu. Il ne m'intéresse pas. »

Les visiteurs étaient de plus en plus nombreux, ils affluaient par centaines. Le bonheur de la plupart d'entre eux, lorsqu'ils rencontraient Amma, était indescriptible. Mais c'étaient des êtres humains, et ils connaissaient la peur. Un jour s'amoncelèrent des nuages noirs annonçant un orage ; ils craignaient la foudre. Kounjou se mit à chanter des *bhajans* et les nuages s'éloignèrent. Un autre jour survint un cobra. Kounjou le prit entre ses mains et l'embrassa sur la langue. Le cobra disparut à jamais. Une autre fois, les « enfants de la Mère Océan », comme on appelait les pêcheurs, se lamentaient, car ils ne pêchaient plus rien. Kounjou alla chanter face à l'océan et un banc de poissons apparut. Jamais on n'en vit autant.

Beaucoup de ses visiteurs étaient surpris. Ils s'attendaient à un maître spirituel hiératique et inaccessible, mais ils avaient devant eux une fille toute simple qui leur souriait, bavardait avec des disciples qui avaient tout de ramoneurs, les mains couvertes de suie et de poussière. À cette vue, certains des visiteurs tournaient casaque. Amma éclatait de rire. Elle disait : « Ils sont venus ici à la recherche d'un grand gourou. Me trouvant dans cet état, ils s'en vont en se disant : *On est tombés sur quelque fille folle !* »

Certains l'admiraient alors que d'autres la haïssaient. Certains étaient indifférents, mais voulaient profiter d'elle.

Ils avaient en commun le fait d'être des humains : tous les pèlerins qui arrivaient avaient besoin de boire, de manger, de dormir. Ainsi, aux abords du banian sacré, fleurit un petit commerce. Mais Kounjou n'aimait pas l'argent et refusait que soit vendu un lieu voué à Dieu. Au désarroi des échoppes, elle quitta le banian sacré et s'installa dans l'étable contiguë à la maison de son père. La compagne de ses jours et de ses nuits était une vache. Les dévots quittèrent le banian et la suivirent dans l'étable ; ils l'auraient suivie partout où elle serait allée. Sougounanandan s'en émut. Kounjou prit son père à part : « N'aie pas peur, père, car ils vont venir des quatre coins de la terre. Et certains s'installeront ici chez toi. N'aie pas peur. Ne demande rien. N'envie rien ni personne. Ne cherche pas à gagner de l'argent. Tout viendra à toi sans que tu le demandes. Tout ce dont tu n'auras pas besoin, donne-le aux pauvres. Un grand centre naîtra ici. On te jalousera. On essaiera de te faire du mal. Ne réponds jamais au mal par le mal, mais par la bonté. Ce lieu appartient à Dieu. »

Il est difficile de conquérir tous les cœurs, même quand on est vrai et bon, et même si c'est la volonté de Dieu. Certains prirent peur. Or, la peur est mauvaise conseillère. Elle peut même être un poison. Des fils de propriétaires du coin firent bloc contre les pèlerins, dont ils craignaient qu'ils ne songent à leur voler leurs terres. Kounjou l'avait annoncé : Ils seraient nombreux à venir et à vouloir rester. Rester... Ce mot les effrayait. Pour s'installer, il fallait vivre, avoir de la terre et des maisons. Les jeunes fils de propriétaires se liguèrent entre eux. Bientôt ils furent plus d'un millier. Les paysans et les pêcheurs du coin ne bougèrent pas et laissèrent faire. Certes, ils adoraient Kounjou, qu'ils connaissaient depuis toujours, mais ils jalousaient son père. Sougounanandan n'avait pas un caractère facile. Voilà que la notoriété de Kounjou lui montait à la tête et le rendait arrogant. Kounjou l'avait pourtant averti, mais il n'avait pas la grâce de sa fille. La haine naquit, puis suivirent la diffamation et les rumeurs. On se mit à raconter n'importe quoi. Les plaintes anonymes commencèrent. La police enquêta. « Arrêtez-moi, si vous voulez... ! dit Kounjou aux agents. En prison, je pourrai prier à loisir. » Ils en furent retournés et lui demandèrent pardon.

Il est difficile de désarmer la jalousie et la haine. La police refusait de s'en mêler ? Tant pis, ils n'avaient besoin de personne et s'en occuperaient eux-mêmes. Ils rêvaient de s'emparer de Kounjou, la source de tous leurs problèmes ; la faire disparaître, la tuer... Une nuit, ils s'approchèrent de l'étable et l'aperçurent en prière. Elle était si belle qu'ils en furent pétrifiés et repartirent. On décida donc de se faire aider de l'occulte en recourant à la magie noire. Un sorcier se fit passer pour un dévot et offrit à Kounjou une cendre sacrée préparée à partir de la chair d'un cobra et réputée provoquer la mort de celui ou de celle qui la touchait. Kounjou connaissait ses effets. Pourtant, elle sourit, prit la cendre, s'en enduisit le corps, en murmurant : « Si telle est la volonté de Dieu... » Rien n'arriva. On lui offrit du lait empoisonné. Elle sourit et but le verre d'un trait. Cela n'eut pas le moindre effet. Elle n'avait peur de rien ni de personne. Seule comptait la volonté de Dieu. Elle continua de faire comme si de rien n'était, d'aller dormir seule sur la grève à la belle étoile. Elle adorait la compagnie des étoiles et le ressac de l'océan. Sa dévotion prenait des contours extraordinaires. Damayanti, qui en était témoin, y était très sensible. Mais elle demeurait fidèle à elle-même, à ses coutumes et à ses préjugés. Certes, elle admirait sa fille, mais elle ne pouvait oublier la tradition. Elle continua de la considérer comme une servante et à veiller sur sa vertu, à lui interdire de parler aux hommes. Qu'on admire la beauté et la compassion de sa fille, soit, mais cela devait en rester là.

Soubhagan était pire encore que Damayanti. Il est courant qu'un frère aîné veuille protéger ses sœurs, mais dans ce cas-ci, cela allait plus loin. Il était méchant et absolument athée, ce qui n'arrangeait rien. Les extases de sa sœur, sa proximité de Dieu, ses dialogues et ses chants le rendaient furieux. En la voyant admirée par tout un peuple, il devenait hystérique, d'autant plus que ces gens étaient aussi bien des hommes que des femmes. Il se mit à développer une haine froide. À ses yeux, les femmes étaient inférieures aux hommes et devaient rester à leur place. Cette place était à la cuisine, à la lessive et au lit. Soubhagan devint l'ennemi juré de sa sœur.

Kastouri, l'aînée de la famille, avait beaucoup de cœur et souffrait de ces persécutions. À cette époque, elle donnait des cours particuliers aux enfants du voisinage et disposait d'un peu d'argent. Son désarroi face à la situation l'amenait à cultiver des idées un peu folles : « Et si je m'enfuyais loin d'ici avec Kounjou ? Et si nous nous suicidions toutes les deux[1] ? » Un jour elle prit son courage à deux mains et vint la trouver : « Kounjou, j'ai quelques économies. Avec cet argent, nous pourrions construire un *ashram*. » Kounjou éclata de rire. Aujourd'hui, après tout ce temps passé, Amma taquine encore Kastouri : « N'est-ce pas toi, la fille chérie qui voulait me construire un *ashram* en donnant des cours particuliers ? »

---

1. L'Inde est touchée depuis très longtemps par des vagues de suicides, en particulier dans les villages. Les causes en sont nombreuses : l'absence de toute solution de survie après des mauvaises récoltes, des mauvaises pêches, etc. Pour les suicides des femmes, beaucoup sont la conséquence des viols et des violences en général. Il est certain qu'Amma, enfant, comme tous les enfants, était familiarisée avec ces suicides beaucoup plus nombreux que chez nous.

Ouvre ta porte au bonheur et ne la ferme plus !

« Quelque tâche que j'entreprenne,
si je n'ai pas l'amour, je ne suis rien. »
Saint Paul

Nos chemins de vie à tous sont différents et uniques ; nos buts le sont également. Nous sommes semblables et dissemblables à la fois. Ce qui est commun à tous, c'est la possibilité d'un seul diamant : celui qui se trouve dans le fait de chercher. Celles et ceux qui vont vers Amma chercher une raison de vivre ne sont pas si différents de celles et ceux qui hier, aujourd'hui, demain sont allés vers Sri Aurobindo, l'abbé Pierre ou le dalaï-lama. Ils sont l'humanité en recherche d'elle-même. Une humanité qui souffre de mille maux, fragile et forte : fragile quand elle s'abandonne dans l'absurde, forte quand elle relève la tête pour regarder vers l'esprit. Les pèlerins en recherche d'eux-mêmes ne représentent qu'une toute petite minorité de notre humanité, et pourtant, ils sont le sel de la terre. Ils peuvent faire beaucoup pour elle en apportant à d'autres les bienfaits recueillis, en propageant le beau et le bien. Chacun réchauffe son espérance auprès des grands à un moment ou un autre de sa vie. Certains tôt, d'autres tard. Certains après une crise morale, un désarroi sentimental, d'autres après une grave maladie ; il y en a finalement qui vont « bien », mais qui souffrent d'un mal-être indéfini face à la vie. Il y a encore mille et mille causes au malheur. Il est évident que l'état où on se trouve a une influence sur la nature des attentes de celui ou celle qui cherche. Quand on va voir le père Pedro à Madagascar (ou quand on allait voir mère Teresa), on sait ce que l'on cherche et ce que l'on peut espérer : aider l'autre, celui qui souffre, de toutes ses forces. L'approfondissement spirituel peut valoir moins, en tout cas en apparence, que le travail désintéressé auprès des plus souffrants. En vérité, quand on approche d'Amma, comme quand on approchait jadis d'Aurobindo, de Ramakrishna ou de Ramana Maharshi, le don de soi et la recherche de soi sont ensemble cousus. En effet, si l'on va vers Amma dans le seul but de gagner le *nirvana*[1] et de se fondre dans le Soi suprême, on peut se tromper sur le sens de sa quête. Toute la vie spirituelle d'Amma se confond avec l'Amour de son prochain, qui se confond avec l'amour divin. C'est dans l'amour total que l'on pourra se trouver.

Le détachement, la paix de l'âme, le renoncement et l'amour du prochain sont consubstantiellement liés. À quoi servirait d'accéder au plus haut état de la conscience, de renoncer à tout ce qui est matériel si ce n'était que pour soi ? Ce serait absurde et vain. Il est bon de ne pas négliger tous les atouts pour enrichir sa vie intérieure. Mais il pourrait être dangereux de s'en satisfaire et, plus grave, de s'y complaire car on risquerait alors, par effet boomerang, de nourrir son *ego*. Heureusement, Amma est là pour nous rappeler avec douceur et fermeté qu'elle n'est sur terre que pour donner de l'amour, et qu'il devrait en être de même pour chacun. Elle saura vous remettre dans le droit chemin. Si l'on veut franchir l'infranchissable, aller au-delà du possible, ce sera grâce à l'amour. Amma nous offre sa vie en exemple, devinant nos tourments et les guérissant par l'amour. Au fond, nous avons tous déjà connu un avant-goût du bonheur qu'elle annonce : qui n'a pas ressenti, en aidant quelqu'un dans la détresse ou en accomplissant une bonne

---

1. État de béatitude parfaite pouvant être atteint par la contemplation visant à l'absorption totale de l'individu dans l'âme universelle.

action, comme une fièvre de bonheur, un état second où on se sent porté par la grâce ? La difficulté tient dans la tentation de retomber ensuite dans les pièges de l'*ego*, qui nous replie sur nous-mêmes, froids et solitaires, dans le désir d'être comblé pour soi, si fugace qu'il ressemble à l'écume de la vague qui s'évapore.

Amma nous dit : le véritable amour n'est pas une expérience passagère, une montée par à-coups, une suite d'allers-retours. L'amour est une expérience sans fin, à pratiquer sans modération, comme une habitude de tous les jours. L'amour ainsi ne se déshabitue pas de vous, il ne vous quitte plus, car il est devenu vous-même. Une fois que vous avez ouvert votre cœur et que vous avez trouvé cela bon, il faut le garder ouvert. Ouvert en permanence. Comme un phare qui ne cesse de luire pour guider le bateau à travers les récifs. C'est cette lumière au fond du cœur qui vous fait accepter tout de la vie, le bon comme le mauvais, le bonheur comme la souffrance. Vous acceptez parce que vous aimez. C'est vrai pour les peines du cœur autant que pour les souffrances du corps. Amma nous dit que l'amour est le remède absolu. Le remède pour le monde, le remède pour nous-mêmes. Si nous montons en amour, nous pourrons sauver le monde.

Et la déesse se fit mère…

« Dieu est compassion.
Il attend à la porte du cœur de chacun. »
Amma

Kounjou s'identifiait à Krishna. Par la méditation, par la prière et par les chants sacrés, par une alchimie que nous ne pouvons comprendre parce qu'elle se situe au-delà de nous-mêmes, au-delà de nos humaines métamorphoses, elle et lui ne faisaient qu'un. Rien ne paraissait devoir changer. Kounjou avait atteint la félicité en déjouant l'errance, le doute et le renoncement. En elle, une grâce constante lui faisait transcender les difficultés de la vie.

Puis survint un fait soudain, inattendu. Il sembla bouleverser sa mission, mais en réalité il n'annonçait que l'autre face du divin. Kounjou eut une vision : la vision maternelle de Dieu. Elle lui dicta avec précision ce que serait la voie de son service pour le monde. La Mère Divine, Devi, lui apparut. Cela survint alors que Kounjou était entrée en méditation, seule, dans sa maison. Derrière ses paupières closes, son regard était plongé dans l'Ailleurs, qui était l'Infini. Devi, la Mère Divine, soudain resplendit en elle, éblouissante. Elle illuminait le monde. Le sourire et la bienveillance de la Mère l'emportaient sur toutes les haines, toutes les rancœurs, toutes les petitesses. Son apparition fut d'une force telle que Kounjou sut à l'instant même ce que signifiaient la compassion et l'amour de Devi, et elle vit que cet amour et cette compassion étaient sa voie. La complétude divine était achevée, Krishna et Devi venaient de s'unir dans le cœur de cette fille de pêcheur. Petit à petit, celle qui n'avait vécu qu'en Krishna, chercha la Divine Mère. Elle la chercha auprès des arbres, des animaux, des oiseaux et auprès de l'océan. Elle s'habitua à la voir partout, et partout elle l'implorait. Plus que jamais, elle s'abandonna à la contemplation du ciel et de la terre, du soleil et de la lune, des nuages et des étoiles. Elle se laissa happer par l'infini. Kounjou devenait la Mère.

Mais elle ne l'était pas pour tout le monde. Soubhagan la haïssait d'une haine définitive parce qu'elle était différente. La différence non acceptée nourrit la haine. Pour accepter l'autre tel qu'il est, il faut de la générosité et accepter sans même comprendre. Cette générosité, Soubhagan ne l'eut jamais... L'amour que d'autres portaient à sa sœur avivait sa rancœur. Un jour, rentrant chez elle, elle dut l'affronter : « Va-t'en ! Tu n'as rien à faire ici... » lui dit-il. Elle obéit et s'en alla vivre au-dehors. Le ciel devint son toit, la terre devint son lit. Bientôt la mousson succéda à la saison sèche. Kounjou supporta la chaleur et la pluie qui la trempait jusqu'aux os. Sougounanandan, la voyant ainsi, en eut pitié et lui construisit une petite hutte devant la mer.

Sans compassion, où est l'amour ?

« La beauté et la splendeur de la vie dépendent entièrement de l'amour et de la foi. »
AMMA

Si j'insiste sur l'Amour, dans ce texte, c'est que là est la clé du message d'Amma, le nœud gordien de l'*ego*, celui qu'il faut trancher si nous voulons avancer. Si nous ne dénouons pas les forces de l'amour, tous nos efforts pour grandir seront vains. Nous pourrons développer l'esprit, maîtriser le corps, si nous n'avons pas l'amour, tout est vain. Saint Paul nous le confie dans une formule sublime et Amma en fait le cœur de son message. Pourtant, quand les saints parlent d'amour, on peut être surpris : une idée reçue veut que l'amour soit un sentiment qui unit deux êtres, et rien d'autre. Nous l'avons vu, cela n'est pas le cas. Il faut toutefois dissiper une équivoque : les saints ne méprisent pas l'amour entre deux êtres, mais à la condition que cet amour les fasse s'élever et s'ouvrir. À quoi servirait un amour égoïste et possessif, dans lequel n'entreraient que le désir physique et celui de l'appropriation ? L'envie de posséder quelqu'un, si elle peut se comprendre, est à éviter. Un saint s'adressera ainsi à deux amoureux : puisse votre amour vous aider à aimer davantage autour de vous. Si on a la chance d'aimer un être et d'en être aimé, il s'agit d'une grâce. On doit toujours remercier Dieu pour cette grâce en faisant en sorte que cet amour irradie pour que d'autres puissent en profiter. Dans ses discours sur la montagne, Jésus parlait d'un amour pour le prochain, c'est-à-dire pour un inconnu : c'est celui-là qui importe le plus. Le Bouddha parle du même dans ses enseignements. C'est celui qu'éprouve saint François d'Assise au long de sa courte vie ; c'est celui qui fait agir mère Teresa quand elle embrasse ses mourants.

C'est également celui dont vit Amma et qui conditionne tout ce qu'elle accomplit. Si Amma ne nous parle que de cet amour, c'est qu'elle sait qu'il est possible pour nous tous de l'atteindre, parce que nous le possédons comme un trésor caché au cœur de nous-mêmes. Amma pourrait dire comme mère Teresa : « La sainteté n'est pas réservée aux saints. Pratiquer la sainteté est la responsabilité de tous. Nous sommes nés pour être saints. »

Pour y parvenir, il faut passer par la compassion. Sans elle, il ne peut y avoir d'amour pour l'autre que vous ne connaissez pas, qui ne vous est rien, avec lequel vous ne partagez pas votre vie, avec lequel vous n'avez pas conçu d'enfant. La compassion n'est rien d'autre que l'élan qui vient se placer en lieu et place du désir. S'il est facile d'aimer celui ou celle qu'on désire, il l'est moins d'aimer celui ou celle que vous ne désirez pas. Pourtant c'est possible et souhaitable. L'amour est l'énergie propre à révolutionner le monde par un changement du regard entre les êtres, c'est ainsi qu'il est utile. C'est cet amour qui abaisse la haine, la violence et la guerre. Pour accéder à cet amour, faut-il rejeter l'autre, celui qui vous est habituel, l'amour-désir ? N'opposons pas l'un à l'autre. N'opposons pas deux êtres, celui qui désire et celui qui éprouve un élan vers ceux qui ne lui sont rien. Ces amours sont de deux ordres et cependant ils sont compatibles. Si par la compassion l'on reconnaît comme un frère cet autre qui n'est rien pour soi, cet amour qui fait bouger le monde devient accessible. La passion amoureuse fait vibrer nos sens mais ne saurait changer le monde. Les amours d'Héloïse et d'Abélard, de Tristan et d'Yseut, d'Arthur et de Guenièvre nous font rêver. Mais combien plus beau est le regard de Jésus sur le bon larron, celui de François d'Assise sur le lépreux, celui de Teresa sur le mourant, celui d'Amma sur tous ses frères !

Compatir... Cela semble réclamer de demeurer sur le registre de la souffrance. Mais ce n'est pas vrai, bien que cela commence souvent ainsi. La plupart du temps, il faut que l'autre, mon frère, souffre, pour qu'un sentiment monte en moi, envahisse mon cœur et me fasse lui tendre la main. Cela commence par l'empathie ou la pitié. Puis tout devient différent. C'est là que cet amour devient beau : dans la continuation de mon geste, dans cette palpitation de mon âme, à partir du moment où celui qui souffre va mieux ou se trouve guéri. Cela commence comme une main qui relève, cela continue par un sourire échangé, cela se poursuit quand ce n'est plus lui qui est par terre mais moi, et qu'à son tour, il me relève. Cet amour-là exige deux conditions : la volonté de venir en aide, suivi de l'aide elle-même. C'est cette main tendue qui relève, au péril parfois de sa propre vie. Un jour, durant la tragédie nazie, un des compagnons d'infortune du père Maximilien Kolbe, un père de famille, est promis à la chambre à gaz. Kolbe ressent de la compassion pour cet inconnu, son frère. Il échange sa place contre la place de l'autre. L'amour, c'est d'être capable de mourir pour ceux qu'on aime, même si on ne les connaît pas.

Un petit acte de compassion a des effets incroyables à l'échelle de l'individu, mais il peut également en avoir à l'échelle de la terre s'il est communiqué à tous. Un jour, lors d'une enquête sur les guérisons miraculeuses, je me rendis dans un centre de recherches américain. Une expérience me stupéfia. On avait séparé en deux groupes égaux une centaine d'étudiants. Au premier groupe, on demanda de visionner un thriller. Au deuxième groupe, on projeta un film sur mère Teresa. On examina ensuite diverses variables biologiques sur les sujets. On observa ce résultat : ceux du second groupe présentaient des taux d'immunoglobulines dans la salive mille fois supérieurs à ceux du premier groupe. La puissance de leur immunité était démultipliée. Sidérant.

Amma n'a pas besoin d'une batterie de tests pour savoir ces choses : elle les connaît d'instinct. Elle connaît les effets de l'amour et de la compassion ; du regard porté sur l'autre et sur sa souffrance, d'une âme donnée à une autre âme qui souffre, d'un mot de compassion, d'un sourire, d'un baiser. Elle connaît tout des gestes qui apaisent et guérissent les malheureux, qu'ils soient riches ou pauvres, ceux qui n'ont rien autant que ceux qui ont tout et qui souffrent de la pire solitude peut-être, celle du vide.

Une petite chienne qui était ma sœur…

« Ce n'est pas de marcher sur les eaux ou de s'élever dans les airs qui est extraordinaire, c'est de marcher sur la terre. »
Lin Tsi

La terre est une, comme la création est une. Dieu a parachevé son œuvre de beauté en créant l'animal, l'arbre, la fleur, la jungle comme l'océan. Tout se conjugue pour chanter que le monde est beau et harmonieux. L'animal n'est sans doute pas doué de raison, mais au moins est-il doué de sensibilité ; pour grandir en amour, il faut étendre la compassion jusqu'à lui. Grâce soit rendue à la loi qui a fait passer nos petits compagnons sur cette terre du statut de meuble à celui d'« êtres vivants doués de sensibilité ». Il aura fallu tant de siècles depuis l'arche de Noé, depuis les poèmes de François d'Assise, pour y parvenir ! Tout animal, domestique ou sauvage, fait partie de l'harmonie du monde et garantit son équilibre. Tandis que, vieillissant dans la solitude, alors que tout meurt autour de nous, nos petits compagnons, nos chats, nos chiens nous accompagnent, veillent sur nous avec tendresse et nous redonnent le goût de la vie et la saveur d'un bonheur quand nous pensions les avoir perdus.

Amma regarde l'animal comme un frère ; nous devrions nous en inspirer. Kounjou, devant la haine de Soubhagan, avait quitté la maison de ses parents. Elle acceptait de vivre sans toit, dans la seule nature. Les animaux lui apportèrent alors l'affection dont ils étaient capables. Des chiens et des chats bien sûr, mais aussi des vaches, des chèvres, des pigeons et même des serpents. Ce n'étaient donc pas tous des animaux que l'on dit habituellement aimables : certains étaient même repoussants. Elle les aimait tous. Les hommes l'avaient chassée, et maintenant, les animaux l'accueillaient. Les hommes la regardaient de haut à cause de leurs coutumes, alors que les animaux, qui n'avaient aucun préjugé, firent tout pour lui venir en aide. Elle avait soif, la vache lui donnait à boire son lait. Cette vache l'accompagnait partout et ne voulait pas la quitter. Lorsqu'elle se trouvait en prière auprès de l'océan, la vache se couchait un peu en retrait pour ne pas la déranger. Elle ne voulait pas nourrir son veau avant de l'avoir nourrie elle. Son père considéra que cette attitude n'était peut-être pas convenable pour une vache et il décida de la chasser, mais il n'y avait rien à faire : la vache continuait de suivre Kounjou et lui obéissait. Il y avait une autre vache qui appartenait à son oncle. Un jour qu'il la poussait vers l'étable, à six kilomètres de là où Kounjou se trouvait, elle s'échappa et galopa jusqu'à elle. Parvenue à elle, elle lui lécha le bras et lui offrit son lait.

On vit des serpents s'approcher et se lover contre elle. Les perroquets, qui avaient toute son affection, se posaient sur son épaule, les pigeons dansaient devant elle, les aigles se perchaient sur les arbres au-dessus d'elle pour la protéger du danger. Un chat prit l'habitude de pénétrer chaque jour dans son petit oratoire de feuillage. Il s'asseyait auprès d'elle et fermait les yeux. On eût dit qu'il méditait. On essaya de l'éloigner, en le déposant parfois très loin, mais il revenait toujours et reprenait sa pose méditative.

Nul ne fut plus proche d'elle qu'un chien au pelage noir et blanc. Il venait se frotter contre elle et la léchait quand elle pleurait. Il lui apportait de quoi manger et le déposait à ses pieds. La nuit, il s'allongeait près d'elle de façon qu'elle se serve de lui comme d'un oreiller. Elle aimait tellement ce chien qu'il lui arrivait parfois, au plus fort de ses prières, de le prendre pour Devi elle-même. Alors, elle le serrait contre elle et l'embrassait avec effusion. Ce chien participait à la totalité de sa vie. Si elle priait, il se faisait immobile et respectueux. Si elle dansait en hommage à Devi, il se mettait à sauter autour d'elle. Un jour, il tomba malade et mourut. On demanda un jour à Kounjou si elle en avait ressenti du chagrin. Elle répondit : « Oh non ! Même mort, il viendra vers moi. Car il vit. » Elle savait son âme immortelle. « Ces animaux comprenaient exactement ce que je ressentais. Si je pleurais, ils pleuraient avec moi. Si je chantais, ils dansaient avec moi. Quand je rejoignais ma mère Devi, ils se lovaient contre mon corps. Il n'y avait plus d'animaux sauvages ou d'animaux méchants. Il suffisait de les regarder tous avec le même amour. »

Quand je vins à Amritapuri, j'assistai à un spectacle qui aurait pu paraître étrange à tous ceux qui ignoraient la relation qu'Amma entretient avec les animaux. Lors des *bhajans* sacrés, près du siège d'Amma, viennent s'installer deux chiens. Durant les chants, je les observe. Ils demeurent sages, presque hiératiques, comme s'ils goûtaient en connaisseurs les notes de musique. Parfois ils opèrent des petites circonvolutions pour trouver leur position idéale et c'est tout. Pas un murmure, pas un grognement, pas d'attitude intempestive. Ils ne s'ébrouent vraiment que lors des pauses entre chaque chant, un peu comme le font les spectateurs d'un opéra qui toussotent à chaque entracte. C'est stupéfiant, mais pour Amma, c'est tout à fait habituel. Pour elle, les bêtes savent se conduire mieux que nous et, même si elles sont mues par leurs instincts, elles sont mieux élevées. Elles se montrent moins égoïstes, elles possèdent l'instinct de ce qui doit être fait ou non pour ne pas blesser celui qui s'occupe d'eux. L'histoire de ces chiens mélomanes est incroyable. Un jour, deux chiens errants, comme il en existe tellement, sont arrivés à l'*ashram*. Deux chiots abandonnés. Amma les a recueillis et, depuis, ils vivent dans sa chambre, avec elle. J'appris, stupéfait, que ces deux chiens se conduisaient comme des initiés et écoutaient, en sages, les leçons sur les écritures sacrées. Désormais, je les observe avec davantage d'attention lors des *bhajans* : ils sont, comme de vrais Indiens, respectueux, pensent-ils, de ce que doivent être les positions respectives du mâle et de la femelle. Le mâle, Tumbhan, s'assied sur le même plan qu'Amma, à ses côtés, tandis que la femelle, Bhakti, s'installe légèrement en contrebas.

Swamini Krishnamrita Prana raconte une histoire incroyable. Un jour, voici quelques années, Amma se rendit de l'autre côté du fleuve pour célébrer son anniversaire. Elle partit à l'embarcadère très tôt le matin. Bhakti – l'un des chiens – se trouvait là à ses côtés. Quand Amma revint un jour plus tard, elle n'avait pas bougé d'un pouce. Elle l'attendait, fidèlement à la même place. Qui douterait de la sensibilité de l'animal devant un tel comportement ?

Notre frère l'animal est aussi important à Amritapuri qu'il l'était auprès de François d'Assise. Tous les saints n'ont pas éprouvé le même amour pour toute la création. L'abbé Pierre, sœur Emmanuelle et mère Teresa regardaient les animaux avec sympathie, mais je n'oserai pas dire qu'ils les regardaient comme des frères. Trop occupés par l'homme, ils n'avaient pas de temps pour l'animal. Or, la création est globale, et voir Dieu en toute créature, humaine, animale ou végétale me paraît la forme la plus haute de la spiritualité. J'aime Amma pour son amour pour tous les êtres. Je m'enchante de toutes les histoires qui peuplent l'histoire animale d'Amritapuri. Enfin presque toutes... Moins sensible aux paons qui fréquentent le temple, aux corbeaux amateurs de *bhajans*, aux serpents amicaux, aux aigles qui raffolent des cacahuètes et aux rats domestiqués, je leur préfère les chiens et les chats. Ainsi Tumbhan et Bhakti sont-ils ici des citoyens à part entière. Ils ont eu un précurseur du nom de Kaiser. Celui-ci avait l'esprit policier dans le sang. Il tenait à l'écart tout ce qui présentait une mine un tantinet patibulaire. Puis, Kaiser rejoignit l'Éternel et Tumbhan prit sa place : une place officielle, puisqu'il accueille les visiteurs de nuit et les accompagne jusqu'à la réception – sans porter leurs bagages évidemment... Tumbhan est un grand méditant. On peut le voir accompagner Amma sur la plage, s'asseoir à ses côtés, pattes en avant tel un sphinx. Quand il rejoint Amma sur le *pîtham*[1] lors du *darshan*, Amma salue son arrivée et le nourrit. Il n'accepte généralement sa nourriture que de ses mains : des *chappatis* beurrés ! Tumbhan est un dévot modèle et suit les pratiques spirituelles. Il suit les *satsangs* et ne manque jamais les cours sur les écritures sacrées. Très attaché à sa fonction, il ne tolère aucune concurrence. Un jour, un gros chien, beaucoup plus gros que lui, est venu lui disputer sa place lors des méditations. Tumbhan s'est levé, s'est approché de lui et... lui a uriné dans l'oreille ! Tumbhan n'avait peut-être pas bien compris les leçons d'Amma. D'où vient ce drôle de chien ? Quelle fut sa vie antérieure ? C'est un sujet de discussions.

1. Estrade surélevée sur laquelle Amma est assise lors des *darshans* où lors des cérémonies en général.

Notre amour est une parcelle de l'amour divin

« Tu demandes ce qu'est l'Absolu.
C'est la propre essence de ton âme qui est intérieure à tout. »
Upanishad

Je me suis récemment interrogé : pourquoi ai-je tant de bonheur à m'approcher des saints ? Pourquoi durant ma vie, semblable à celle de tant de gens, avec ses hauts et ses bas, suis-je si attiré par leur action ? Pourquoi cette alternance entre une vie faite de bruit et d'ambition et ce goût de la proximité des saints ? À la différence de certains, je ne rencontrai pas Dieu au coin d'une rue. Il me fallait un homme ou une femme en qui je pouvais ressentir sa présence. Ainsi, l'abbé Pierre, la sœur Emmanuelle, le père Pedro m'ont-ils aidé à m'approcher de Dieu. Quand je connus Amma, jamais il ne fut pour moi plus proche, plus charnel, plus évident. L'amour de Dieu, qui pour beaucoup procède de la grâce, vient à moi par l'approche de ceux qui la possèdent. Rien pour moi ne tombe du ciel : à chacun son destin. J'aurais aimé rencontrer le Bouddha, croiser les pas de Jésus, chanter avec saint François d'Assise. Mais l'époque où je vis est extraordinaire également. J'avais rencontré Amma une première fois à Amritapuri, vingt-cinq ans plus tôt. J'avais cessé de la voir, mais je la retrouvai. Pourquoi devais-je la revoir ? Sans doute faut-il y voir un signe de Dieu.

J'ai lu et relu les Saintes Écritures et les vies de saints. Mais les voir vivre et agir sous ses yeux est d'un autre ordre. Swamini Krishnamrita, qui accompagne Amma depuis plus de trente ans, raconte des histoires très simples et très belles. Au début, quand Amma voyageait tous les ans dans le nord de l'Inde, elle l'accueillait dans un véhicule impossible qu'on appelait la « machine à laver » tellement ça secouait en raison de l'effet des trous et des fondrières. C'était au point qu'on donnait aux occupants des pilules contre le mal de mer. Il y avait deux lits dans le curieux véhicule, mais Amma ne s'en servait jamais. Elle les laissait aux autres et s'allongeait sur le plancher. Dans sa petite chambre à Amritapuri, elle ne pense qu'au confort des autres et de ses chiens, dont l'un d'eux occupe d'ailleurs la moitié de son petit lit. Si on lui dit qu'elle pourrait se fatiguer moins en voyageant moins, elle répond que les gens sont si pauvres qu'ils n'iront pas à Amritapuri et que c'est à elle d'aller vers eux. Ne pourrait-on pas affréter un bus ? Non, répond-elle, un bus coûte cher et cet argent est plus utile pour les pauvres. Parmi tous les conseils qu'elle donne, il en est un qui revient tout le temps : « Posez-vous cette question : que pouvez-vous donner ? » Le don désintéressé est pour elle le seul chemin vers l'amour et vers Dieu. Il faut donner, écouter, être là pour l'autre. Car on peut donner de mille manières. Écouter des gens qui souffrent est aussi beau que leur construire une maison. Les leçons d'Amma, ce sont toujours des actions. Elle ne dit pas : « Il faut aimer », mais « Voici comment on doit aimer. » Si vous ne me croyez pas, allez visiter les œuvres d'Amma. Allez voir ses orphelinats, ses hôpitaux, ses écoles... Alors vous comprendrez.

Ils étaient si pauvres alors. C'était il y a quarante ans et l'*ashram* était aussi fragile qu'un bébé. Ils n'étaient guère plus nombreux que les bergers qui se pressaient auprès de la grotte de Bethléem. Pour ces pauvres qui acceptaient leur pauvreté au nom de l'esprit, honorer celle en qui ils voyaient une incarnation de Dieu allait de soi. Comme les Rois mages du

Nouveau Testament, ils voulaient offrir ce qu'ils avaient de plus cher à celle qu'ils aimaient. Ce jour-là, c'était l'anniversaire d'Amma. Ils voulaient en faire une fête. Balou, l'un des disciples, dit à un autre, du nom de Rao : « Rao, je t'en prie, quand tu reviendras, apporte une chemise neuve pour elle… Moi, je lui achèterai une jupe neuve. » Rao revint donc avec une chemise superbe et Balou avec une jupe ravissante. Le hasard avait bien fait les choses : la jupe et la chemise s'appariaient à merveille. Amma, sensible à leur geste, les remercia. Balou et Rao, aux anges, se promirent de renouveler ces cadeaux à chaque anniversaire. Amma le devina : « N'en faites rien. Car chaque moment de notre vie doit être consacré à améliorer le sort des plus pauvres que nous. »

Amma est humble. Sa célébrité ne l'a pas fait changer d'un *iota*. J'ai toujours été frappé par l'humilité des grands saints. Le si célèbre abbé Pierre vivait, à la fin de ses jours, dans une chambrette de douze mètres carrés. La sœur Emmanuelle, quant à elle, pleura quand on lui fit quitter son cagibi au milieu des chiffonniers, et saint François d'Assise mourut dans un bout de grotte. Gandhi et Mandela ont également mené des vies d'une absolue simplicité. La richesse du dalaï-lama est celle d'un pauvre moine tibétain. Amma, adulée par des millions de gens, continue de vivre comme une pauvre parmi les pauvres. Cette humilité est si vraie qu'elle en est parfois drôle. Un jour, elle se trouve à Genève pour recevoir des Nations unies le prix Gandhi-King pour la non-violence. Elle s'avance vers le pupitre pour y présenter son discours. Comme elle est très petite, sa tête dépasse à peine. Un ami se précipite pour lui placer un petit banc sous ses pieds. Avant d'y monter, elle ôte discrètement ses chaussures. L'ami se retient de lui dire : « Bravo ! Tu n'es déjà pas grande, alors si tu enlèves tes chaussures… » Le discours achevé, elle lui confie : « Lorsque tu vas au temple, tu enlèves tes chaussures, non ? Tu es dans la maison de Dieu. Eh bien, figure-toi que me trouvant sur scène devant tous ces enfants de Dieu, je n'ai rien vu d'autre que le Divin. Comment aurais-je pu garder mes souliers devant eux? » Derrière la plaisanterie, il y a une vérité profonde : Dieu est dans tous les êtres. Elle se déchausse devant eux. Dieu n'est pas un roi qui trône sur un siège d'or dans le ciel au-dessus des nuages, il est la conscience divine dont une parcelle réside en chacun de nous.

Elle a l'humilité de la servante de Dieu. Elle incarne l'esprit du pauvre qu'elle n'a jamais cessé d'être. Un jour, dans un hôtel de Sydney, les *swamis* s'impatientent du retard d'Amma qui va leur faire rater l'avion. Lakshmi, qui assiste Amma, sort de la chambre consternée : « J'ai beau lui dire que l'avion n'attend pas, elle ne m'écoute pas. » À cet instant, Amma paraît, un balai à la main, son sari noué à la ceinture et manches retroussées. La scène est drôle; « Avez-vous nettoyé vos chambres? » demande-t-elle. Puis elle rentre et se remet à balayer. Ils veulent l'aider mais elle ne veut rien entendre. Elle balaie, fait son lit, nettoie la salle de bains et l'évier, vide la poubelle. Enfin, elle s'assoit et demande des fruits. Les assistants sont contents parce qu'elle n'a rien mangé depuis vingt-quatre heures. Leur joie est de courte durée : ils la voient laver les fruits et les placer dans une assiette propre au milieu de la table. Elle sourit et leur dit : « Mes enfants savent que les pauvres femmes de ménage sont payées trois fois rien. Elles nettoient toute la journée la saleté des autres et, quand elles rentrent chez elles, c'est pour nettoyer encore et encore... Chez moi, au lieu de nettoyer, elles pourront s'asseoir et manger. » Émus aux larmes, les *swamis* cessent de penser à l'avion.

Une autre fois, vers cinq heures du matin, Amma arrive à la maison, où elle doit se reposer, après un *darshan* qui a duré dix-sept heures. Elle se retire dans sa chambre. Lakshmi fait de même. Soudain elle se rend compte une heure après qu'Amma a oublié d'éteindre sa lumière. La fidèle Lakshmi entre alors, et que voit-elle? Amma est assise sur son lit, penchée, en train de coudre quelque chose. C'est un jupon en lambeaux... Émue, Lakshmi la prie de se reposer après cette journée et cette nuit éreintantes. Amma lui répond avec le plus grand naturel : « Ma fille, Amma a eu le sentiment que le programme d'hier avait été organisé avec un peu trop de pompe et de luxe. Elle a pensé qu'il lui fallait travailler un peu. »

Amma et Devi

« Quelle est l'erreur fondamentale de l'homme ?
Penser qu'il est vivant alors qu'il s'est endormi
dans la salle d'attente de la vie. »
Idries Shah

Kounjou et Devi ne faisaient plus qu'un. Cet amour entre une âme humaine qui montait vers Dieu et l'âme de Dieu qui s'ouvrait à elle, ce trait d'union entre la fille et sa Divine Mère créaient l'unité. Par ce mouvement d'Amour, tout alentour était devenu amour. Le ciel, la terre, l'océan, la forêt, les animaux et les humains eux-mêmes. Il est impossible à l'Amour d'établir son royaume sans cette fusion absolue entre l'Être et le Divin. L'Être s'était peu à peu emparé de Kounjou et lui faisait délaisser les satisfactions du corps. Manger, dormir lui étaient indifférents. La seule angoisse que ressentait Kounjou était la possibilité d'une perte de contact avec sa Mère Divine. Il lui arrivait d'en avoir peur. Mais à chaque fois que cela survenait et qu'il ne semblait plus possible à Kounjou de survivre, Devi lui apparaissait de nouveau en songe, éblouissante, et la prenait dans ses bras. Kounjou avançait sur le chemin initiatique entrepris jadis par Gautama[1] et tant de saints avant elle. Plus rien de ce qui était issu de la terre ne comptait. Elle devenait comme ces sages en esprit qui paraissent fous aux yeux du monde : Siméon le Stylite a vécu en Égypte, dans les premiers

1. Nom du Bouddha.

temps chrétiens, au sommet d'une colonne, sans rien connaître du froid, de la faim, du sommeil ; Thérèse d'Ávila, durant ses extases avec Jésus, ne ressentait ni douleur, ni chagrin, mais seulement la joie qui est le fruit de la Transfiguration ; plus près de nous, Marthe Robin, la stigmatisée de Châteauneuf-de-Galaure, durant vingt ans, s'est nourrie d'une hostie hebdomadaire. Les exemples sont nombreux, fascinants et difficiles à comprendre. On est dans un autre ordre. Ces âmes sont si heureuses que tout leur bonheur peine à contenir dans l'union mystique qu'ils connaissent : il déborde du saint. Il faut qu'il le donne, qu'il le partage. Cela nous aide à comprendre pourquoi Kounjou entendit cette petite voix : « Le but n'est pas la pure béatitude du Soi. Il est de réconforter l'humanité qui souffre. » C'était si fort que Kounjou sut que là résidait l'essence de l'Amour : dans *les autres*.

Ainsi Kounjou devint-elle Amma. Amma de Vallikavu, telle que l'appelaient au début tous ceux qui venaient recevoir sa grâce. La métamorphose s'accomplissait. Depuis sa plus tendre enfance, Kounjou aimait, servait, consolait, mais cet amour nouveau qu'elle obtint par son union divine devint si intense qu'elle se fondit en lui et ne fut plus que lui. Elle devint Amour. Riches, pauvres, illettrés, savants, malades du corps, du cœur ou de l'esprit, elle les prit contre elle. En même temps, le trésor spirituel qu'elle avait nourri demanda à s'étendre. Une voix lui commanda sa mission. Krishna et Devi l'avaient rejointe. Elle était eux et ils étaient elle ; sa mission pouvait commencer. Krishna l'avait bien dit : « Sur qui méditez-vous ? » lui demanda-t-on. « Je médite sur mes fidèles », dit-il. Amma, quant à elle, répondait : « Je médite sur ceux qui m'aiment et même sur ceux qui ne m'aiment pas. »

Il y avait l'amour, mais il y avait encore la haine. À regarder Soubhagan, on aurait pu croire que la haine avait le cuir plus dur que l'amour. La haine des ennemis de la jeune fille ne désarmait pas. Un jour, Soubhagan et ses amis enfermèrent Amma dans une pièce à double tour. L'un d'eux, un cousin d'Amma, sortit un couteau. Soubhagan déclara : « Puisque tu n'as pas voulu arrêter tes folies, et que, te mêlant à des gens que tu ne connais pas, tu risques de souiller toute notre famille, il vaut mieux que tu meures. » Amma lui répondit calmement : « Je n'ai pas peur de la mort. Tu peux tuer mon corps, mais tu ne saurais tuer mon âme. Je te fais donc une dernière requête que tu ne peux refuser : permets-moi, avant de me tuer, de me laisser prier encore une fois. Après tu me tueras. » Soubhagan s'emporta : « Qui es-tu pour nous donner des ordres ? » « Moi je te dis que seul Dieu peut décider de ma mort », répondit-elle. « Mais qui est-il donc, ce Dieu que tu invoques ? » s'écria l'homme au couteau. Au moment de la frapper, il ressentit une douleur dans sa poitrine et s'effondra. Damayanti, alertée par les cris, surgit, prit sa fille par la main et l'emmena. On emmena son cousin à l'hôpital, mais on ne sut le guérir. Il crachait le sang. Il mourut. Avant sa mort, Amma le visita, elle le prit entre ses bras, le consola et lui dit qu'elle l'aimait. Il pleura et demanda pardon.

Pendant ce temps, Sougounanandan gardait à l'esprit de marier sa fille, même s'il savait qu'elle refuserait. Un jour, il se mit en colère. Il entra dans le petit temple où sa fille méditait. Il semblait avoir perdu la raison : « Rends-moi ma fille ! criait-il. Devi, je te conjure de quitter le corps de Soudhamani ! Je veux que tu me rendes ma fille. » Devi demeura muette, mais Amma, elle, répondit : « Si je te rends ta fille, ce ne sera qu'en l'état de cadavre. Tu devras l'enterrer et non la marier. Choisis. » Sougounanandan s'emporta. Amma lui dit : « Tu veux ta fille. Prends-la. » Elle s'effondra. Elle demeurait inerte et son cœur s'arrêta de battre. Ses yeux étaient ouverts mais ils ne voyaient plus. Elle était morte. La nouvelle courut comme une traînée de poudre. « La petite » n'était plus. Sougounanandan, désespéré, voulait mourir. Il implora Devi : « Devi, pardonne-moi. Je ne savais pas. Ramène ma fille à la vie ! Pardonne-moi ! » Plusieurs minutes s'écoulèrent, puis le corps d'Amma frémit imperceptiblement. Elle revint à la vie.

Aux yeux de l'amour, il n'y a pas d'acte petit…

« *Le cœur n'a pas de rides.* »
Mme de SÉVIGNÉ

Si nous regardons un peu les autres, au lieu de nous regarder nous-mêmes, que voyons-nous ? Une humanité qui souffre. L'un se lamente parce que sa compagne l'a quitté, une autre prend conscience qu'elle n'aime plus son compagnon, un autre encore est gravement malade et les médecins lui offrent peu d'espoir, alors que tel autre vient d'être congédié de son emploi… La liste des maux se répète à l'infini. Les obstacles devant nous sont si nombreux qu'on a parfois le sentiment de conduire de nuit sans phares en essayant autant que faire se peut d'éviter les catastrophes. Comment peut-on encore chérir l'amour au milieu de tant de choses désagréables qui occupent notre *ego* ? Parfois, il semblerait qu'en vieillissant, il se fasse de plus en plus vigoureux au lieu de battre en retraite comme il le devrait. Quelle déception pour ceux qui croyaient pouvoir s'améliorer, comme le bon vin, avec le temps… Quelle illusion ! Plus les années passent, plus nous sommes assaillis par l'*ego* avec une préoccupation supplémentaire : la hantise de disparaître pour de bon.

Certains de ceux qui arrivent à Amritapuri sont dans un mauvais état physique et mental. On y rencontre des gens en bonne forme, mais on en croise aussi quelques-uns qui vont à cloche-pied. Parfois c'est la tête qui flanche, parfois c'est le corps, et souvent les deux en même temps... Amritapuri fait parfois l'effet d'un hôpital à ciel ouvert où les malades circulent librement. Amma souligne plaisamment que s'y rencontrent toutes les misères du monde avec une prédilection nette pour les dérapages de la psyché. Mais au moins, dit-elle, c'est un hôpital psychiatrique qui a laissé à la porte les camisoles chimiques. Cette comparaison me paraît un tantinet exagérée. Sur les quelques milliers d'habitants qui s'y pressent, résidents et visiteurs, on croise des gens à peu près équilibrés et même des personnalités de tout premier plan. Certes il s'y trouve des « fous », mais sans doute pas plus que dans nos cités. Chez nous aussi, on rencontre des gens qui marchent dans la rue en parlant à haute voix avec un interlocuteur imaginaire, ou des personnages qui sourient en permanence en regardant dans le vide, ou encore de drôles de « figures » sorties tout droit du temps des « *peace and love* ». Mais tout ceci, c'est pour la fantaisie. Pour le reste, Amritapuri est un hôpital où les malades sont traités par une seule médecine : l'amour. L'effet de cette médecine est efficace pour beaucoup. On arrive mal fichu et on repart guilleret. Au fond, ces malades, dont nous faisons tous peu ou prou partie, ne souffrent que d'une seule carence : un peu d'amour.

Mon regard est ébloui par Amma, qui se révèle un formidable médecin. Je la regarde faire, assise depuis une heure, deux heures, dix heures. Elle continue de serrer fort contre elle ceux et celles qui se pressent vers elle, jusqu'au dernier. L'amour n'est pas un médicament banal. On ne l'administre pas comme un cachet d'aspirine, par habitude. À chaque fois qu'Amma prend quelqu'un contre elle, c'est la même intensité; la même dose, suis-je tenté de dire. Il ne s'agit pas pour elle de faire plaisir, mais de guérir. Une question me vient à l'esprit : comment fait-elle? A-t-elle mal? Souffre-t-elle? Oui, elle éprouve de la douleur, oui elle souffre. Parfois même terriblement. Pourtant, elle ne s'arrête pas. Elle ne s'arrêtera jamais de guérir. Quand on aime, on ne s'arrête pas. Surtout quand on aime comme elle, à l'infini. Quand vous aimez l'autre, les autres, à l'infini, la souffrance de votre corps et la joie de votre esprit se dissocient. L'esprit est si heureux qu'il ne ressent plus la souffrance du corps. C'est ainsi qu'Amma a pris contre elle, au fil du temps, des dizaines de millions d'êtres et qu'elle continue de les prendre contre elle. C'est ainsi qu'elle gagne cette joie qui s'imprime sur son visage et son sourire. Amma prend ses frères et sœurs contre elle depuis tôt le matin jusque tard dans la nuit, avec une courte pause de dix minutes pour obéir à son médecin et changer de sari. Le manque de nourriture ou d'eau lui provoque parfois des maux de tête ou des éblouissements, mais elle ne s'arrêtera pas.

Un jour, Swamini Krishnamrita lui fit observer qu'elle devrait peut-être prendre un peu de repos, durant ses tournées en Inde. Amma lui répondit en souriant que tous ces pauvres avaient payé cher leur place en autobus pour venir à elle et qu'elle ne pouvait donc pas s'arrêter. Certains observent qu'en fin de *darshan*, vers le milieu de la nuit, elle lâche prise à son esprit, ne le retient plus, le laisse s'évader. Elle ne sent plus son corps et se sent capable de garder chacun contre elle et de lui parler longuement. On assiste à un phénomène incroyable : un épuisement qui disparaît sur l'ordre de l'esprit. J'observe Amma, et la parole des Évangiles me vient à l'esprit : Jésus a souffert pour nos fautes. Amma accepte au nom de l'amour de prendre sur elle nos douleurs. Elle donne, elle se donne, et elle ne pourra jamais arrêter de le faire. N'a-t-elle pas dit qu'elle irait jusqu'au bout de son corps ? Certains ont assisté à ce phénomène : Amma, donnant le *darshan* vingt-deux heures d'affilée sans s'interrompre, ou étreignant vingt mille personnes en trois jours.

Des encyclopédies entières ne suffiraient pas à garder en mémoire les belles actions qui réjouissent Dieu. Je songe à l'une d'elles, qui se confond avec la nuit des temps, à l'époque où naissait un sauveur dans une grotte à Bethléem. La tradition nous parle de trois mages qui suivirent une étoile pour aller s'agenouiller devant l'enfant alors qu'une autre tradition, moins connue, nous dit qu'ils étaient quatre. À côté de Gaspard, Melchior et Balthazar, il y en aurait eu un quatrième du nom d'Artaban. Ce dernier se munit d'un saphir, d'un rubis et d'une perle pour les offrir au nouveau-né. Mais voilà qu'en route pour rejoindre les trois autres au point de ralliement, il s'arrête pour soigner un voyageur malade. Ayant raté le départ de la caravane, il vend le saphir pour acheter les chameaux et les provisions pour la route. Quand Artaban parvient à Bethléem, il est trop tard : le roi Hérode jaloux fait tuer tous les enfants mâles pour être assuré de se débarrasser de l'enfant de la grotte. Artaban n'hésite pas. Il sort son rubis et le donne au chef des massacreurs. Des enfants sont ainsi sauvés. Pendant trente-trois ans, Artaban cherche celui qu'il était venu adorer. Il finit par arriver à Jérusalem, un jour où on annonce des crucifixions. Se doutant que Jésus se trouve parmi les condamnés, il se prépare à racheter sa vie avec la perle qui lui reste. Mais en route vers le Calvaire, une jeune femme qu'on traîne vers le marché aux esclaves l'appelle à l'aide. Incapable de refuser, il donne sa perle pour racheter sa liberté. Désespéré, Artaban arrive au pied de la Croix où Jésus agonise. Jésus lui dit : « Ne sois pas triste. Tu m'as aidé toute ta vie. Tu m'as nourri quand j'étais affamé, tu m'as donné à boire quand j'avais soif, tu m'as vêtu quand j'étais nu, tu m'as hébergé quand j'étais étranger. »

J'ignore si Amma connaît cette légende. Ce dont je suis sûr, c'est qu'elle serait d'accord avec Jésus.

Pardonnez à vos ennemis… et vous serez heureux…

« Mes enfants, aucun autre amour ne peut être comparé à l'amour de Dieu. »
AMMA

Les grandes consciences ont été persécutées et chaque persécution les aura fait grandir. Méditons sur ce point, qui est fondamental pour chacun d'entre nous. Aucune vie n'est un chemin de roses, ni la nôtre, ni celle des autres. À chaque fois que nous maudissons ce fichu destin rempli de crevasses, nous devrions méditer les vies des saints. Nous en retirerions de la sagesse et une force renouvelée. Méditons les vies de Jésus, de Bouddha, ou de Rama ; celle de Bartolomé de Las Casas, persécuté pour avoir défendu les Amérindiens massacrés ; celle de François d'Assise chassé et renié par son marchand de père ; celle de l'abbé Pierre, le fils de riche qui se fait mendiant pour nourrir ses mendiants ; celle de sœur Emmanuelle, quittant sur l'ordre de ses supérieurs ses chiffonniers du Caire ; celle du père Pedro, moqué par les riches et les puissants de Madagascar, parce qu'il défend les petits. Ce ne sont que des exemples parmi tant d'autres…

Méditons sur la vie d'Amma. En 1978, sa notoriété grandissait. Nombreux étaient ceux qui la rejoignaient. Plus son message commençait de se répandre, plus la haine d'elle croissait. Soubhagan ne s'était jamais résigné : il jetait son venin et se répandait en calomnies. Jusqu'au jour où il se tut. Il avait attrapé une filariose, maladie assortie d'horribles douleurs, transmise par un ver ou un insecte. On ne connaissait pas le moyen de s'en défaire. Soubhagan souffrit, devint dépressif au point de songer au suicide. Quelque temps plus tard, il se pendit.

La perte de leur chef de file ne fit qu'accroître l'hostilité du groupe qu'il avait rassemblé. La famille de Kounjou fut mise au ban. On la tint à l'écart des cérémonies villageoises et on cessa de lui parler. Sougounanandan était accablé par la perte de son fils. Il en faisait reproche à Amma : « Pourquoi n'as-tu pas sauvé ton frère ? Ton amour n'est-il pas pour tous, même pour tes ennemis ? » « Ne pleure pas ton fils, lui dit Amma. Avant trois ans, il sera revenu dans ta maison. Il ne sera plus le même ! » Deux ans plus tard, Kastouri, la sœur aînée d'Amma, conçut un enfant. Bien avant qu'il ne vienne au monde, Amma lui donna le prénom de Shivan et dit : « Cela va faire trois ans que Soubhagan est mort. Et voilà que son âme renaît à une nouvelle naissance. Et cette âme sera celle de la bonté. »

Cette nouvelle naissance ne calma pas les esprits sceptiques. Pourtant, Amma n'en voulait à personne. Ces gens pouvaient continuer de croire ou ne pas croire en ce qu'ils voulaient, même les démons ou la magie noire. Amma ne désirait pas convertir par la force mais seulement par l'amour. On reste toujours libre d'aimer ou de ne pas aimer. Il en va de même pour la haine, qui n'a nul besoin de raison d'être pour exister. Il suffit parfois d'une différence, d'un détail, pour qu'elle naisse dans les cœurs. Peut-être Dieu met-il sur la route des sages ces obstacles pour éprouver leur foi. À Vallikavu, les rationalistes, les sceptiques et les méchants distillaient leur venin. Tout leur était prétexte pour dire et faire le mal. Amma ne disait rien, supportait tout et priait. Parfois, des prodiges les ébranlaient, mais cela ne durait pas. Un jour, une boule de feu s'éleva d'un cimetière, ils s'enfuirent. Un autre jour, une sphère éblouissante enveloppa Amma, ils furent terrorisés.

Enfin, ils eurent recours à la magie noire. Un sorcier réputé fit parvenir à Amma des mantras maléfiques, mais cela se retourna contre le sorcier, qui devint fou. Ensuite, on s'adressa à un prêtre auquel on attribuait des pouvoirs terrifiants, mais celui-ci refusa de s'engager avant de voir de ses yeux ce qu'il en était vraiment. Amma le confondit en prononçant devant lui le mantra sacré qui était celui du prêtre. Personne d'autre que lui ne le connaissait. Abasourdi, il demanda pardon. Devant ce nouvel échec, ils allèrent jusqu'à déposer une plainte pour troubles à l'ordre public, mais rien n'y faisait. Il ne restait plus qu'une issue : la tuer. On s'approcha d'elle avec un panier d'épines enduites de poison. On demanda à des enfants de jeter ces épines sur le sol à l'endroit où Amma s'asseyait lors des Devi *Darshans*. Amma, consciente du piège, se mit à danser et piétina les épines. Pas la moindre blessure ne vint marquer ses pieds. On paya bientôt un tueur. Il devait l'assassiner durant une cérémonie en hommage à Devi. Le tueur pénétra dans le temple, Amma lui sourit. Le tueur fondit en larmes et implora son pardon.

Sa foi et son amour permettaient à Kounjou de tout endurer, mais ses proches, auxquels s'étendaient le mépris et la persécution, n'avaient pas la même force. Quand le mal ne peut atteindre son but, il s'attaque à l'entourage. La famille s'en remettait à elle et implorait sa protection. « Ne soyez pas impatients, leur disait Kounjou. L'ennemi d'aujourd'hui sera l'ami de demain, vous verrez ! Renforcez votre foi. C'est ainsi que nous aide la Divine Mère. » Son père et sa mère n'avaient pas fait leur deuil depuis la mort de Soubhagan, ce qui est compréhensible de la part de parents, quoi que Soubhagan eût fait. Certes, la naissance du fils de Kastouri avait été une grande joie, mais elle était loin de combler la perte de leur fils. Ils pleuraient toujours Soubhagan. Kounjou les consolait : « Ne soyez pas tristes ! Bientôt vous aurez de nombreux enfants et ils viendront du monde entier. Vous les aimerez comme s'il s'agissait de vos propres enfants ! »

En 1979, la famille de Kounjou connut d'autres soucis : Sougounanandan tomba gravement malade et on le conduisit à l'hôpital. On l'opéra. Ses enfants allaient à l'école et Damayanti était clouée au lit. Ce fut Kounjou qui s'occupa de son père. Quelle que fût sa mission, le soin de son père était sacré. Elle fit comme elle avait toujours fait : elle s'occupa de ses plus jeunes frères et sœurs et se chargea de la maison puis, chaque soir, elle se rendit à l'hôpital. Cela dura tout le temps de la convalescence. Puis, Damayanti tomba malade à son tour. Sougounanandan s'inquiétait. La pêche produisait moins et les affaires n'allaient plus très bien. Il avait encore trois filles à marier, ce qui représentait une réelle charge. Kounjou le rassura. Avant la fin de l'année, ses trois filles, lui dit-elle, auraient trouvé leur époux. Et ce fut ainsi. Sougounamma se maria, puis ce fut le tour de Kastouri, et enfin, celui de Sajini.

Il n'est de grand spirituel que celui qui aime son prochain

« *Quand l'amour grandit en nous, la beauté grandit aussi. Car l'amour est la beauté de l'âme.* »
SAINT AUGUSTIN

Nous rêvons d'un retour du spirituel. Nous sommes las des choses matérielles, las de chérir notre voiture, notre maison, notre chéquier. Nous sommes las d'étouffer sous le vide. Nous croyons souvent qu'il suffit de prendre une voie spirituelle pour devenir spirituels. Nous sommes surpris qu'après de nombreux efforts en ce sens, nous demeurions amers et frustrés. C'est que nous confondons l'âme avec la posture. Tant que je n'aimerai pas les autres, chacun d'eux, je ne serai pas un spirituel mais une caricature. La seule spiritualité qui vaille, c'est d'aimer l'autre. Tout le reste n'est rien.

Aimer mon prochain, quel qu'il soit. C'est difficile. Pourtant, c'est à ce prix que j'aurai cessé d'être un errant. Amma y parvient et nous montre la voie grandeur nature. Acceptons d'entrer à sa suite dans le mystère de son mystère : aimer tous et toutes et pas seulement nos amours, nos amis, nos proches. Aimer non seulement ceux qui ne nous sont rien, mais aussi nos ennemis, ceux qui nous font du mal, qui nous trahissent, qui nous jalousent, qui nous méprisent. Le jour où on réussit à approcher cet amour, on n'erre plus : on marche, on s'approche du bonheur. Comment opérer en soi cette métamorphose ? Comment voir le bon au cœur même de ce qui est mauvais? Car le « bon » existe toujours, même au cœur du pire. Quand des personnes sont cruelles, c'est souvent qu'elles sont malheureuses. Notre empathie doit se diriger vers elles avant d'aller vers les bons; simplement parce qu'ils souffrent, parce qu'ils sont malheureux. L'empathie se travaille, se cultive, s'approfondit. Tous ceux qui l'ont éprouvée savent à quel point c'est délice que de la ressentir. Faire le bien nourrit le bonheur. Pour s'ouvrir, imitons l'enfant qui est en nous, l'enfant que nous sommes restés. L'enfance est ce moment sacré où on commence à apprivoiser l'empathie en commençant par la nature et les animaux. Si on ne les aime pas, on a bien peu de chances d'y arriver avec les humains.

Amma a une façon bien à elle de nous entraîner : le service désintéressé. Désintéressé, car on n'y gagne rien, hormis d'avoir chaud au cœur en le rendant. N'allez pas dire à Amma que vous n'avez pas le temps, que votre agenda est surbooké ou que vous avez trois coups de téléphone à donner. Elle le regarderait comme un manque de générosité : le pire des défauts. Vous avez déjà trois enfants dont il vous faut vous occuper? Alors considérez l'action généreuse comme votre quatrième enfant. Vous n'oseriez pas délaisser votre quatrième enfant! Le service désintéressé, qu'on nomme « *seva* », à l'*ashram* d'Amritapuri, n'a vraiment l'air de rien. C'est pourtant le moyen le plus efficace de s'oublier, d'oublier notre petit confort, nos petits désirs, pour travailler à donner de la joie. Ne rêvons pas : c'est plus difficile qu'on ne croit. Nombreux sont ceux qui, à Amritapuri, désireux de gravir les hauts grades de la spiritualité, ont dû se dire : « Mais c'est pas possible, je suis venu ici pour devenir un sage, une grande âme, et on me demande de faire la vaisselle ou de laver le lit des malades. » Et pourtant, c'est par ce genre de gestes qu'on y parvient. Qui n'a pas vu Amma porter des briques pour préparer le travail des maçons ou vider la fosse septique ne comprendra rien à ce qu'est l'amour.

Plus on s'y prend tard, plus c'est difficile : les mauvaises habitudes sont difficiles à déconstruire lorsqu'elles sont ancrées en soi depuis des décennies. Voilà pourquoi il faut commencer à s'en départir le plus tôt possible. Quoi que l'on fasse, il faut le faire avec amour. La spiritualité n'est pas la grande école de l'esprit, mais elle est celle du cœur. L'amour est une grâce et son chemin passe par là.

La première des grâces d'Amma, c'est sa vie…

« Si vous recherchez l'origine d'une noble cause, vous trouverez toujours quelqu'un qui a renoncé à tout et y a consacré sa vie. »
Amma

Chaque expression, chaque geste, chaque regard d'Amma, chacun de ses sourires nous entrebâillent la porte de son jardin. Nous pénétrons à tâtons dans sa maison. Dans un sourire, on perçoit généralement un mouvement des lèvres, une contraction des muscles de la joue, mais on peut aussi voir un reflet de sa propre divinité. Si on la regarde bien, Amma est une enfant autant qu'elle est une mère. Elle passe d'un rôle à l'autre comme s'il n'était pas de frontière entre les deux, de telle sorte que celui qui la voit peut entrer par la porte qu'il choisira, celle de la mère ou celle de l'enfant. Elle est la quintessence de ce qu'elle nous conseille d'être si nous voulons être heureux : posséder l'amour de la mère et l'insouciance et la candeur de l'enfant. Nous, les adultes, nous avons beaucoup de mal à retrouver l'enfant qui est en nous : notre cœur s'est racorni ; nous avons perdu, à force d'être sérieux, la grâce de l'enfant. Amma ne l'a jamais perdue, parce que cette grâce, chez elle, continuait de grandir au fur et à mesure qu'elle avançait dans la vie. Heureux sont ceux qui peuvent ainsi laisser leur cœur ouvert. C'est qu'ils n'ont jamais perdu de vue leur âme d'enfant.

Quel bonheur de reconnaître dans le visage d'Amma les yeux illuminés de l'enfant ! Un émerveillement pour l'émerveillement, sans objet. Amma s'émerveille pour rien, c'est-à-dire pour tout. Elle possède la communication naturelle, c'est-à-dire celle qui saisit tout de l'autre en un instant. Elle dit toujours qu'il y a trois manières de communiquer : les mots, le rire et les larmes. J'ai envie d'en ajouter une quatrième, le sourire, car le sien n'est jamais ambigu ; jamais un clair-obscur, mais au contraire une clarté qui éblouit la pénombre.

Du temps de la première hutte d'Amritapuri, Amma jouait comme les enfants qui l'entouraient. Mutine, facétieuse, vif-argent, gerbe d'étincelles pour le visiteur. Pendant les Krishna Bhava et les Devi Bhava, elle entrait dans l'ailleurs, en *samadhi*, alors son corps montait rejoindre Dieu, puis revenait pour rire de son rire d'enfant.

Aujourd'hui, la conscience divine la traverse sans frontières, l'anime sans transition de ses quatre modes de communication. La facilité avec laquelle elle passe de l'un à l'autre est incroyable. Il n'y a pas si longtemps, j'étais assis sur l'estrade, à dix mètres d'elle, le visage à demi masqué par un ventilateur qui ébouriffait mes cheveux. Je la voyais prendre chacun dans ses bras, lui sourire, pleurer quand il pleurait. Puis elle tourna la tête, me vit et me sourit en écarquillant les yeux et en soulevant les sourcils comme on le fait en revoyant une tête familière. L'instant d'après, elle était toute aux autres, c'est-à-dire toute à chacun. Son émerveillement vient de ce bonheur sans limites où son âme est établie. Comme elle est en même temps mère-compassion, et que parmi les arrivants, certains sont dans la souffrance et le chagrin, elle fait taire cet émerveillement pour être totalement avec eux. Plus je l'observe, plus je me dis que tout prend chez elle une dimension d'infini : le rire comme les larmes. Je songe à des images qui pourront paraître irrévérencieuses et qui ne le sont pas : Amma serre la personne contre elle et, durant quelques secondes, lui masse le dos. À cet instant elle m'évoque la pâtissière qui pétrit la pâte pour son gâteau. Après tout, une pâte, c'est d'abord plein de grumeaux. Amma fait fondre les grumeaux des malheurs des gens.

Il est des choses que je peux voir et d'autres que je ne vois pas et que l'on se raconte. Depuis la nuit des temps, d'innombrables saints arpentèrent les routes de l'Inde pour la connaître. L'Inde est multiforme et diverse. Ce sont des chemins à l'infini et des centaines de milliers de villages. Gandhi avait dit à son retour d'Afrique du Sud que l'Inde ne se trouvait ni à Bombay, ni à Delhi, ni à Calcutta, mais qu'elle se découvrait avec ses paysans, et il avait entrepris un pèlerinage en train à travers l'immense pays à la rencontre de ses habitants. De la même manière, Amma, depuis des décennies, parcourt l'Inde en tous sens, car elle désire la connaître en tous ses recoins. Hier on allait à pied ou en char à bœufs ; aujourd'hui, on utilise soit le train comme Gandhi ou Ma Anandamayi, la sainte bengali, ou la voiture comme Amma. De temps à autre, en route, Amma s'arrête pour méditer ou donner le *darshan* à qui le souhaite. Ce jour-là, dans la campagne près de Hyderabad, elle est allée s'asseoir sous un immense figuier. De là, on pouvait apercevoir un pauvre village de fermiers. Amma semblait complètement absorbée et personne n'osait la déranger. Son regard allait du village au ciel et elle paraissait très triste. Soudain un vieil homme arriva et lui offrit un melon qu'il déposa à ses pieds. On aurait pu l'imaginer sourire pour le remercier, mais sa tristesse sembla s'aggraver et elle demanda à son entourage de donner de l'argent au vieil homme. Elle regardait le vieux qui s'éloignait avec les yeux emplis de larmes. Puis elle le vit revenir avec trois autres melons qu'il déposa à ses pieds. « Ces paysans sont très pauvres. Invitez-les à partager notre repas », dit-elle à son entourage. Ce n'est que plus tard que ceux-ci comprirent la tristesse d'Amma. Cette région avait été durement touchée par la sécheresse. Beaucoup d'hommes s'étaient suicidés. Amma voyait et ressentait ce que les autres ne pouvaient voir ni percevoir : elle savait tout. Une autre fois, durant ce même parcours, Amma ordonna d'arrêter sa voiture à la hauteur d'un homme. Ceux qui l'accompagnaient purent alors voir ce que jadis ses plus anciens compagnons avaient pu voir : l'homme était un lépreux au stade avancé, comme Dattan, le lépreux de Vallikavu. Il avait perdu doigts et orteils et il mendiait sur le bord du chemin. Amma baissa la vitre et caressa avec amour la poitrine du lépreux couverte de plaies. Elle l'étreignit et lui fit donner de l'argent.

Chaque fois que je voyais Amma en méditation, la figure du Bouddha me venait à l'esprit. Elle était aussi immobile qu'une statue; on ne pouvait déceler chez elle le moindre mouvement de respiration. Je me souvenais des histoires qu'on m'avait racontées sur le pouvoir qu'elle avait de quitter son corps aussi simplement qu'on change de vêtements. Au tout début de l'*ashram*, ses fidèles et sa famille, à ce qu'on disait, avaient passé une nuit entière devant son corps gisant apparemment sans vie. Puis elle était revenue en ce monde. Tout ceci paraît extraordinaire et même incroyable, sauf à considérer qu'elle est un phénomène qui nous échappe. Je n'avais pas été témoin de ces prodiges, mais j'assistai au spectacle fascinant d'Amma absorbée en Dieu, immobile comme un Bouddha. Aujourd'hui, où le temps est organisé de telle manière qu'elle puisse tout faire, j'ai pu me rassasier de ce spectacle durant une heure. Jadis, cela pouvait durer trois jours. Au début de l'aventure, raconte un *swami*, ils avaient décidé un jour de méditer avec elle, lorsque Damayanti était venue les chercher pour le repas. Ils répondirent qu'ils voulaient méditer avec Amma. Damayanti haussa les épaules : « Kounjou n'ouvrira pas les yeux de sitôt. Elle peut rester trois jours ainsi et mon repas sera froid! » Ils se levèrent alors et s'éclipsèrent quand retentit la voix d'Amma : « Hé! petits chenapans! Alors vous me laissez tomber pour aller manger? » Elle se mit à rire, se leva à son tour et se mit à leur servir leur repas. Elle cessait sa méditation par gentillesse, juste pour leur rendre ce service. Un autre jour, à cette époque, quelqu'un observa qu'elle étalait sa natte pour méditer face à la mer, mais qu'elle s'asseyait à côté sur le sable. « Mais pourquoi as-tu mis une natte si c'est pour t'asseoir à côté ? » lui demanda le témoin. Elle répondit avec un sourire coquin : « C'est simple. Comme cela risque de durer longtemps, j'ai pensé que quelqu'un aurait peut-être envie de méditer avec moi. Je ne veux pas qu'il soit assis à la dure. » Normalement, les disciples sont au service du maître. Mais chez Amma, c'est le contraire : c'est le maître qui sert les disciples. Aujourd'hui, elle est au service du monde, sans craindre pour sa santé, qui pourrait être menacée par la fatigue, sans même parler d'une contamination toujours possible quand on étreint des centaines de milliers de gens. Elle s'en moque. Elle qui étreint les lépreux, que pourrait-elle craindre ?

Avec Amma, on est en permanence dans l'inattendu. Un jour, lors d'un voyage en Suède, on la vit se balancer au petit matin sur la balançoire du jardin de la propriété qui l'accueillait, poussée par un *swami*. Elle rayonnait comme si elle était dans un autre monde. Puis elle se mit à chanter et à danser pour ses hôtes. Personne n'était aussi gracieux qu'elle en ces moments. Un peu plus tard, on put la voir, assise dans l'herbe sans façons, jouer aux osselets avec les *swamis* à l'aide de cinq petits cailloux qu'elle lançait en l'air pour les rattraper entre ses doigts. Elle se montrait à ce jeu d'une habileté étonnante. Elle riait quand un *swami* ratait son coup et, comble d'insolite, elle faisait des bulles avec sa gomme à mâcher. Puis elle se mettait à évoquer les conférences publiques avec des mots très drôles : « Amma n'aime pas. Beaucoup de gens parlent trop. Pas bon. Amma pas d'études. » Elle montrait quatre doigts en riant pour dire qu'elle n'était allée que quatre ans à l'école. Et elle riait[1]... Puis, elle redevenait sérieuse en évoquant ses œuvres, les hôpitaux, l'orphelinat. Elle disait avoir toujours peur, quand le téléphone sonnait la nuit, que ce soit une mauvaise nouvelle en provenance de l'orphelinat.

1. *Matruvani*, décembre 2010.

Les enfants sont sa joie: « Ils sont mon moteur, mon énergie », confie-t-elle. Depuis toujours, elle a pris l'habitude d'appeler des enfants dans sa chambre d'Amritapuri. Le spectacle est ravissant. Ils sont assis par terre, tandis qu'elle mange et leur distribue à chacun un peu de son assiette. Si elle a des lettres à lire, elle s'allonge sur le lit et les petits se blottissent contre elle, les plus vifs choisissant de se trouver près de son visage. Elle les laisse jouer avec ses boucles d'oreilles ou son anneau de nez. Une petite s'amuse à lui faire des tresses. L'une d'elles racontera qu'un jour alors qu'Amma s'était endormie, ils en ont profité pour l'habiller en Krishna avant de s'esquiver. La *brahmacharini*[2] de service l'avait trouvée ainsi au petit matin parée d'une couronne de perles et une flûte à la main! Dès qu'elle trouve un moment libre, elle s'isole avec eux pour jouer. Ils jouent ensemble à « la vache aveugle », une sorte de colin-maillard. À ce jeu, elle est étonnante! Elle devine toujours où ils sont, même les yeux fermés. Elle se montre leste malgré sa corpulence : peu lui échappent! Amma leur a même inventé un nouveau jeu. Il s'appelle « sur un pied » et il consiste à sauter sur un pied sans jamais poser le second. S'ils échouent ou se trompent de pied, elle s'écrie : « Sur un pied! Sur un pied! » Le but est de rire et de finir par tomber dans les bras d'Amma. Plus tard, une de ces enfants, une fillette devenue grande, s'est mise à pleurer en voyant Amma entourée d'autres enfants. Amma a souri et leur a dit à tous : « Vous savez, c'est difficile pour elle de voir des enfants avec Amma parce qu'autrefois, l'enfant, c'était elle[3] ! »

Certains s'étonnent aujourd'hui de voir un petit chérubin blond accompagner Amma quand elle préside aux méditations. C'est qu'ils ignorent que les enfants ont toujours été premiers

---

2. Féminin de Brahmachari : nom qui désigne l'homme ou la femme qui se consacre à l'apprentissage du Véda, donc de la science sacrée. C'est le premier stade de la vie brahmanique qui implique la pratique des cinq vertus morales. Cet apprentissage exige une vie de strict célibat, de restrictions morales et de dévotion à la méditation.
3. *Matruvani*, décembre 2011.

dans les cérémonies depuis les premiers temps de l'*ashram*. Quand elle célébrait les Krishna Bhava et les Devi Bhava, des douzaines d'enfants du village porteurs de guirlandes accouraient dans le temple pour voir Amma sous la forme de Sri Krishna. Elle les étreignait avec affection, se penchait pour recevoir leurs guirlandes et donnait à chacun un morceau de banane. Une très jolie histoire nous raconte pourquoi elle avait décidé de les recevoir en premier. Ces enfants passaient l'après-midi dans les champs à cueillir les fleurs pour faire leurs couronnes. Évidemment, ils se salissaient. Un jour, les voyant aussi sales et dépenaillés, un vieux disciple les chassa. Amma l'apprit et réprimanda le vieux : « Ne renvoie plus jamais les enfants. Je ne regarde pas si leurs vêtements sont sales. Je ne regarde que leur cœur. Le cœur des enfants est pur. La saleté du corps disparaît facilement. Il suffit de se laver. Seule compte la propreté du cœur. Maintenant va chercher les enfants ! » À partir de cette nuit-là, Amma avait toujours reçu les enfants en premier. Cela n'est pas sans rappeler cette parole de Jésus : « Laissez venir à moi les petits enfants. »

Je n'ai pas eu la chance d'assister à un Noël à Amritapuri, la fête des enfants, la fête de l'Enfant-Dieu, mais je me promets de le faire pour profiter d'un autre des visages d'Amma : celui qui évoque l'Enfant Jésus. Ceux qui ont pu en être n'ont pas pu trouver les mots tant ils étaient émus devant la joie enfantine d'Amma, l'hindoue célébrant Noël. Cela ne me surprend qu'à moitié tellement les similitudes entre le Christ et elles sont évidentes : ils partagent le même regard d'enfant, la même compassion, le même amour. Amma ne fait pas semblant d'aimer Jésus pour s'associer le plus possible de disciples chrétiens : elle l'aime vraiment et admire son message, qu'elle considère comme l'un des plus beaux jamais adressés au monde.

Ne cherchez pas le bonheur où il n'est pas... Il est en vous

« Tous les hommes font la même erreur de s'imaginer que bonheur veut dire que les vœux se réalisent. »
Léon Tolstoï

J'ai toujours été frappé par la joie de ceux qui se dévouent. Mais ne soyons pas candides : cela ne va pas d'un coup accomplir le miracle de la mort de l'*ego.* On le sait, l'orgueil du « tapis rouge » frappe même les organisations caritatives. L'humanitaire est rempli d'orgueilleux. Et cependant, ceux qui se dévouent irradient de bonheur. C'est parmi eux qu'on rencontre les vieux les plus jeunes, les adultes les plus enthousiastes. Il n'est pas question d'argent; il est seulement question de don de soi. C'est un don généreux, qui n'est jamais fait à contrecœur et qui, à l'inverse, fait plutôt palpiter un cœur blasé. Je suis sidéré par la beauté de ceux qui donnent. Ils peuvent être ridés comme de vieilles pommes, mais ils sont beaux, mille fois plus que les visages lisses des gravures de mode. Chacune de ces rides représente la blessure d'un pauvre en amour que l'on a pris auprès de soi, cajolé, consolé, aimé. Chacun de ces donateurs est un héros, voire un superhéros : celui qui donne son rein pour sauver de la mort un enfant inconnu, celui qui prend chez lui pour Noël ou pour une fête un inconnu dans la misère; les exemples sont nombreux. Ces gens sont les vrais héros de notre temps. Ceux-là ne demandent ni la notoriété ni la gloire : ils répondent à l'appel du cœur. Grâce à leur amour désintéressé, ils ne seront jamais seuls. Amma nous le répète : « Créez des actions les plus belles que vous pourrez au service des autres. » Elle nous prie d'oublier nos petits désirs en nous disant que la satisfaction qu'on pourrait en tirer nous apporterait moins de joie que le plus petit geste accompli au service d'un malheureux. Nous sacrifions tout pour un plaisir superficiel et éphémère et il ne reste entre nos mains que l'écume de la vague qui s'évapore. Et cependant nous recommençons sans cesse. Le désir ressemble à ce rocher de Sisyphe que celui-ci s'obstine à vouloir repousser. Le désir ne s'arrête pas, il ne connaît aucun temps mort. Mais la joie qu'il procure s'évanouit aussitôt tandis que la joie du don perdure... Voulez-vous vraiment trouver le bonheur ? Il est entre vos mains, dans la générosité et le dévouement, loin du désir et de ses joies courtes et vaines. Ne le gâchez pas ! Décidez-le.

« Aimer » est un mot que nous prononçons souvent. Pourtant nous le disons plus souvent que nous ne le vivons. À combien d'hommes, à combien de femmes avons-nous dit : « Je t'aime » ? Nous l'avons oublié. La vague du temps qui passe balaie-t-elle le souvenir des mots ? Nous pouvons avoir réellement aimé la personne à qui ces mots s'adressaient, mais d'autres « je t'aime » auront été dits sans conviction. Quand on se marie, on se dit « je t'aime » et on ajoute même : « Jusqu'à ce que la mort nous sépare. » Et puis survient une anicroche, un nuage dans le ciel pur, on ne désire plus la personne, ou bien on en désire une autre, et ces promesses s'évaporent comme neige au soleil. L'amour-désir n'est pas laid, il peut même être beau, mais il est souvent égotiste, captatif, univoque. C'est sa nature. Il peut être obsession : on ne pense plus qu'à ça, qu'à cet autre-là, c'est-à-dire à un autre *moi-même*. Il est devenu vénéneux et, au lieu de voir deux heureux, heureux parce qu'ils sont ouverts aux autres, on ne voit plus que deux *ego* face à face, deux solitudes. C'est un dialogue de sourds. Parfois les maîtres spirituels suscitent chez leurs disciples des phénomènes semblables. On aime Amma, mais quand cela devient compétitif, on veut avoir Amma pour soi, on veut qu'Amma nous aime, nous en premier, notre *ego* nous joue un vilain tour. Amma nous offre ce conseil : « Vous voulez me montrer que vous m'aimez ? Cessez de me le répéter et agissez ! Allez faire le bien. » L'amour est action et non pas état d'âme. Ou bien s'il est état d'âme, cet état d'âme doit conduire à l'action. Amma est heureuse que nous l'aimions, mais à une condition : que nous aimions les autres êtres humains, connus et inconnus, avec la même ferveur. Le jour où nous verrons Amma en chacun des autres, nous aurons fait un pas de géant.

Jésus le disait, Bouddha le disait. Amma nous le rappelle : en tout homme, c'est Dieu qui vit. Apprendre à l'aimer est l'étincelle qui fait naître le feu de forêt d'un amour qui est contagieux et incendiaire.

Alors naquit un petit *ashram*…

« Votre vraie nature est de brûler du désir
d'être ce que vous êtes. »
Mâ Ananda Moyi

Un jour arriva auprès d'Amma un jeune homme vêtu comme un pauvre. Son regard brûlait d'une foi vive. C'était en 1976 et il n'y avait rien à Vallikavu qui ressemblât à un *ashram*. Certes, des fidèles de plus en plus nombreux accouraient de partout. Ils assistaient aux cérémonies en l'honneur de Krishna ou de la Divine Mère et Amma les étreignait. Mais on en restait là. Tous repartaient là d'où ils venaient, remplacés par d'autres. Jamais encore, créer un *ashram* n'était venue à l'idée de quiconque, pas même d'Amma… Puis ce jeune homme arriva et rien ne fut jamais comme avant. Il s'appelait Ounnikrishnan[1]. Il était vêtu comme un pauvre, alors qu'il avait un toit, des parents aimants, un emploi. Bref il semblait avoir tout pour être heureux, mais il ne l'était pas. Il cherchait une raison de vivre. Il n'habitait guère loin de Vallikavu, mais dès qu'il vit Amma, il voulut rester auprès d'elle et lui en demanda la permission. Amma devina son cœur pur et accepta. Rien n'aurait pu le rendre plus heureux. Il s'occupa de l'entretien journalier du petit temple, apprit les chants sacrés et les prières, et la nuit, il dormit devant la porte du temple, à la belle étoile, à même la terre. Ce jeune homme à qui on

1. Aujourd'hui Swami Turiyamritananda.

aurait fait l'aumône, fut le premier disciple. L'*ashram* était en train de naître sans qu'il le sache. Amma, elle, le savait...

Pendant deux ans, ils ne furent que deux, puis en 1978, d'autres jeunes gens, tous issus de classes aisées, firent une démarche identique à celle d'Ounnikrishnan. Ils étaient fascinés par la voie qu'elle proposait. Le chemin de l'amour était exactement ce qu'ils attendaient de la vie. Ils furent les pionniers de la mission que Dieu donnait à Amma. Ce fut une grande turbulence dans ce village de pêcheurs. Sougounanandan gardait une morale étriquée et trouvait étrange que des jeunes gens de bonne famille viennent rôder dans son petit village. Qu'avaient-ils derrière la tête ? À ce moment, le pêcheur avait chez lui trois filles qui n'avaient pas encore de maris et il se méfiait des hommes. Si un scandale survenait, comment pourrait-il les marier ? Il leur battit froid et les fit surveiller. Regardés de travers par les villageois, ces jeunes gens n'étaient pas mieux traités dans leurs familles. Elles ne comprenaient pas leur décision et, comme ils avaient toujours été de bons garçons, elles soupçonnèrent Amma de vouloir détourner leurs fils du droit chemin. Certains se montraient encore moins mesurés et l'accusaient d'être une sorcière. Ils alertèrent les journaux et il y eut une campagne de délation. Amma rassura les jeunes gens : « Ne vous inquiétez pas. Il n'y a aucune crainte à avoir. Ceux qui s'opposent à vous aujourd'hui nous rejoindront demain. »

Un jour arriva un Américain dont deux disciples d'Amma avaient fait la connaissance. Il s'appelait Neal et on le surnommait Nealou. C'était un chercheur ardent, qui sillonnait l'Inde depuis douze ans. Après un temps passé auprès de Mâ Ananda Moyi, l'une des plus grandes saintes indiennes, il avait ensuite été disciple d'une des plus grandes âmes de l'Inde, Ramana Maharshi. Il avait quitté son corps quatre ans plus tôt, mais son âme demeurait présente. Il pensait ne jamais retrouver un pareil maître. D'autre part, il souffrait le martyre à cause d'un mal de dos que la médecine ne savait traiter.

Nealou, qui était la gentillesse même, invita ses visiteurs à prier dans la petite demeure où résidait Ramana Maharshi à la fin de sa vie. Nealou trouvait curieux l'enthousiasme de ses deux amis pour Amma, mais accepta de la rencontrer pour leur faire plaisir et dans l'espoir qu'elle le guérisse de son mal. Il la vit et il crut; ce fut la rencontre qui le marqua au fer rouge. « Je ressentais une telle béatitude en sa présence que j'avais vraiment l'impression d'être au Paradis... Puis un soir, je vis sa forme physique disparaître et se transformer en un rayonnement qui allait croissant et se répandait alentour, englobant tout ce qui était visible... J'eus alors l'impression que cela pénétrait en moi... Après cela, je ne pouvais penser qu'à Elle jour et nuit. Je pris la décision de rester auprès d'Elle jusqu'au terme de ma vie afin qu'elle me guide et que je puisse la servir. »

Nealou partit régler ses affaires, puis il revint. Il voulut rester auprès d'elle. Mais où ? « Je n'ai pas un mètre carré de terrain », lui dit Amma... « Demande donc à mon père. » Nealou s'adressa à Sougounanandan. Il s'attendait au pire. À sa grande surprise, il accepta de donner une petite parcelle où on construisit une hutte de palme de trois mètres sur cinq. C'était minuscule et on s'y entassa. Ainsi débutait une mission qui un jour serait mondiale.

À ma première visite à Amritapuri, je suis resté longtemps dans le vieux temple de Krishna. Il demeure aujourd'hui chargé d'énergie spirituelle. Je me suis assis à même le sol, j'ai fermé les yeux et me suis laissé emporter vers le passé. J'ai vu dans mon rêve les premiers disciples et le père d'Amma qui leur offrait cette petite étable qui jouxtait la maison familiale. J'ai vu Amma qui faisait sortir les vaches de l'étable et qui s'asseyait pour donner le *darshan*. On divisa l'étable en deux : à l'avant se trouvait Amma et, à l'arrière, les vaches. Elles étaient séparées par un muret. Ainsi Amma, tout en recevant des gens, pouvait-elle caresser les vaches, comme elle l'avait toujours fait. L'étable fut modifiée. On cimenta le sol, on construisit des murs, un toit en feuilles de cocotier tressées. On fit une porte d'entrée et on mit là une statuette de Krishna. Je revois dans mes rêves le petit temple achevé. Il a désormais l'allure d'une hutte avec sa véranda. C'est là, dans l'humilité de ce temple qu'Amma donne le *darshan*, médite. C'est là qu'elle chante des *bhajans* le soir venu et célèbre les Bhavas. L'*ashram* des premiers instants venait de naître.

Ces premiers disciples firent des expériences incroyables. Elles leur montrèrent comment Amma renversait les situations les plus compromises. Elle n'abandonnait jamais dès qu'il s'agissait de mettre quelqu'un sur la voie du bonheur. En témoigne ce qui arriva à l'un de ses disciples : celui-ci allait chemin faisant dans la voie qui plaisait à son père, il avait passé un bon concours et un bon métier l'attendait. Après cela, il rencontrerait sa future femme et lui ferait des enfants. Mais cet homme avait rencontré Amma et se dessinait un autre chemin qu'il ne voulait plus quitter. Le fils et le père en furent à couteaux tirés. Un jour, le père vint chercher son fils à l'*ashram* flanqué de policiers. Il avait porté plainte pour enlèvement et soutenait que son fils avait subi un lavage de cerveau. Devant la police, le fils eut gain de cause. Il dit alors à Amma : « Je t'en prie Amma, fais que mon père ne recommence pas ! » « Mon fils, lui répondit-elle, ne sois pas en colère contre ton père. Un jour lui aussi deviendra un fidèle d'Amma. » « C'est impossible ! » « Tu te trompes, fils, ton père mourra un jour avec le nom d'Amma sur les lèvres, tu verras. » Des années passèrent et rien ne changea, comme le fils l'avait prédit. Pourtant Amma lui répétait : « Sois patient, ce temps arrivera ». Au bout de huit ans, le père vint voir Amma. Bientôt, il mourut et son dernier mot fut le nom d'Amma.

Détachez-vous d'être attachés !

« Pour vivre pleinement sa vie, il faut aimer l'essence de la vie et lâcher tout le reste. Apprenez à étreindre la vie les bras grands ouverts en laissant tomber vos attachements. »

AMMA

L'attachement est un frein à l'amour. Amma le savait. C'était difficile de s'en détacher. Cela va en sens contraire de ce que nous croyons depuis l'aube des temps. Pourtant, nous en avons tous souffert un jour ou l'autre. Or, le vrai amour ne saurait faire de nous des malheureux, car il ne serait pas l'amour. En revanche si nous servons les autres avec compassion, sans en attendre le moindre retour, nous ressentons de la félicité. Cela ne veut pas dire pour autant qu'il faut arrêter complètement de s'attacher aux choses et aux gens. Il faut seulement garder en tête que ces attachements sont passagers. Ils s'évaporent, ils disparaissent. L'attachement que nous considérons comme un échange (« Je te donne et merci de me donner en retour ») s'effritera. Il ne nous aura donc apporté qu'une joie passagère. L'attachement pour une personne peut être noble et nous donner une vraie joie à une seule condition : celle de ne jamais oublier que ce n'est pas la marque la plus haute de l'amour. C'est en réalité aimer les autres et les servir sans espoir de retour.

Adolescent, j'étais empli de l'idée romantique du pauvre et du souffrant. Dans chaque pauvre, je voyais Cosette, Fantine et Jean Valjean, *Les Misérables* de Victor Hugo. Les pauvres reconnaissants de la main tendue de monseigneur Myriel. Puis, j'ai rencontré les pauvres réels, dans l'entourage de l'abbé Pierre, de sœur Emmanuelle et du père Pedro. J'ai compris à quel point je faisais fausse route. Il arrive que les pauvres ne soient ni bons, ni gentils, ni reconnaissants. Ils peuvent être sournois, menteurs, roublards et même méchants. Le père Pedro me disait : « Si tu savais à quel point j'ai été mené en bateau par eux, et même en paquebot ! » Cela l'empêchait-il de les aimer ? Bien sûr que non. Swamini Krishnamrita nous raconte dans un petit livre stimulant que les volontaires d'Amma, après le tsunami de 2004, partis pour construire des maisons pour ceux qui n'avaient plus rien, se plaignaient d'avoir été mal reçus. On les avait même insultés. Amma leur répondit : « Ne soyez pas malheureux d'une réponse qui ne vous satisfait pas ou, plutôt, ne satisfait pas votre *ego*, concentrez-vous plutôt sur le bonheur donné, la joie intime liée à la bonne action elle-même. Si vous accomplissez le bien, avec allant et le cœur compatissant, le bonheur issu de cette action inondera votre cœur. »

Amma n'a pas eu la vie facile : on l'a détestée et on a même essayé de la tuer. Pourtant, elle a toujours ressenti de la compassion pour ceux qui ont voulu lui faire du mal. L'histoire de sa vie est un exemple. Elle a aimé hier, elle aime aujourd'hui, elle aimera demain et dans le plus pur des détachements les bons et les méchants. On est bien loin de ce sentiment possessif et égoïste que nous qualifions d'amour. N'attendons pas d'être aimé pour aimer. Aimer n'est pas un *deal* entre maquignons, un échange de poignée de mains. L'amour est un don et n'est que cela. Nous avons tous des défauts, comme Amma aime à nous le rappeler. Si l'on n'oublie pas cela, on peut plus facilement aimer des gens qui nous déplaisent et cesser de les juger. Amma nous le rappelle : il ne faut surtout pas croire qu'en arrivant à Amritapuri, on tombe au milieu de petits saints. Ceux qui sont là ont beau prier, méditer et chanter des *bhajans*, ils restent ce qu'ils sont : des êtres humains imparfaits. Ils se conduiront peut-être un peu mieux que la moyenne, mais rien n'est moins sûr. Il ne faut pas être déçu par cet autre dont j'attendais davantage. Chaque fois que la déception est là, pensons à nos propres défauts. Ainsi resterons-nous proches de ceux que nous n'aimons pas. Approchons-nous d'eux, parlons avec eux, écoutons-les, sourions-leur. Ils nous diront peut-être un peu de leur vie, des bribes de leurs souffrances. Notre regard sur eux va changer. Peut-être ceux-là ont-ils souffert plus que nous. S'ils se conduisent mal à notre égard, pardonnons-leur.

Pardonnez ! dit Amma. Pardonnez sans cesse et toujours… Car les gens qui vous font mal souffrent. Souvenez-vous toujours que la haine ne pourra jamais tuer la haine. Seul l'amour peut abolir la haine. L'amour est la seule force qui soit plus forte que la haine. Il n'y a rien de plus grand que de pardonner, surtout si on vous a fait très mal. Nous ne sommes pas Dieu pour juger, ce n'est pas nous qui distribuons les places en enfer ou en paradis. Notre rôle à nous est de pardonner et ainsi de libérer notre cœur de ce venin qui est la haine, le ressentiment et l'envie de vengeance. Si nous laissons ce venin entrer en nous, nous ne pourrons pas aimer, et jamais nous ne connaîtrons la paix. La voie d'Amma est d'une exigence extrême, puisque pardonner nous arrache parfois la langue et le cœur. Pourtant, c'est la voie héroïque et la seule qui nous permette d'avancer.

Elle apparaissait si fragile et si forte…

« Au lieu de courir après les plaisirs, essayez de comprendre le but de la vie et efforcez-vous de l'atteindre. Menez une vie simple. Donnez à autrui ce qu'il vous reste quand vous avez satisfait vos propres besoins. »

AMMA

Depuis le jour où Soubhagan l'avait chassée, Amma dormait la nuit à la belle étoile. Cela lui convenait. La clarté de la lune, le bruit nocturne de la jungle et de l'océan ne la dérangeaient pas, mais au contraire l'enchantaient. Depuis toujours, la nature était sa sœur. Elle dormait peu. Parmi le petit groupe qu'elle avait accepté auprès d'elle, certains s'adaptaient à cette nouvelle vie plus vite que d'autres. Pour les Indiens, c'était plus simple, car ils communiquaient avec elle dans sa langue ; ce n'était pas le cas des étrangers. Mais peu à peu, Nealou l'Américain s'initia au malayalam, la langue du Kerala. Puis Balou, l'un des premiers à avoir rejoint Amma, servit d'interprète.

Sougounanandan avait accordé un petit lopin de terre, mais il rechignait à nourrir ces jeunes gens. Une disciple les avait rejoints. Elle qui n'avait jamais cuisiné de sa vie devint une bonne cuisinière. Cuisiner pour Amma était terriblement difficile, car elle ne mangeait presque rien. Cela effrayait Nealou, qui insistait pour qu'elle pense à manger. Un jour, elle céda à ses prières : « Soit ! apporte-moi à manger ! » Elle engloutit un premier plat, puis un second, puis un troisième. Elle ne s'arrêtait plus. Nealou comprit. Il n'insista plus.

Déjà, Amma gérait à peu près tout. Ce qui concernait l'*ashram* naissant, mais aussi sa famille. Sougounanandan décida de marier sa fille aînée, Kastouri. En Inde, les parents de la jeune fille doivent verser une dot à la famille du mari, mais Sougounanandan n'avait pas d'argent. On s'adressa à Amma, qui ne possédait rien. Balou et Nealou, qui possédaient un peu de fortune personnelle, lui proposèrent de se charger de la dot de Kastouri, ce qu'Amma refusa : « Pourquoi vous en soucier ? Laissons Dieu agir et ne nous en soucions pas ! » Amma restait sereine et commença les préparatifs du mariage sans une roupie. Quand arriva le jour où devait être versée la dot, un chèque anonyme de 5 000 roupies arriva, signé par un admirateur. Amma ne manifesta pas de surprise. On eût dit qu'elle l'attendait. En septembre 1980, Kastouri se maria. Les mêmes difficultés survinrent quand Sougounanandan voulut marier la seconde de ses filles, Sajani. La famille du fiancé se montrait plus gourmande que la précédente et réclamait une grosse somme. Amma garda le même calme. À l'issue du délai, un colis arriva, enveloppé dans du papier. On l'ouvrit. C'était la dot en pièces d'or, un don anonyme. En dépit de ces merveilles, personne n'était content : le futur époux de Sajani faisait partie du camp des opposants à Amma et les jeunes gens qui la soutenaient étaient en rage, car Sajani aurait dû être promise à l'un d'entre eux. L'équilibre était fragile au sein de cette petite communauté et menaçait de rompre. Amma apaisa ses partisans en leur recommandant de s'abstenir de participer aux festivités du mariage. « Un aspirant spirituel ne devrait pas participer à des noces ou des funérailles. Aux noces, chacun pense au mariage, qui est une servitude et, aux funérailles, la souffrance est causée par la perte d'un être cher. Dans les deux cas, les participants se concentrent sur des sujets éphémères et ces ondes sont nuisibles à un chercheur spirituel. »

La gentillesse d'Amma, sa compassion et son pardon désarmèrent petit à petit ses ennemis. Ils desserraient leur étau. Leurs rangs s'éclaircissaient. Les uns après les autres abandonnaient le combat. Ses disciples ne se sentirent plus menacés et étaient de plus en plus nombreux. Une nouvelle ère commençait.

Amma n'éprouvait pas la moindre rancœur. « Pourquoi devrions-nous éprouver de la colère envers eux, ou cesser de les aimer ? Les obstacles sont les engrais qui nous rendent plus forts spirituellement. Ils contribuent tous au plein épanouissement de notre cœur… Créer des troubles est la nature des ignorants. Nous devons donc prier Dieu qu'il leur pardonne et les conduise sur la voie juste. »

Ainsi l'*ashram* d'Amritapuri put-il naître dans la paix. Les conditions de vie y étaient certes précaires, mais la foi de tous ceux qui arrivaient était telle que cela comptait peu. Ils mangeaient frugalement, dormaient à la dure et acceptaient de ne rien posséder. L'essentiel pour vivre leur venait sans qu'ils ne demandent rien. Ils ne se déplaçaient qu'à pied, quelle que fût la distance qu'ils devaient parcourir. Ils vivaient comme l'avaient fait les sages de l'Inde de toujours. En dépit de tous les manques et les inconforts, ils étaient heureux. Le renoncement les aidait à libérer leur esprit des futilités et des choses matérielles. Ils se sentaient peu à peu purifiés. L'exemple que leur donnait Amma était incroyable. Jamais ils n'avaient vu quelqu'un d'aussi heureux qu'elle. Elle les réconfortait sans relâche. S'ils parvenaient à endurer ce qu'ils enduraient, alors ils surmonteraient les difficultés les plus âpres.

La situation restait fragile. En dehors du petit lopin où Nealou avait construit la hutte où tous vivaient, il n'y avait rien. Sougounanandan ne voulait rien donner de plus. L'idée de cet *ashram* l'inquiétait. Plus encore, elle l'effrayait. Il tenta donc de s'y opposer. Au début, Amma elle-même ne partageait guère l'idée de créer un *ashram*. Fille de pêcheur, libre comme l'air, vivant dans le bonheur en compagnie des animaux et de l'océan, elle craignait tout ce qui pourrait entraver cette liberté. Un *ashram*, charge matérielle, entraverait cette liberté à laquelle elle tenait tant. D'un autre côté, les gens arrivaient sans cesse plus nombreux qui étaient désireux de la suivre. Que faire ?

C'était cornélien, car un autre problème survenait : parmi ceux qui arrivaient se trouvaient des étrangers. Or, les lois indiennes interdisaient aux étrangers de demeurer sur le territoire, sans activité, pour une longue durée. Pour qu'ils restent, il fallait donc créer un centre spirituel approuvé par l'État. Amma s'y résolut. Le 6 mai 1981, le Mata Amritanandamayi Mission Trust fut créé et Amma prit officiellement le nom qu'elle possède encore aujourd'hui : « la Mère de la Béatitude immortelle ». Il survint à cette époque un petit miracle : Sougounanandan et Damayanti se muèrent peu à peu en alliés. Ils avaient parfois regimbé devant les choix de leur fille, mais petit à petit, par amour, ils comprirent une part de son mystère et l'approuvèrent. Ils commencèrent alors à l'aider. Obéissant au vœu d'Amma, ils changèrent du tout au tout et se mirent à regarder les nouveaux arrivants à l'égal de leurs propres enfants.

Quand l'amour terrasse la haine

> *« Permettez simplement à la porte de votre cœur de s'ouvrir, et vous verrez qu'elle n'a jamais été fermée. »*
>
> AMMA

Celui qui cherche le bien s'apparente à un pèlerin de l'impossible. À certains moments, il semble que la route se dégage, qu'elle apparaît sans encombre. Cela nous arrive dans la proximité des saints. C'est arrivé à ceux qui étaient proches de saint Jean de la Croix, de Thérèse d'Ávila, de François d'Assise ou de Vincent de Paul. C'est vrai pour ceux qui approchent le dalaï-lama, pour ceux qui sont auprès d'Amma à Amritapuri. Très vite, survient le fameux « eurêka » d'Archimède ; on se dit : « J'ai trouvé ! Enfin, ce que je cherchais depuis tant d'années, je le touche, je le vois, je le sens. » On ne se sent pas loin de devenir soi-même un saint… Petit, mais un saint tout de même. Puis, on s'éloigne, on rentre chez soi, on reprend le travail, et on retrouve ses défauts, ses sales habitudes, ses « *vasanas* », comme on dit, exactement comme on les avait laissés ! Me voici redevenu mesquin, jaloux, orgueilleux, égoïste. Comment cela se fait-il ? Comment peut-on régresser à ce point ? Quel diable, quel sorcier m'inflige ce coup du sort ? Quelle mauvaise surprise. Cela marchait pourtant si bien.

Si vous confiez cette frustration à Amma, elle vous sourit et vous dit d'accepter que votre chemin spirituel soit en fait un roncier. Nous ne sommes que des hommes et des femmes avec nos faiblesses et nos petitesses ; des éternels débutants.

Accepter, c'est être humble et il faut de l'humilité pour marcher sur une voie spirituelle. Vouloir arrêter parce qu'on a régressé tient d'un orgueil dont on doit s'éloigner.

Dans leur quête du bonheur, certains vont plus vite que d'autres, ce qui ne veut pas dire qu'ils sont supérieurs à eux. Acceptons que certains aillent lentement et d'autres rapidement. Je suis une tortue, je l'accepte. Je suis un pur-sang, je l'accepte aussi. Acceptons aussi que le pur-sang parvienne au but avant la tortue, ce qui est bien naturel. Et même le pur-sang trébuche. L'important est d'avancer, de savoir qu'on a un but, qu'on n'erre plus, qu'on sait où on va. Après une chute, il faut se relever. Il n'est pas d'échec sur un tel chemin, seulement des erreurs, et nous en commettons tous. De la même manière, si on obtient un succès, ce n'est pas la peine de le clamer sur tous les toits. L'excès est l'ennemi du bien. Contentons-nous d'aller chanter discrètement au bord de l'océan.

Notre mental est précisément comme l'océan. Calme à l'aube, il peut soudain se faire tempête. L'*ego*, qui était en eaux paisibles, presque imperceptible, nous submerge. Méditons et prions pour appeler à nous ce calme qui est une grâce. Ceci est un cycle infini. Si la chance nous est donnée d'un ressourcement auprès d'Amma, acceptons-le et restons humbles. Si nous devons nous éloigner, gardons dans le cœur la grâce de son enseignement. En arrivant auprès d'Amma, on ressent des vibrations inouïes, les mêmes que celles qui jadis transformaient les bêtes sauvages qui l'environnaient en agneaux. L'esprit de Dieu qui l'habite fera tomber pas à pas les serrures de votre *ego*. Peut-être ces serrures résisteront-elles, mais elles finiront par céder. À nous de veiller à ce que l'*ego* ne se reconstruise pas en nous. Je regarde Amma, je l'entends, elle sourit et je songe que tout cela demande de l'autodérision. Rien de tel que de retrouver l'humilité par le sourire. Sourire de soi ne signifie en rien s'autoflageller. Le souvenir de sœur Emmanuelle me revient à l'esprit. Elle claudiquait, je la tenais par le bras. Soudain elle s'arrêta devant une pâtisserie et me dit, d'un air mutin : « Dis-moi… Tu veux bien m'acheter une religieuse ? » Amma serait capable de ce genre de plaisanteries.

Au lieu de culpabiliser devant nos inévitables défauts, pensons à nos plus jolies qualités et cultivons-les comme les plus belles fleurs de notre jardin. Arrosons-les de notre amour. Plus ces fleurs seront belles, plus le mal et le laid régresseront, parfois jusqu'à se faner complètement. Au fond, le mal n'est pas si irrésistible. Il arrive qu'il batte en retraite… Nos qualités sont aimables même si elles ne sont que partielles ou insuffisantes. Ne les condamnez pas au seul prétexte qu'elles sont lacunaires et que vous vous sentez impuissants à aimer l'autre, tous les autres, amis et ennemis. Agissez du mieux que vous pouvez, en gardant toujours, bien en vue, le cap de l'amour.

À Amritapuri, une réalité saute aux yeux : Amma aime le « *seva* », le travail désintéressé. Elle l'aime au point de le considérer comme une spiritualité qui complète à la perfection toutes les lectures spirituelles et toutes les méditations. Le travail désintéressé répond à l'appel de la grâce. Si nous cherchons la voie qui nous conduise à Dieu, commençons par aider les autres. Nous verrons une étoile illuminer le ciel. Un malheureux qui est à terre vous demande de le relever, c'est Dieu qui parle à travers lui et c'est à Dieu que vous tendez la main. Jésus disait : « Ce que vous ferez comme bien au plus petit de mes frères, c'est à moi que vous le ferez. » Cette parole est l'une de ses plus fortes.

Quand un oublié, un méprisé, téléphonait à l'abbé Pierre pour lui demander de l'aide, la conversation qui en résultait prenait toute la place dans l'esprit du saint. Il laissait ce qu'il faisait juste avant et ne s'occupait que du pauvre. De sa devise « Sers en premier le plus souffrant », il faisait du concret, un « acte » d'amour.

Si vous n'aidez pas celui qui souffre, nous dit Amma, ce n'est pas la peine de passer vos jours et vos nuits à méditer ou à chanter des *bhajans*, vous aurez laissé passer l'occasion de rendre une petite visite à l'amour. L'action désintéressée n'est pas forcément héroïque, elle peut même être toute petite. Il suffit que la porte soit entrebâillée pour qu'elle puisse s'ouvrir ensuite. Amma fait des grandes choses, mais elle en fait aussi des petites, toujours avec amour. Quelle leçon de la voir servir à table ou accomplir des besognes ménagères ! Il suffit de la regarder pour comprendre que la richesse du don est mille fois supérieure à celle du gain. Cette joie-là, à la différence de l'autre, celle de l'avoir, ne s'évapore pas. La ressentir, c'est commencer d'oublier le poison de l'avoir au profit de la beauté de l'être. La vie n'est rien d'autre que d'apprendre à servir l'autre pour accéder à cette joie. Le service est le terreau qui fait croître l'amour et la bonté et tous trois, ils deviennent la sève du bonheur d'être.

La foi, c'est surtout croire en la vertu de la bonté. Amma possède cette foi à un degré que nous ne pourrons pas atteindre, mais elle nous montre la voie. Plus notre cœur est ouvert, plus la foi d'Amma est contagieuse, et plus on approche de la lumière de Dieu et du sens de la vie, grâce à l'amour.

Abandonnez-vous, souriez à la vie… n'ayez plus peur !

« Vis comme si tu devais mourir demain. Apprends comme si tu devais vivre toujours. »

GANDHI

S'abandonner est une grâce. La grâce de sourire. La première fois que je vis Amma, il y a plus de vingt-cinq ans, je souriais, certes, mais ce sourire avait quelque chose de contraint et de forcé. C'était un sourire de société, celui dont on se sert pour accaparer l'autre, le séduire, l'annihiler. Quand je la revis, acceptant mon destin, je compris qu'elle m'avait rendu mon vrai sourire, celui de l'abandon, qui attendrit sans subjuguer. Celui qui ouvre la porte sans calcul ni arrière-pensée. Celui de l'amitié, simplement. Je pensais jadis que sourire ainsi me mettait en danger, ouvrait une brèche dans mes défenses, faisait de moi une créature faible, une victime, presque un esclave. Sourire, c'était alors abandonner ce que je croyais être ma force. Quand je revis Amma, je compris mon erreur. Au lieu de me mettre en péril, cet abandon me guérissait, me grandissait. Je pensais que m'abandonner diminuait ma vigilance, faisait de moi une proie désignée pour les forts. C'était le contraire : c'est en m'abandonnant que je me sentis lucide, que je me sentis fort. Amma dit que l'attention et l'abandon sont les deux faces d'une même pièce ; il faut s'abandonner à tout ce qui survient, quoi qu'il arrive.

Je vois d'ici tous ceux qui secouent la tête en disant : « Quoi ? C'est ce qu'Amma nous propose ? Tout accepter ? D'être grugés, ruinés, laminés sans mot dire, la bouche en cœur, le sourire en coin ? » Mais ce n'est pas cela qu'Amma nous incite à faire. Il ne s'agit pas de courber l'échine, de s'aplatir devant les coups du sort, mais de garder la lucidité devant ce qui nous arrive. D'accepter certes, mais en étant conscient. Cette qualité suprême qui fait l'abandon de soi est parfois difficile à comprendre, surtout pour un Occidental ; elle n'est pas dans notre culture. Nos héros sont ceux qui relèvent la tête. Nous avons une philosophie de conquistadors. Pourtant est-ce réellement antinomique ? Ce n'est pas si sûr. Il est certes peu vraisemblable que nous nous abandonnions totalement à ce qu'il nous arrive, pour la bonne et simple raison qu'un tel niveau de conscience n'existe que chez les saints et les grandes consciences. Cependant, ce n'est pas parce qu'on ne croise pas le Divin tous les jours qu'on est dispensé de tenter de s'en rapprocher un petit peu.

J'appartiens au monde de ceux qui sont en recherche des petits cailloux blancs qui balisent le chemin. Je me suis souvent égaré, mais je déteste abandonner. J'erre, mais je tiens bon et je cherche inlassablement. C'est ainsi que je suis heureux. Parvenu auprès d'Amma, j'éprouve le sentiment irrésistible que ma quête n'aura pas été vaine et que je suis au seuil d'une nouvelle étape qui ressemble fort à une nouvelle vie. Une vie où l'*ego* s'évapore. Une vie dont le royaume sera l'esprit de don. Un royaume sans roi mais dans l'esprit de Dieu.

Là où tout a commencé, j'ai voulu me rendre…

« Une âme est plus grande qu'un monde. »
Victor HUGO

Je ne serai probablement jamais un pratiquant spirituel. Sans doute est-ce trop tard ; j'ai trop oublié l'obéissance, la chasteté et la pauvreté pour qu'elles me fassent signe, comme cela est arrivé à deux de mes amis très chers qui ont tout laissé à mi-vie pour devenir l'un moine, l'autre prêtre. Je ne suis qu'un témoin. Mes parents m'ont légué un peu d'empathie ; cela vaut moins que la compassion, mais n'est pas inutile. Notre temps vaut bien les temps passés : il y a toujours de la misère, de la violence et du mépris de l'autre. Ma petite empathie me fait aimer ceux que j'appelle les survivants de la grâce. Pas tous hélas… J'aurai ainsi « raté » mère Teresa, morte avant que je ne la rencontre, et aussi le dalaï-lama, Nelson Mandela ou le Padre Pio. Mais j'aurai connu l'abbé Pierre, mon premier maître, sœur Emmanuelle, ma grande sœur, le père Pedro ce géant, et le pape François. Et maintenant Amma. Dieu en soit loué ! Est-ce un hasard si je la rencontre ? Peut-être est-elle après tout le couronnement de ce que je cherchais.

Je songe à cette pomme qui ne se flétrissait pas, cette pomme que me tendait la médium Yaguel Didier : « Elle m'a été donnée par Amma, tu sais ? Tu dois aller la voir. » Une suggestion de médium ne se refuse pas. Ainsi arrivais-je de nouveau à Amritapuri par une chaude journée de juillet.

Je l'avais entre-temps revue à Châlons-en-Champagne, à Valence en Espagne, à New Delhi. Mais c'était pour moi tellement fort d'aller chez elle, là où tout avait commencé. Amritapuri avait beaucoup changé depuis vingt-cinq ans, l'époque de ma première fois. J'ai eu beaucoup de peine à reconnaître le lieu que j'avais visité jadis. Des immeubles avaient surgi un peu partout de la jungle épaisse des cocotiers. Un hôpital ayurvédique était né, mais aussi un centre de recherches, et une université qui concurrençait les meilleures universités de l'Inde. À force d'énergie et d'amour, elle était parvenue à ce miracle. Les forces du chaos n'auraient su empêcher la volonté de ce petit bout de femme qui portait en elle la grâce absolue. Pas même le tsunami en 2004 n'a pu le faire. Certes, il avait fait des dégâts, mais ceux qui étaient là à cette époque se souviennent de la manière dont elle entreprit de préserver du désastre l'*ashram* et ses habitants, à la manière d'un capitaine de navire en perdition. Elle rassembla tout le monde, bêtes comprises, sans oublier les éléphants, dans le temple de Kali, à l'abri du flot. On eut ainsi une sorte d'arche de Noé indienne. Les pêcheurs des environs furent les plus touchés : beaucoup perdirent leur maison et leurs bateaux. Amma déploya une énergie sans faille pour leur venir en aide et tout fut rétabli. Elle fit reconstruire bateaux de pêche et maisons. Elle y mit l'argent qu'il fallait et la force nécessaire et réussit ce miracle de rendre la vie à son peuple. Ainsi survécurent la petite maison familiale, celle où Amma était née et avait grandi avec ses frères et ses sœurs, et tout à côté, la petite pièce minuscule où elle avait réuni jadis ses premiers fidèles. C'était il y a si longtemps désormais... Comme c'était petit ! On pouvait, en y entrant, imaginer sans peine le petit nombre de ses fidèles qui se pressaient là. J'eus le sentiment de pénétrer dans une demeure miraculeuse et miraculée.

J'ai toujours adoré connaître les lieux où « tout a commencé ». Ils me rapprochent du mystère des origines, si difficile à comprendre. C'est ainsi. Certains aiment ce qui est parvenu à maturité. Je suis au contraire de ceux qui s'émerveillent de l'humilité des commencements. J'ai pleuré en pénétrant dans la grotte de Bethléem, et en priant dans les *carceri* de saint François. Le christianisme des catacombes m'a toujours parlé davantage que le faste du Vatican. Dans cette petite maison d'Amma, celle de son père le pêcheur du Kerala, j'approche Amma, mieux que dans la grande salle d'accueil d'Amritapuri, au milieu de la foule. Ne soyez pas choqués par cette confidence, car nos chemins vers le mystère sont tous différents. Mon but est de comprendre pourquoi le message d'Amma est essentiel au monde : à tous ceux qui la connaissent, mais aussi à ceux, innombrables, qui ne la connaissent pas encore et qui pourtant l'attendent.

Ce matin-là, je suis donc entré dans cette petite maison qui fut celle de Sougounanandan et Damayanti, dans celle d'Amma qui n'était pas encore Amma et qui pourtant l'était déjà par la force de sa résolution. Ce jour-là, il ne se trouvait personne dans la petite maison : j'étais seul. J'ai regardé la multitude de photos d'Amma à divers âges de sa vie, j'ai fermé les yeux et j'ai prié : j'ai dit le *Je vous salue Marie*. C'est la prière que je préfère, l'hymne émouvant à la mère de Dieu, la prière de mon enfance. Je n'ai pas eu besoin d'y penser. J'ai visualisé Marie en la priant. Elle portait bien les vêtements blanc et bleu qu'on lui connaît, ceux de la Marie qu'a vue Bernadette de Lourdes, mais cette fois, son visage était indien : c'était celui d'Amma. Certains y verront un sacrilège; pas moi. Il n'y a qu'un seul Dieu qui porte l'Univers, qu'une Mère universelle. L'Univers est un. Il n'est ni indien, ni occidental, ni africain, ni chinois. Regardons les animaux ou les arbres : un chêne est un chêne, un chien est un chien. Ils sont les mêmes partout. Il en va de même pour les êtres humains. Ce matin-là, j'ai compris que je pouvais être l'enfant d'Amma et celui de la Vierge Marie. J'ai alors ressenti des choses extraordinaires. La maison d'Amma s'animait, elle bruissait des événements du quotidien. Tout à côté dans l'étable attenante, la vache meuglait. J'entendais la voix d'Amma s'élever en douceur pour se mêler au bruit de l'océan et aux chants des oiseaux. Je voyais son visage, celui d'une toute jeune fille. Un visage d'une lumière, d'une chaleur intense. C'était si fort que je refusai d'ouvrir les yeux ; je craignais d'en être brûlé. Amma chantait et vivait les *bhajans* repris en chœur par une petite dizaine de disciples autour d'elle... Je songeai que les grandes révolutions spirituelles partent souvent d'un petit rien gigantesque : la foi et l'amour. Cela ne s'éteint pas et finit par gagner le monde. Le tête-à-tête de Moïse avec le buisson ardent a bouleversé le message de la Bible, le *Notre Père* prononcé par Jésus sur la montagne a embrasé l'univers. La force de l'Amour d'Amma gagne le monde petit à petit comme un feu de forêt.

Pourtant, comme c'était petit ! Aussi petit que le bébé de Bethléem. Comment un fait si fragile peut-il transformer le monde ? Le premier jour où j'arrivai à Amritapuri, je mis les pieds sur une terre sacrée. Comment un lieu devient-il sacré ? Cet endroit de la terre ne possède pourtant pas de propriété spéciale, l'air n'y est pas purifié ou guérisseur et l'eau ne possède aucune vertu. La sacralité vient plutôt des êtres saints qui y ont vécu ou qui y vivent. Ces êtres avaient purifié leur esprit de toute autre pensée que celle de Dieu, ils avaient concentré leur mental sur Dieu et ils étaient parvenus à l'éveil. Et même après leur mort, la présence concentrée de Dieu est encore perceptible. Et cela dure des siècles. Quand j'arrivai à Amritapuri, Amma était bien vivante et je respirais Dieu.

Hé champion !
N'oublie pas de t'entraîner !

« Le vrai bonheur dans la vie débute quand vous commencez à aimer les autres. »
Lama Zopa Rinpoché

Selon Amma, nous aurions un potentiel de lion, mais nous ne le savons pas. Le lion est le roi de la jungle, un authentique champion. On voue une grande admiration aux champions, mais on fait semblant d'ignorer le travail qu'il faut pour le devenir et, surtout, le rester. Federer, Messi, Ronaldo ou Lebron James sont des génies, mais en même temps des travailleurs acharnés. Cela plaît d'imaginer bébé Messi dribblant dans son berceau avec ses petites jambes grâce à un don qui se suffirait à lui-même, mais c'est un rêve de fainéant. Cela peut rassurer de penser que, sans don, les efforts ne valent rien, et qu'ils sont donc inutiles, mais c'est faux. Le travail paie toujours, et c'est grâce à lui que l'on peut découvrir le lion qui est en soi. La route vers le bonheur est dure, terrible même, mais nous pouvons y arriver si nous fournissons les efforts qu'il faut. Il y aura des pannes, des chutes, des regrets, des fatigues, mais nous nous relèverons et les pannes diminueront, car nous aurons trouvé le carburant miracle : l'Amour.

Ce carburant est à chercher longtemps avec beaucoup de déceptions, mais avec l'aide de Dieu, on le trouve. Ne pas trouver, errer sur des gisements, ne dispense pas de chercher et chercher encore. Dieu juge de notre volonté et de notre ardeur et non des résultats. Avec la volonté et le travail vient la grâce. Dans ce championnat qu'est la vie, nous ne partons pas égaux. Nous avons parfois la volonté, mais le travail sur nous-mêmes nous coûte. Certains ont un *ego* hypertrophié, d'autres l'ont plus mesuré. Certains naissent avec la grâce de la générosité et de l'oubli de soi, d'autres doivent se battre contre de terribles démons. Certains marchent droit, d'autres zigzaguent. Certains ont la foi cousue à l'âme et progressent contre vents et marées, d'autres ont des démarches de canard ou ressemblent à des tortues. Je suis une tortue.

L'acceptation consciente de ce qui m'arrive sans que je le souhaite est tout sauf facile. Or, c'est cette acceptation qui est, nous dit Amma, la clé du bonheur… j'éprouve un mal fou à accueillir positivement cette acceptation après une vie passée à tenter d'éviter les tuiles qui tombent du toit. Évidemment, je les prends sur la figure. Plus je veux éviter les fondrières, plus mon pied glisse dedans. Je n'ai pas encore compris que l'acceptation et le détachement sont le corollaire de la confiance dans le Soi, pas le petit soi, le soi ridicule de l'*ego*, mais le Soi divin. Alors la peur, ce corollaire de l'*ego*, disparaît et la confiance vient, qui nous vient de l'Amour de Dieu. J'en suis encore loin !

Amma me demande d'essayer, d'essayer encore et toujours, de ne jamais me décourager. Je ne connais pas de meilleur entraîneur ! Quelle besogne de longue haleine que la mienne, car l'*ego* est une hydre à mille têtes. En couper une ne suffit pas ! Et d'ailleurs, elle repousse. Ne sois pas impatient, me dit Amma, travaille, apprends de tout ce qui t'arrive. À chaque recul, à chaque échec, à chaque blessure, ton *ego* te dit de geindre, de te plaindre et finalement de souffrir. Regarde la douleur en face et ne l'aggrave pas avec de la souffrance.

Amma nous souffle un conseil révolutionnaire : le bonheur se décide ! La première fois que j'ai entendu cela, je ne l'ai pas cru. Pourtant, tous les grands maîtres du passé l'ont dit, plus ou moins de la même manière. Mais nul ne l'aura dit avant elle avec pareille force.

C'était Amritapuri avant Amritapuri…

« Les hommes construisent trop de murs et pas assez de ponts. »
Isaac Newton

La petite hutte de palmes tressées abritait maintenant cinq personnes. Hormis Amma et Ounnikrishnan, qui étaient indiens, les trois autres étaient des étrangers. L'un, Nealou était américain ; le second était réunionnais ; la troisième était anglaise. Certes ils n'étaient pas des débutants dans la voie spirituelle. Nealou venait de passer dix bonnes années à l'*ashram* d'un des maîtres les plus vénérés de l'Inde contemporaine. Ramana Maharshi était mort peu d'années auparavant, mais son aura demeurait telle qu'après sa mort, il semblait qu'il fût encore vivant pour tous ceux qui avaient eu le bonheur d'écouter ses enseignements. Généralement un *ashram* dont le maître était mort mourait un peu avec lui. Mais avec Ramana Maharshi, cela semblait différent. Me comprendront tous ceux qui ont eu le bonheur d'aller en pèlerinage là où vécurent Aurobindo et la mère d'Auroville à Pondichéry, là où vécut Sathya Sai Baba près de Bangalore, là où vécut Mâ Ananda Moyi ou, plus anciennement, là où vécut dans le Bengale le grand Râmakrishna. Certes une grâce continue de flotter en ces lieux où souffla l'Esprit, mais nulle part ailleurs cette grâce n'était aussi intense qu'à Tiruvannamalai, où Ramana Maharshi avait son tombeau. Cela permet de comprendre à quel point Nealou l'Américain eut du mal à s'arracher de la tombe de son maître et cela permet de comprendre aussi l'extraordinaire attraction qu'exerça Amma sur lui.

Nealou s'appelait en réalité Neal Rosner. Il était originaire de Chicago, où il était né en 1949 et avait passé une partie de sa jeunesse. Intelligent, brillant, les succès terrestres lui ouvraient leurs portes, mais sans combler ses attentes. Il attendait de la vie beaucoup plus que des réussites matérielles. Il eut cette grâce d'en prendre conscience très tôt. Il partit pour l'Inde à tout juste vingt ans et, après avoir erré dans le continent, être allé chez Mâ Ananda Moyi et dans d'autres lieux de spiritualité, il parvint à Tiruvannamalai, auprès des disciples de Ramana Maharshi, où il demeura dix ans. Quand enfin il arriva à Vallikavu, en 1979, il souffrait le martyre à cause de son dos. Nealou avait toujours souffert avec son corps ; sans doute cela aura-t-il compté dans l'incroyable plongée spirituelle qui fut la sienne. Dans les années quatre-vingt, Nealou imaginait qu'il ne pourrait pas connaître un bonheur supérieur à celui qu'il avait connu auprès de Ramana Maharshi. Pourtant, cela devait arriver. Ce fut pour lui comme une seconde naissance.

Le bonheur qu'il ressentit à Vallikavu, alors qu'ils étaient moins d'une dizaine autour d'Amma, empreint maintenant ses souvenirs d'une nostalgie qui nous aide à comprendre la fascination qu'elle exerçait. Tous pensaient alors que rien ne bougerait, que tout demeurerait ainsi, en petit nombre, dans la joie de profiter totalement de sa présence. Pas un d'entre eux n'aurait pu imaginer ce qui allait se passer. Pas un n'aurait rêvé que la petite hutte de palmes deviendrait un vaste ensemble accueillant des milliers de gens, puis un *ashram* à l'échelle mondiale. Amma l'avait pourtant annoncé : « J'ai rêvé, dit-elle un jour, que s'élèveraient ici des espaces immenses remplis de monde. » Nealou répondait : « Mais Amma, comment peux-tu rêver cela ? Nous n'avons même pas de quoi acheter un petit bout de terrain. » Amma avait souri et elle avait dit : « Oh, ce sera la volonté de Dieu, pas la mienne ! » Plus tard, un fidèle acheta toute une série de terrains alentour et les offrit à Amma. Un autre fit bâtir le grand temple. Mais on n'en était pas encore là : c'était toujours la petite hutte de palmes tressées...

Quel bonheur était le leur ! On pouvait être avec elle tout le temps. Elle donnait le *darshan* à tous les instants. Aujourd'hui, tout est programmé : elle est obligée de donner le *darshan* à des heures fixes. Hier elle dormait proche de ses premiers compagnons ; aujourd'hui, elle est obligée de se réfugier dans sa chambre pour échapper à la meute des solliciteurs et garder quelques minutes de repos. À l'époque, elle se consacrait tout entière à eux. Aujourd'hui, elle se consacre au monde entier.

Nealou a su traduire avec des mots d'une incroyable sensibilité les années pionnières, celles où tout a commencé. Si on lui demandait alors de dépeindre Amma, il nous répondait : « Elle est... mystérieuse. » Il le dit encore aujourd'hui ; rien n'a changé. Pour tous ceux qui, à l'époque, vivaient tout près d'elle, elle demeurait un mystère. Elle était à la fois proche et lointaine. Elle leur était familière et cependant incompréhensible. Si tendre, si aimante et si imprévisible. Ses décisions, ses paroles les prenaient toujours à contrepied. C'est qu'elle était à la fois une jeune femme de vingt ans avec la drôlerie et l'esprit mutin de l'enfant qu'elle n'avait jamais cessé d'être et, en même temps, une âme réalisée inspirée par Dieu.

Pour comprendre les actes et les gestes d'une âme réalisée, il faut être soi-même une âme réalisée. Or, les premiers compagnons d'Amma ne l'étaient pas. Un être réalisé ne porte pas sur lui de signe spécifique qui permette de le reconnaître ; il n'a pas d'œil au milieu du front, de doigt en plus ou un lobe d'oreille deux fois plus gros que l'autre. Il est parfaitement semblable à nous, et pourtant, tout à fait différent.

Même s'ils ne la comprenaient pas toujours, les disciples d'Amma avaient une grande admiration pour elle. Ils se sentaient incapables de l'imiter dans ce qu'elle faisait : aimer comme elle aimait, de cet amour qui s'étendait à tous et pour lequel elle sacrifiait tout, son temps, son confort, sa santé.

Ils le savaient et cela les fascinait. Et puis il y avait cette connaissance qu'elle possédait des êtres et des choses, cette omniscience qui lui permettait de deviner tout de ceux qui venaient à elle, leur passé, leur présent, leur avenir. Oui, tout leur faisait sentir qu'ils étaient en présence de Dieu. Certains parlaient d'avatar divin, les autres pas encore. Nealou, quant à lui, l'avait senti presque d'emblée.

On se racontait l'histoire de ce sage indien qui était passé un jour par Vallikavu. C'était dans les années soixante-dix ou quatre-vingt, on ne savait plus très bien. Était arrivé là un homme qui, le premier, avait proclamé Amma Mère Divine. Il s'appelait Prabhakara Siddhayogi, il était ce qu'on appelait un « *avadhuta* », un de ces sages qui avait transcendé la conscience du corps et ne se préoccupait plus que de Dieu. On prenait le plus souvent ces sages pour des idiots ou des fous, car ils avaient une conduite bizarre, ce qui leur permettait de tenir les gens éloignés d'eux. Les habitants du coin prétendaient connaître Prabhakara de toute éternité, car leurs parents et leurs grands-parents leur avaient raconté des histoires à son sujet. Amma le connaissait et affirmait qu'il était doté de pouvoirs surnaturels, en particulier celui de pouvoir entrer selon sa volonté dans le corps d'autrui. Ainsi, racontait-elle, chaque fois que son enveloppe corporelle se faisait vieille, il en changeait. Amma, ayant entendu parler du sage, avait voulu le rencontrer. Elle se mit à penser fortement à lui et, dès le lendemain, Prabhakara se présenta à elle. Il lui dit avoir reçu son souhait par la pensée et c'était pourquoi il était venu. Ce yogi avait une fâcheuse réputation : il pourchassait les femmes pour mettre son corps à l'épreuve. Toutes les femmes du coin se barricadaient à son approche. Amma n'avait pas encore vingt ans et elle était d'une troublante beauté. Le yogi voulut la saisir, mais elle arrêta son bras d'une poigne de fer : « Ne sais-tu pas qui je suis ? » lui dit-elle. « Oui, répondit-il. Tu es la Divine Mère en personne. Les gens viendront de partout dans le monde pour recevoir ton *darshan*. » Amma le savait établi dans un état proche du divin et elle éprouvait pour lui une réelle affection. Mais en même temps, elle savait qu'il serait toujours un fauteur de troubles. Elle voulut qu'il s'éloigne, ce qu'il fit.

Nealou sentit donc très vite quelle était la véritable nature d'Amma, sans la comprendre tout à fait. Ce que le yogi avait perçu grâce à son détachement absolu, Nealou le perçut par sa sensibilité et son amour. Néanmoins, chaque fois que lui ou un autre de ses disciples des premiers temps la questionnaient sur ce qu'elle était, Amma répondait : « Je suis une folle qui ne sait rien. » Un jour pourtant, elle consentit à répondre : « Amma n'a jamais senti qu'elle était différente de sa véritable Nature infinie. Il n'y a pas eu un temps où elle n'était pas cela. Le moment de la connaissance, de la réalisation fut une simple redécouverte dans le but de donner un exemple. Un avatar est toujours conscient de sa vraie nature[1]. »

1. Swami Paratmananda, tome II, p. 15-16.

La grande âme dans la petite hutte

« L'homme a ce choix : laisser entrer la lumière ou garder les volets fermés. »
Henry Miller

La haine ne désarmait pas. La mort prématurée de Soubhagan avait radicalisé les ennemis d'Amma. Une fois encore, on tenta de l'empoisonner avec un breuvage d'offrande. Ce fut lors d'un Devi Bhava, cérémonie durant laquelle elle s'identifiait à la Mère Divine. Elle but la boisson d'un trait et fut aussitôt prise de nausées. Ses disciples eurent beau la prier de se retirer, rien n'y fit, car elle ne voulait en aucune manière décevoir les pauvres gens qui s'étaient déplacés de très loin. « Si je meurs, ce sera la volonté de Dieu ! » conclut-elle. À l'issue de la cérémonie, elle leur confiera qu'elle savait le breuvage empoisonné, mais que la personne qui le lui avait offert, ne sachant pas qu'il l'était, elle ne voulut pas lui faire de peine. Tout, dans l'extase d'Amma, prenait d'étranges proportions. Nealou se souvient de faits anodins dans une atmosphère saturée de sacré. Ces petits faits devenaient des bénédictions ou des drames. L'un de ces faits le marqua profondément : au début du Devi Bhava, Amma avait l'habitude de sortir du petit temple de palmes séchées et de se mettre à danser. En extase, elle tenait entre ses mains un sabre et un trident, les emblèmes de Kali. Elle n'était plus sur terre, elle était comme dans l'Ailleurs de l'au-delà du temps. Elle s'identifiait à Kali, au moins à l'idée qu'on se faisait d'elle. Kali n'était pas une déesse spécialement tendre, mais on ignorait le plus souvent que son sabre lui servait à pourfendre l'*ego*. On pouvait la trouver effrayante. Kali bavait, ses yeux se révulsaient, elle râlait. Puis soudain, elle se roulait par terre en riant aux éclats. Ses disciples n'y comprenaient rien. Leur rôle se limitait à l'accompagner de leurs chants et de leurs instruments. Mais l'atmosphère était si envoûtante qu'il survenait des accrocs : une de ces nuits, Nealou fit une fausse note à l'harmonium. Une minuscule fausse note, qui serait sans doute passée inaperçue lors d'un concert. Mais Amma se précipita vers Nealou et frappa l'instrument de son sabre.

Amma entendait avec les oreilles d'un Dieu et non avec des oreilles humaines. Peu après, elle s'adressa à Nealou avec beaucoup de douceur et lui dit : « Je ne me suis pas fâchée contre toi pour moi-même, mais pour les milliers de petits êtres subtils qui goûtaient ma musique. » Comme Nealou ne comprenait pas, elle ajouta : « Quand je danse, de nombreux êtres vivants viennent me voir dans cet état. Ils sont absorbés totalement dans la mélodie. Une seule fausse note et c'est un choc terrible pour tout leur système. Ils sont dans une acuité divine, pas humaine ! » Nous possédons un corps plus subtil qu'on appelle l'esprit. Mais il existe aussi bien d'autres plans d'existence que nous ne pouvons voir avec nos yeux ni même avec notre esprit. Ainsi Amma évoquait-elle devant Nealou abasourdi ces êtres subtils meurtris par une fausse note. Ce qui est impossible à comprendre si nous restons au niveau de notre corps et de notre esprit devient possible si nous admettons l'existence de vies qui nous dépassent.

Nealou fut témoin de scènes stupéfiantes. Les curieux liront le deuxième tome de ses souvenirs, *Sur le chemin de la liberté*, qui fourmille de ces scènes. Nealou est un observateur précieux pour qui désire connaître l'Amma d'alors. Elle avait vingt ans à peine, Amritapuri était près de naître et il n'y avait qu'une dizaine d'intimes autour d'elle. Les difficultés étaient permanentes et l'hostilité à son égard ne reculait pas. En témoigne encore cet incident, qui arriva lors d'un Krishna Bhava. La cérémonie les avait tous plongés dans la ferveur. Amma avait cessé de danser et, peu à peu, redescendait sur terre, lorsqu'un homme se mit à hurler. Au fond de la hutte, d'autres hommes se mirent à houspiller Sougounanandan. Ce dernier leur demanda de partir. Non seulement ils n'obéirent pas, mais le meneur le menaça avec une ceinture ornée de crocs en fer. On verrouilla le petit temple à double tour. Dehors, on se battait entre partisans et adversaires d'Amma. Il n'y eut ni vainqueurs ni vaincus, seulement des blessés qu'Amma alla consoler. Elle dit aux siens : « Mes enfants, nous avons des adversaires, soit ! Mais restons calmes et sereins. Il nous faut apprendre à voir Dieu en chacun et à accepter d'un cœur détaché les louanges comme les mauvais traitements… Mes enfants… Il ne s'agit pas pour nous de surenchérir ou de nous dresser contre des moulins à vent. Nos actions ne devraient en aucun cas dépendre des paroles qui sortent de la bouche de ces voyous. Ne perdons pas les diamants de paix que nous avons acquis par notre *sadhana*[1] pour des cacahuètes. La vie spirituelle sert à briser la carapace d'*ego* qui recouvre notre Soi, et non à la cultiver… Dieu nous protège ! Souvenez-vous, la haine n'éteint jamais la haine, seul l'amour peut le faire. »

Beaucoup de ces villageois soutenaient les voyous et accusaient Amma d'être la fauteuse de troubles. Nealou était perplexe quant à l'issue. Allait-on vaincre la haine ? Pouvait-on fonder une oasis de spiritualité dans la violence ? Tous s'interrogeaient. Devaient-ils rester ou quitter Vallikavu ? Ils n'hésitèrent pas longtemps. Amma manifestait tant de courage ! Abandonne-t-on un maître qui résiste à l'injustice ? Après cet épisode, la haine marqua le pas. Nealou savait que cela avait été beaucoup plus dur encore pour Amma adolescente :

1. Pratique, cheminement spirituel, accomplissement. La *sadhana* induit la notion d'effort pour atteindre un objectif et, dans l'usage courant, proche de la notion d'ascèse.

ce qu'ils vivaient n'était rien en regard de ce qu'elle avait vécu. Aujourd'hui, c'étaient les derniers soubresauts. Un des chefs des opposants venait même d'épouser une des sœurs d'Amma. Ce dont Nealou et les autres prenaient conscience, c'était la nature divine d'Amma : si l'adolescente avait affronté la haine seule, elle n'avait pu le faire qu'avec l'aide de Dieu.

Cette lumière qu'on attendait

« La foi totale est synonyme de libération.
Celui qui a la foi absolue est un être libéré. »
Amma

Amma ne parlait que sa langue maternelle, le malayalam. Elle n'était allée en classe que jusqu'en CM2. Seuls ceux du Kerala pouvaient échanger avec elle. Les autres, en particulier les étrangers comme Nealou, avaient besoin de l'aide de ceux qui comprenaient l'anglais. Les meilleurs intermédiaires pour eux étaient Balou et Sreekumar, que nous évoquerons plus tard. En 1981, quand l'*ashram* fut officiellement fondé, celui-ci ne comptait guère plus de dix personnes. Parmi elles, Ounnikrishnan, le premier disciple, Nealou, et les premiers de ceux qui la suivirent : Balou, Venou, Sreekumar, Ramakrishna, Rao, et il y en avait probablement deux ou trois autres. Tous sont aujourd'hui des *swamis*, c'est-à-dire des moines qui ont atteint un haut degré de pratique spirituelle. Ces *swamis* possèdent une connaissance intime d'Amma, de son mystère et des subtilités de son enseignement.

Amma était la générosité incarnée, mais elle n'acceptait pas auprès d'elle tous ceux qui se proposaient. Sa conscience aiguë lui commandait d'opérer des choix draconiens. Jésus choisissait ses disciples de la même manière. Il connaissait parfaitement ceux qui devaient l'accompagner dans sa vie comme après sa mort et sa Résurrection. Il savait parfaitement qui était digne de diffuser son message au monde. Jamais ses choix ne se firent au hasard, pas même celui des Douze, qui devait le trahir, puisque ces événements ont été voulus par Dieu. Tout devait répondre aux besoins d'une mission divine. Il en était de même pour Amma. Elle connaissait tous les êtres dans leur complexité ; elle savait intimement qui était qui. Son amour lui permettait de deviner d'une manière infaillible la qualité d'une vocation ou la pureté d'un engagement. Elle considérait comme sa mission de former des disciples, car cette mission devrait s'étendre au monde. Il lui était interdit de se tromper. Au siècle dernier, la grande âme du Bengale, Sri Râmakrishna Paramahamsa, avait réussi une mission du même ordre. C'est pour cela que nombreux sont ceux qui le considèrent aujourd'hui comme une Incarnation divine. Amma est regardée par beaucoup de la même manière. Ces Incarnations sont des bénédictions de Dieu et la preuve de son Amour.

Amma eut très tôt la prescience de cette mission. Un jour de 1983, alors qu'elle n'avait encore pas mis les pieds au-delà de vingt kilomètres de Vallikavu, Nealou et d'autres l'entendirent prononcer des mots étranges : « Amma formera de jeunes aspirants spirituels destinés à apporter la connaissance spirituelle à l'humanité. Elle devra faire le tour du monde pour apporter la paix à ceux qui vivent en dehors de l'Inde sacrée. » Tous crurent à une plaisanterie.

L'une des mille facettes qui permettaient d'approcher de la vérité d'Amma se trouvait dans les Krishna Bhavas. Beaucoup de faits frappaient ses proches, mais ce qui frappait surtout Nealou, c'étaient ces identifications d'Amma avec le dieu Krishna. Krishna était la forme la plus charmante de Dieu qui ait jamais existé : il attirait ; troublait ceux qui l'approchaient. Krishna fascinait. Son esprit d'enfance était l'une de ses armes favorites. Nealou était saisi par le charme que parvenait à rendre Amma durant son identification. Elle jouait toutes les facéties qu'avait accomplies Krishna durant son enfance. Par exemple, elle présentait une motte de beurre à un assistant puis, à l'instant où il tendait la main, elle lui en badigeonnait le bout du nez. Une autre fois, durant la cérémonie, Nealou mit à son oreille un écouteur pour entendre un des chants sacrés qu'aimait Amma. Cela n'était audible que pour l'oreille de Nealou et, cependant, Amma soudain se retourna et entama le même chant exactement au point où il était dans l'enregistrement de Nealou. Il en fut convaincu : durant les Bhavas, elle et Dieu ne faisaient qu'un. Les Bhavas n'étaient pas entre les mains de Dieu, ils étaient entre ses mains à elle, et elle en faisait exactement ce qu'elle voulait.

En ce temps-là, le contraste entre l'atmosphère saturée de sacré et la modestie, pour ne pas dire la pauvreté des lieux qui abritaient ces mystères, était extraordinaire. Un des tout premiers résidents de l'*ashram* qui partagea quelque temps la hutte avec Nealou se souvient très bien de l'absolue simplicité de l'étable à côté de la maison des parents d'Amma, où elle célébrait les Bhavas, et des deux rangées de huttes en feuilles de cocotier tressées en forme de L. La nature régnait en maîtresse et offrait des cocotiers à foison, des mares, des lagunes, des clairières. C'était à la fois bucolique et charmant, et c'était là que Dieu avait décidé de venir s'égarer.

Amma était de la même simplicité que les lieux qu'elle habitait : elle était tout le temps avec ses disciples, mangeait avec eux, les nourrissait, méditait, chantait et riait à perdre haleine. Ce disciple se souvient qu'un jour, alors qu'il passait avec elle près d'une plante de *tulasi*, elle avait cueilli une feuille en disant : « J'ai passé six mois à me nourrir uniquement de feuilles de *tulasi* ! » Puis elle avait éclaté de rire : « N'essaie surtout pas d'en faire autant ! tu ne survivrais pas. »

Ils sont venus et ils ont cru…

« Lorsque nous nous aimons les uns les autres sans attente, nul besoin d'aller ailleurs en quête du paradis. »
AMMA

Après que Nealou eut rejoint Ounnikrishnan vers la fin de 1979, arriva Balou[1]. Cet étudiant possédait une âme de poète et il était versé dans les arts, en particulier dans la musique et le théâtre. Son don de musicien était réel. Quand il entendit parler des prodiges d'une certaine Amma du village de Vallikavu, sa curiosité s'aiguisa et il n'eut de cesse d'aller auprès d'elle. Il était fasciné par l'air divin qui émanait des chants d'Amma ; on ne saurait attendre moins d'un musicien. Mais Balou n'était pas au bout de ses surprises. Déjà conquis par les *bhajans*, le jeune homme le fut encore davantage quelques instants plus tard, lorsque Amma le prit contre elle pour lui donner son *darshan*. Elle lui dit avec douceur : « Petit, je suis ta mère et tu es mon enfant. » À peine eut-elle prononcé ces mots qu'un flot d'amour envahit Balou. « Cette voix tendre entra dans mon cœur et je devins ivre d'une joie incompréhensible. C'était cela que je cherchais. » Il repartit, mais à compter de ce moment, il ne put s'empêcher de penser à elle ; un profond changement s'était opéré en lui. Il oubliait de manger, de dormir, de se laver. Son père commença à s'inquiéter. Il fit tout pour

1. Aujourd'hui Swami Amritaswaroupananda.

l'empêcher d'y retourner. Une nuit, durant son sommeil, il se mit à respirer un parfum comme il n'en avait jamais respiré auparavant. S'il existait un parfum divin, c'était sans aucun doute celui-là. Dans un rêve, il vit Amma lui caresser le front. Elle lui parlait : « Ne t'inquiète plus, mon fils, Amma ne t'abandonnera jamais. » Était-ce un rêve ? Était-ce la réalité ? Balou voulut en avoir le cœur net et se rendit à Vallikavu dès le lendemain. Avant qu'il ait pu dire quoi que ce soit, elle lui dit : « Mon fils, Amma est venue à toi la nuit dernière. » Balou en fut bouleversé. « Amma, si je suis ton enfant, lui dit-il, s'il te plaît, accepte-moi. » C'est alors qu'elle prit sa tête au creux de son épaule et lui parla avec amour : « Mon fils, quand Amma t'a entendu chanter, elle a compris que cette voix devait se fondre avec Dieu. »

Balou passa outre les *diktats* de sa famille et il vint vivre à Vallikavu pour être auprès d'Amma. Au bout de deux ans, sachant que cela lui serait douloureux, elle l'envoya travailler à soixante-dix kilomètres de là. Avec les communications de l'époque, c'était vraiment l'éloigner d'elle. Balou ne le supporta pas et, au bout de quelques semaines, il revint à l'*ashram*. Elle voulut ensuite que lui soit enseignée la philosophie. La difficulté était que le professeur choisi refusait de venir à l'*ashram* pour enseigner : son orgueil de savant lui interdisait de vénérer quiconque. « Jamais, dit-il à son élève, je n'accepterai d'aller me prosterner devant quiconque. » Il survint alors une sorte de miracle. Balou alla chanter des *bhajans* à l'unisson d'Amma durant un Devi Bhava. C'est alors que le professeur accourut depuis on ne sait où, et s'allongea devant Amma, la face contre terre. Il dit ensuite à Balou : « C'est une grande Âme en vérité. Je ne refuse plus ce que je refusais hier. Je viendrai à l'*ashram* pour te donner mon enseignement. » « Au tout début de ma vie spirituelle, confiera Balou un peu plus tard, j'avais souvent le sentiment d'avoir compris qui était Amma. Plus tard, je me rendis compte que je n'avais rien compris du tout. »

Balou avait un frère qui s'appelait Venou[2]. Ils étaient tous deux très jeunes quand leur mère mourut et ils furent élevés séparément. Venou était ce qu'il est convenu d'appeler un enfant gâté, un chouchou parmi les siens. Adolescent, il était frivole, mais de temps à autre, son attitude changeait et il ressentait un appel vers Dieu. Très sensible, il se laissait aller à contempler dans le silence. Puis, ses mauvais penchants revenaient et il se faisait à nouveau distant et méprisant. Quand Balou rencontra Amma, Venou était un lycéen aux prises avec ses démons intérieurs. Balou, enthousiaste, lui racontait sa vie avec Amma, mais Venou ne voulait pas en entendre parler : « Je ne m'approcherai jamais de cette fille de pêcheurs », dit-il. Balou rapporta ces paroles à Amma et celle-ci répondit : « Venou est aussi mon fils et il viendra ici. » Balou était inquiet d'entendre cela, car sa propre vocation avait déjà soulevé un tollé dans la famille. Qu'allait-il se passer si à son tour Venou venait à Amma ? Mais cela faisait un bon moment que, pour toutes les décisions de la vie, Balou ne s'en remettait plus qu'à Dieu. Amma décida un jour d'aller visiter la tante de Venou, qui l'hébergeait durant ses études. Venou rentrait à ce moment-là de son cours. Il la vit sous l'auvent de la maison, mais il passa devant elle, le nez en l'air, en l'ignorant superbement. Amma ne se laissa pas le moins du monde démonter. Elle s'approcha de Venou et, lui prenant ses mains entre les siennes, lui dit : « Tu es bien le frère de mon fils Balou. Amma est très heureuse de te rencontrer. » Ce que Venou ressentit alors ne peut s'exprimer par des mots. Son cœur fondit en un instant. Il se sentit subjugué par cet Amour qui émanait d'elle, et sa sensibilité fit le reste du chemin. Le temps passait et il ne désirait plus qu'une chose : la rejoindre. Enfin, en février 1980, il franchit le pas, dans un esprit de renoncement aux frivolités de ce monde : il rasa ses longs cheveux et se rendit à l'*ashram* pour y demeurer.

---

2. Aujourd'hui Swami Pranavamritananda.

Comme Amma le dit souvent, chacun de ses disciples est venu à elle parce que sa sensibilité propre lui a ouvert les yeux. Pour tous, l'amour fut l'élément déclencheur, car tout ce qui est le plus important dans la vie part du cœur. Tous ses disciples ressentirent cet amour. Mais il y eut aussi pour chacun un élément de plus. Venou eut d'emblée cette conscience qu'Amma était omnisciente comme le sont les êtres divins. L'une de ses confidences d'alors est très révélatrice à ce sujet : « Elle prétend n'être qu'une jeune villageoise ignorante et innocente, mais son regard pénètre au cœur des choses et elle devine tout des êtres et des choses du monde. »

Sreekumar[3] était d'un village voisin de celui de Balou. Après d'excellentes études qui faisaient la joie de sa famille, il se trouvait à deux doigts d'obtenir le diplôme d'ingénieur en électronique. Cela faisait maintenant un an qu'il avait entendu parler d'une jeune femme qui incarnait des états divins mais, en bon scientifique, il se montrait dubitatif. Certes il croyait en Dieu, mais le malheur et la souffrance qu'il voyait autour de lui altéraient sa foi. Mais Sreekumar était curieux et, en mars 1979, il franchit le pas, et se rendit à Vallikavu. Il se sentit passer d'un coup dans un monde autre. Mais, une fois qu'il fut parti, le doute revint en lui. Il avait vu Amma se comporter d'une manière qui ne correspondait pas à l'idée qu'il se faisait de Dieu. Elle conversait de bonne humeur avec les gens autour d'elle, s'amusait avec eux, riait, puis soudain elle se mettait à chanter et à danser devant ces gens. Il lui fallut du temps pour comprendre que ce qui évoquait une possession était en réalité une incarnation divine. Dès lors son doute s'évanouit et l'Amour d'Amma fit le reste. Il décida de la rejoindre. Mais la réalité est parfois dure : Sreekumar, comme fils unique, aurait un jour en charge ses vieux parents. Ceux-ci ne voulaient pas le voir partir, et pour le dissuader de se lancer dans cette folie,

3. Aujourd'hui Swami Pournamritananda.

ils lui trouvèrent un emploi à Bangalore à quelque six cents kilomètres de là. Sreekumar obéit en bon fils, mais il ne put supporter la séparation avec Amma. Au bout du premier mois, il tomba gravement malade et fut rapatrié à l'hôpital de son district. Il brûlait moins de la fièvre que de son désir de la revoir. Ce fut une nuit, vers quatre heures du matin, qu'il connut une expérience stupéfiante : « Mon père était sorti me chercher un café. J'étais seul dans la chambre quand soudain, mes mains et mes jambes furent comme paralysées. Une fraîche et douce brise passa sur moi et, à ma grande surprise, je vis entrer Amma. Elle s'approcha de moi avec un bon sourire. Comme un petit enfant, je fondis en larmes. Elle s'assit près de moi et appuya ma tête contre elle sans dire un mot. L'émotion me submergeait, les mots s'étranglaient dans ma gorge. Un rayonnement émanant du corps d'Amma emplissait la pièce et elle était elle-même baignée d'une lumière divine. À ce moment-là, mon père entra dans la pièce. Amma disparut aussitôt. »

Quand il fut guéri, ses parents lui trouvèrent un emploi à Mumbai. Il tenta bien de s'y opposer mais c'était peine perdue. Il souffrit mille morts d'être séparé d'Amma. Il ne cessait de la voir à travers ses visions. Finalement, au bout de huit mois, il démissionna. Sreekumar avait connu des expériences de plan astral bien avant de se consacrer à une vie spirituelle ; sentir se dégager son corps subtil de son enveloppe charnelle lui était survenu assez souvent pour qu'il n'en soit pas surpris. Mais un jour, tandis qu'il était à Mumbai, survint un phénomène d'une particulière intensité. Il se détendait en plein jour, les yeux fermés, lorsqu'il sentit son corps se raidir. Sa forme se dégagea de son enveloppe mais, cette fois, il vit à la place de son propre corps subtil la silhouette d'Amma vêtue comme durant le Devi Bhava. C'était une vision sublime et il ne faisait pas de doute qu'il avait devant lui la vision de Dieu. Subjugué, il garda son immobilité et ses yeux fermés durant tout le temps de l'apparition.

Le 28 janvier 1980, alors qu'ayant rejoint Amma, il se trouvait à Vallikavu, il voulut se rendre auprès de ses parents. Amma l'en dissuada : « Non mon fils! tu ne vas nulle part aujourd'hui. » Sreekumar obéit. Le soir, il devisait avec un groupe de fidèles lorsqu'il sentit une douleur soudaine à la jambe : un serpent, d'une espèce très venimeuse, l'avait mordu. Amma accourut et suça la plaie pour en recracher le venin. Un médecin examina Sreekumar et déclara, stupéfait : « Ce venin est mortel, mais c'est curieux, il ne semble pas avoir infecté votre sang. » La douleur disparut et Sreekumar s'endormit. Le lendemain, Amma lui dit : « Mon fils, où que tu sois allé hier, tu devais être mordu par un serpent. Mais je voulais que tu sois ici pour que cela survienne en présence d'Amma. C'est pour cela que je t'ai empêché de partir. » Le plus extraordinaire fut que Sreekumar trouva un jour dans ses papiers un horoscope que ses parents avaient fait établir à son sujet quand il était enfant. Il y était bien inscrit cette morsure de serpent une fois qu'il aurait atteint ses vingt-deux ans. Or, Sreekumar venait juste d'avoir vingt-deux ans lors de l'accident.

Ramesh Rao[4] était le fils adoré d'un riche marchand de tissus. Il avait commencé de travailler à la boutique de son père, mais il rêvait d'aller s'établir quelque part dans le golfe persique. Il entendit parler des pouvoirs divins d'Amma à ce moment-là et, décidant d'aller voir à Vallikavu ce qu'il en était, son destin s'en trouva bouleversé. En juin 1979, il entra dans le petit temple de palmes tressées durant un Devi Bhava et, avant qu'il ait ouvert la bouche, Amma s'adressa à lui : « Mon fils, je sais que tu veux traverser l'océan. Si tel est ton désir, Amma va t'aider. » Rao fut moins troublé par la prescience d'Amma que par l'onde d'amour qu'il ressentit. Il revint travailler chez son père mais il était pour lui évident que sa rencontre avec Amma avait décidé pour lui d'un autre destin.

4. Aujourd'hui Swami Amritatmananda.

Pendant quelque temps, il ferma boutique assez tôt le soir pour se précipiter à Vallikavu. Calmement, sereinement, il prit sa décision de vivre avec elle. Un soir, tandis qu'il se préparait à rentrer chez lui, Amma lui dit : « Mon fils, où donc peux-tu aller ? Puisque tu es destiné à être ici. » Un jour, alors qu'il était assis auprès d'elle, survint cet étrange phénomène : l'atmosphère qui régnait d'ordinaire dans le temple de palmes séchées changea soudain. Tout alentour disparut comme par enchantement ; Amma remplissait l'univers de sa présence lumineuse. Rao n'était plus qu'un petit enfant de deux ans : il avait perdu toute conscience du monde. Tout était devenu Amma. Elle occupait à elle seule l'univers entier. Cela se prolongea cinq heures durant. Il ne sortit de cet état que parce que Amma lui disait : « Mon fils… » Ainsi, Rao prit conscience de la réalité des mondes divins. Sa vie en fut bouleversée. Il perdit goût pour tout ce qui avait fait ses occupations jusqu'à ce moment. Pire que tout, il déserta le magasin ; ses parents en furent scandalisés. Ils lui tinrent des discours, voulurent le marier. Rien n'y fit. Rao était passé dans un autre monde que le leur. Rappelons-nous ce moment où François d'Assise, ayant pris conscience de l'appel de Dieu, se mit nu devant son père et l'évêque d'Assise avant de partir vers sa mission. On imagine le scandale qu'il avait suscité, et qui fut le même que celui que connut Rao. Néanmoins, Amma tenait à ce que Rao obtienne l'assentiment des siens. Rao pensait que c'était là une cause par avance perdue. « Amma, tu m'abandonnes », lui dit-il. À quoi Amma lui répondit : « L'homme courageux est celui qui peut surmonter tous les obstacles. »

Rao ne se trompait pas sur sa destinée, mais ses parents le gardèrent prisonnier. Et comme il persistait dans sa folie, ils lui firent boire des philtres censés ramener la raison. Ils le firent même interner dans un hôpital psychiatrique. Puis, devant l'échec de ces mesures, ils usèrent d'artifices plus doux. Ils lui trouvèrent une jeune femme d'une gracieuse beauté. Quel homme aurait pu résister à un tel chantage ? Rao, lui, résista.

On finit par le laisser partir, mais il n'était pas au bout de ses peines. Amma réclamait l'autorisation de ses parents, ce que Rao refusa. Quelques jours plus tard, des policiers envoyés par son père vinrent l'enlever en plein cœur de l'*ashram*. Ordre était donné de l'enfermer à nouveau à l'hôpital psychiatrique. Un moment, il crut qu'Amma l'abandonnait. À Kollam, quand ils s'arrêtèrent pour se restaurer, Rao refusa de déjeuner et resta dans la voiture. C'est alors qu'il entendit une voix intérieure lui dire : « Si tu t'échappes maintenant, tu seras sauvé. Sinon ils te détruiront. » Au même instant, un taxi s'arrêta à sa hauteur. Il n'hésita pas, s'y engouffra et pria le chauffeur de le conduire à toute vitesse. Bientôt, il fut à Mumbai. Et comme ses parents, ayant retrouvé sa trace, le menaçaient, il partit pour l'Himalaya. Il n'avait rien : ni argent, ni vêtements. Il devint un vagabond et mendia pour survivre, en vivant dans des grottes ou sous les arbres. Les mois passèrent.

Puis un jour, il reçut un mot d'Amma : « Mon fils, tu peux revenir. Il n'y a plus de problèmes. » Le 27 août 1982, il revint à l'*ashram*. Comme on le voit, réaliser Dieu n'est jamais simple.

Rao se souvient de son retour auprès d'elle ; c'était un jour de Bhava *Darshan*. « Je n'avais pour moi que l'enthousiasme de la jeunesse et de la curiosité[5]. » Amma, se souvient-il, « portait une jupe à pois et un chemisier blanc ; c'était à l'époque sa tenue habituelle, qui voilait complètement sa nature divine. Tout laissait penser qu'il s'agissait d'une jeune villageoise ordinaire ». Les premiers mots d'Amma avaient été ceux-ci : « Fils, d'où viens-tu ? » Il en fut surpris « Cette fille en jupe à pois et chemisier blanc, m'appelait "fils", moi, un jeune homme ! » Il bredouilla une réponse où se glissait le mot « partir ». Oui, il devait partir, car il avait à faire. « Fils, va maintenant et reviens », répondit-elle. Puis, elle disparut. Il partit, mais bien vite il revint. Il ne pouvait plus se passer de sa présence. Il se souvient des premiers mots avec lesquels

5. *Matruvani*, décembre 2014.

l'étrange jeune fille l'accueillit : « Fils, Amma sera toujours avec toi. Où que tu ailles, Amma sera toujours à tes côtés. »

Parmi les premiers à entourer Amma, il en est un qui sembla hésiter un peu plus que les autres avant de la rejoindre pour de bon : Ramakrishna[6]. Il était issu d'une famille de brahmines de Palghat dans le Kerala. En 1978, très tôt donc, un ami entraîna Ramakrishna, qui était un jeune cadre de banque très prometteur, auprès d'Amma. Élevé dans une famille aux mœurs rigides, il avait jeté sa gourme en entrant dans l'âge adulte et menait une vie quelque peu dissolue. Ramakrishna rencontra Amma, à peine l'eut-il vue qu'il comprit son erreur et se sentit lié à elle pour toujours. Dévot de la déesse Minakshi de Maduraï, il implorait Amma de lui permettre une vision de sa déesse bien-aimée. Elle y consentit et Ramakrishna obtint ce jour-là, grâce à elle, ce que des âmes spirituelles ne peuvent obtenir même au bout de dizaines d'années.

Deux faits marquants déterminèrent le destin de Ramakrishna. Le premier eut lieu lorsqu'un jour Amma lui montra une photo du grand saint du Bengale Sri Ramakrishna Paramahamsa et lui dit : « Vous avez tous les deux le même nom. Tu n'ignores pas ce que fut le grand Ramakrishna, et toi, voilà ce que tu es devenu. » À ce moment, Ramakrishna se décida à tout faire pour devenir un chercheur spirituel sincère. Le deuxième événement qui marqua sa jeune destinée fut celui-ci : un soir, durant le Devi Bhava, Amma, qui avait chaud, demanda à Ramakrishna de l'éventer. Celui-ci hésitait. Si je fais cela, pensait-il, moi, un jeune homme de ma situation, que vont penser ces jeunes filles qui assistent au *darshan* ? Finalement, il ne le fit pas, mais à la fin, comme il sortait du temple, il se cogna violemment la tête contre la porte. Toutes les jeunes filles éclatèrent de rire. Le lendemain, Amma lui dit : « Comme tu refusais de m'éventer, j'ai pensé que tu pourrais être vraiment la risée de toutes ces jeunes

---

6. Aujourd'hui Swami Ramakrishnananda.

filles dont tu redoutais tant les moqueries. » Ramakrishna prit alors l'habitude d'éventer Amma sans même qu'elle le lui demande. Une autre anecdote le concernant est très révélatrice de l'humour d'Amma dans l'enseignement qu'elle prodigue à ses disciples. Un jour, Amma prit à part Ramakrishna et lui dit d'un ton sévère :

« C'est drôle, mais il y a des hommes qui continuent à regarder les filles, même après avoir opté pour une vie de renoncement.

— Ah bon, qui fait cela ? demanda Ramakrishna.

— C'est toi !

— Comment, moi ? Amma m'accuse et je suis innocent ! »

Amma sourit et poursuivit :

« N'y a-t-il pas au bureau voisin du tien à la banque une jeune fille qui porte un anneau de nez et n'est-il pas vrai que tu la regardes tous les jours ? »

Et Amma se mit à dévoiler le nom de la femme, celui de son mari, ceux de ses enfants. Ramakrishna était comme transformé en statue de sel.

« Mais bon, ajouta-t-elle dans un grand rire, je sais que tu la regardes parce qu'elle te fait penser à moi. »

Plus jamais Ramakrishna ne regarda cette jeune femme. En 1984, il donna sa démission à la banque et s'établit définitivement à l'*ashram*.

En évoquant Saumya, nous aurons à peu près fait le tour de ce qu'était l'*ashram* naissant. Saumya était australienne. Elle avait, étant jeune, travaillé comme secrétaire auprès d'un chirurgien esthétique qui multipliait les opérations pour être payé le plus possible. Saumya avait beau être très jeune, cela lui semblait absurde de travailler uniquement pour accumuler de l'argent. « Il me semblait qu'il y avait autre chose dans la vie. Je ne savais pas très bien quoi, mais j'étais décidée à essayer de le découvrir[7]. » C'est ainsi qu'elle partit à la découverte du

7. Swamini Krishnamrita Prana, *Le voyage sacré*, p. 19.

monde. Elle voyagea en Asie durant huit mois, puis enfin elle parvint en Inde. La pauvreté la frappa moins que le bonheur simple des gens qu'elle rencontrait. Devant elle, la religion de son enfance revivait avec une fraîcheur telle qu'elle n'eut plus de doute sur l'existence de Dieu. Désormais, tout devenait exultation et beauté : le chant des oiseaux, les couleurs du ciel, les couchers de soleil. Avant d'arriver auprès d'Amma en 1982, cette jeune femme à la foi ardente avait séjourné dans un *ashram* près de Mumbai qui comptait alors des milliers de résidents, pour beaucoup venus d'Europe et d'Amérique.

On lui parla d'Amma, qu'elle ne connaissait pas. À peine eut-elle entendu son nom qu'elle n'eut plus qu'un désir : se rendre auprès d'elle. Cela voulait dire passer d'un *ashram* établi, célèbre et d'une vénérable ancienneté, à un tout petit *ashram*, fait de quelques huttes de palmes, et où résidaient alors à peine une poignée de personnes. Mais rien ne pouvait ébranler le désir de Saumya de s'y rendre. À son arrivée, Amma l'étreignit avec une chaleur toute maternelle, ce qui ne ressemblait en rien aux règles de l'*ashram* de Mumbai, où le disciple ne pouvait que se prosterner et embrasser les pieds du maître. Ici, ce maître se levait pour aller embrasser quelqu'un qu'il ne connaissait pas et n'avait jamais vu. Elle ignorait simplement que, pour Amma, il n'y avait pas d'inconnus. De l'avis de Saumya, c'était proprement stupéfiant. « J'étais complètement submergée par autant d'amour, jamais je n'avais été témoin de pareille chose. Chaque fibre de son être paraissait rayonner de pureté et d'une joie pleine d'effervescence. »

Le mode de vie d'Amma troubla profondément Saumya. Amma étreignait comme une mère, elle entrait en extase quand elle priait, dansait ou chantait, elle s'isolait sur le sable face à l'océan ou bien jouait, comme une petite fille l'aurait fait avec d'autres enfants. Peut-être Saumya se rappelait-elle ses propres expériences d'enfant. Un jour, vers sept ou huit ans, tandis qu'elle jouait, elle avait ramassé dans le creux de sa main quelques grains de sable. « Ils brillaient sous le soleil comme des diamants. J'en suis restée émerveillée : j'avais découvert le secret de l'univers : tout, partout était fait de cette même beauté... Cette révélation profonde est demeurée en moi et je ne l'oublierai jamais. Les yeux innocents d'un enfant peuvent voir les merveilles de l'univers[8]. » Amma, aux yeux de Saumya, était tout aussi impressionnante que ce sable et portait le même secret ; elle était un maître d'amour et ne respirait que l'amour.

Il fallut quelques semaines d'observation pour que Saumya comprenne que non seulement Amma était extraordinaire, mais aussi qu'elle était véritablement de nature divine. Elle n'était pas seulement une sainte, comme elle l'avait cru de prime abord. Quand elle quittait ses fidèles pour partir vers les mondes divins, nul ne pouvait suivre Amma. L'instant d'après, elle était redevenue l'amie, la compagne, la mère. Si l'être réalisé existait, alors elle l'était sans aucun doute. Non seulement, il ne fit plus de doute pour Saumya qu'Amma avait vu Dieu, mais qu'elle était en permanente union avec le Divin, exactement quand elle le souhaitait.

Saumya n'avait jamais vu une chose pareille et c'est cela qui la conduisit à abandonner tout désir de se marier et de fonder une famille comme elle l'avait toujours souhaité : elle préférait demeurer auprès d'Amma. Celle-ci lui demanda de la servir durant les *darshans* en passant une serviette sur son visage. Amma ne transpirait guère, mais elle avait le visage mouillé par les pleurs des fidèles. Saumya le fit, avec difficulté au début, car son émotion était forte. Petit à petit, au fur et à mesure que grandissait l'*ashram*, Amma commença à parler d'un des cœurs de son enseignement : le service. Et ce mot de service crût progressivement dans le cœur de Saumya au point de devenir la raison d'être de sa présence au monde. Elle ne demandait plus désormais qu'une chose : qu'Amma l'aide à servir le monde autant qu'elle le pourrait.

---

8. Swamini Krishnamrita Prana, *Le voyage sacré*, p. 18.

Amma se montrait avec tous aimante, inattendue et mystérieuse. L'un des disciples des débuts, Sreekumar, se souvient[9] d'une attitude surprenante d'Amma qui les avait marqués, Balou et lui, au fer rouge. En ce temps-là, tous deux faisaient la route chaque jour pour venir auprès d'elle. Il n'y avait alors que la maison paternelle et la présence des sœurs d'Amma, qui n'étaient pas mariées, leur interdisait d'y rester pour la nuit. À cette époque, Sougounanandan regardait d'un assez mauvais œil ces jeunes gens instruits qu'Amma traitait avec une aussi grande affection.

Il n'était pas le seul. Beaucoup, parmi les dévots, étaient des pères et des mères de famille qui la connaissaient depuis qu'elle était petite et qui d'ailleurs continuaient de l'appeler par son surnom, « Kounjou ». Bientôt ils murmurèrent qu'Amma délaissait les siens pour donner tout son amour à des étrangers. La jalousie montait ; tous se disputaient son amour. Un jour, ils prirent leur courage à deux mains et vinrent protester auprès d'Amma : « Kounjou, pourquoi donnes-tu tant d'amour à ces étudiants ? On ne les connaît pas. Quand ils sont là, tu n'as plus une seconde pour nous. Pourquoi ne nous aimes-tu pas autant qu'eux, nous qui te connaissons depuis toujours ? » Amma ne leur répondit pas. Le lendemain, elle accueillit Balou et son compagnon avec un détachement inhabituel. Elle ne leur accorda ni un mot, ni un regard. Ils en ressentirent une tristesse infinie. Les chefs de famille souriaient. Les jours passèrent ainsi. Les « jumeaux », comme on les désignait au village, en perdirent l'envie de boire et de manger, mais il leur était impossible de renoncer à la voir car ils lui étaient trop attachés. Les jours et les jours s'écoulèrent ainsi. Un matin, ils la contemplèrent de loin tandis qu'assise au milieu des autres, elle les faisait rire par ses facéties. Tristes à en mourir, ils allèrent cacher leur chagrin dans le temple. C'est alors qu'Amma vint. Elle les prit contre son cœur en

9. *Matruvani*, été 1993.

pleurant. « Mes enfants, leur dit-elle, Amma ne voulait pas vous causer de chagrin. Elle voulait simplement prouver aux autres votre amour. Beaucoup de ces gens pensaient que vous veniez ici sans foi véritable. Amma savait au contraire que vous viendriez toujours la voir. Maintenant ils savent que l'égoïsme et la jalousie sont mauvais. » Amma voulait qu'ils se sentent tous frères et que ce sentiment fraternel puisse se diffuser dans le monde.

C'était Lakshmi, une môme de la rue…

« Vivons tous simplement pour que tous puissent simplement vivre. »
Gandhi

Les mots sont impuissants à faire passer la charge de l'âme d'Amma. Seuls ceux qui assistèrent à la résurrection de Lazare, au miracle de la fontaine de Bethesda, au dernier repas de Jésus avant la Passion, ou encore qui auront vu le regard qu'il porte sur le bon larron sur la Croix ; ceux-là seuls pourront tout à fait saisir le sens de mes mots sur Amma. Aussi ne saurais-je raconter dans toute leur vérité les gestes d'Amma. Ils me touchent particulièrement quand ils visent à sortir de la misère absolue la créature la plus faible qui soit : l'enfant. Depuis que tous les ans, à Madagascar, je regarde cette misère droit dans les yeux, je comprends que tout discours est vain, qu'il convient de se taire et d'agir. Un seul geste est alors acceptable : prendre dans ses bras un de ces petits, en faisant taire la révolte contre la politique locale et même mondiale qui laisse faire cette injustice. Il faut oublier tout cela pour mieux le câliner, le choyer, puis glisser sa main dans son porte-monnaie pour lui donner une chance de manger, d'être soigné et d'aller à l'école. La spiritualité existe encore, et elle est là, dans ce geste de prendre un de ces enfants par la main pour accomplir avec lui un pas de plus sur le chemin de vie. Cela vaut plus que la méditation, que la prière ou qu'un mantra. Il n'est nul besoin de vous concentrer, de lâcher prise ; il faut simplement laisser aller votre cœur. À Madagascar, en Afrique, dans les bidonvilles d'Amérique et d'Asie, dans l'Inde tout entière ; il y a partout des enfants sans mère, sans école, sans rien d'autre qu'une main pour mendier et un regard pour implorer.

Il était une fois, dans une pauvre ville du Kerala, une jeune mère qui mendiait dans la rue. Elle étreignait l'un après l'autre ses quatre enfants, qui n'arrêtaient pas de pleurer, car la faim leur causait des crampes douloureuses. Lakshmi était l'aînée, elle avait alors sept ans. Elle ne savait pas qui lui avait donné son nom. Ce qu'elle savait tenait en peu de mots : son père s'appelait Mohanan et sa mère Lina. Elle avait deux frères, Vijayan et Kumaran, et une petite sœur, Girija. Lina mendiait dans les rues, une de ces rues qui ne ressemblent à rien, comme le sont toutes les rues dans les quartiers pauvres. Lakshmi n'avait pas d'autres souvenirs que l'odeur atroce qu'on y respirait et sa mère qui y mendiait. Elle mendiait ce que son mari ne lui donnait pas car, comme beaucoup de misérables, il buvait le peu qu'il gagnait. Lakshmi se souvenait aussi qu'il frappait sa mère parce que l'alcool rend méchant. Les jours s'écoulaient entre les coups, la main tendue de la mère et leurs estomacs creux. À sept ans, Lakshmi avait joint sa petite main à celle de sa mère, car deux mains valent mieux qu'une quand il faut mendier ; car un enfant attire la pitié mieux qu'un adulte. Lakshmi se souvenait qu'un jour, un méchant qui n'aimait pas les mendiants avait jeté de l'eau bouillante sur sa mère et qu'elle l'avait vue s'effondrer en hurlant. Une autre fois, c'était elle, Lakshmi, qui s'était penchée trop en avant sur le rebord d'un puits parce qu'elle avait soif. Des passants l'avaient sauvée au dernier moment. Elle ne se rappelait même plus leurs visages, car, leur geste accompli, ils étaient partis très vite. La misère fait peur parfois. Plus tard, Lakshmi aurait voulu mettre sur le papier ses souvenirs douloureux, puis y mettre le feu pour les oublier, mais elle ne savait pas écrire. Elle ne savait pas par où commencer, elle ne savait même pas d'où elle venait, ni où elle était née, car les pauvres n'ont pas de lieu, ni d'histoire... Surtout, ils n'ont pas de papier.

Un jour, son père s'était mis en colère et avait battu sa mère. Puis, il était parti en emmenant ses deux frères. C'est ainsi chez les misérables : les mères n'ont aucun droit. Lakshmi et Girija sont restées avec leur mère. Le père et la mère venaient de se partager leur seule fortune : leurs enfants. Ce qui s'est passé ensuite est resté dans la brume de la mémoire de Lakshmi, jusqu'à ce jour dont le souvenir ne pourra jamais s'effacer : le jour où elle a fait la rencontre de la mort.

C'était sur une plage déserte. Elle ne se souvient plus bien de laquelle. C'était un après-midi et les grains de sable étaient brûlants. Sa mère s'est avancée dans l'eau, Girija dans ses bras. Quand elle a eu de l'eau jusqu'à la taille, elle a soulevé Girija et l'a lancée loin dans la vague. Lakshmi est restée là bouche bée, sans savoir quoi faire. Sa mère lui prit le bras et l'entraîna loin du rivage, sans se retourner une seule fois. Elle marchait vite et Lakshmi suivait avec peine. Lakshmi regarda en arrière aussi longtemps qu'elle le put, jusqu'à ce que le rivage devienne invisible. Longtemps elle a essayé d'imaginer qu'un oiseau blanc était venu, planant au-dessus de l'eau, et avait soulevé sa petite sœur pour la sauver. Sa mère continuait de marcher comme une somnambule. On arriva vers une voie ferrée. Elle tenta d'entraîner Lakshmi, mais celle-ci réussit à se dégager. Elle resta en arrière. Puis le train est passé dans un vacarme terrible. Sa mère l'avait quittée puisqu'elle avait quitté la vie. Des gens avaient vu cela sans pouvoir agir. L'un d'eux prit Lakshmi par la main et l'emmena. Ce qu'il voulait, c'était une petite servante de sept ans. Mais Lakshmi était trop faible. Il la déposa finalement à l'orphelinat d'Amma à Paripally, près de Kollam.

C'était quelques jours avant Onam, la fête des récoltes dans le Kerala, le moment où beaucoup d'enfants partaient dans leur famille pour la fête. Lakshmi resta seule avec quelques enfants. « Tu n'es pas triste de rester ici alors que tout le monde s'en va ? » demanda-t-elle à une petite fille. « Oh non ! répondit-elle. Nous allons tous aller à l'*ashram* voir Amma. Amma nous servira le repas d'Onam. Elle nous fera jouer avec une balançoire. Elle chantera et dansera avec nous, elle nous fera des bisous. » Le visage de la petite rayonnait. Lakshmi ne connaissait pas du tout Amma ; elle avait vu quelques photos d'elle dans l'orphelinat, mais elle n'en savait pas plus. Amma semblait douce et bonne, mais Lakshmi n'était pas dupe ; elle ne croyait plus tellement à tout ça.

Ils arrivèrent à Amritapuri et firent tous la queue pour le *darshan*. Au fur et à mesure que son tour approchait, Lakshmi, à sa grande surprise, se sentait de plus en plus émue. Quand elle arriva dans les bras d'Amma, celle-ci lui murmura à l'oreille ces mots : « Ma fille, ma perle, mon enfant chérie... Ne t'inquiète pas. Amma est avec toi et elle ne te quittera plus. » C'était un amour et une douceur infinis. Lakshmi fondit en larmes. Personne ne lui avait jamais dit cela. Elle avait envie de crier : « Je ne suis plus une orpheline... Je ne suis pas une mendiante ! » Elle avait douze ans et une vie nouvelle commençait. Elle qui n'avait jamais mangé que des restes grappillés sur des tas d'ordures mangeait maintenant dans des assiettes propres. Elle qui n'avait porté comme vêtements que des hardes, on lui donnait maintenant de jolies robes colorées. Plus important encore, Amma lui apprenait l'alphabet. Pendant qu'elle donnait le *darshan*, Amma la gardait auprès d'elle et, entre deux câlins, elle lui prenait le doigt et écrivait sur l'ardoise en commençant par la première lettre de l'alphabet. Quand elle avait écrit plusieurs fois la première lettre sur l'ardoise, Amma arrêtait le *darshan*, le temps de reprendre l'ardoise et d'écrire la lettre suivante.

La grande douleur ne s'efface jamais totalement. Il a fallu des bisous d'Amma durant des jours, durant des mois, durant des années pour que finisse par reculer chez Lakshmi le souvenir de la terreur des vagues qui avaient emporté la petite sœur, du train qui avait tué la mère, des jeunes frères partis en pleurant avec leur père. Petit à petit, la douleur s'estompe, marque le pas, revient moins souvent : c'est cela le miracle de la compassion d'Amma. Lakshmi avait souvent touché la main d'une femme de passage en l'appelant « mère », mais aucune ne l'avait reconnue comme sa fille. Comment l'auraient-elles pu ? Elle était si maigre, si sale, avec ses vêtements déchiquetés... Personne ne lui avait posé la main sur la tête, ne lui avait souri, ne l'avait étreinte. Amma, quant à elle, l'avait serrée contre elle et lui avait dit ces mots merveilleux : « Ma chérie... Ma fille... mon enfant ! » Amma avait séché ses larmes, elle était devenue sa mère. Lakshmi continuera à l'aimer comme sa mère. Ce bonheur l'accompagnerait pour le restant de ses jours.

Doit-on vraiment renoncer à tout et pourquoi ?

« Nous ne sommes pas responsables de la manière dont nous sommes compris, mais de celle dont nous sommes aimés. »
Georges BERNANOS

Le petit groupe de fidèles s'engageait dans une vie de renoncement, exactement comme le font dans la religion chrétienne les moines en communauté. Ce n'est pas là un petit engagement, une décision fluctuante, un choix du moment ni une décision passagère. Pourrait-on imaginer les Apôtres de Jésus ou les compagnons du Bouddha s'engageant à reculons ? Pourrait-on croire que les moines chrétiens d'aujourd'hui ou les disciples de Sri Ramakrishna ou de Sri Ramana Maharshi les suivirent à moitié ? Aussi les chercheurs spirituels qui allaient à la suite d'Amma marchaient-ils sur un chemin d'absolu. Ces chemins-là sont des vocations, des appels de là-haut. Quand on entend ces appels, on ne calcule pas, on ne tergiverse pas, on n'ergote pas, on ne marchande pas. On s'engage corps et âme. On abandonne une vie matérielle pour une vie de renoncement. On a fait la part des joyaux de la terre et de ceux du ciel. On choisit ceux du ciel. Ceux de la terre, quand ils sont choisis, peuvent l'être un peu ou à moitié, un jour avec et un jour sans. Pas ceux du ciel. Le ciel, le divin ne connaît qu'une seule dimension : l'absolu. Quand on le choisit, c'est qu'il n'est aucun autre possible, aucune autre vie possible, aucun style de vie possible, ni dans le réel ni par la pensée.

Demeure une question qui perturbe toutes les consciences sincères : jusqu'où doit-on s'engager pour aller sur un chemin spirituel ? Il faut savoir que l'absolu est d'abord dans le cœur et pas seulement dans le mode de vie : on peut être en quête spirituelle sans abandonner totalement les joies terrestres. S'il est peu de chances d'avancer dans cette quête en prenant un chemin dévoyé, en se livrant à la débauche, en ne pensant qu'à s'enrichir, on peut en revanche y parvenir en menant une vie de famille, en aimant une femme ou un homme et ses enfants, en aimant autrui autour de soi. L'essentiel est d'imposer silence à cet *ego* qui nous rend orgueilleux, vaniteux, jaloux et même haineux. À partir de là, tout est possible, souhaitable et même beau. L'engagement de l'absolu requiert l'obéissance au maître, la pauvreté, la chasteté, mais cela n'est possible qu'à des êtres qui l'auront décidé par une décision spontanée, fondamentale et permanente. Songeons au débat qui fait rage aujourd'hui au sein de l'Église chrétienne à propos du célibat des prêtres, un débat rendu encore plus vif par le drame de la pédophilie. Ne serait-il pas mieux de laisser le libre choix de décider si oui ou non on est capable de s'engager ainsi ? Tout le monde n'est pas capable d'aborder une vie spirituelle à un tel degré d'absolu. C'est terrible d'être obéissant jusqu'au bout, d'être pauvre jusqu'à ne rien posséder, de ne jamais connaître la joie des sens. Terrible et sublime.

Amma tient des mots merveilleux aux pères et aux mères de famille. Elle ne veut pas qu'ils se sentent exclus de la quête ou regardés comme des chercheurs de seconde zone. Elle leur dit ceci : « Un chef de famille peut sans doute atteindre la Réalisation du Soi. Il est possible d'avoir une vie spirituelle tout en vivant dans le monde. L'unique condition est d'agir de façon désintéressée, sans aucun attachement, en déposant tout aux pieds du Seigneur. Le chef de famille devrait toujours penser : « "*Tout appartient à Dieu. Rien n'est mien. Dieu seul est mon véritable Père, ma Mère, mon Parent, mon Ami.*" » Si le renoncement absolu n'est pas possible pour qui vit dans le monde, on peut tout de même s'exercer au détachement intérieur. Le père de famille n'est pas un « *sannyasin* », un moine, un sage, mais il peut tenter de s'en rapprocher. Cependant, cela ne doit pas se faire aux dépens de ses responsabilités. De toute façon, peut-on les fuir ? La vie est impitoyable et nous rattrape toujours. Ainsi, il faut tâcher d'être détaché des choses de la vie tout en ne les fuyant jamais. En ce sens, il apparaît parfois qu'il est plus aisé d'avancer sur le bon chemin en *sannyasin* plutôt qu'en chef de famille, car on sait combien il peut être difficile de se détacher des choses de ce monde.

Que l'on choisisse de vivre dans le monde sans renoncer à ses jouissances ou comme *sannyasin*, s'il est une exigence fondamentale, nous dit Amma, c'est la compassion vis-à-vis d'autrui, et spécialement de cet autrui qui souffre. Si on oublie cela tout en pensant croître spirituellement parce qu'on prie, qu'on médite, qu'on est pauvre et qu'on impose silence à ses sens, on commet une erreur. On n'avancera pas d'un pouce. Voir Dieu en contemplant le monde, voilà la vraie Réalisation. Le reste est imposture. Pour ressentir cette compassion vis-à-vis du monde, il faut prendre la porte étroite du renoncement. Renoncement pour soi et compassion pour les autres sont les deux bornes d'une vie spirituelle réussie. La compassion, pour croître, a besoin du renoncement, et le renoncement, pour croître, a besoin d'une ascèse. Et cette ascèse est un effort de tous les jours, un effort acharné et constant. Amma nous rappelle que les maîtres des anciens temps menaient une vie de famille avant d'atteindre le Soi par le renoncement ; c'est donc que nous possédons tous en nous des facultés inouïes de renoncement, peu importe notre vécu. Sri Krishna était chef de famille, Sri Rama l'était aussi. Cela les a-t-il empêchés de devenir ce qu'ils sont devenus ? Puissions-nous toujours penser, nous dit Amma, que nous pourrions renoncer à tout à l'instant même où nous le souhaiterions, car tout en ce monde est éphémère et tout peut prendre fin à tout moment. Rien ne nous appartient ni ne nous a jamais appartenu. Nous ne sommes propriétaires de rien. Nous n'avons ni femme, ni mari, ni maison, ni voiture, ni compte en banque. Rien. Nous devons être capables du jour au lendemain d'abandonner tous les plaisirs et les joies de la terre, sans exception. Nous avons de jolis bracelets à nos poignets, mais si nous les regardons bien, ce sont en fait des chaînes : celles de nos attachements.

C'était ainsi que jadis on vivait auprès d'elle…

« Tout ce que nous percevons de l'univers existe en fait à l'intérieur de nous-mêmes. »
AMMA

Tantôt Amma se conduisait comme une Mère, tantôt comme un enfant. Nealou se souvient d'elle comme d'une fillette « courant partout, dansant, s'amusant avec les autres enfants. Elle pouvait se reposer sous les arbres, manger à même le sol, ou rester étendue par terre sous la pluie[1] ». De la Mère, elle avait l'affection égale pour tous. Elle n'exigeait aucune discipline, donnait à manger à ses disciples de ses propres mains, veillait sur leur sommeil, les réconfortait. Parfois on manquait de nourriture ; Amma n'hésitait pas à aller mendier elle-même le peu de riz qu'il leur fallait. Ceux qui se plaignent aujourd'hui de l'austérité d'Amritapuri ignorent qu'alors il n'y avait qu'un seul WC et un seul robinet d'eau. On ne pouvait évidemment pas loger dans le petit temple de palmes séchées, alors les quatorze qu'ils étaient désormais envahirent la maison des parents d'Amma. Quand arrivaient des visiteurs, il fallait céder sa place et dormir à la belle étoile. Pour Amma c'était facile, mais ce l'était moins pour les autres. Amma tenait toutefois à ce qu'on se détache des contingences matérielles. Saumya nous raconte qu'au début, il n'y avait pas

1. *Op. cit.*, p. 73.

d'eau et qu'il leur fallait creuser des trous dans la terre pour en avoir. C'était une eau saumâtre, mais c'était de l'eau. Quand ils n'en trouvaient pas, c'était Amma qui en trouvait pour eux. Saumya se souvient qu'un jour, elle lui dit : « Creuse un trou ici. » C'était devant la porte et il n'y avait jamais d'eau à cet endroit. Saumya creusa et, le lendemain, il y avait de l'eau. Amma savait exactement ce qu'il fallait faire pour qu'ils aient tout ce qu'il leur fallait.

Un jour, elle annonça à ses disciples qu'elle se montrerait moins maternelle et plus leur maître. Du jour au lendemain, elle devint alors un formidable maître. Cela n'a rien d'étonnant puisque cela s'accomplissait par la grâce de Dieu. Elle avait une façon d'enseigner très particulière. Lorsque l'un des disciples commettait une faute, elle s'appliquait une punition à elle-même. Comme les disciples respectaient le corps physique d'Amma plus que le leur, la punition qu'elle s'infligeait leur faisait mieux comprendre leur faute que s'ils l'avaient eux-mêmes subie. Un jour, elle se frappa la main avec une lourde boîte de métal. Saumya, l'instant d'après, voulut calmer sa douleur. Elle y appliqua un linge humide : « C'est l'autre main ! » lui dit Amma, espiègle. Un autre jour, un de ses disciples la surprit, de nuit, en train de ramasser des clous rouillés sur le sol. Pourquoi Amma ne dormait-elle pas à cette heure-là, alors que sa journée avait été épuisante ? « Beaucoup de pauvres viennent ici, lui dit Amma. Si l'un d'eux se blesse et que la blessure s'infecte, il ira à l'hôpital et ne pourra pas travailler pour nourrir sa famille. » Le disciple se mit alors à ramasser les clous avec elle.

Swamini Krishnamrita raconte avec humour ses premiers mois à l'*ashram*. Parmi une foule d'anecdotes, je retiens celle-ci, qui la concerne directement. Quand Amma lui demanda de la servir durant les *Bhavas Darshans*, elle en fut très heureuse, mais cela s'avéra plus difficile qu'elle ne le pensait au premier abord. Swamini, qui s'appelait alors Saumya, ne comprenait pas le malayalam et elle en était donc réduite à deviner ce qu'il lui fallait faire. Amma la taquinait et lui disait en malayalam qu'il lui suffisait qu'elle demande ceci pour qu'elle obtienne cela ! Écoutons-la nous raconter la suite : « Un soir, en lui donnant un jus de fruits, je heurtai par mégarde le bord du verre contre ses dents. Je m'en voulais terriblement... À la fin du Krishna Bhava, le dévot offrit du lait à Krishna-Amma et la distribution commença. Quand mon tour arriva, elle eut un sourire taquin et me cogna le récipient contre les dents, au lieu de me verser le lait dans la bouche... Ainsi se grava dans mon esprit la nécessité d'agir toujours auprès d'elle avec soin et concentration[2]. » L'enseignement d'Amma était unique en son genre. Quand Swamini se rappelle le temps jadis, en dépit de l'absence de tout confort, en dépit du manque d'à peu près tout, le sentiment qui dominait en elle était la joie ; une joie comme Swamini n'en avait jamais connu. Tout cela venait de l'immense amour d'Amma : pour Dieu, pour ses disciples, pour tous ceux qu'elle avait auprès d'elle et même pour ceux qui étaient loin mais qui en avaient besoin. « Elle ne pouvait pas cacher cet amour ni le garder pour elle : il vibrait dans chacune de ses cellules et rayonnait par tous les pores de sa peau[3]. »

Fin novembre 1982, Amma sortit de son village de Vallikavu pour la première fois de sa vie. Elle voulut emmener son petit groupe de disciples à Tiruvannamalai, où avait vécu Sri Ramana Maharshi. Ils y arrivèrent en deux jours de train et s'installèrent dans les deux petites maisons que Nealou avait construites à l'époque où il y résidait. Elle donna le *darshan* tous les jours à tous ceux qui le demandaient et, quand arrivait le soir, elle se mettait devant la tombe de Ramana pour chanter des *bhajans*. Un jour arriva un *sannyasin* du nom de Kunju Swami, qui souhaitait la rencontrer. Natif du Kerala et disciple d'un saint du début du siècle, il avait été conduit par

2. *Op. cit.*, p. 32.
3. *Op. cit.*, p. 34.

son maître, jeune homme, auprès de Ramana Maharshi afin qu'il soit instruit par lui. Kunju Swami avait plus de quatre-vingts ans, mais Amma le traita comme un jeune garçon en entamant une ronde enfantine autour de lui, tout en lui caressant de la main son crâne rasé. C'était très drôle. Kunju Swami était celui qui, au départ de Nealou pour rejoindre Amma en 1979, aurait dit : « Nealou ne serait jamais parti et serait resté là jusqu'à sa mort si la Mère du Kerala avait été autre que l'Énergie Suprême Elle-même ». Aujourd'hui qu'elle lui caressait le crâne comme à un enfant, tous pouvaient prendre conscience qu'il regardait bien Amma comme une Incarnation divine.

Les états divins dans lesquels entrait Amma inquiétaient parfois. Un jour, elle sortit de la maison d'un pas rapide et déterminé. De toute évidence, elle ne désirait pas qu'on la suive, mais la crainte l'emporta sur l'obéissance. Nealou l'avait vue partir, mais comme elle lui paraissait être dans un état inhabituel, il prit peur et la suivit. Elle semblait avoir perdu toute conscience de son corps. Qu'est-ce qui l'empêcherait de se perdre ? Elle marchait très vite ; trop pour que Nealou, essoufflé, puisse la rejoindre. Elle avait entrepris le tour de la montagne sacrée d'Arunachala, qui comptait dix-sept kilomètres. Nealou fut bientôt rejoint, puis dépassé par Sreekumar, à bord d'une carriole à cheval. Tous se mettaient à la poursuite d'Amma, craignant le pire : la montagne d'Arunachala était percée de mille grottes dans lesquelles on pouvait aisément se perdre. Ils la rejoignirent finalement au bout de quelques kilomètres. Ils s'approchèrent et mirent pied à terre. « Amma offrait une vision magnifique, raconte Nealou. Elle marchait en titubant, comme ivre. Tout son corps vibrait et ses mains formaient un *mudra* sacré. Elle avait les yeux mi-clos, un sourire de béatitude illuminait son visage... Nous nous mîmes à chanter des *bhajans* à pleins poumons. Les collines résonnaient de nos chants... Elle se retourna et nous enveloppa d'un regard indescriptible. Ce regard contenait tant de compassion et tant de force à la fois qu'on aurait dit qu'il pulvérisait tous nos *karmas* et nos vieilles habitudes. Lentement, Amma redescendit à notre niveau. Peu après, elle riait et discutait affectueusement avec nous[4]. »

Ils rentrèrent à pied. Nealou, affamé, avait dévoré les provisions qu'il avait emportées. Ils pénétrèrent dans la maison et c'est alors qu'Amma éclata de rire et dit à Nealou : « Je suis sûre que tu m'auras apporté quelque chose à manger ! » Elle était ainsi. Mère et enfant mutin...

Comme l'*ashram* était minuscule et que croissait le nombre de ceux qui voulaient y résider, Amma décida de bâtir deux huttes supplémentaires. Elle estimait avoir suffisamment éprouvé ses disciples en les faisant dormir à la belle étoile et désirait qu'ils puissent jouir d'un petit coin privé pour leur *sadhana*, leur quête spirituelle. Sans doute parce qu'elle avait pu voir les deux maisons qu'il avait bâties à Tiruvannamalai, elle en chargea Nealou. Celui-ci fit un plan qu'il soumit à Amma et les travaux commencèrent. Le plan prévoyait trois huttes en U avec les ouvertures sur l'extérieur du U. Amma s'en avisa et s'y opposa : « Les Écritures ne permettent pas cette orientation », trancha-t-elle. Nealou ordonna le démantèlement de ce qui avait été entamé. Amma sortit de nouveau et s'exclama : « Mais que font-ils ? Pourquoi démantèlent-ils ? » « Mais Amma, répondit Nealou, tu as parlé des règles des Écritures ? » « Mais non, dit-elle. Ces règles ne s'appliquent qu'aux bâtiments en dur, pas aux huttes... » C'est alors que Balou dit à Nealou : « Attendons de voir ce qu'Amma nous prépare. Soyons patients ! C'est sa manière de t'amener à t'abandonner complètement à elle. » Si nous, Occidentaux, nous assistions à une scène de ce genre, nous penserions : le maître est devenu fou ! Quelle mouche l'a donc piqué ? Mais des exemples de ce type sont légion dans la longue histoire spirituelle de l'Inde : il s'agit en fait d'exercices de mise à l'épreuve

4. *Op. cit.*, p. 77.

de l'obéissance et de la patience du disciple. Dans les relations entre les disciples et leurs maîtres spirituels, ces épreuves toujours plus difficiles à traverser et qui servent à tremper leur détermination abondent.

Quelques heures à peine s'étaient écoulées depuis l'affaire de l'orientation des huttes et Amma dit à ses disciples : « Un maître authentique ne forcera jamais un disciple au renoncement. La violence détruirait la fleur. Dès que les conditions favorables sont réunies, l'éclosion se produit spontanément. Le maître spirituel crée les situations nécessaires à l'éclosion du disciple. Deux personnes peuvent s'imposer mutuellement des idées car elles sont identifiées à leur *ego.* Mais un *satguru* (Maître Éveillé) qui est l'incarnation de la Conscience Suprême ne peut rien imposer à personne, car il est au-delà de la conscience du corps et de l'esprit... Si quelqu'un essaie de vous imposer ses règles ou ses idées, vous saurez que c'est un faux maître. Un maître authentique ne prétend rien. Il est là, c'est tout. » Dans l'esprit de Nealou, l'étrangeté d'Amma se fit d'un coup moins étrange.

L'atmosphère qui régnait en ce temps-là était indicible. Elle était littéralement saturée de joie et de sérénité. D'où cela provenait-il ? D'Amma seule ou du fait que ce lieu était sacré depuis des millénaires ? Difficile de trancher. J'ai toujours été frappé par la densité de sacré qui émanait de certains lieux. Ce que j'avais ressenti en me promenant au jardin des Oliviers à Jérusalem ou dans les *carceri* d'Assise, je le ressentais aussi là où Amma vivait. À cet instant, je me souvenais de cette histoire du saint errant, un sage qui, se promenant en ces lieux alors que le père d'Amma était encore un tout jeune homme, avait éclaté de rire ; quand on lui avait demandé pourquoi il riait si fort, il avait répondu que ce lieu était sacré parce que de nombreux saints avaient été enterrés là. Amma elle-même dit d'ailleurs qu'un lieu n'est pas saint par lui-même mais parce qu'un sage ou un saint y ont vécu. L'énergie de leur aura se prolonge des milliers d'années ; cela fait partie des mystères du monde inconnu, et cela faisait partie de la grâce qui avait trouvé là une terre d'élection. C'était cette grâce que j'avais si fort ressentie le jour où, pour la première fois, je pénétrais dans la petite maison qui avait été celle de l'enfance d'Amma.

Il n'y avait alors que la maison familiale, le petit *kalari* (temple) où elle donnait le *darshan* et les Krishna et les Devi Bhavas. Ce temple ne ressemblait pas à ce qu'évoque habituellement le mot : imaginez un simple abri recouvert de palmes, sans murs, permettant de s'abriter du soleil et de la pluie. Au début, Nealou dormait dans la maison et Amma dans le temple, et sa famille cuisinait pour tous. Kounjou avait été fille et sœur et, quoiqu'elle soit devenue Amma, pour eux elle le restait. Amma n'avait rien et semblait n'avoir besoin de rien. Ses vêtements étaient ceux de ses sœurs. Il lui était arrivé, adolescente, de dormir sur le sable, sous la pluie, sans natte ni couverture : elle n'avait rien de ce qui fait le confort le plus élémentaire. Elle était pauvre dans une absolue pauvreté, ce qui ne l'empêchait pas de remplir toutes les responsabilités qu'elle se donnait. Durant les *Bhavas Darshans*, elle demeurait debout douze heures d'affilée. La chaleur était insoutenable et il n'y avait pas le moindre ventilateur, mais Amma ne se plaignait jamais et acceptait tout. Si un maître devait montrer l'exemple du renoncement, elle redevenait maître au-delà de tout. Elle était un exemple vivant. Les disciples lui apportaient des petites choses, une banane, une natte, une serviette, et elle acceptait tout. Non pas qu'elle en ait eu besoin, mais elle voulait simplement leur dire merci, et le fait de la servir les faisait grandir. La première hutte qui leur permit d'être indépendants faisait six mètres sur trois. Elle se séparait en deux : une moitié pour la cuisine, une moitié pour le repos. Au début et pendant deux ans, il y eut dans cette hutte Amma, Balou et Nealou. Puis, une autre petite hutte fut construite pour accueillir les hôtes. Deux ans plus tard, on comptait deux huttes de plus. Ils étaient alors une douzaine de disciples, comme les Apôtres de Jésus. Puis ils furent quatorze… Un peu plus que les disciples de Jésus.

Le principal problème d'alors était le repos d'Amma. Dans la petite hutte où elle dormait, on venait la déranger à tout bout de champ, pour ceci ou pour cela. Elle se couchait vers cinq ou six heures du matin après une journée et une nuit harassantes et on entrait chez elle comme dans un moulin. Il fallait la préserver un tout petit peu et lui fournir une chambre close avec une douche car, jusqu'ici, elle faisait la queue comme tous pour accéder à la seule cabine de douche existante et aux toilettes, qui consistait en une toile de jute tendue entre quatre poteaux s'enfonçant dans la lagune.

Ceux qui aujourd'hui considèrent qu'Amritapuri n'offre pas de confort suffisant devraient méditer sur les conditions qui furent celles des premiers habitants de l'*ashram*. L'intimité et le repos d'Amma n'étaient pas le seul problème à résoudre. Sans lieu pour méditer avec un minimum de tranquillité, un *ashram* n'est pas un *ashram*. Devant le flot de visiteurs, il devint vite évident qu'il faudrait un hall. Mais comment faire ? Amma interdisait de demander la moindre somme d'argent, car elle désirait tout attendre de Dieu. Elle eut raison d'attendre, car certains visiteurs donnèrent bientôt des briques, du ciment et du sable et on put commencer à rêver à ce fameux hall ainsi qu'à la chambre d'Amma. Nealou s'attela aux plans avec Ganga, un Français qui les avait rejoints, et ils dessinèrent le plan d'une maison à deux étages dont le rez-de-chaussée servirait à la méditation et l'étage, avec une petite terrasse, serait le domicile d'Amma. Mais sans argent, comment acheter le terrain nécessaire ? Amma persistait dans son refus de demander de l'argent. Les disciples firent preuve d'imagination et remblayèrent la partie de lagune qui n'appartenait à personne, devant les huttes, et on put enfin s'atteler à la construction. On n'était pas au bout de ses peines. Quand tout fut enfin achevé, Amma refusa de s'installer dans sa nouvelle chambre. Pourquoi aurait-elle droit à un traitement de faveur ? Elle voulait donner l'image du renoncement absolu. Elle mit deux ans avant de gagner cet espace et elle ne finit par y consentir que devant l'afflux des visiteurs et les prières de ses disciples.

Les premiers disciples étaient émerveillés. L'exemple que donnait Amma à ceux qui l'entouraient répondait à son amour pour eux ; il répondait à son désir de les voir progresser grâce à cet exemple. Mais ce qui les bouleversait par-dessus tout, c'était que dans l'état où elle était parvenue, c'est-à-dire la transcendance du corps et la Réalisation totale, elle n'avait nul besoin d'affronter les obstacles qui se mettaient dans son chemin : elle se contentait de les accepter.

La plupart des Êtres Réalisés se trouvent tellement heureux dans leur bienheureuse béatitude qu'ils s'y complaisent. C'était tout différent pour elle, car elle aimait ses enfants et elle acceptait les obstacles.

Elle était dans la grâce de ses vingt ans…

« Le bonheur est une affaire de décision. Il s'agit de prendre une résolution ferme : "quoi qu'il arrive, je serai heureux." »
AMMA

On ne peut suivre les traces de tous ceux qui trouvèrent en Amma leur maître et dans l'*ashram* naissant l'aboutissement de leur quête. Nous sommes tous des errants, disais-je. Je ne suis pas assez proche de la culture de l'Inde pour comprendre certains cheminements, comme ceux des disciples indiens qui la reconnurent et la rejoignirent ; il m'est plus aisé de suivre les traces de ceux dont la culture est proche de la mienne. Les comprenant mieux, je ferai sans doute moins d'erreurs. Sans doute suis-je plus en mesure de comprendre ce qui a pu se passer en eux, dans leurs cœurs et dans leurs vies pour qu'ils se mettent en route. Qu'ils me pardonnent cependant si je commets des erreurs ou livre des approximations qui paraîtront les trahir.

Un jour de 1983 parvint à l'*ashram* une jeune fille de vingt ans qui portait le nom de Gretchen. Elle étudiait à l'université de Berkeley, en Californie, et se trouvait alors en stage à Oslo en Norvège. Le temps d'un week-end, elle se rendit au Danemark, fureta dans une librairie et tomba sur le titre *Quand Dieu était une femme*, de Merlin Stone. Curieuse, elle l'acheta et s'y plongea. Ce livre parlait des religions anciennes de la Mère Divine, un sujet dont elle ignorait tout. Elle en fut si chamboulée qu'elle commença à prier, ce qu'auparavant elle n'avait jamais fait. Elle créa ensuite un cercle spirituel à Berkeley autour de la Mère Suprême. Puis, ses examens achevés, voulant garder le contact avec cette expérience, elle partit travailler dans une ferme. Elle se dit que prendre un peu de temps avant de commencer son véritable parcours professionnel lui serait bénéfique et elle se rendit sur une colline sacrée en Californie, où la tribu indienne des Pomos vouait un culte à la Terre Mère. Après cela, elle voyagea jusqu'au Nouveau-Mexique, près du Rio Grande, toujours habitée du même désir. Là elle rencontra un homme qui, revenant d'Inde, lui apprit que la Mère Divine existait et qu'il l'avait rencontrée. Elle s'appelait « Ammachi », disait-il. « Dans ce cas, j'y vais », décida-t-elle. L'homme freina son enthousiasme : « Tu ne peux pas y aller comme ça. Il te faut son assentiment. Et puis, il n'y a rien là-bas, juste la maison de la famille d'Amma et quelques huttes. » Gretchen ne se serait pas freinée pour si peu : elle écrivit donc à Amma et, trois mois plus tard, elle reçut cette réponse : « Ma fille chérie, Quand viens-tu ? Tu seras toujours la bienvenue ici. Amma t'attend. Viens vite, ma fille chérie. »

Gretchen partit en novembre 1983 en compagnie de Greg, l'homme qui lui avait parlé d'Amma, et de sa fille de quinze ans. À son arrivée, Amma l'étreignit chaleureusement. Gretchen, bouleversée, eut alors cette vision : « Une double hélice, comme un double brin d'ADN, irisée et lumineuse, inondée d'une douce couleur. J'avais conscience qu'Amma était un brin et que j'étais l'autre brin. Nous étions enlacées depuis la nuit des temps et infiniment loin dans le futur[1]. » Gretchen avait beaucoup médité dans le passé sur les collines sacrées des Amérindiens, mais ce matin-là quand elle se rendit dans la petite salle de méditation au-dessous de l'appartement d'Amma, ce fut une expérience bien différente. Là, parmi une douzaine de personnes, elle entendit psalmodier en sanskrit les

1. Gretchen Kusuma McGREGOR, *Ses bras pour seul refuge*, p. 24.

« Mille noms de la Mère Divine ». Elle contempla Amma, qui s'était jointe à eux. « Comme elle était belle ! Elle portait un long vêtement soyeux de couleur blanche qui arrivait jusqu'au sol, noué à la nuque, elle avait les cheveux relevés en chignon au sommet de la tête. Elle scintillait d'énergie[2]. »

Un peu plus tard, on pria Gretchen et la jeune Flora, la fille de Greg, d'apporter son petit déjeuner à Amma. Celle-ci se trouvait assise sur le sol, la chevelure dénouée, son visage inondé de lumière. « Kusuma et Kushula ! » s'exclama-t-elle. Un moine traduisit : « Amma dit que toi tu es Kusuma et elle Kushula ! Ce sont vos nouveaux noms. » Un peu plus tard, Gretchen dénicha les deux noms dans une traduction anglaise des *Mille Noms de la Mère Divine*, au milieu d'une riche collection de livres, plus beaux les uns que les autres, qui avaient été donnés à Amma par Nealou. Cette journée s'acheva par les chants sacrés. En ce temps-là, Amma chantait les *bhajans* en plein air, ce qui ajoutait encore à leur mystère. Gretchen en était envoûtée. Elle raconte : « Ses bras se levaient et évoluaient avec grâce comme les oiseaux s'élançant dans les airs. Son visage tourné vers le ciel, son corps se balançait gracieusement au rythme de la mélodie. Amma appelait avec tant de ferveur qu'une pensée me traversa : Personne au monde ne pourrait appeler le ciel comme cela ! Pas même Aretha Franklin ! »

En ce temps-là, rien n'était organisé et programmé comme aujourd'hui ; tout avait le charme des commencements. On pouvait repérer Amma en méditation sur la plage et s'approcher d'elle sans la déranger. Un autre moment, elle se promenait comme tout un chacun et s'adressait avec simplicité à ceux qu'elle rencontrait, comme une mère s'adresse à des enfants. Avec toute la fraîcheur de ses vingt ans, Gretchen voulait se rendre utile, car elle remarquait que les proches d'Amma, loin d'être de purs esprits, prenaient leur part de

---

2. Gretchen Kusuma McGregor, *op. cit.*, p. 24.

toutes les tâches. Gretchen demanda donc à Amma de lui attribuer un travail. Amma sourit et fit installer un grand récipient, puis elle invita Gretchen à s'asseoir à ses côtés, lui mit un couteau dans les mains en lui désignant une petite montagne de légumes à peler, tandis qu'elle-même, armée d'une minuscule machette, montrait l'exemple. Elle allait à une telle vitesse avec une telle dextérité qu'en un rien de temps sa pile fut dix fois plus grande que celle de Gretchen. Ensemble elles allèrent ensuite nettoyer de grandes marmites avec de la cendre mélangée à du sable, ce qui donnait un résultat étonnant. Ravie, Gretchen se sentit prête à curer les marmites pour le restant de ses jours. Quand elles eurent terminé, Amma plaisanta gentiment et les moines traduisirent ses paroles : « Amma dit qu'un petit arbre a besoin d'une clôture de protection. Alors il peut grandir. Sinon les vaches le mangent. » Ces mots exprimaient toute sa tendresse et cela émut profondément Gretchen.

Gretchen n'était encore qu'au début de ses émerveillements. Quelques jours plus tard, elle assista à son premier Devi Bhava et son émotion monta d'un cran. Après qu'Amma eut chanté des *bhajans* au coucher du soleil, les disciples entrèrent dans le temple en chantant de toute leur âme. Puis, ils se turent et Amma entonna l'« *ambike Devi* » puis disparut sans que personne ne s'en aperçoive. Quand elle reparut, assise sur un petit tabouret au centre du temple, elle était d'une beauté irréelle, vêtue d'un sari chatoyant vert émeraude, les mains posées sur ses genoux, tenant dans sa main droite une épée et dans l'autre un trident. Ses bracelets de chevilles tintaient et leur bruit se mêlait à la récitation des mantras et au son de la cloche du temple. Amma gardait les yeux fermés. Quand elle les ouvrit, Gretchen fut terrassée par l'émotion : « Ses yeux étaient des bassins éblouissants remplis d'amour et de lumière. Le monde entier avait disparu. Pour moi, il n'y avait plus que Devi… Le corps entier d'Amma vibrait subtilement et l'air était comme surchargé d'électricité. » Un temps interminable s'écoula, puis Amma se leva et, se déplaçant vers tous ceux qui étaient là, elle les étreignit. Elle vint vers Gretchen en tout dernier, posa sa main sur son épaule et son regard plongea longuement dans le sien. C'était un regard d'amour. Gretchen se laissa aller contre elle. « C'était tout ce que je pouvais faire pour rester debout. »

Un soir, à la tombée de la nuit, la jeune fille perçut une agitation devant la porte du temple. Il y avait un homme qui semblait plus mort que vivant et qui demandait qu'on le laisse entrer. « Son corps entier était couvert de plaies, quelques-unes suintaient de pus, ses yeux semblaient rétractés dans leurs orbites, il avait les oreilles atrophiées et la tête, sans cheveux gonflés, comme un melon trop mûr. » Gretchen pensa sur le moment qu'on lui interdirait l'entrée du temple. Elle observa Amma s'approcher de la créature. Amma la regardait comme s'il se fut agi d'un proche parent perdu de vue et qui était revenu. Elle lui ouvrit ses bras et lui prit la tête contre son épaule. Son regard débordait d'amour comme jamais. Elle prit de la cendre sacrée dans ses mains et la passa sur le visage, les épaules et le dos de l'homme. Elle lui parlait avec une infinie douceur; il paraissait apaisé comme un enfant bercé par sa mère. Avec tendresse, elle le fit se retourner afin qu'elle ait son dos devant elle. Puis, elle se pencha et se mit à lui sucer les plaies en recrachant le pus. Le visage d'Amma était incroyable. Elle ne semblait pas pressée, elle semblait même n'avoir aucun désir d'en finir. Enfin, elle lui donna un présent : de l'eau bénite et une banane.

Durant les jours qui suivirent, Gretchen ne pensa plus qu'à cette scène. Jamais elle n'aurait pu imaginer cela. Jamais elle n'aurait imaginé qu'on puisse aimer l'humanité à ce point et embrasser avec amour ceux qui n'inspirent que répulsion. Gretchen ignorait-elle que le geste d'Amma était celui de Jésus avec Lazare, celui de François d'Assise avec le lépreux, celui de Vincent de Paul avec le tuberculeux, celui de mère Teresa avec le mourant? Un disciple d'Amma dit à Gretchen que

Dattan le lépreux voyait son état s'améliorer depuis qu'Amma le soignait avec compassion. Ce que lui disait le Swami intriguait à ce point Gretchen qu'elle voulut en savoir davantage.

Elle trouva Amma qui jardinait en creusant des rigoles autour des cocotiers. Les questions qui préoccupaient la jeune fille étaient de celles qui passionnent les Occidentaux. Si Dattan guérissait grâce à l'amour d'Amma, était-ce un miracle ? Comme je comprends la curiosité de Gretchen. Jadis, au cours d'une enquête sur les guérisons miraculeuses, je m'étais posé de semblables questions et je continue de me les poser. Gretchen questionna Amma sur le sujet. « Le vrai miracle, répondit Amma, c'est que tu as le même pouvoir au fond de toi mais tu ne le sais pas. » Elle ne lui dit rien de plus ; il ne fallait pas attendre d'Amma un exposé scientifique et pas davantage une autosatisfaction. Seule la guérison lui importait, pas la manière. Elle guérissait un lépreux, et alors ? C'était une chose naturelle de vouloir apaiser les souffrances de celui qui souffrait. Dieu faisait ou non le reste et cela lui appartenait. Mais la scène avec Dattan avait offert à la jeune femme un sujet de méditation qui devait la poursuivre toute sa vie. Essayons de nous mettre un seul instant à la place du lépreux. Qu'attendrions-nous du prochain ? Un geste d'amour, quel qu'il soit… Mais il n'est évidemment pas nécessaire d'être capable comme Amma de lécher ses plaies. Sans doute, c'est l'amour d'Amma qui a guéri le souffrant. Cet amour est même plus important que la guérison elle-même, puisque c'est lui qui lui donne tout son sens. Et selon Amma, nous possédons tous la puissance de cet amour dans notre cœur. Cet amour divin est notre vraie nature, à nous d'en retrouver le chemin. Si la vie a un sens, il est là. C'est là l'une des plus lumineuses des leçons que nous donne Amma : avec le geste fait au lépreux, Amma nous montre du doigt le chemin de vie.

La vie se dévidait jour après jour, elle avait le charme de la vie qui apprend et qui ne prend pas. Gretchen était l'une des deux femmes auprès d'Amma. L'autre, australienne, était

Saumya. Saumya faisait l'admiration de Gretchen pour son assiduité, son autodiscipline et son enthousiasme de tous les instants. Gretchen pensait ne jamais réussir à être comme elle.

En ce temps-là, c'était si simple d'accéder à Amma. Aujourd'hui l'accès à sa chambre est extrêmement réglementé et les seules qui y possèdent un accès permanent sont Saumya, devenue Swamini Krishnamrita et Brahmacharini Lakshmi, les nonnes en jaune et les deux chiens. Mais alors, c'était beaucoup plus facile et Amma pouvait y convoquer des visiteurs quand elle le souhaitait. Cette chambre aux murs d'un blanc immaculé offrait une image de simplicité absolue. D'un volume de 4,5 sur 6 mètres à peu près, elle était garnie d'un lit avec, au-dessous, des petits rangements pour ses vêtements. Rien d'autre. Pas un buffet, pas une chaise, aucun confort. Amma prenait ses repas assise sur une natte à même le sol. Pour cuire les aliments, une plaque avec deux feux se trouvait sur le petit balcon et, pour garder les aliments au frais, il y avait un réfrigérateur minuscule. Pour toute décoration, on apercevait dans un coin, une statuette de Krishna en argile et, au mur, une image de la déesse Saraswati.

Le confort était inutile à Amma puisque ses nuits ne lui servaient pas au repos. Elle travaillait, écoutait les solliciteurs, prenait des décisions et répondait au téléphone, qui ne cessait pas de sonner, et à son courrier. Elle avait toujours eu l'habitude de faire plusieurs choses à la fois et elle le faisait très bien. Sa porte restait ouverte et elle ne gardait aucun temps pour elle. Chacun d'entre nous a besoin au moins de quelques poignées de minutes tous les jours uniquement pour nous-mêmes, mais pas elle. Les témoins de cette époque savent qu'elle ne dormait jamais ; elle ne s'allongeait que pour reposer son corps. Le seul petit bonheur personnel qu'elle s'autorisait consistait à se faire masser les mollets quand ils lui faisaient mal.

Ses relations avec tous étaient d'un naturel incroyable et un fait frappait tous ceux qui l'approchaient : pour réprimander l'un ou l'une quand c'était nécessaire, elle adoptait le ton qui convenait à la personne et pas à une autre. Si le fautif avait le crâne dur, elle pouvait être dure. S'il était plus sensible, elle le réprimandait avec gentillesse.

Certains pensent que la vie d'Amma se divisait en deux époques bien distinctes : l'une avec sa famille durant son enfance et son adolescence ; l'autre séparée des siens après les débuts de l'*ashram*. Rien ne serait plus caricatural et plus faux. L'*ashram* naquit au milieu de la famille, sur un terrain qui lui appartenait. Par la suite, les parents d'Amma et ses frères et sœurs se montrèrent généreux à plus d'un titre. Ils accueillaient chez eux les visiteurs, les logeaient, les nourrissaient. Ils faisaient tout ce qu'ils pouvaient pour aider l'*ashram* naissant. Certes, ils en avaient vu de toutes les couleurs au début. Sans revenir sur les campagnes de dénigrement de jadis, quand on aurait volontiers abattu la famille avec la fille, ces gens qui n'étaient pas riches, tant s'en faut, devaient faire face à des arrivées qui ne cessaient plus. Tous ceux qui, comme Gretchen, arrivèrent à ce moment-là, vécurent près d'eux, des parents, des enfants, des petits-enfants. On était alors au courant de tout ; du bien comme du mal : des maladies, des échecs, des succès, des diplômes, des mariages. Ce n'était pas facile pour eux de garder une intimité au milieu de ces étrangers qui venaient vers leur fille. Quand cela ne leur fut plus possible de continuer à vivre là, ils déménagèrent un peu plus loin pour laisser la place aux arrivants. Mais ils continuaient de partager le peu qu'ils avaient : il y avait toujours une petite place chez eux, toujours quelque chose à manger. Tous les biens qu'ils donnèrent, ce fut sans la moindre compensation ni le moindre centime. Leur nom, comme le nom d'Amma, ne figure sur aucun titre de propriété parmi les nombreuses institutions créées par l'*ashram*. Ce sont des mœurs dont nous avons, chez nous en Occident, perdu l'habitude.

Parmi ses souvenirs, Gretchen en garde des ordinaires et d'autres extraordinaires. Pourtant, même les faits simples paraîtront extraordinaires à ceux qui ne connaissent Amma que depuis peu. Un jour, par exemple, Gretchen était avec elle dans sa chambre quand Amma décida de faire des retouches de couture sur ses jupes. Ceux qui ne connaissent pas l'adolescence d'Amma ignorent que l'une de ses joies d'alors avait été la couture. Gretchen la regardait faire, bouche bée. L'habileté d'Amma était stupéfiante : elle défaisait les ourlets et sans même poser des épingles, faisait glisser la jupe dans la machine à l'endroit souhaité. Tout était droit, tout était parfait : elle avait de vraies mains de couturière. Elle fit trois jupes en un rien de temps, puis elle tendit un fil et une aiguille à Gretchen, qui s'était hasardée à lui dire qu'elle aimait coudre. Le résultat fut moins réussi, mais Amma lui fit des compliments, en la priant de ne jamais laisser traîner les aiguilles. Elles coûtaient cher et elles pouvaient blesser si elles s'égaraient sur le sol, car on allait souvent pieds nus. Il fallait toujours être attentif et vigilant, même pour des choses petites ou insignifiantes; cela faisait partie de l'éducation spirituelle d'Amma.

Amma adorait l'océan. Elle l'adorait pour sa beauté et parce qu'il était une création de Dieu. Elle s'y baigne volontiers. En Inde, la coutume exige que les hommes et les femmes se baignent séparément; Gretchen eut donc le bonheur de se baigner un jour en compagnie d'Amma et de Saumya. Amma se plaisait à se laisser flotter en position de lotus en regardant le ciel. C'était juste avant que n'expire le visa de Gretchen, alors que se préparait un pèlerinage qu'Amma méditait dans le sud extrême de l'Inde – son « pied » comme certains disaient – à Kânyâkumârî. Tout l'*ashram* partit dans un grand bus en longeant la côte. Ils s'arrêtèrent en route au pied d'un chemin qui serpentait jusqu'au sommet d'une haute falaise d'où le panorama sur la mer d'Arabie était d'une beauté à couper le souffle. Amma la gravit pieds nus. Le sommet était farci de grottes et elle choisit de pénétrer dans l'une d'elles qui d'évidence était habitée puisque s'y trouvaient des livres sacrés. On chanta des *bhajans* puis on repartit.

À l'arrivée à Kânyâkumârî, le but du pèlerinage, quelques-uns montèrent avec Amma dans un vieux ferry qui permettait d'atteindre le rocher que jadis le maître Swami Vivekananda avait rejoint à la nage et où il avait eu sa vision de la Mère Divine. C'était là aussi qu'avaient été dispersées les cendres du mahatma Gandhi, exactement à l'endroit où les trois mers se rejoignent. C'était là que vivait Mayi Amma, une sainte légendaire qui parut très vieille aux yeux de Gretchen. Nul en vérité ne connaissait son âge. Voici quelques années, on racontait qu'elle avait disparu et que des pêcheurs l'avaient découverte dans leurs filets. Elle paraissait morte, mais quand ils la déposèrent sur le sable, elle revint à la vie et s'en alla entourée d'une meute de chiens vers sa maisonnette non loin de la plage. Amma voulut y aller ; l'un des moines lança son appareil photo à Gretchen en la priant de prendre une photo de la scène.

Mayi Amma était assise sur une chaise, vêtue du pagne que portent les femmes de pêcheurs, le haut du corps à moitié nu. Sa chevelure blanche, bien peignée, portait en son sommet une fleur de jasmin. Amma s'était assise sur un lit à ses côtés. Elle rayonnait d'une lumière indicible, aux reflets bleutés. Il régnait un silence absolu. Gretchen se demandait qui était cette vieille femme et pourquoi ils avaient fait tant de chemin pour la rencontrer. À cet instant, Mayi Amma se tourna vers elle, comme si elle avait entendu sa pensée… Gretchen raconte : « Elle avait des yeux d'une beauté et d'une clarté incroyables ! Dans son regard d'un bleu foncé insolite, je vis l'océan. Le temps resta suspendu à cet instant et je me sentis balayée par son *darshan* et sa bénédiction comme par une vague[3]. » Puis, Mayi Amma se retourna vers Amma. C'est en cet instant que Gretchen appuya sur le déclencheur de l'appareil photo.

---

3. Gretchen Kusuma McGREGOR, *op. cit.*, p. 79.

C'était elle au bout du long chemin

« Le passé est une blessure. Si vous la grattez en fouillant dans votre mémoire, la blessure s'infecte. Abstenez-vous de ruminer le passé, sinon elle s'aggravera. »
AMMA

Gretchen McGregor, à vingt ans, s'en était allée vers Amma, d'un trait, sans errance, car c'était son destin. Ce n'était nullement celui de Neal Rosner. Celui-ci était l'un des tout premiers à avoir rejoint Amma et son parcours était celui d'un des chercheurs spirituels les plus étonnants qui soient. J'ai déjà évoqué Neal, qu'on appelait plus souvent Nealou, mais le lecteur mérite qu'on le suive sur son chemin avant qu'il ne parvienne à l'*ashram*. Il saura ce que représente une quête spirituelle exigeante et passionnée. Lui-même la résume ainsi : « Rare est la compagnie des grands sages. Inaccessible mais indéfectible est-elle, qui ne peut être atteinte que par la grâce de Dieu. »

Neal était un garçon de Chicago qui, après la mort de son père, quand il avait douze ans, s'était mis à pousser comme une herbe folle. À cette époque, comme beaucoup d'adolescents, il confondait la liberté et l'anarchie. Après le bac, à dix-sept ans, il partit faire un tour d'Europe et vit des choses admirables, qui faisaient l'enchantement des touristes, mais qui le laissèrent froid comme le marbre. Puis, un jour, il rendit visite à son frère aîné, Earl. Celui-ci s'était découvert une passion pour l'Inde. Ce fut une rencontre brève, mais qui déclencha tout le reste. Earl lui avait fait cadeau d'un exemplaire de la Bhagavadgita, un texte sacré de l'Inde qui raconte comment Sri Krishna, incarnation de Dieu, a enseigné à son disciple Arjuna la Connaissance de Soi. La lecture de la Bhagavadgita bouleversa totalement Neal. Il comprit que la vie n'est pas la recherche vaine des biens et des plaisirs, mais la quête d'une Réalité bien supérieure qui se trouve plus proche de Dieu. Pour la première fois de sa vie, Neal se mit à pleurer. Il venait de pousser la porte d'un autre monde. Il ne voulait pas entrer à l'université comme tous les jeunes de son âge. À quoi bon, si c'était pour s'endetter pendant six ans puis intégrer la société de consommation ? Il songea qu'une vie très simple, à peu de frais, lui suffirait.

Pour commencer, Neal vendit tout ce qu'il possédait et s'installa sur la côte Ouest. Il trouva une maison qui convenait au genre de vie qu'il s'était choisi et sa sœur et son frère le rejoignirent. Il mangeait végétarien, lisait des textes sacrés, méditait chaque jour, mais il était une chose qu'il ne parvenait pas à vaincre : sa sensualité. Comme tout jeune homme, il désirait avoir une compagne auprès de lui. Or, une femme arriva très vite dans sa vie, sans qu'il l'eût vraiment cherchée. Neal accepta cette amie comme si c'était Dieu qui la lui avait envoyée. Il était décidé à accepter tout ce qui lui advenait.

Puis son frère, encore lui, lui fit cadeau d'un livre sur un grand sage de l'Inde, Ramana Maharshi. Ce fut pour Neal un deuxième choc. Neal découvrit que ce grand sage avait atteint la Réalisation simplement en se posant cette question : « Qui suis-je ? » et comme réponse, il avait écarté son corps physique et son mental comme n'étant pas son être réel. Il n'était que pure conscience, au-delà de tout. Il avait évacué tout désir, toute peur, même la peur de la mort, puisque la mort de son corps physique ne signifiait désormais rien pour lui.

Jusqu'alors, Neal avait désiré partager sa vie entre sa petite amie et une existence spirituelle, mais rien ne se déroula comme il l'avait prévu. Un jour, tandis qu'il méditait, il connut une sorte d'illumination, ce qui lui était tout à fait inédit. Il méditait et, soudain, sa concentration atteignit un degré inhabituel, jusqu'à se réduire sur un seul point. Soudain, son mental avait disparu. Il ne restait plus qu'une lumière, qui n'était plus humaine, mais divine. Il se trouvait dans l'absolue béatitude. De temps à autre, le mental réapparaissait et il reprenait alors conscience de son corps vivant et du monde autour de lui. Puis, il s'en allait de nouveau et redevenait lumière. Le bonheur qu'il ressentait était tel qu'il se mit à pleurer en remerciant Dieu, car il était évident que cet état survenu en lui ne pouvait être qu'un cadeau divin.

Cette expérience ne se renouvela pas aussi souvent qu'il aurait pu l'imaginer, bien au contraire. C'est alors qu'il se résolut à accepter que, si Dieu lui avait fait ce signe, c'était pour lui désigner le chemin, un chemin qui lui apparaissait dur et escarpé. La première chose dont il prit conscience alors fut que les plaisirs du sexe étaient grossiers à côté de la joie sublime dont il avait été inondé. Mais il est bien difficile de laisser tomber ces joies sous prétexte qu'elles sont triviales ; Neal se contenta donc de les espacer, au grand dam de sa petite amie qui se mit à penser, ce qui est bien naturel, que Neal avait une autre fille dans sa vie. C'est alors que Neal perçut la relation de couple comme fondée sur l'égoïsme. Pourquoi, si elle l'aimait comme elle le disait, son amie n'essayait-elle pas de faire son bonheur plutôt que de le rendre malheureux par ses suspicions et sa jalousie ? Pourtant, Neal lui disait tout, lui parlait de tout, lui racontait ses expériences spirituelles et lui assurait qu'il lui était bel et bien fidèle. Il n'y avait rien à faire, elle ne pouvait penser qu'à son propre plaisir ; elle l'avait choisi parce qu'il lui plaisait et qu'elle aimait faire l'amour avec lui, ce qu'il refusait de plus en plus souvent. Était-ce donc réellement de l'amour ?

Neal était perturbé, car il détestait l'idée de faire de la peine à cette fille. Il sauta donc sur une occasion qui s'offrait à lui : il accepta la proposition d'accompagner son professeur de yoga, Gary, qui avait l'intention de voyager au Népal. Il promit à son amie qu'il ferait tout pour qu'elle le rejoigne et se trouva soudain hypocrite. C'est ainsi que Neal Rosner partit à dix-huit ans sans savoir qu'il mettrait si longtemps avant de revenir dans son pays natal. En revanche il savait déjà qu'il ne suivrait pas la voie des hommes ordinaires, celle du plaisir et de l'attraction entre les sexes. Il ne voulait plus qu'atteindre la dimension infinie du Soi et la merveille de l'Illumination. Devait-il pour cela se faire moine ? Il l'ignorait. La seule chose dont il ne doutait plus était qu'il ne voulait plus de ces soucis qui mobilisent toute l'ardeur de ses semblables. Non, il y avait autre chose… Il devait y avoir autre chose.

En arrivant au Japon en escale vers le Népal, son professeur et lui se mirent en relation avec Gary, un poète américain renommé qui vivait à Kyoto et qui avait eu la chance de visiter l'*ashram* de Ramana Maharshi. Gary demanda à Neal ce qu'il désirait faire et celui-ci lui répondit qu'il envisageait de devenir moine et que la voie du Zen lui paraissait comme un excellent apprentissage. Gary lui promit de l'aider dans cette voie. Finalement, ils ne se rendirent pas au Népal et des mois s'écoulèrent…

L'envie d'aller en Inde demeurait très vive dans le cœur de Neal. Il eut très vite le sentiment de ne pas être tout à fait à sa place au Japon. Son stage chez un maître zen l'avait doté d'une certaine paix spirituelle, mais il se sentait toujours étranger au monde du bouddhisme. C'est ainsi qu'au bout de quatre mois, ils partirent pour l'Inde. Au moment même où il mit le pied sur la terre sacrée, à Calcutta, Neal songea qu'il était là sur la terre où Krishna était né et avait enseigné la Bhagavadgita, où le Bouddha était né, où Ramana Maharshi était né et il en ressentit alors un bonheur intense. C'était pour lui l'endroit le plus saint du monde. Ils poussèrent jusqu'à Katmandou afin de contempler la chaîne de l'Himalaya, mais l'attraction qu'exerçait l'Inde était trop forte. « Je me sentais pareil à un morceau de métal attiré par un puissant aimant[1] », raconte-t-il. Neal avait alors à peine dix-neuf ans.

Il prit l'avion pour Calcutta puis, de là, se rendit à Madras, qui était la ville la plus proche de Tiruvannamalai, où se trouvait le tombeau de Ramana Maharshi. Il prit un bus dès le lendemain, en direction de la montagne sacrée d'Arunachala. Sa vraie quête allait pouvoir commencer. Le nom d'Arunachala, la montagne sacrée, signifie la Montagne Rouge ou la Montagne de Feu. Dans la tradition indienne, le rouge est la couleur du Divin. Arunachala, durant sa longue histoire qui remonte à la nuit des temps, avait attiré à elle beaucoup de sages parmi les plus grands de l'Inde, Ramana Maharshi en tout dernier. Le grand saint y était resté plus de cinquante ans et il avait coutume de dire que Dieu prenait plaisir à se manifester plus particulièrement en certains lieux comme Arunachala. Neal était impatient d'arriver à l'*ashram* qui avait été celui de Ramana. On lui offrit une chambre dotée d'un lit, d'une petite armoire et d'un ventilateur : c'était austère, mais ce décor serait le sien pour tout le temps que durerait sa quête.

En vérité, il lui fallut un bout de temps avant qu'il ne parvienne à se débarrasser des images de son passé. Les images de sa mère, de sa petite amie, de ses amis se cramponnaient à sa mémoire. On a beau être un chercheur de vérité, on n'en reste pas moins un être humain lesté d'une vie de souvenirs et d'attachements. Ramana le savait si bien qu'il avait pris soin de séparer le quartier des hommes de celui des femmes, pour éviter les tentations du sexe, cette attraction si forte qui pèse sur les êtres. Neal se plia à cette discipline et s'exerça à concentrer toute la force de sa pensée sur son maître. Il était venu pour lui, ne désirait penser qu'à lui, n'attendait rien d'autre de la vie. Le lendemain de son arrivée, il se rendit auprès de sa tombe. Entourée d'une grille de fer forgé, la pierre tombale reposait

1. p. 34.

sur une grande fleur de lotus en marbre surmontée d'un *shivalingam*, pierre ovale et noire de dix centimètres à peu près. Les anciens hindous pensaient que cette forme, par ses courbes qui vont vers l'infini, représentait le Divin, et que cela aidait à se concentrer sur lui plus aisément qu'à l'aide d'une image. Ce jour-là, quand il y parvint, se tenait une cérémonie devant la tombe. Un prêtre brûlait du camphre, qui ne laisse aucun résidu et qui se volatilise, ce qui, selon la tradition, symbolise le don entier de l'individu à Dieu. Il survint alors un phénomène extraordinaire. Neal sentit distinctement une présence humaine en émaner et une paix intense l'envahir. Il ignorait encore que cette tombe allait devenir le centre de sa vie pendant douze ans, qu'il ressentirait toujours la même présence vivante et que Ramana serait toujours là pour lui. Cette première nuit, il rêva que Ramana entrait dans sa chambre, s'asseyait sur le bord de son lit et lui tapotait le genou en disant : « Je suis content que tu sois venu. »

Après cela, Neal s'installa dans une vie réglée par la prière, la méditation et le yoga. Il passait la plupart de son temps dans la grande salle où Ramana avait jadis enseigné à ses disciples. C'est là qu'un jour, un personnage l'interpella : « Elle est bonne, cette méditation, mon frère ? » Cet homme était incroyable. Il émanait de lui une aura, cette lumière divine qui n'appartient qu'aux saints. Il apprit que l'homme s'appelait Ratnamji et qu'il avait été le dernier des disciples de Ramana. Venu à lui à l'âge de vingt ans, il l'avait assisté jusqu'à ce que ce dernier eût quitté son corps, en 1950. Puis, il avait parcouru l'Inde en tous sens avant de revenir auprès de la tombe de son maître. Depuis, il exerçait un grand rayonnement et on venait de partout quêter son enseignement. Il était aussi simple et joyeux qu'un enfant. Son emploi du temps n'avait jamais varié d'un *iota*. Le soir venu, il nettoyait la tombe de Ramana, chantait les Védas, puis méditait pendant deux heures. Enfin, il dînait, donnait un enseignement informel à qui le désirait avant d'aller faire une promenade à pied autour d'Arunachala.

Il dormait peu, puisque couché à onze heures, il était debout à trois heures. Le lendemain, tout recommençait.

Neal était abasourdi qu'on puisse dormir aussi peu et craignait que cela eût des effets néfastes sur la santé. Il dit un jour à Ratnamji : « Ne puis-je rien faire pour t'aider afin que tu puisses te reposer ? » « Certes, lui répondit Ratnamji. Cueille donc pour moi les fleurs pour le service du matin. Il me les faut à six heures. Donc il te faudra te lever à quatre heures ! » Pour la première fois, Neal apprit que ce qui lui paraissait impossible était d'une facilité déconcertante et que ce que nous appelons nos besoins ne sont en fait que des habitudes. On dort trop, comme on mange trop et comme on parle trop. Grâce à Ratnamji, Neal apprit ainsi petit à petit à réduire au strict minimum ce qu'on appelle les nécessités vitales. Les réduire permettait de canaliser l'énergie et cela pouvait se faire sans dommage pour le corps, tout au contraire. Neal le résuma bientôt ainsi :

> *Dans une maison, si l'on veut que l'eau des canalisations atteigne rapidement les étages, on commence par s'assurer que les robinets sont bien fermés au rez-de-chaussée. De même dans le domaine spirituel, si l'on souhaite progresser rapidement, il faut se montrer très économe de son énergie. Ainsi, par la concentration, la force vitale peut s'élever toujours plus haut vers le sommet du crâne, pour en définitive se fondre dans l'Absolu*[2].

Ainsi, chaque matin, dans la nuit noire et armé d'une lampe de poche, Neal se rendait au jardin pour cueillir des fleurs, avec la peur au ventre au début, car le coin était infesté de scorpions et de serpents, dont certains, comme le cobra royal, étaient très dangereux. Mais petit à petit, fort de la foi qui l'unissait à Ramana, il vainquit la peur ; l'« école des fleurs » se révéla pour lui une école de concentration et de patience. Comme

2. Tome I, p. 57.

il allait de plus en plus vite, Ratnamji le pria de balayer les abords du mausolée, ce qui suscita un problème, car Neal était gaucher. Or, la tradition considérait la main gauche comme mauvaise, car elle émettait des vibrations négatives. Il apprit donc à balayer de la main droite, avec certes des difficultés.

Ratnamji le récompensait en venant dans sa chambre pour discuter avec lui. Il était à la fois la gentillesse même et l'exigence absolue, et d'abord pour lui-même. Son souci de la pauvreté était total, car il estimait qu'un moine devait consacrer aux autres tout ce qu'il possédait, sans rien garder pour lui-même. « Absolu » était l'adjectif qui qualifiait le mieux Ratnamji. Quand il était arrivé jadis auprès de Ramana, ils étaient quatre pour servir ce dernier et Ratnamji avait choisi délibérément la tranche horaire la plus dure, celle qui l'obligeait à se priver de tout sommeil, entre vingt-deux heures et quatre heures du matin. Ramana, en effet, ne dormait pratiquement pas et c'était alors que, dans l'*ashram* silencieux et désert, Ratnamji pouvait profiter du privilège inouï de se trouver en tête à tête avec le maître.

L'amitié de Ratnamji pour Neal s'accrut, au point qu'un jour, Neal lui demanda s'il accepterait d'être son gourou. Ratnamji refusa, car tous deux ayant le même gourou en la personne de Ramana Maharshi, il ne pourrait accepter que d'être l'instrument envoyé par Ramana pour lui montrer le chemin. « Mais attention, lui précisa le sage. Si tu acceptes cela, ce ne sera qu'au prix d'une obéissance aveugle. Choisir un saint, c'est avoir confiance en lui en toutes choses, ce qui implique de lui obéir en toutes choses. »

Neal accepta sans savoir dans quel chemin il s'engageait. Ses habitudes d'Occidental le conduisaient précisément à être un désobéissant en toutes choses. Durant toute sa jeune vie, il n'avait fait que désobéir à sa mère, à son frère, à ses professeurs, sans parler même de sa petite amie. En acceptant l'offre de Ratnamji, Neal ignorait dans quel guêpier il risquait d'entrer. Huit ans durant, jusqu'à la mort de son gourou, il allait devoir se battre contre sa désobéissance, c'est-à-dire en fait contre lui-même. Pourtant, c'est ce qu'il fit, en prenant conscience petit à petit qu'un saint authentique ne fait rien d'autre que de montrer au disciple ses erreurs afin que lui-même les corrige. Or, on ne comprend pas toujours ce que veut dire le maître, ni ses objectifs. Mais si vous avez une confiance absolue dans le saint qui vous dirige, vous savez que ce qu'il vous demande est pour votre bien ; l'obéissance absolue est le prix à payer pour grandir. Une âme réalisée sait toujours ce qui est bon pour vous, sans risque d'erreur. Mais cela n'évite pas la souffrance.

Pour Neal, l'obéissance ne fut tout compte fait pas si difficile, car Ratnamji était un homme merveilleux. « Il me montrait la voie, mais c'était moi qui étais aux commandes du véhicule[3] », observe-t-il avec le recul. Petit à petit, son mode de vie changea lui aussi. Il dormait moins, mangeait moins et s'habitua à dormir par terre comme son maître, et il convint que cela était plus facile qu'il n'y paraissait. Au fond pour tout cela, il n'était question que d'une attitude d'esprit. Généralement, on ne fait pas attention aux habitudes négatives de notre vie quotidienne, car ce sont des habitudes et celles-ci sont tellement ancrées qu'elles paraissent naturelles, mais quand on vit auprès d'un saint, brusquement, on nous en fait prendre conscience et on doit tenter de se corriger. Cela est d'autant plus vrai quand on s'aperçoit que le saint prêche l'exemple malgré ses propres souffrances. Dans le cas de Ratnamji, Neal s'aperçut vite que, perclus de rhumatismes, il persistait à se laver à l'eau très froide, simplement pour lui montrer l'exemple. C'était une preuve d'amour et Neal y fut très sensible.

Pour le maître, ce n'était là qu'une chose naturelle, puisque Ramana lui avait demandé de montrer le chemin à son jeune disciple. En fait, Ratnamji obéissait à Ramana comme Neal

---

3. *Op. cit.*, p. 65.

obéissait à Ratnamji. Et cela, c'était pour qu'à son tour, Neal puisse un jour montrer la voie à d'autres. Parmi les innombrables choses que Ratnamji apprit à Neal, il y eut le fait que la spiritualité est une chose simple, qui n'est pas intellectuelle et qu'on venait à Dieu avec la simplicité de l'enfant et pas avec le raisonnement du savant. Jésus n'avait-il pas dit qu'il fallait être comme un petit enfant pour entrer au Royaume des cieux? Bien sûr, tout cela n'alla pas sans souffrances et Neal pensa plusieurs fois qu'il lui faudrait abandonner la partie. Plusieurs fois, il songea à quitter son maître et à s'installer dans une petite hutte dans l'Himalaya, dans la solitude absolue. À chaque fois, Ratnamji devinait ses pensées et l'en dissuadait pour son bien. Neal repartait alors au combat.

La présence d'un saint à ses côtés eut une autre conséquence pour Neal. Petit à petit, lui qui jadis ne s'était jamais préoccupé de Dieu, n'eut plus que Dieu en tête, sans se soucier de se questionner sur le fait qu'il existât ou non. Plus le temps passait, plus il se sentait empli de Dieu; il lui attribuait tout le bonheur et la béatitude qu'il ressentait en sa présence. La fusion avec Dieu était bien le sens de sa quête et cela advint en lui comme une naissance ou une renaissance, sans qu'il eût besoin de le demander spécialement pour que cela survienne. C'est là l'un des effets de la présence de saints à ses côtés.

Une si douce attraction

« Essayer de raviver une foi éteinte,
c'est tenter de faire pousser des cheveux sur un crâne chauve. »
AMMA

À la lecture des aventures spirituelles de Neal Rosner, nous pourrions nous sentir minuscules, mais nous aurions tort. L'accès auprès de l'amour d'Amma n'est pas l'apanage des chercheurs de Dieu ayant accompli un long chemin, sinon Amritapuri ressemblerait à un cénacle de sages. C'est plutôt le contraire, puisque Amritapuri est ouvert à tous les vents. Il n'est auprès d'Amma aucun accès privilégié, aucune porte dérobée ouverte uniquement à une aristocratie de la spiritualité. Le génie d'Amma, qui n'est autre que son amour, ce sont ses bras ouverts à qui le désire sans avoir à montrer ni patte blanche ni lettres de noblesse spirituelle. Comme tous les avatars ou les plus grands saints, comme Jésus, Amma aime tous ses enfants, les bons et les moins bons, les pionniers et les retardataires, les champions et les lanternes rouges, et même les neutres, les fades, les atones, les abouliques, les errants et ceux qui ne savent pas ce qu'ils veulent. Amma, comme Jésus, aime le bon larron : celui qui n'est pas parfait mais garde le cœur ouvert. Celui-là a peut-être davantage besoin de son amour que ceux qui se trouvent dans la proximité de Dieu.

Que ce soit à Amritapuri ou dans n'importe quel autre lieu de la terre, c'est l'humanité tout entière en la richesse de ses représentants qui accourt vers Amma. J'y vois des hindous, des chrétiens, des musulmans, des juifs, des athées, que sais-je encore... mais aussi de toutes petites gens, des intellectuels, des professeurs, des avocats, des hommes d'affaires, des politiciens, des journalistes, des penseurs, des riches, des moins riches, des pauvres et même des misérables. C'était ainsi, m'a-t-on dit, aux tout débuts de l'*ashram*, c'est le cas aujourd'hui et ce sera pareil demain. Il est un seul trait commun qui relie tous ces êtres : ils sont des êtres humains, donc des frères et sœurs en douleur. La plupart de ceux qui sont là souffrent, même ceux qui n'en ont pas l'apparence. Ce peut être une souffrance physique, une souffrance mentale, une souffrance indéfinie, une souffrance imaginaire, mais une souffrance quand même. Il se trouve aussi des curieux, des dubitatifs, des méfiants, mais cela n'empêche pas qu'ils souffrent aussi. Vous pourrez rencontrer çà et là, mais en minorité, d'authentiques chercheurs spirituels qui ont déjà fait un bout de chemin vers Dieu, et même, pour certains, un grand pas.

Souffrant moi-même, et de partout, je me sens à même de parler de la première catégorie. Nous venons tous vers Amma comme vers une mère. Et une mère, c'est d'abord fait pour apaiser la souffrance de son enfant. Qu'est-ce que la souffrance ? Une myriade de choses qui se rassemblent toutes autour de quelques thèmes majeurs. On m'a renvoyé, mon mari ou ma femme m'a laissé, je ne parviens plus à boucler mes fins de mois, j'ai rencontré sur ma route un escroc, ma fille ne peut pas avoir de bébé, ma maison vient de brûler, je suis malade et les médecins ne savent pas quoi faire... Je pourrais encore lister une litanie d'autres problèmes. Vous les connaissez tous, car ce sont les blessures de la vie. À tous, Amma délivre la même réponse : ne vous faites pas de souci, car cela ne sert à rien et ne fera qu'aggraver ce dont vous souffrez ! Une seule chose à faire : soigner la plaie. Faire tout ce qui est humainement possible pour corriger le mal, puis s'en remettre à Dieu et accepter. La plupart du temps, on observe que beaucoup de ces problèmes trouvent leur solution, totalement ou partiellement. La maladie peut guérir, le divorce peut être un mal pour un bien, l'argent peut tomber d'une manière inattendue. Tous ces gens ont prié Amma de les aider, tous ont posé leurs têtes contre son épaule, beaucoup ont mouillé son sari de leurs larmes. Mais Amma leur dit : « Je n'y suis pour rien. J'ai prié. Dieu vous a exaucé. Remerciez Dieu. »

À peu près au même niveau que les souffrants se trouvent les désirants. Ceux-là ne souffrent *a priori* de rien, mais ils désirent et c'est ce désir obsédant qui est pour eux une souffrance. Je veux réussir mon examen, je veux qu'on m'embauche dans cette entreprise, je veux trouver la pierre philosophale, ou la mutation du plomb en or ou que sais-je encore… Il paraît que dans les Védas, cette bible de la spiritualité indienne, ce n'est pas un mal de venir quémander l'intercession d'une grande âme pour obtenir la réalisation de son désir, à la condition qu'il soit pur de tout mal, cela va de soi. Si votre désir, c'est de vous débarrasser de votre femme ou de votre belle-mère, inutile de solliciter l'aide d'un mahatma. Si vous trichiez, il vous devinerait. Ainsi, dans la mentalité indienne, quoi que vous en pensiez, il est tout à fait honorable de s'adresser à un grand maître pour la réalisation d'un désir. En revanche, il est une chose que le maître ne pourra alléger en totalité, c'est le poids de votre *karma*, c'est-à-dire le poids de vos actions négatives ou néfastes accomplies durant vos vies antérieures et votre vie d'aujourd'hui.

En règle générale, un désir réalisé ne changera pas grand-chose au cours d'une vie. Cependant, il arrive qu'on s'adresse à un maître pour un petit désir dont l'accomplissement amène une interrogation qui bouleversera sa vision de la vie. On peut alors parler d'un déclenchement. L'amour infini de Dieu se mérite ; si vous ne l'implorez que pour peu de choses, il ne vous sera pas accordé. En revanche, si vous arrivez avec un désir trivial et repartez avec une interrogation élevée, alors tout peut être sauvé.

En présence d'Amma, ce déclenchement survient presque toujours. Il est immédiat pour certains, poussif pour d'autres, parfois aussi lent qu'une tortue, mais il survient le plus souvent un jour ou l'autre. Ceux qui le ressentent d'emblée, dès le premier *darshan*, étaient en réalité dans l'attente consciente ou inconsciente de ce déclenchement. Un regard, une parole d'elle, et cela a suffi. Nombreux sont ceux qui ont ressenti ce déclic lors de leur première rencontre avec Amma. Un de ses premiers compagnons, Swami Ramakrishnananda Puri, nous raconte être venu vers elle alors qu'il ne ressentait aucun intérêt pour la spiritualité. Brahmane orthodoxe, il accomplissait ses devoirs religieux, mais cela s'arrêtait là. Sa vocation médicale contrariée, il était devenu employé de banque dans un village et il caressait comme seul désir d'être muté dans une grande ville. Il était venu voir Amma dans ce dessein. Il arriva lors d'un Krishna Bhava et, lors du *darshan*, avant qu'il ne lui dise quoi que ce soit, Amma avait vu son problème, ce qui l'avait laissé stupéfait. À sa prière, il était resté près d'elle et avait médité. Puis, il était reparti vers sa banque et ses soucis quotidiens. Cependant, la joie qu'il avait ressentie était telle qu'il ne pouvait plus se défaire de la pensée d'elle. Plus rien ne l'intéressait, ni la banque, ni la mutation, rien. Un déclenchement était survenu instantanément.

Pour d'autres, à vrai dire les plus nombreux, le déclic n'est pas instantané, il se construit patiemment au fil des rencontres avec elle. On est d'abord touché par son sourire, sa bonté, la grâce qui émane d'elle puis, un jour, on a envie de commencer à suivre ses enseignements. Le travail se fait dans le silence du cœur. Tout le monde sur terre ne connaîtra pas la chute de cheval de l'apôtre Paul, persécuteur de chrétiens, qui soudain murmure : « Mon Seigneur et Mon Dieu ! » En revanche, tout le monde peut connaître la Révélation. La chance que rencontrent ceux qui approchent d'Amma est de voir à travers elle ce qu'est le bonheur. Elle irradie le bonheur ; cela favorise les déclenchements. Ceux qui sont déjà en recherche spirituelle ressentiront un autre type de déclic, celui qui provient d'une lumière divine, d'une vibration à haute intensité et d'une pureté de diamant. Amma leur permet d'aller plus loin, et surtout, plus haut. Ce dont je suis convaincu, c'est qu'Amma nous aime tous, souffrants, désirants et chercheurs, car au fond, nous souffrons tous et pour nous tous elle est la Mère.

Cela devait arriver…
l'appel des enfants du monde

« Ceux qui vivent dans les autres pays sont aussi mes enfants. Je peux entendre leurs prières et leur appel intense. »
AMMA

Peu d'années s'étaient écoulées depuis la création officielle de l'*ashram* en 1982, deux ou trois peut-être, guère davantage. Ceux qui venaient à la rencontre d'Amma étaient de plus en plus nombreux. Deux ou trois mille personnes se pressaient désormais lors des Devi Bhavas et il devint évident qu'il faudrait construire un nouveau temple et un hall pour les accueillir. Depuis quelque temps, la foule accourait tous les jours et pas seulement à l'occasion des cérémonies. Les compagnons d'Amma, dont le nombre grossissait, abandonnaient volontiers leur place aux nouveaux arrivants, mais ce n'était une solution pour personne, car les disciples ne pouvaient dormir éternellement à la belle étoile sans garder pour eux un peu d'intimité. Leur *sadhana* en dépendait. Refuser du monde était simplement impossible pour Amma. Tous ceux qui le désiraient devaient pouvoir venir à elle et demeurer aussi longtemps qu'ils le souhaitaient. Il ne restait plus qu'une solution : construire. C'était plus facile à dire qu'à faire, car on n'avait ni terrains ni argent et Amma se refusait toujours à quémander le moindre fonds. Sa confiance en Dieu était totale et Dieu pourvoirait à tout. Ainsi, il envoya un dévot fortuné qui acquit le grand terrain devant le petit *ashram* des origines. Deux des disciples élaborèrent séparément un plan et, surprise, parvinrent au même résultat. Dieu voulait donc qu'il en soit ainsi.

Bâtir sur dix mille mètres carrés n'était pourtant pas une sinécure et coûtait une fortune. Ce n'était pas le produit de la vente des deux petites maisons qui appartenaient à Nealou à Tiruvannamalai qui pourrait y suffire. Amma résista longtemps avant d'accepter la proposition de Nealou. Elle le fit, à la seule condition que tous, disciples et visiteurs occasionnels, mettent la main à la pâte et se transforment en maçons. Dans son esprit, cela leur apprendrait la compassion à l'égard des vrais maçons qui travaillaient si dur, et ce serait une action désintéressée offerte à Dieu qui irait nourrir positivement leur *karma*. À la surprise de tous, Amma se fit elle-même manœuvre et maçon et se mit à trimbaler sable, eau, pierres et ciment, et cela la nuit comme le jour. Elle était infatigable, on la vit même couler du béton.

En ce temps-là, dans les années quatre-vingt, elle avait déjà commencé à voyager en Inde. Pour elle qui n'était encore que très peu sortie de Vallikavu, l'appel du monde commençait et ne s'arrêterait plus. On la vit à Mumbai, New Delhi, Calcutta, Madras, au milieu de foules en liesse. L'accueil était partout extraordinaire. Les gens voulaient la voir et ils étaient cette fois des milliers auxquels elle donnait son *darshan* durant des journées entières et une partie des nuits. Ce qu'elle avait toujours annoncé était en train de se réaliser. Un jour, ce serait le monde qui viendrait à Vallikavu… En attendant, elle allait vers le monde puisque le monde était la demeure de ses enfants. Amma resterait-elle en Inde ? Irait-elle ailleurs ? Ce fut le hasard qui en décida. Mais avec Amma, y avait-il un hasard ? Nealou avait un frère aîné du nom d'Earl qui avait pris l'habitude depuis des années de venir à Vallikavu ; il ressentait une attraction spirituelle très forte pour Amma, mais, marié et devenu avocat sur le tard, il écrivit à Nealou qu'il serait cette année-là dans l'impossibilité de venir.

C'était en 1987. Il le priait de demander à Amma de venir en visite en Amérique et il proposait de lui offrir l'argent qu'il avait mis de côté pour son billet d'avion. Elle accepta en disant à Neal : « À toi d'organiser tout ça. » Mais cela faisait dix-huit ans que Nealou avait quitté l'Amérique et il ne se sentait pas de taille à organiser un tel voyage. Par chance, Gretchen McGregor était arrivée depuis quelque temps et elle était américaine. Elle accepta la mission, s'envola pour les États-Unis et, au retour, s'arrêta dans quelques pays d'Europe, où Amma pourrait aussi délivrer son enseignement. Le voyage devait durer trois mois. De Singapour, Amma se rendrait à San Francisco, puis à Seattle, Santa Fe, Chicago, Madison, Washington, Boston et New York. De là, elle s'envolerait pour l'Europe et s'arrêterait en France, en Autriche, en Allemagne et en Suisse. Quand on lui fit valoir qu'une absence de trois mois serait plus que ses disciples restés à l'*ashram* pourraient supporter, elle répondit qu'ils pourraient apprendre beaucoup de choses en son absence, sur eux-mêmes et sur Dieu. Bref, ce serait pour eux une ascèse, car être en permanence avec elle était si joyeux qu'on aurait pu oublier ce qu'on était venu faire : la quête de Dieu. La vraie vie, ce n'était pas d'être en présence d'Amma, dans la sérénité et le bonheur. La vraie vie, c'était aussi d'affronter l'absence et de la vivre dans l'acceptation et dans la joie. Trois mois seraient une épreuve initiatique dont ses disciples devraient sortir vainqueurs. D'évidence, ils en retirèrent beaucoup de bienfaits.

Deux disciples partirent pour l'Amérique en éclaireurs le 22 mars 1987, deux mois avant Amma : Nealou l'Américain flanqué de Balou l'Indien, qui quittait l'Inde pour la première fois et qui écarquillait les yeux devant les surprises de l'Occident. Les cultures étaient si différentes. Nous, les Occidentaux, sommes surpris quand nous arrivons pour la première fois dans l'Inde millénaire; nous pouvons donc comprendre l'étonnement des Indiens devant un monde en tout point différent du leur. Nealou, son frère Earl et

Gretchen McGregor louèrent un minibus et ils partirent à travers l'Amérique en s'arrêtant là où devait s'arrêter Amma. Il s'agissait d'un périple de douze mille kilomètres dans une guimbarde impossible, une vieille Dodge qui semblait sur le point de rendre l'âme. Mais puisque Amma leur avait donné sa garantie, ni eux ni le vieil engin ne pouvaient abandonner. Tout ce qu'on leur donnait à cette époque était dans le même état que la vieille Dodge, mais ces dons étaient faits par amour. À chaque étape, ils racontaient Amma et sa mission. Puis, ils retournèrent tous à San Francisco. « Grand-mère Dodge », comme ils l'appelaient, avait accompli son devoir jusqu'au bout. Sa mission enfin accomplie, elle rendit l'âme.

Il ne restait plus qu'à attendre Amma. En ce temps-là, les voyages n'avaient pas le degré d'organisation que nous connaissons aujourd'hui. Nealou et ses compagnons étaient même dubitatifs sur le fait qu'elle ait pu quitter Vallikavu. Ils furent soulagés d'apprendre qu'elle était arrivée à Singapour avec la petite troupe qui l'accompagnait. Le 18 mai, elle débarquait enfin à San Francisco, au milieu d'un groupe peu nombreux mais enthousiaste. Les témoins de la scène se souviennent l'avoir vue heureuse comme un enfant, étreignant tout le monde, plaisantant et riant. On la pria de se reposer après son voyage de seize heures, ce qu'elle refusa. Tous ces gens étaient venus pour la voir, allait-elle les abandonner aussitôt ? Trois heures durant, elle leur donna son *darshan*. Le premier Devi Bhava eut lieu chez Earl et ce fut pour tous ceux qui y assistèrent un souvenir extraordinaire. La maison n'était pas grande et les gens faisaient la queue dans la rue comme à la première d'un opéra. Jamais des Occidentaux n'avaient vu un spectacle pareil et, surtout, jamais ils n'avaient ressenti une telle émotion. Amma vibrait littéralement et la pièce était emplie de sa présence. Elle leur disait : « Nous sommes très pâles, comme des lumières vacillantes, mais par la quête de Dieu, nous pouvons devenir éclatants. Méditer sur Dieu, c'est faire venir sur soi la lumière de Dieu et ainsi vous illuminerez le monde. »

Les discussions qu'elle accordait à tous étaient inattendues et fascinantes. Un jour, quelqu'un lui demanda : « Amma, que faut-il faire pour maîtriser le désir ? » Ce n'était pas là une question typiquement occidentale ; elle concernait tous les êtres humains. « Mon enfant, il existe entre mâles et femelles une attraction naturelle... On peut rencontrer chez un centenaire le désir d'un adolescent de seize ans. Cette attirance subtile subsiste tant qu'on n'a pas réalisé la Vérité. Quand le désir ardent de réaliser Dieu est ancré dans un cœur, il n'y a plus de place pour les désirs du monde. Quand on brûle du désir de Dieu, les désirs du monde perdent tout attrait. » Un autre jour, sur une montagne sacrée des Amérindiens, elle ressentit une émotion indicible et la transmit à toute l'assistance. Ce fut un phénomène inouï, comme si deux énergies divines se rejoignaient.

Cette première tournée fut aussi pour elle l'occasion de visiter l'Europe, où elle laissa une trace indélébile dans le cœur de tous ceux qu'elle rencontra. Un livre entier ne suffirait pas pour raconter tout ce qu'il advint et l'empreinte qu'elle laissa dans l'âme de tous. Partout où elle passait, elle donnait un aperçu de ce qu'elle pouvait apporter au monde en même temps que des pouvoirs sidérants qui l'habitaient. Au voyage suivant, alors que sur le retour, elle faisait escale à Singapour, une femme se prosterna devant elle. Amma la releva en lui disant : « Pourquoi n'es-tu pas revenue le lendemain ? » C'est alors que cette femme se souvint que, voici un an de cela, Amma lui avait dit : « Reviens me voir demain. » C'était stupéfiant. Cela voulait dire qu'Amma était capable de se souvenir d'un détail minuscule concernant une personne qu'elle ne connaissait pas, un an après l'avoir rencontrée et après avoir vu des dizaines de milliers de gens. D'où pouvait lui venir cette omniscience si ce n'est de Dieu ?

On sait que ceux qui vivent au creux du Divin disposent de pouvoirs étonnants. On les sait prescients, omniscients et capables d'accomplir des miracles. On sait aussi qu'ils ne revendiquent jamais les miracles comme issus d'eux-mêmes. Les miracles accomplis par saint François d'Assise ou le Padre Pio ont en fait été accomplis grâce à leur intercession ou simplement leur présence, mais pas par eux-mêmes. Amma n'est pas différente. Quand un bienfait impossible ou inattendu survient, on sait qu'il s'agit d'une grâce. Or, la grâce est la parole de Dieu. Jamais personne n'a entendu Amma revendiquer la survenue d'un miracle comme étant de son fait, mais elle sait que ce n'est pas un hasard si des phénomènes miraculeux surviennent en présence des saints : ils sont les canaux naturels par où s'exprime la grâce de Dieu. Ce qui est sûr, c'est qu'ils ne réduisent pas la spiritualité au miracle. Si un miracle survient, c'est parfait. S'il ne survient pas, c'est tout aussi parfait, car la grâce peut s'exprimer de bien d'autres manières que par le miracle. Surtout, ils se méfient du piège que peut représenter le miracle comme une nourriture pour leur *ego* : leur spiritualité est d'abord et avant toute chose son abolition absolue. Pour eux, le seul vrai miracle consiste dans le travail lent dans le cœur de l'homme pour sa métamorphose.

Au-delà du *darshan*… La rencontrer, enfin !

« La vie ressemble à un conte ; ce qui importe, ce n'est pas sa longueur mais sa valeur. »
Sénèque

Dans mon approche d'elle, j'ai ressenti d'abord une forme d'hésitation. Peut-être, la première fois où je la vis, n'étais-je pas assez malheureux. C'était il y a vingt-cinq ans. Peut-être aussi rouspétait en moi le libertaire, qui jamais n'avait eu à subir d'ordres et qui avait tracé seul sa route, indépendant et orgueilleux. Quand je l'avais vue à cette époque, entourée de tous ces gens qui me paraissaient amoureux d'elle sans que je comprenne, une voix en moi – celle du diable – avait ricané : « Mais qui sont ces gogos qui font la queue pour qu'un gourou les câline ? » Ce mot « gourou » résonnait en moi comme un mot diabolique qui évoquait la soumission, le sexe, l'esclavage, la drogue, que sais-je encore… Comme tous les Occidentaux, je connaissais les méfaits de Moon, du Temple solaire, ou de Jim Jones. Cela me faisait peur et j'avais décidé que cela n'était pas pour moi. « Je ne serai l'esclave de personne ! » me disais-je. Puis, petit à petit, je songeai que j'étais dans l'erreur. Si moi, qui me prétendais chrétien, j'avais eu la chance de vivre au temps de Jésus en Palestine, l'aurais-je refusé ? Cette seule pensée me remit les pendules à l'heure.

C'est une chance inouïe que de mettre ses pas dans ceux d'un maître. Vous en doutez ? N'est-on pas heureux de bénéficier des leçons d'un maître à l'université, d'un grand philosophe ou d'un grand historien ? La réponse est oui. Ainsi, petit à petit, je songeai que tous ceux qui avaient trouvé leur maître en la personne d'un *satguru*, d'un Être Réalisé, étaient des gens heureux. Mon retour auprès d'Amma est trop récent pour que je puisse vivre cette relation par moi-même. Je ne suis qu'un enfant avec le niveau spirituel d'un enfant, mais être auprès d'Amma me permet au moins déjà de me sentir en famille. Je suis à des années-lumière de la haute spiritualité, mais on m'accepte, tel que je suis, en classe maternelle. On me parle avec des mots gentils comme on le fait avec les petits enfants.

La formule « retomber en enfance » est parfois mal vécue et s'assimile à une autre formule, « perdre la boule » ; ce n'est pas le cas « à l'école » d'Amma. Elle accepte ses enfants au niveau où ils sont et ne leur propose pas de sauter des classes. Amma est un maître spécial en ce sens que la plus haute spiritualité n'a pas tué en elle l'amour de la mère. Les grands maîtres spirituels sont comme les maîtres en philosophie ou en mathématiques : certains vous parlent de haut et durement ; certains vous impressionnent et vous glacent ; d'autres vous parlent d'égal à égal. C'est ainsi que parle une mère à ses enfants, c'est ainsi que nous parle Amma. La seule différence entre elle et une véritable mère réside dans le fossé entre le savoir limité de la mère et l'omniscience du maître réalisé, entre l'attachement excessif de la maman pour son enfant et le non-attachement du maître, entre l'objectivité limitée et l'objectivité absolue. Le *satguru* perçoit tout de son disciple-enfant, il voit tout pour lui et il n'a même pas besoin que celui-ci lui retourne son amour. À l'altitude où se trouve le *satguru*, il n'a pas besoin d'amour ; il est amour.

Quand j'écoute des chercheurs spirituels de longue date, j'éprouve le sentiment que tout a changé, que c'était mieux hier qu'aujourd'hui. Cette nostalgie des temps pionniers est naturelle. Mais les choses sont-elles si différentes aujourd'hui ? Certes, à ce moment-là Amma était tout entière à ses disciples du matin au soir, elle riait, plaisantait avec eux, rien n'était vraiment solennel, tout était simple, on vivait au fil des jours qui passent. Il semblait qu'Amma n'enseignait même pas, qu'elle se contentait de les aimer, d'être tendre. Certes ils priaient, méditaient et chantaient des *bhajans*, mais quand ils interrogeaient Amma, celle-ci leur répondait comme une maman, une amie qui racontait une rencontre, le jeu nouveau qu'elle avait inventé pour les enfants du village, bref les potins familiaux et villageois que nous connaissons bien. Quand ils ne plaisantaient pas ensemble, ils faisaient le ménage et la cuisine et elle prenait sa part de l'ouvrage avec bonne humeur. Elle continuait avec eux ce qu'elle avait toujours fait avec ses frères et ses sœurs. Tous ceux qui ont vécu ce temps-là s'en souviennent comme d'un paradis, d'un enchantement, d'un rêve éveillé. Cela veut-il dire que les choses ont changé aujourd'hui ? Que les foules et la notoriété d'Amma ont brisé ce charme ?

Au milieu des foules, des queues qui se forment pour s'agenouiller auprès d'elle, si l'on est attentifs, on est témoins de scènes extraordinaires. Il faut demeurer auprès d'Amma tandis qu'elle donne le *darshan* et écarquiller les yeux. Avec les enfants qui viennent à elle, Amma s'amuse comme elle l'a toujours fait, elle leur tire la joue, aux bébés elle mordille les orteils et elle rit en leur posant des questions ou en leur racontant des petites histoires. Au début, tandis qu'assis auprès d'elle, je l'observais faire, j'étais frappé par le fait que, tout en embrassant ceux qui venaient, elle bavardait avec ses assistantes et de temps à autre éclatait de rire. D'abord, je songeai que ce n'était pas très charitable pour les gens qui versaient des larmes sur son sari, mais non, elle bavardait à bâtons rompus, de tout et de rien. Elle demeurait semblable à elle-même, comme elle avait toujours été. Amma ne changeait pas. Devant trois personnes ou dix mille, elle restait toujours Amma : invariable, intangible, humble d'une permanente humilité. Lors du passage à l'an 2000, alors qu'elle se trouvait invitée par l'ONU, un journaliste crut fin de lui demander ce qu'elle ferait si le pouvoir lui était donné de gouverner le monde. Amma leva son visage souriant vers lui et lui répondit : « Je me ferais balayeuse, afin de nettoyer le cœur et l'esprit des gens. » L'autre en eut le souffle coupé. Ses proches sont habitués à ce qu'elle leur interdise de la servir ; elle fait « grève » dit-elle alors, interdisant qu'on pénètre dans sa chambre. Elle ferme la porte et fait tout elle-même, cuisine ses propres repas, nettoie sa chambre et lave ses vêtements. Elle veut rappeler à tous ceux qui l'adulent qu'elle n'a besoin de rien et qu'elle n'a pas cessé d'être la petite « Amma de Vallikavu », comme on l'appelait jadis. C'est elle qui est au service du monde et non l'inverse.

Il est étonnant pour moi de voir la simplicité avec laquelle ces foules viennent recevoir le *darshan*, ce baiser de quelqu'un qu'on ne connaît pas et qui pourtant est si familier, ce baiser d'une étrangère à tout ce que vous êtes et que vous avez vécu, et dans les bras de laquelle on s'abandonne comme s'il s'agissait de sa propre mère. Tout est là, dans cet abandon qui signifie la reconnaissance d'une autre maternité, dans cette élection par laquelle vous la choisissez comme nouvelle mère tandis qu'elle vous adoube comme son enfant. Cet instant de la rencontre est émouvant entre ces deux qui se sont choisis. Il y a dans ce geste comme une version spirituelle de la rencontre du chevalier avec son suzerain. Mais à la différence du suzerain qui armait le jeune chevalier avec le plat de son épée sur son épaule, c'est l'épaule d'Amma qui prend votre visage contre elle dans un geste qui n'est pas celui de la désignation, mais celui de l'amour. Ce moment est émouvant. Alors que vous êtes agenouillé et que vous vous penchez vers elle, elle vous attire entre ses bras. Vous êtes sous le regard de tous ceux qui sont autour d'elle. Vous vous sentez regardé, inspecté, scruté et vous ne ressentez aucune gêne, car vous êtes devenu un enfant : son enfant. Personne n'y songe alors vraiment, mais ce geste simple d'amour est le premier enseignement que vous recevez d'elle : aimez-vous les uns les autres, car moi je vous aime.

L'enseignement d'Amma est d'abord un enseignement de la contemplation, se donnant à voir vivre et agir. Elle connaît la vertu du regard. Si on admire Amma au point de vouloir la suivre, ce n'est pas d'abord pour ce qu'elle dit mais pour ce qu'elle est ; la voir alors qu'elle vit et agit, c'est le plus beau de son enseignement. À ses débuts, elle avait déjà la grâce de ceux qui, avant de prêcher par les mots, prêchent par l'exemple. Elle avait en elle cette grâce de l'amour qui n'ordonne pas, n'exige pas, ne démontre pas. Cette douceur de l'amour qui vit, qui aime, qui rit, qui pleure, qui est. Pourquoi Jésus, saint François d'Assise, Amma ont-ils en commun ces regards qui disent, étreignent et comprennent ? C'est qu'ils sont les plus proches de Dieu. Lui ne s'enseigne pas. Il embrase, palpite, adoucit, emporte avec soi. Le mot ne saurait voler plus haut que le cœur ; il sera toujours à sa remorque. C'est pour cela que l'enseignement d'Amma n'est pas celui d'une école, il est en plein champ, dans les airs, dans les rayons du soleil, les murmures de l'océan et le pépiement des oiseaux. L'enseignement d'Amma est le plain-chant de Dieu. Vous ne l'apprenez pas, vous le vivez. Il est aussi léger et naturel que de boire, manger, dormir. Il est un rêve éveillé. Être disciple d'Amma, c'est d'abord être son enfant et rire, plaisanter et chanter avec elle, fermer les yeux quand elle ferme les yeux, être assis auprès d'elle. Les qualités qui peu à peu se mettent à croître dans votre cœur, ce sont des petits bouts des siennes, ces copeaux d'amour qui tombent de ses bras, des pampilles d'amour qui brillent dans ses yeux.

En arrivant à Amritapuri, j'avais été émerveillé de voir des grappes d'enfants qui se pressaient autour d'Amma. Ils étaient la fraîcheur et la spontanéité dénuée de toute gêne. Ils se serraient contre elle pour se réchauffer avec ce qui émanait d'elle. Ils n'avaient pas besoin, à la différence de nous adultes d'Occident, de comprendre pour ressentir, de se demander s'ils accomplissaient le bon geste. Elle priait, ils priaient. Elle chantait, ils chantaient. Ils riaient ensemble comme de bons compagnons. Ils ne savaient rien, mais ils avaient tout compris. Et, en tout premier, ils comprenaient pourquoi le monde pouvait tout espérer, au milieu de toutes les horreurs, de ce qu'il existait une mère avec ses enfants.

Voilà pourquoi on l'aime. Voilà pourquoi on s'attache à elle. Voilà pourquoi on craint que cet attachement nous fasse souffrir, comme tout attachement, comme ces attachements qui, nous reliant à la femme ou à l'homme qu'on aime, au bien qu'on possède, au succès qui nous grise, suscitent en nous la possessivité, la jalousie, le désir, l'envie, ces poisons de l'*ego* qui nous rongent. Les proches d'Amma ont parfois ressenti cette crainte. Me regarde-t-elle autant ou plus qu'un autre ? M'aime-t-elle autant que je l'aime ? Amma les rassure : « L'attachement au gourou n'est pas une dépendance. Quand on a une épine fichée dans le pied, on se sert d'une autre épine pour la retirer. Donc l'attachement au gourou libère. » Mais cette libération est lente. Elle avance, souterraine, dans le silence, avec son poids de souffrance et de déchirement. Le « libère-toi du mal » est une ascèse de tous les jours qui se purifie dans le froid et le feu et découvre peu à peu un horizon qui est le splendide désert de Dieu où ne pousse plus une herbe de l'ancien *ego*. Cette montée vers Dieu est un chemin de ronces. Il est normal, naturel et humain que le souvenir de notre rencontre avec Amma ait d'abord la saveur de l'attachement.

Comme tout ce qui est humain, l'attachement peut être différent selon les êtres ; selon celui qui le ressent et selon celui qui en est l'objet. Il est multiforme, infini. Il demeure encore, mais purifié des scories qui l'accompagnent, au bout d'un long chemin d'ascèse, où il n'existe que dans sa vérité. Cette relation d'amour sans désir, sans jalousie, sans orgueil et sans crainte constitue l'attachement idéal. Existe-t-il réellement ? Rien n'est moins sûr. Sans doute reste-t-il toujours comme une empreinte fossile de notre vieil attachement. Aussi avancés soient-ils, ceux du « long chemin » vers Dieu doivent ressentir de temps à autre la trace des picotements de l'ancien temps, celui où ils étaient envieux, meurtris, jaloux, en manque. Cela n'a rien de semblable, cependant, avec l'attachement que nous ressentons tous en côtoyant Amma, en nous agenouillant auprès d'elle. Que nous demeurions un peu, beaucoup, longtemps, dans cet air saturé de sa présence, nous vivons dans l'angoisse et le désir qu'elle nous reconnaisse à chaque fois que nous nous précipitons sur son chemin quand elle pénètre dans le grand hall. Nous sommes comme des enfants et pourtant différents d'eux, car les enfants ne ressentent ni envie, ni jalousie de cet ordre. Ils sont contents de s'asseoir près d'elle, c'est tout.

Nous sommes tous à la fois semblables et différents. Nous ne charrions pas tous le même *ego*. Le mien doit peser lourd, car la première fois qu'Amma m'a étreint, j'ai tout fait pour qu'elle ne me perde pas de vue. Je me suis assis de manière à rester dans la ligne de mire idéale, étirant le cou jusqu'au torticolis quand un de mes frères se plaçait devant moi. Je ressentais un tel bonheur d'être accueilli par elle qu'en cet instant, je n'aurais voulu la partager avec personne. Même pas avec qui en aurait eu tant besoin. Le partage est pourtant le B.A.-BA de l'amour. Je flottais dans une sorte de *nirvana*. J'étais stupide. Je me sentais transporté dans les cieux alors que j'étais enfoncé dans la terre. Que dire de ce *darshan* où elle m'embrassa trois fois d'affilée en me parlant à mon oreille ? Je me sentis disciple alors que je n'étais rien. Rien d'autre qu'un être sensible, épris de signes qui flattent l'*ego*. Quand on m'apprit que cette scène avait été captée par des milliers d'yeux sur grand écran, je ressentis une émotion de *rock star*, une des traductions du crétinisme sentimental. Vous êtes disciple de l'illusion alors qu'elle vous aime avec simplicité comme son enfant.

« Pour qu'il y ait un maître, il faut qu'il y ait un disciple. » En une de ces formules ramassées dont elle a le secret, Amma dit tout. Elle est dans le Divin, elle n'a pas de statut, de fonction, de carte de visite. Elle est un mahatma, une grande âme qui flotte en Dieu, et qui vous donne ce que vous attendez d'elle, consciemment ou inconsciemment. Vous voulez une mère ? La voilà. Vous désirez un compagnon pour rire un moment ? La voilà encore. Vous désirez un maître ? La voilà enfin. Elle est ce que vous désirez qu'elle soit, ce que vous attendez d'elle, à condition que votre cœur soit authentique, dans le détachement, le service aux autres et la paix de l'esprit.

L'âme d'Amritapuri est une réalité

« L'optimisme est la lumière de Dieu. C'est une forme de grâce qui permet d'envisager la vie avec la plus grande clarté. »
AMMA

Je songeai à ce que m'avait dit un jour ce bon vieil abbé Pierre. Ce maître de vie possédait des lumières qui lui venaient de Dieu. Comme il s'en souvenait et humblement l'avouait, il revenait de loin. Enfant d'une sensibilité extrême, épris de désirs qui le tiraient une fois vers le diable, une autre fois vers Dieu, ce dernier avait fini par l'emporter au terme d'un combat où il avait laissé des plumes. Dans son désir d'atteindre l'Absolu, il s'était fait capucin, la plus dure des branches des franciscains, l'ordre de saint François d'Assise, dans la pauvreté et la prière. Cela dura sept ans à l'issue desquels, n'en pouvant plus de l'ascèse, il renonça pour accepter son destin, sa mission séculière vers les plus pauvres. Il gardait cependant de l'amour pour le lieu qui avait été celui de sa jeunesse et, à la fin de sa vie, il choisit à nouveau le monastère pour accueillir sa vieillesse. Les lieux de prière permettaient selon lui de maintenir le monde en équilibre. Cette paix, je la ressentis à Amritapuri, comme je l'avais ressentie à Assise ou chez les bénédictins. Elle était du même diamant.

Certains de mes amis chrétiens penseront que j'ai perdu le nord, car rien ne ressemble moins à un monastère que l'*ashram* d'Amritapuri. Ils auront raison, mais seulement en partie. Certes, un monastère chrétien ne s'ouvre qu'au compte-gouttes à ceux qui ne sont pas des moines, et certains d'entre eux, comme les monastères cloîtrés, ne s'ouvrent pas du tout. Un monastère chrétien s'apparente à un lieu où des initiés, les moines, entrebâillent leur porte à des non-initiés pour partager des prières avec eux. De ce point de vue, Amritapuri n'est pas un monastère et l'équivalent de ce que sont nos moines, les *brahmachanis* et *sannyasins*, sont si peu nombreux parmi les résidents qu'on les reconnaît aisément à leurs vêtements jaunes ou orange. Amritapuri est une ruche qui abrite en permanence quelque trois mille personnes, sans compter les étudiants des universités d'Amma et les êtres qui séjournent un court moment. Oiseau de passage, j'ai éprouvé ce que tous nous éprouvons quand, fraîchement débarqués de l'avion à Trivandrum ou à Cochin, nous arrivons, seuls, en couple, en groupe à Amritapuri. Armé de mes idées reçues, je pensais devoir affronter le regard condescendant de ceux qui, séjournant en habitués, s'amuseraient de mes hésitations et de mes gaucheries. Au lieu de me moquer, on m'aide, on me pilote, on m'explique. On ne me fait jamais sentir que je suis un nouveau, un bizuth, un ignorant, un cancre. On m'apprend au contraire une foule de petits gestes, différents de ceux auxquels je suis habitué. Bon élève, je me laisse guider. Curieux, j'observe. C'est ici rempli de gens totalement différents, des solitaires, des sociables par nature, des sociables par obligation, des gens à la peau noire, à la peau jaune, beaucoup à la peau blanche, mais qui ne parlent pas la même langue que moi. Amritapuri est comme une réplique de la fameuse tour de Babel avec un espéranto qui est l'anglais, ce qui ne me facilite pas la vie. Par chance, il y a beaucoup de Français, mais même ceux-là sont très différents les uns des autres. Mais tous, nous ne nous ressemblons pas, ou plutôt nous pensons ne pas nous ressembler.

Depuis ses débuts, Amma a voulu qu'Amritapuri soit un condensé de la réalité du monde beaucoup plus qu'un lieu d'initiés. Tous les *ashrams* ne se ressemblent pas, car ils ressemblent à celui ou à celle qui les inspirent. Chez Ramakrishna passait le souffle du maître réalisé. Ni chez Mâ Ananda Moyi ni chez Ramana Maharshi n'entrait qui le voulait. Sri Aurobindo et la Mère, quant à eux, avaient doté Auroville d'un style qui n'appartenait qu'à eux. Ainsi Amritapuri ressemble-t-il à Amma. Amma a toujours vécu en famille à Vallikavu et l'*ashram* est comme une prolongation de l'atmosphère familiale qui y régnait depuis ses débuts. Quand je suis arrivé, j'ai ressenti cet esprit de famille et c'est sans doute la raison pour laquelle je m'y suis senti si bien. Ce n'est évidemment pas la seule ; l'autre réside dans les vibrations aux alentours de là où Amma vit, parle, respire et aime. Il est bon d'être en famille quand elle ne se réduit pas à l'addition de solitudes recluses. Vous aurez remarqué autour de vous ces familles où on ne se parle plus, ces couples muets devant leurs assiettes, ces parents qui ne regardent plus leurs enfants, qui ne jouent plus avec eux, ces grands-parents qu'on ne voit plus depuis belle lurette car ils achèvent leur vieillesse dans la froideur des mouroirs. Par tradition, l'Inde a toujours refusé cela, l'Afrique aussi d'ailleurs. C'est pourquoi ces lieux portent une espérance.

Il fut un temps où l'Inde était un entrelacs gigantesque d'*ashrams* qui étaient au fond des familles élargies. Ce n'est plus aujourd'hui comme autrefois, mais le souvenir de la tradition demeure et c'est pourquoi l'*ashram* est si familier aux Indiens et étrange aux yeux des Occidentaux. Amma a voulu le sien ouvert au monde puisque l'amour concerne l'humanité et pas seulement une géographie, une culture ou une religion. Amma est hindoue, mais chez elle se rencontrent des chrétiens, des bouddhistes, des animistes, des musulmans et tous ceux qui veulent venir pourvu qu'ils aiment Dieu. Et même s'ils ne l'aiment pas : en effet, il y a un grand nombre d'athées à l'*ashram*. Combien de nations se pressent-elles chez Amma ? Cinquante ? Cent ? Cela dépend des moments. Mais à la différence des Nations dites unies, où chacune espionne l'autre du coin de l'œil, à Amritapuri, on ne se méfie de rien. On travaille ensemble, on chante ensemble, on dîne ensemble, on rit ensemble. Ce n'est pas que tout y soit parfait, car il faut de tout pour faire un monde, y compris des fous, des demi-fous, des jaloux, des ambitieux et même des méchants. Mais ici, même le méchant peut devenir bon...

L'amour d'Amma agit puissamment, des vibrations émanent d'elle. À l'instant même où on arrive, on se sent bien. On dort comme un bébé et pourtant on dort peu. L'austérité de la chambrette est vite oubliée. On s'avise que l'on peut dormir par terre sur une paillasse en faisant de beaux rêves et même se doucher à l'eau froide sans rechigner. Très vite, on fait l'impasse sur les plats que l'on aime ou le bon verre de vin. Je me suis même surpris à ne boire que de l'eau sans m'en rendre compte. Quelque chose d'autre flotte dans l'air et vous enivre de parfum. L'attraction de l'âme, on le sait, est indicible mais quand s'y ajoute l'amour, on ne désire plus respirer que cet air-là. Cependant, dès mon arrivée, une question m'est venue : comment, dans une telle agitation, on peut trouver la paix de l'âme sans laquelle il ne me paraît pas possible de prier ? Je me rendis à l'évidence : j'étais arrivé anxieux ; au bout de deux jours je me sentais apaisé et la prière redevenait possible. Dix jours plus tard, je m'arracherais de là-bas avec une infinie tristesse. Ici les résidents de longue date étudient les textes sacrés des Védas, moi je continuais durant mon séjour à réciter le *Notre Père* et le *Je vous salue Marie*. Je ne comprenais pas un traître mot du langage sacré des *bhajans*, mais j'avais fermé les yeux, j'avais laissé faire le cœur. L'intelligence du cœur est supérieure à l'intelligence tout court et l'amour n'a pas une traduction selon les langues et les cultures. Il est une pulsation. J'avais ma manière à moi de méditer. Il me suffisait d'errer çà et là pour sentir l'harmonie. Je contemplais et mon esprit s'envolait vers des sphères inconnues. J'allais comme un somnambule près de l'ancienne demeure des parents d'Amma, le long de la lagune où enfant elle méditait, près de l'océan qui avait conjugué ses murmures avec ses rêves. J'aimais contempler les photos d'Amma à tous les âges de sa vie. Je la trouvais belle avec ses longs cheveux éployés ; là je la regardai danser. Je fermais les yeux et je l'entendais chanter.

« Deviens pareil à la poussière sous tes pieds »

« Si l'un de vous veut être grand,
qu'il soit le serviteur de tous les autres. »
JÉSUS, dans l'Évangile de saint MARC, chapitre X, v. 44

Cela faisait longtemps que Neal Rosner avait laissé derrière lui les passions de l'Occident pour commencer à chercher : depuis 1968 exactement. Autant dire une vie entière. Pourtant, quand voici peu il demanda à Amma s'il devait poursuivre plus loin sa recherche spirituelle, celle-ci lui répondit : « Deviens pareil à la poussière que tous foulent de leurs pieds. » Cela signifiait qu'une recherche spirituelle ne s'achève jamais. Cela voulait aussi dire que mener une telle vie est d'une exigence extrême et que vivre l'abolition de son *ego* est difficile. La vie des mahatmas est surhumaine. Il semble que Dieu les ait choisis pour s'oublier entièrement afin de conduire les autres sur le même chemin. On regarde vivre Amma et on apprend que la grande âme n'a pas d'*ego*, ni de vie personnelle, ni de repos, ni d'intimité. Ces êtres sont rares. Quand on a cette chance de les rencontrer, il ne faut plus les lâcher. Il ne s'agit plus de devenir milliardaire, ministre, prix Nobel ou président : l'ambition matérielle s'abolit. Dieu n'attend pas que nous devenions des mahatmas. Il nous demande d'acquiescer et de mettre nos pas dans les siens. Sur ce chemin, le moindre pas, la plus dérisoire des avancées est une merveille.

Faire reculer l'*ego* est le *nec plus ultra*. Comment pourrait-on être heureux si nous sommes comme des fétus de paille dans la tempête ? Cet *ego* est tempête sous un crâne, tsunami intérieur. Les marins savent que les tempêtes s'apaisent et ils prennent leur mal en patience jusqu'au retour de la mer apaisée et du soleil radieux. Il n'est rien de tel avec l'*ego* : la tempête se nourrit d'elle-même, s'autogénère. Amma le répète : « Tant que vous n'aurez pas apaisé votre mental, vous ne pourrez pas être heureux ! » La paix de l'âme précède le bonheur, elle est comme sa sève et découle de l'humilité, du refus des attachements, de l'oubli des biens matériels. Il faut être sot pour penser le contraire, être dupe de cette fausse paix que nous donne le sentiment de posséder et de dominer. Derrière les apparences, sous ce calme qui nous donne l'illusion de la paix, la tempête s'agite. À chaque instant, tout peut s'effondrer. Une crise imprévisible et c'est la ruine ; une maladie grave à la fleur de l'âge et on n'est plus qu'un cadavre. Nous avions, selon la formule, tout pour être heureux, et nous sommes anéantis en un clin d'œil. Ces malheurs sont inévitables à long terme : si nous passons ce marché de dupes, nous sommes fichus ! « Nous sommes, nous dit Amma, comme un oiseau perché sur un rameau sec qui peut casser à tout moment. » Le bonheur ne saurait être bonheur s'il est précaire. Son authenticité se nourrit de sa permanence et de sa solidité. Le bonheur n'est jamais un plaisir de pacotille.

Pourquoi sommes-nous attirés par ce qui brille et n'est pas de l'or ? Pourquoi sommes-nous envieux des riches aux salaires mirobolants ? Pourquoi souhaitons-nous que notre fils soit une vedette du ballon rond et notre fille une vedette de la chanson ? Parce que nous allons au plus pressé, aux vanités du monde plutôt qu'à l'embellissement de l'âme. Notre visage se creuse par crainte de s'appauvrir, notre âme se flétrit et se ride. Placez-la à côté d'une âme d'enfant, et vous verrez ! L'une est lisse et belle et l'autre est un cadavre. Pourquoi sommes-nous pauvres d'espérance ? N'avons-nous pas mieux à faire qu'à regarder nos propriétés, nos trésors ? Dans la religion hindoue, il existe un concept qui porte le nom de « *maya* », c'est-à-dire l'illusion, la force qui nous tire vers le bas. Une force d'attraction équivalente à la loi de la gravitation qui nous plombe et fait de notre mental et de nos sens des esclaves. Un charlatan, appelons cela le diable, nous a persuadés que le bonheur ce n'est pas en nous, mais qu'il faut le chercher ailleurs : dans ce que nos désirs désignent comme le *nec plus ultra*. Le tour est joué ; le mensonge est lancé. La plupart savent un jour ou l'autre qu'ils ont été roulés, que le compte n'y est pas, qu'ils sont nus comme le roi ou désespérés comme Faust, auquel un diablotin avait fait miroiter le fantasme de l'immortalité. Duperie ! Les désirs succèdent aux désirs et les plaisirs succèdent aux plaisirs alors que nous avons ce goût de cendre sur les lèvres ; un goût de mort. *Maya* nous vend l'illusion pour une réalité. Amma le sait : « Le bonheur qui provient des plaisirs du monde n'est qu'un infime reflet de la béatitude infinie qui existe dans votre Soi, c'est-à-dire dans votre âme. »

Maya est forte. Elle est irrésistible. Elle est semblable à la nymphe Calypso, dont les chants attiraient le marin Ulysse vers l'abîme ; semblable au rocher que le pauvre Sisyphe essayait en vain de repousser. Comprendre cela, c'est faire un premier pas dans la quête. Après ce premier, on pourra en faire un second et parfois même un troisième. Le hasard m'a conduit vers de grandes âmes qui n'ont pas eu besoin d'être accompagnées par un maître vivant. Elles n'avaient pas eu besoin, pour les guider, de gourou et de sage. Leur foi leur avait donné cet amour fou qui brise toutes les ruses de *maya*. Leur foi était telle que Jésus vivait en eux, il leur parlait, il leur enseignait, il les guidait. Saint François d'Assise était si empli du Christ qu'il porta aux poignets les stigmates de la crucifixion. Mère Teresa de Calcutta voyait Jésus dans le mourant entre ses bras. Hélas, nous sommes nus devant *maya*, jouets de l'illusion.

La rencontre d'un maître vivant est une grâce absolue. Il nous prend par la main, nous éveille du cauchemar de *maya*, nous installe sur le chemin. Peu importe qu'on soit chrétien, bouddhiste, hindou, ou tout ce qu'on voudra. Dieu ne fait aucune différence entre les religions. Dieu est universel, comme l'amour que sont ces grandes âmes. C'est cet amour qui nous les rend si proches et cependant si lointaines. La quête spirituelle, c'est franchir l'espace qui demeure entre elles et nous. L'attraction de l'amour a rapproché ces grandes âmes de nous, mais il reste cet espace à franchir, celui qui, dans le « jugement dernier » de la chapelle Sixtine, sépare le doigt de Dieu de celui de l'homme. Peu à peu, *maya* s'éloigne. À quoi le voit-on ? Un des signes est l'indifférence à la critique. Qui, parmi nous, dira qu'entendre à son sujet du bien ou du mal lui est indifférent ? Pourtant, cette équanimité est indispensable au bonheur d'être. Elle est le sceau de l'humilité. Le signe que l'orgueil est vaincu. La preuve que nous sommes en paix avec les autres et avec nous-mêmes.

L'humilité n'a pas bonne presse chez nous. Le fameux *Robert* qui cherche dans les mots les idées que nous nous faisons du monde, livre cette définition : « Sentiment de sa faiblesse, de son insuffisance, qui pousse une personne à s'abaisser volontairement en réprimant tout mouvement d'orgueil. » Cela ne fait pas envie, n'est-ce pas ? Nos « *coaches* » en développement cherchent davantage à flatter ce qui nous permet de relever le nez et d'avoir le verbe haut. Drôle de vertu que de se déprécier ! Tout cela respire l'échec et le « *loser* ». Comment devenir des « *winners* » en étant humbles ? Nous sommes des conquérants, des compétiteurs, des champions, pas des battus, des sans-grade, des numéros zéro. Amma voudrait-elle donc faire de nous des nuls ? Pas le moins du monde. Si l'humilité est la vertu cardinale des mahatmas, qu'observons-nous ? L'humilité ne fait pas raser les murs, elle crève l'écran. Elle ne déprime pas, mais rend joyeux ; elle ne rend pas impuissant : l'univers s'incline devant elle. L'humilité ne prive pas d'amour, elle est amour ; elle ne rend pas faible : son énergie est invincible.

Surtout ne sois jamais fatigué d'essayer !

« Le succès, c'est d'aller d'échec en échec sans perdre son enthousiasme. »
Winston CHURCHILL

Nous aspirons tous à la paix et, cependant, nous sommes comme un esquif ballotté par la tempête, par la vague des désirs et des peurs. Nous détestons cet état et nous rêvons de quiétude. Mais nous ne savons pas calmer cette tempête qui n'en finit pas. Ne nous leurrons pas : trouver la paix du bonheur ne se fait qu'au bout de l'effort constant de toute une vie. La victoire ne dépend pas d'une seule bataille, mais d'une guerre d'usure. Les adversaires du bonheur, du vrai bonheur, sont coriaces. Ils se nomment le désir et la peur. Mais nous savons aussi que ce vrai bonheur n'est pas une illusion, car il arrive que nous l'entrevoyions au milieu de nos ténèbres. Il suffit d'un instant pour se rendre compte de sa pureté de toute souffrance et de son infinité. Notre esprit nous permet de l'imaginer, de le goûter, de l'espérer, mais *maya* veille et nous guide sur de fausses routes. La première s'appelle le désir. Cela nous grise, car chaque fois que nous comblons un de nos désirs, ce qui peut arriver régulièrement, nous nous sentons heureux. Et cependant, ce bonheur est factice et passager. Alors surviennent un nouveau désir, puis un autre, et encore un autre. C'est ainsi jusqu'à notre mort. Nous voilà lancés dans une course vaine, poursuite sans fin. Parfois, on croit rattraper le désir qui nous tient, parfois il nous échappe.

C'est alors que nous avons peur. Le désir engendre la peur et la peur engendre le désir. Où va-t-on lorsqu'on les suit ? Nulle part. Ou plutôt dans un quelque part qui s'appelle l'insatisfaction, l'amertume, la frustration, le désespoir. Comment y échapper, comment retrouver le vrai chemin ? Le vrai bonheur ? « Apaisons ce désir qui nous dévore », dit Amma. La recherche spirituelle nous y aide, mais elle est ardue et peut décourager les âmes les mieux trempées. Il nous faut une arme, acquérir une vertu : la concentration. On sait depuis des millénaires que cette vertu se trouve dans la méditation et la prière. Chez nous, en Occident, nous en louons les bienfaits. Apaiser la tempête sous nos crânes nous aide à garder une bonne santé. Nous appelons cela la « réduction des stress », dont les savants les plus sérieux nous apportent les preuves à foison des bienfaits pour la santé. Pourtant, il apparaît difficile de se concentrer au milieu du tumulte qui nous entoure. Amma nous donne une indication simple. Nous voulons enfiler une aiguille, nous nous concentrons, nous dirigeons toutes nos pensées vers cette action. Se concentrer, c'est comme enfiler cette aiguille. Peu importe que vous méditiez sur l'aiguille, sur un son, un mot, une image, une balle de tennis ou une balle de golf, ce que vous voudrez ; ce qui compte n'est pas le support de la méditation, mais l'action de méditer. Nous sommes tous différents et nous ne parvenons pas tous à la concentration d'une unique manière...

Vous ne réussissez pas du premier coup ? Alors recommencez et recommencez encore. Accéder à la concentration exige une pratique patiente, régulière et constante. Tous les saints le savent, qu'ils soient d'Orient ou d'Occident. Méditation et prière ne délivrent leurs bienfaits que par un usage répété. Cela vaut pour les mystiques chrétiens autant que pour les *yogis* de l'Inde. Dieu ne se laisse pas approcher aisément : il se mérite ardemment, avec une patience infinie. Il est si haut au-dessus de notre âme. Un proverbe nous dit : « Aide-toi, le ciel t'aidera. » La grâce n'arrive pas sans effort; un effort qui plaît à Dieu, parce qu'il est humble et sincère. C'est au bout de son humilité et de sa sincérité que cet effort fera couler sur nous la grâce. On pense parfois que suivre un maître spirituel accélérerait la grâce de Dieu, nous ferait « sauter des classes », comme l'école le fait pour les enfants surdoués. On se trompe. Amma dit que certes, sa grâce est toujours là, mais pour la percevoir, il faut y mettre du sien. Qu'elle vienne de Dieu en direct ou par l'intermédiaire du maître, la grâce ne s'obtient que dans l'effort. Nous avons toujours « notre part du boulot » à accomplir.

Sans persévérance, inutile d'espérer : la grâce ne viendra pas. On imagine qu'elle peut tomber par mégarde sur qui ne la mérite pas, mais c'est mal comprendre le jeu de la grâce et de l'effort humain. Le père de Foucauld faisait bamboche et d'un coup recevrait l'Esprit saint ? Non, il désirait cette pureté de toute son âme, regrettait ses actes, appelait Dieu dans le silence de son remords… Avant d'être un bras de mer ou un torrent, la grâce est un ruisselet qui rafraîchit notre cœur. Elle est rarement l'apparition de la Vierge Marie à Lourdes ou la chute de cheval de Saint Paul. Elle est infime et puissante à la fois. Il n'y a qu'une seule vérité à savoir : pour l'obtenir, il faut se retrousser les manches. Beethoven, à l'issue d'un concert, entendit une femme le féliciter : « Maître, si Dieu m'avait donné votre génie, je serais comblée. » Beethoven répondit : « Madame, asseyez-vous au piano huit heures par jour pendant quarante ans et vous l'aurez ! » Amma a en elle la grâce, pourtant nul ne travaille comme elle. *Darshan* jour et nuit, hôpitaux, universités, écoles, orphelinats, déplacements incessants, elle ne s'arrête jamais. Elle a un corps et est épuisée, mais elle continue. Elle n'est pas sur terre pour bayer aux corneilles. Elle a une mission à accomplir ; à nous d'accomplir la nôtre.

Devant la grâce, nous ne sommes pas égaux. Elle semble se plaire à habiter chez les petits, c'est-à-dire chez ceux qui se sont faits petits en diminuant leur « moi », chez ceux qui sont capables de l'abolir sincèrement, qui parviennent à obtenir la merveilleuse plénitude de ce vide, un vide vécu et exprimé à travers ces mots « je ne suis rien ». Pas un « je ne suis rien » qui ne ressemble à rien, une attitude d'orgueilleux, mais un « je ne suis rien » de vérité semblable à ce rien qu'exprimait François d'Assise quand il se mit nu devant son père, devant l'évêque, devant la foule et leur rendit les vêtements dont on l'avait vêtu, pour dire sa volonté de renaître de rien, c'est-à-dire de tout, car l'amour n'a justement besoin de rien pour naître. Oui, la grâce aime les humbles chez qui le sentiment du rien prépare leur âme au plus grand amour. L'humilité ne coule pas d'elle-même. Elle se cultive comme une fleur rare en son jardin. Elle est fragile. Elle a besoin de sève, d'engrais et, plus que tout, elle a besoin d'amour.

Un jour, Nealou, le disciple d'Amma, peinait à se concentrer sur le vide, sur ce sublime « je ne suis rien », quand soudain, le vide se fit en lui et la lumière inonda son âme. Ouvrant les yeux, il vit Amma qui méditait à quelques mètres de lui. Peu après elle lui fit cette confidence :

> « Fils, j'ai senti ta présence près de moi, alors mon âme s'est dirigée vers toi.
> — Était-ce ta grâce, Amma ?
> — Oui, c'était elle.
> — Comment pourrais-je la ressentir tout le temps, Amma ? car je voudrais qu'elle ne s'en aille jamais.
> — Fils, cela ne s'achète pas dans les magasins. Il faut la désirer intensément. Au-delà même de l'intensément.
> — Mais dois-je la mériter ?
> — La grâce, Fils, ne se mérite pas. Elle coule tout simplement. Elle coule quand tu sais que tu n'es pas davantage que la poussière que tu foules sous tes pieds[1]. »

1. *La poussière de ses pieds*, tome I, p. 42.

Voilà le travail propice à la grâce : devenir semblable à une poussière que l'on foule sous ses pieds. Devenir humble, tout petit, moins que rien. C'est là que le cœur grandit et ouvre grands ses volets pour accueillir la lumière de la grâce. C'est cette grâce qui nous fait vivre, qui maintient l'harmonie entre les milliards de cellules qui font notre corps; celle qui nous tire du néant dans les moments difficiles; celle à qui il arrive de guérir ce qui, normalement, ne peut guérir. Cela s'appelle le miracle de la guérison, et la grâce veut que cela demeure inexpliqué, car ce qui vient de Dieu échappe à la raison humaine. C'est toujours elle qui nous prend par la main et nous empêche d'abandonner. Ceux qui le font tout de même pensent que notre destin est écrit : à quoi bon lutter, se disent-ils, puisque c'est écrit ? C'est là une pensée fausse et c'est alors que, plus que jamais, il faut appeler la grâce. Amma ne cesse de le dire : « Puisse la grâce nous sauver ! » Tout, notre fragilité comme l'équilibre du monde ne dépendent que d'elle. La grâce qui coule de l'amour d'Amma a accompli bien des miracles, de toute nature. Elle a su parfois sauver les corps, mais avant tout, elle sauve les âmes. Là est le plus grand de ses miracles. Ce qu'Amma veut nous dire est ceci : Dieu est le miracle suprême. Si nous parvenons à apercevoir, même de loin, un aperçu de l'ineffable divin, nous saurons sur-le-champ que ce que l'on désigne par désir, plaisir et bonheur en ce monde n'est rien d'autre qu'un misérable reflet de la passagère illusion. Si nous percevons cette minuscule lumière dans l'immensité du désert, c'est ainsi que la grâce apparaît. Nous l'aurons fait apparaître dans l'humilité de notre prière. Dans notre prière, devrait-on dire, car prière et humilité ne font qu'un. Dans toutes les prières de toutes les religions du monde, que dit-on ? « Ô Seigneur, tu es le Tout-Puissant, tu sais tout, je ne suis rien, je ne sais rien. » On est tête baissée, dans l'abandon de soi-même, devant la Puissance suprême de l'univers. Notre tête baissée n'est pas un simple exercice du corps, un assouplissement de nos vertèbres : le corps ne sert à rien là-dedans.

C'est l'âme qui se prosterne par humilité. Quand la pluie tombe au sommet d'une montagne, elle coule naturellement vers la vallée ; ainsi fonctionne la grâce de Dieu. Elle parvient sans effort là où se trouve l'humilité.

Soyons lucides, dit Amma. Avouons et comprenons que ce que nous appelons bonheur en ce monde n'est que plaisir. Avec un brin de sagesse, nous saisissons sa fugacité qui ne traduit que son illusion. Mais la paresse l'emporte sur la sagesse. Nous nous persuadons que si le plaisir est comme l'écume éphémère de la vague, il ne nous reste plus qu'à recueillir cette écume sans cesse, jusqu'à la mort. Le bonheur ne serait en quelque sorte qu'une succession d'écume dans le creux de nos mains. Avec un tout petit peu plus de sagesse, nous comprenons que nous ne sommes pas des machines à goûter cette écume, que notre corps se fatigue, que nos sens s'émoussent à force d'en user. Essayez donc de répéter jusqu'à l'épuisement l'acte charnel, vous connaîtrez la satiété et ce qui apparaît comme le raffinement suprême des sens vous lassera. À force d'abus de plaisirs, nous ne désirons plus que dormir. La déception guette, la dépression pointe le bout de son nez ; l'indigestion de plaisirs amène un dégoût de la vie. Cette frénésie de plaisirs n'est pas la vraie vie et nous aurons trahi les possibles de notre âme en assouvissant des désirs vains. Il nous faut passer outre nos peurs et affronter la réalité vraie de nos désirs, de notre faux bonheur et de nos angoisses.

Ne nous dérobons jamais, car nous ne parviendrons aux rives de la paix qui prélude au bonheur et qui annonce sa nature qu'en regardant nos sens et nos plaisirs droit dans les yeux. Sachons que nous ne pourrons les vaincre peu à peu que grâce à la prière et à la méditation. Seule cette concentration prélude au rayon laser du vrai amour qui va les détruire. Le terrain de notre chaos intérieur sera ainsi balayé, désencombré, et nous pourrons alors faire l'expérience intérieure du contact avec le Divin. Nous toucherons au bonheur ineffable. Pourtant, balayer devant la porte de son âme revient à faire le contraire de ce que nous dictent nos habitudes. Personne ne l'a dit plus clairement que Jésus, l'enfant divin :

> *Il est dit : « Tu aimeras ton voisin et tu haïras tes ennemis. » Mais je vous dis : « Aimez vos ennemis et priez pour ceux qui vous persécutent, afin d'être les fils de votre Père qui est dans les cieux, car il fait briller le Soleil sur les bons et les mauvais, il envoie la pluie aux justes comme aux méchants. » Car si vous aimez ceux qui vous aiment, quel mérite sera le vôtre ? Soyez parfaits, comme votre Père céleste est parfait (Saint Matthieu V, 43-48).*

Amma, la Mère divine, parle exactement comme Jésus.

Soyons lucides. Aimons le méchant comme nous aimons le bon, mais discernons le mal du bien, le bon du mauvais, le bon grain de l'ivraie. Surtout ne nous leurrons pas, car *maya*, « l'illusion », veille et elle sait comment nous tromper. Nous voyons la beauté physique dans un être et, dans ses traits ravissants, nous voyons l'ange. Et si l'ange était la bête ? « Cette femme si belle ne peut être méchante », pensons-nous, ou bien « cet homme si beau ne saurait faire le mal ». Pourtant, rien n'est moins sûr. À l'inverse, cet être contrefait, laid, repoussant nous évoque le diable. Et si c'était lui, l'ange de Dieu ?

L'argent ? Voyons-le tel qu'il est vraiment : il est le corrupteur de notre âme. L'erreur suprême consiste à se dire que l'argent est tout, qu'en avoir plus qu'il n'en faut est la preuve d'une vie réussie et le synonyme du bonheur. Pouvoir se payer une Rolex à cinquante ans signifierait-il avoir réussi sa vie ? Quelle erreur ! Il suffit de regarder autour de soi, chez nous comme ailleurs, pour voir des riches malheureux et des pauvres heureux. Un des adages les plus étonnants inventés par la sagesse des hommes est celui-ci : l'argent ne fait pas le bonheur. Cependant, nous regardons les riches le cœur rempli d'envie et de jalousie pour ce qu'ils ont et que nous n'avons pas. Nous envions même le voisin dont la maison est un peu plus grande et la voiture un peu plus belle. Nous sommes aussi sots que *maya*, aussi remplis d'illusions qu'elle.

L'histoire nous raconte le drame d'un roi d'il y a fort longtemps qui s'appelait Midas. Celui-ci avait deux trésors : une colline de pièces d'or dans la cave de son palais et une fille unique qu'il adorait. Malgré tout, comme il voulait encore plus d'or, il demanda aux dieux la faveur de transformer en or tout ce qu'il toucherait afin d'être le plus riche de tous les riches. Les dieux acquiescèrent. Midas toucha des aliments, ils se transformèrent en or. Il y eut pire. Il toucha les fleurs de son jardin, qui se transformèrent en or. Sa fille, qui adorait les fleurs, accourut auprès de son père en pleurant. Midas, ne sachant que faire, la prit dans ses bras pour la consoler. Aussitôt la petite se transforma en or. Midas, épouvanté, s'en alla pleurer devant les dieux : « Je ne veux plus de cet or. Rendez-moi ma fille. Je distribuerai tout l'or que je possède. » Les dieux, compatissants agréèrent sa demande et lui rendirent sa fille. Il distribua tout son or. L'histoire raconte qu'il fut alors très heureux, heureux comme il ne l'avait jamais été. Il n'avait plus rien, mais il avait sa fille.

Toi aussi tu peux gravir l'Everest… mais avec un bon guide !

« Celui qui a reçu le don inestimable d'être né dans un corps humain doit se consacrer de toutes ses forces à la recherche de l'Absolu, de l'Ultime Vérité. »
Mâ Ananda Moyi

Socrate nous dit : « La seule vraie sagesse, c'est de savoir qu'on ne sait rien. » Amma nous regarde tous, nous qui posons nos pas mal assurés sur le chemin de la découverte spirituelle comme des enfants : des enfants ignorants. Nous pouvons être jeunes, nous pouvons être vieux, mais nous ne savons rien. Rien ne nous sert, ni l'âge, ni tout le savoir accumulé par les ans. Nous sommes nus dans le désert, nus sur la voie du sommet du monde. C'est ainsi qu'Amma nous veut : nus parce que libérés de tout, nettoyés du rien, purifiés. Son rôle à elle est de nettoyer notre âme de nos saletés et de nos sales habitudes. Très vite, auprès d'elle, les importants rapetissent pour grandir, les savants oublient leur savoir, les forts se font faibles, les grands se font petits, les riches deviennent pauvres de cœur. Pour atteindre la Vérité du Soi, il n'est nul livre, nulle université qui vaillent ; l'humilité et la foi suffisent. Il suffit de la regarder, de regarder Amma : Dieu est là. Il est là avec sa grâce.

Nous touchons maintenant l'essentiel de l'enseignement d'Amma : il se résume à des principes simples aussi difficiles à atteindre que la cime de l'Everest à conquérir les pieds nus.

Mais Amma rend possible l'impossible, accessible l'inaccessible. Elle le peut car elle est Amour, et c'est pour cela que nous acceptons ce que nous n'aurions jamais accepté : changer à un point inimaginable. Changer notre nature humaine de toujours, notre peau, notre être, et toutes les poussières qui vont avec, l'attachement, l'aversion, le désir, la colère, la soif du rien et l'absence du tout. Nous qui n'étions que désir, sexe, cupidité, Amma nous demande de quitter cette peau pour en revêtir une autre, beaucoup plus belle, jusqu'à ce que nous ne puissions voir qu'une seule réalité : la lumière divine, le Moi absolu de Dieu qui vient prendre la place de notre petit moi du rien. Amma ne nous a jamais caché que ce serait difficile, que ce serait une lutte de tous les instants, un ouvrage acharné, patient, zébré de doutes et de découragement. Une fois auprès d'elle, elle nous devine, nous pressent, nous devance. Elle a la vision de l'avant, du pendant et de l'après qui nous concerne. Inutile de tricher ou de mentir : elle est le témoin absolu de ce que nous sommes, dans le dit et le non-dit, dans le conscient et l'inconscient. Elle nous montre qu'elle sait avec des mots ou en silence, par un sourire, une intonation, un froncement de sourcil, un regard qui plonge dans le vôtre.

Nous dit-elle ce qu'il faut faire pour avancer un pas après l'autre ? Pour planter son piolet ? Pour savoir où la main doit s'agripper à la roche ? Parfois oui, parfois non. Elle est, tout simplement, et ce qu'elle est parle pour elle. L'observer dans sa manière d'être ne suffit pas à réussir : nous ne sommes pas elle. Cependant, nous pouvons regarder de près les mille et un gestes de son âme, les mille et une expressions de son Amour infini. L'éducation passe par ce regard du cœur. Il est bouleversant de voir les bienfaits de son Amour pour tous ceux qui souffrent, et c'est là que nous comprenons que là est la vérité, que là se trouve la voie du bonheur. Alors, nous hasardons des gestes pour l'imiter. Des gestes qui ressemblent aux siens, même si c'est de très loin. Nous nous faisons plus patients, moins coléreux, moins jaloux, moins égoïstes, nous regardons l'autre. Nous ressentons même de la joie à le savoir heureux et devenons un peu plus humbles de cœur. Nous sommes sur la bonne voie sans même nous être rendu compte qu'elle nous prenait par la main. Elle s'est muée en une toute petite voix à l'intérieur de nous-mêmes. La petite voix de Dieu, si humble qu'on l'aurait prise pour la nôtre.

Ce n'est pas d'aujourd'hui que les sages, de l'Inde ou d'ailleurs, se sont mis au diapason de Dieu. Ce n'est pas d'aujourd'hui qu'ils sont devenus les canaux de sa fréquence. Les saints chrétiens étaient tout autant au diapason de Dieu que les saints de l'Inde. Ils touchaient Dieu avec leurs mains ; ils le voyaient avec les yeux de leur âme. Pour la plupart d'entre nous, cet Absolu transcendant, cette puissance supérieure, n'est perceptible que par bribes, dans les clairières de nos forêts enchevêtrées de désir. Or, notre désir de Dieu ne peut être réellement rendu vivant que par la mort de nos désirs humains. Les sages ne sont pas comme nous : leur *ego* aboli à jamais, ils ont pu gravir l'échelle, celle qui conduit à la conscience infinie. Quand l'individualité et ses caprices meurent, il ne reste plus que Dieu. Pour nous c'est différent : nous croyons par copeaux au milieu d'un océan de doutes. C'est sans doute pour cela que nous avons tellement besoin de livres pour nous accrocher à l'espoir, comme des naufragés qui s'agrippent à des morceaux de bois pour ne pas se noyer. C'est aussi pourquoi nous accourons auprès des grandes âmes : pour leur confier nos chagrins et nos peurs, pour obtenir des bienfaits, des gratifications et des guérisons. Mais les grandes âmes nous invitent à aller voir à l'intérieur de nous-mêmes, à oser nous regarder tels que nous sommes et à travailler nous-mêmes à purifier notre âme.

Certains d'entre nous, à force de concentration, de prière et de méditation, au terme d'une pratique patiente pourront transmettre aux autres ce qu'ils ont acquis, leur enseigner ce qu'ils ont appris, discuter de la nature de Dieu et des vertus à conquérir pour aller sur le bon chemin. Ces petits maîtres sont utiles aux autres comme le maître catéchiste est utile pour raconter l'histoire sainte aux enfants. Ils peuvent aider les autres, à la condition de se montrer désintéressés. Tous hélas ne le sont pas.

Les vrais grands maîtres sont d'une tout autre essence. Ils sont établis dans l'union avec Dieu et fusionnent avec la conscience divine. Ils n'enseignent pas vraiment, si ce n'est par leur exemple. Ils dispensent la grâce, ce pouvoir divin d'élever d'un coup, par une pensée, par un simple regard, le degré de conscience de l'un d'entre nous. La grâce vient certes, comme on le sait, de nulle part, c'est-à-dire de Dieu, mais elle procède aussi de la bénédiction d'une grande âme. Ces mahatmas, on les compte sur les doigts de la main, ils sont en nombre infime. Si rare est l'unité avec l'Absolu. Mais leur rayonnement est si puissant qu'on peut le ressentir non seulement dans les lieux où ils vivent mais aussi dans ceux où ils ont vécu, bien après qu'ils ont quitté leur enveloppe corporelle.

Ainsi ressent-on la force de cette énergie dans foule de lieux saints : à Tiruvannamalai, où vécut Ramana Maharshi, comme à Assise, chez saint François, ou encore à San Giovanni Rotondo chez le Padre Pio. L'aura des grandes âmes ne quitte jamais l'endroit où elle s'est manifestée. Elle est comme un sceau, une grâce donnée aux générations futures, la trace de ce moment unique où, par un effort de purification inouï, un saint a uni son âme à celle de Dieu. La perception de cette aura ne traduit pas un esprit dérangé, elle n'est pas une fantasmagorie chère aux psychanalystes. Elle est d'une acuité subtile. Ces radiations ont fait l'objet d'études scientifiques sérieuses. Je suis l'être le moins porté à l'irrationnel, mon humour me préserve de ses excès, et cependant, mon séjour à Amritapuri me bouleversa. En toute raison, il semblait impossible que l'on puisse ressentir un tel sentiment de paix, de telles énergies d'amour dans un lieu où certes la plupart des gens étaient équilibrés, mais où s'entrechoquaient des esprits troublés, des vies déchiquetées, des drames et des douleurs. Pourtant, l'ineffable de Dieu et son énergie d'amour irradiaient. Jamais je n'avais ressenti une telle sérénité. Alors je crus : oui, Amma était une de ces âmes rarissimes dont le monde avait soif. Elle irradiait la grâce de la paix. Mon âme en fut touchée et mon corps aussi. Durant dix jours, je ne dormis pas. Malgré cela, jamais je ne m'étais senti aussi frais et rempli d'énergie, par une fraîcheur et une énergie décuplées à chaque fois que je m'approchais d'elle. Un élixir d'enfance coulait dans mes veines.

L'enfant que j'étais redevenu par sa grâce restait cependant sans naïveté. Elle avait fait de moi un enfant, mais un enfant qui gardait en lui l'expérience de la vie ; à la différence d'un enfant authentique, je savais combien il me serait difficile de grandir. Je restais un vieux par l'absence de toute illusion. C'était dur : il n'y avait aucun raccourci, rien pour tricher ni faire semblant. Le Graal pur ne serait obtenu qu'au bout d'un effort pur, rien de moins. Cela en valait-il la peine ? Oui, puisque j'avais goûté à ce Graal en y trempant les lèvres ; je savais qu'il existait. Il était dans cet amour que diffusait Amma, je le sentais par l'effet de cette grâce qui s'échappait d'elle. Elle était bien le premier de cordée que tous les alpinistes pieds nus comme je l'étais rêvent d'avoir. Sans son aide, je n'étais rien. Les livres, les meilleurs professeurs, à quoi me servaient-ils désormais ? Je n'avais besoin ni de bibliothèques, ni de professeurs, j'avais besoin d'un maître, d'un vrai. D'un mahatma.

Quant au reste, le désir de devenir une âme pure, c'était une aspiration romantique, celle de l'enfant en moi. J'étais aussi nu et moins bien armé que ce disciple des premiers temps de l'*ashram* qui rêvait de passer ses nuits et ses jours en état de grâce. Amma l'avait deviné et lui avait répondu par un « Humm » qui voulait tout dire : « Mon fils, pour accéder là où tu désires sincèrement aller, ce n'est pas d'une vie dont tu auras besoin, mais de plusieurs ! » Amma savait tout. Elle savait tout de ce qui allait survenir : les avancées, les reculs, les glissades, les gouffres, les « nuits » où s'abolit l'espérance, les mauvaises pensées qui reviennent plus vite qu'elles ne partent, les négativités, les colères, la froideur de cœur, l'*ego* qui donne l'illusion d'être plus que ce que l'on est, les ordures qui encombrent la maison de l'âme, l'orgueil, l'arrogance, la soif de sexe. Quand elle nous dit : « Développez un détachement absolu envers les objets du monde », c'est plus facile à dire qu'à faire. Je ne parviens pas à discerner la véritable nature de mon corps et du monde qui l'entoure. Alors comment pourrais-je m'en détacher ? Je crois toujours, hélas, que là est la source du bonheur alors que le bonheur, le vrai, en est absent. Je n'y trouve pas mon compte et pourtant je m'en délecte.

Amma a raison : il me faudra plusieurs vies, comme pour la plupart d'entre nous, pour parvenir ne serait-ce qu'au camp de base de l'Everest de la grâce. Pourtant, je n'abandonnerai pas. Je n'abandonnerai jamais aussi longtemps que j'apercevrai au loin la sainte au sari blanc. D'ailleurs, comment pourrais-je cesser de l'apercevoir puisqu'elle est la conscience absolue ? Ces choses-là se voient de très loin, un peu comme les étoiles. Il me suffit de tenir bon et d'avancer un pas après l'autre, c'est tout ; ce n'est pas mon petit *ego* de rien du tout qui va m'en empêcher. Il me faut l'oublier et régler mon âme sur sa fréquence à elle. C'est décidé : je ne lirai plus de livres de spiritualité. À quoi bon ? Je préfère me laisser absorber dans ces trois mots : « Dieu est Amour. » Ils suffisent pour vivre. Ils sont inscrits sur tout ce qu'accomplit Amma et ce sont les mêmes que jadis j'avais lus sur ce qu'accomplissaient les saints que j'avais approchés. Je l'avais oublié. Amma me l'a rappelé lorsqu'elle est venue et qu'elle m'a répété ces mots. Avec elle, l'amour se faisait incarné, concret, mon petit moi se dissolvait dans le toi : elle m'apprenait à regarder l'autre comme un autre moi-même. Je n'en étais pas encore là mais, simplement, j'avais de moins en moins peur, j'étais moins arrogant, moins orgueilleux, plus humain. J'aurais voulu tendre à être rien pour devenir tout. Ce n'était pas pour tout de suite, mais j'avais choisi d'espérer.

Il fallait espérer en avançant. Car sur un chemin spirituel, inutile de songer à reculer. Certes, le chemin est barré de ressauts et on prend le temps nécessaire pour les franchir. Cependant, on ne renonce pas... Quand l'alpiniste s'attaque à l'Everest, ou le marin à un tour du monde à la voile, il lui faut une vigilance de tous les instants. Reculer en ascension, c'est prendre le risque de la crevasse ou de l'avalanche. Hésiter en mer, c'est prendre le risque de l'avarie ou du naufrage. C'est la même chose avec l'aventure spirituelle. De la même manière qu'il faut en montagne un premier de cordée et en mer un skipper chevronné, il faut, dans la quête de la pureté de l'âme un maître qui soit grand. Des crevasses, des récifs guettent le pèlerin de l'absolu. Ils s'appellent les mauvaises fréquentations, les compagnies nuisibles, les vibrations négatives, les pensées insidieuses. Il arrive même aux âmes les mieux trempées d'être saisies par le doute. Est-ce bien là la voie ? Pourquoi me priver ainsi ? Pourquoi ce que j'avais cru bon hier serait-il mauvais aujourd'hui ? Et s'il n'y avait pas de grand bonheur mais simplement de tout petits bonheurs qui s'additionnent ? N'est-ce pas là après tout la condition humaine ? Ne suis-je pas tout simplement en train de gâcher ma vie, imbécile que je suis ?

Sans la grâce du maître, je suis fichu et ces pensées parasites me paralysent. Je n'en sortirai pas seul. Or, si elle m'accompagne, je peux tout, c'est-à-dire surmonter la récidive du petit *ego*.

Tous les mahatmas le savent : réussir à s'abstraire des objets de ce monde requiert une énergie de chaque instant et à l'échelle de toute une vie, parfois de plusieurs. Qu'importe ! La quête de Dieu n'est-elle pas l'honneur de l'homme ? Tous les mahatmas savent aussi que Dieu leur a donné le devoir d'aider ses enfants à quitter le monde de l'illusion. Amma nous dit : « Où que soient les mahatmas, les gens s'assemblent autour d'eux, attirés comme la poussière par un tourbillon. » L'image est belle, mais elle est surtout vraie. Les foules suivaient Jésus, le fils du charpentier de Nazareth ; elles suivaient Bouddha, qui avait jeté la défroque d'un prince pour se faire pauvre ; et maintenant elles suivent Amma, l'humble fille d'un pêcheur du Kerala. Si on ne comprend pas que l'aura qu'ils dégagent leur vient directement de Dieu, inutile d'aller plus loin, car la destinée prodigieuse d'Amma devient dès lors inintelligible.

Jadis, le renoncement était chose habituelle en Inde. Il faisait même partie de l'éducation. L'enfant étudiait la vie et ses principes auprès d'un maître spirituel et regagnait ensuite le monde, se mariait et avait des enfants. Ses enfants à leur tour devenus adultes, il repartait dans la forêt et menait une vie d'ermite pour se purifier des mauvaises habitudes acquises. Ceci appartient désormais à l'histoire : en Inde, comme partout ailleurs aujourd'hui, le renoncement n'a pas bonne réputation. L'habitude de la consommation est impérieuse. Renoncer, aux yeux de la plupart, revient à se faire gueux, fragile et asexué. Qui ne se souvient pas du bon mot de ce publicitaire célèbre et bronzé affirmant, péremptoire, que, sans Rolex au poignet à soixante ans, on a raté sa vie ? On peut être célèbre et stupide et avancer des opinions qui viennent d'en bas, de l'estomac et des entrailles ; ces opinions ne proviennent pas de l'âme en ce qu'elle est parcelle de Dieu. Vu depuis l'œil du jouisseur, renoncer revient à faire de vous un pauvre type. Vu depuis les yeux de l'âme, cela contribue à faire de vous un saint.

Il vous revient de choisir où chercher votre bonheur, votre paix d'esprit. Nous sommes tous dotés d'un libre arbitre ; Dieu l'a voulu ainsi. Nous sommes libres de nous aimer ou d'aimer. La liberté d'aimer vient à chacun de diverses manières : l'un lira une page d'un livre sacré, l'autre croisera la liberté au coin de la rue, un autre encore aura posé par hasard sa tête sur l'épaule d'Amma et aura ressenti la béatitude de l'enfant, même s'il est un vieillard. Le sublime touché du doigt de l'âme, du doigt de Dieu, on ne veut plus le quitter. On est prêt à tout pour retrouver ce sentiment d'absolu. L'élan est donné, la grâce viendra. Il faut savoir l'attendre. Pour chacun, elle sera différente : vous demanderiez à mille parmi ceux qui ont été touchés de la grâce d'Amma de la décrire, vous auriez mille versions.

Approchez de l'intimité du cœur d'Amma…

« Le Divin est dans le cœur de chacun d'entre nous. Dieu n'a pas d'autres mains, jambes, yeux ou corps que les nôtres. »

Amma

« N'est-il pas étrange d'accomplir avec respect le rituel qui consiste à faire le tour du temple, puis, sur le seuil, de chasser les mendiants ? » chante Amma. Elle chante ce *bhajan* si souvent qu'on devrait l'entendre comme un enseignement sacré. Nombreux en sont bouleversés, car il est une lumière née de la lumière qu'est Amma.

Mon cœur entend ce *bhajan* alors que je m'interroge sur le vrai sens de l'expression « vie spirituelle ». Je n'avais jamais cru que la prière aurait suffi à me rapprocher de Dieu : je m'étais jadis immergé au milieu des prières qui montaient des monastères et je doutais qu'elles seules puissent suffire pour que Dieu m'accepte pour un de ses enfants, même s'il était formidable de passer des jours et des nuits à prier le nom de Dieu et à faire le vide pour tout le reste. Je convenais que la méditation, autant que les austérités, permettait de nettoyer mon mental encombré des sollicitations du petit « moi » et que la prière permettait d'avancer sur le chemin de Dieu. Cependant, il leur manquait un élément clé : le véritable amour.

Avant que la chance me soit donnée de mettre mes pas dans ceux d'Amma, d'autres chances jadis m'avaient permis de suivre des saints chrétiens. Pour eux, l'amour, c'était les autres, en particulier s'ils étaient démunis, abandonnés, misérables. C'était beau. Beau parce qu'une telle manière de voir le monde semblait impossible à l'homme ordinaire. Je scrutais jusqu'aux entrailles l'acte de compassion, ce dépassement sublime qui permet de relever un homme à terre, de toucher un lépreux, un mourant, une victime abandonnée sur le bord du chemin, au risque de sa vie. À ne voir que l'acte sans approfondir sa dimension spirituelle, je demeurais au niveau de l'émotion pure. Pour moi, la compassion était l'acte d'un héros ; c'est là une pensée absurde. Nous sommes tous, si nous y consentons, des héros aux yeux de Dieu. Amma me l'a appris. Mes amis les saints m'avaient peu parlé de la signification spirituelle de leurs gestes ; elle, au contraire, en parlait. Elle possédait, par l'expérience qu'elle tenait des millénaires, l'art de purifier l'esprit du désir et des plaisirs du monde, de libérer l'esprit pour aimer. Je compris que la liberté d'aimer ne venait pas sans rien : il fallait au préalable nettoyer son âme. Si on laissait le petit moi s'installer à demeure dans son esprit, il ne laissait plus la moindre place à la liberté d'aimer. Pour Amma, là était le but suprême. Saint Paul avait dit : « Si je n'ai pas la charité, je ne suis rien… » Amma répondait en écho : « Si je n'ai pas l'amour, je ne suis rien… » Jésus et Amma étaient bien de la même essence. C'est alors que je vis et que je crus. Je ne doutai plus de la méditation, des chants sacrés, des cérémonies, de l'abstinence, des austérités, car tout se trouvait au service de quelque chose de plus grand : l'autre ; l'autre souffrant. Je compris pourquoi certains appelaient Amma la « mère Teresa indienne ». Elle l'était en effet, avec cette dimension qui n'appartient qu'à l'Inde, la connaissance hors norme de l'humain dans toute son humanité et aussi dans son inhumanité. Ce fut ma conversion. Amma était la passerelle entre deux mondes, celui de Jésus et celui de Ramana Maharshi. Elle représentait à mes yeux ce que l'humanité était en droit d'attendre d'un moment comme aujourd'hui, celui de la mondialisation, de l'humanité-monde.

Un tout-petit entre les bras.

Darshan de famille pour une mère
et ses deux filles.

Amma au travail avec ses *brahmacharinis* : battre les blés cultivés sans engrais.

Moines bouddhistes reçus et bénis par Amma.

La Mère Divine participe à la construction de l'*ashram*…

Servir dans la joie.

Amma apprend aux couturières de l'*ashram* ce qu'elle avait appris elle-même enfant.

Amma, la première à participer aux travaux lourds.

Amma donnant le bain
a une des vaches de l'*ashram*,
comme elle le faisait chez ses
parents toute petite.

Portant de lourds fardeaux
avec une aisance souriante.

Tes yeux Amma…

Amma et les enfants : unis par l'Amour pur.

Le bonheur le plus beau : être blottis dans les bras d'Amma.

Rencontre interreligieuse près de Fabregoules en 1998, avec Mgr Vigile du monastère Saint-Michel du Var et le vénérable Khensur Lobsang Dorjee Rimpoche, abbé du monastère de Gyuto.

À Calcutta, Amma entourée des sœurs de la Charité de mère Teresa.

Le *shankaracharya* de Kanchi, Pujyasri Jayendra Saraswati Swami, honorant Amma.

Mi-1980, photo prise là où se tient le Kali Temple aujourd'hui : au centre le Kalari originel, à droite la maison familiale d'Amma, à gauche le premier petit bâtiment en ciment.

Le Kali Temple de nos jours.

Années quatre-vingt-dix : la maison familiale où Amma a grandi.

Les Backwaters (la lagune), longeant Amritapuri.

Le tout premier petit temple, près de la maison familiale, où Amma recevait les premiers visiteurs.

Amma, avec Swami Ramakrishnananda et Swamini Krishnamrita Prana à sa droite, et Swami Amritaswaroupananda, Brahmachari Dayamrita et Brahmachari Shantamrita à sa gauche.

Le tout jeune Balou (futur Swami Amritaswaroupananda), chantant des chants dévotionnels avec Amma.

Le jeune Nealou (futur Swami Paramatmananda) avec Amma.

Le jeune Swami Amritaswaroupananda.

Claudine Tourdes (future Brahmacharini Dipamrita) en travail de *seva* avec Amma.

La jeune Saumya (future Swamini Krishnamrita Prana) avec Amma.

Amma telle qu'elle m'apparut quand je la vis pour la première fois.

Salutations au coucher de soleil ; salutation à la création…

Le *darshan* d'Amma : enlacer les gens de son amour et les bénir.

Amma entourée des enfants de son orphelinat au Kenya.

Méditation de fin de journée à la plage d'Amritapuri autour d'Amma.

Amma face à l'océan en dialogue avec Dieu.

Amma consacrant un nouvel *ashram*.

Décembre 2014 : Amma est invitée par le pape François au Vatican pour trois jours (lutte contre l'esclavage humain).

Décembre 2014 : Amma au Vatican avec le pape François et des chefs religieux des diverses religions du monde.

Juillet 2015 : Amma aux Nations unies

Novembre 2018 : invitée par le gouvernement des Émirats arabes unis, Amma participe à une conférence internationale à Abou Dhabi (protection des enfants à l'âge numérique).

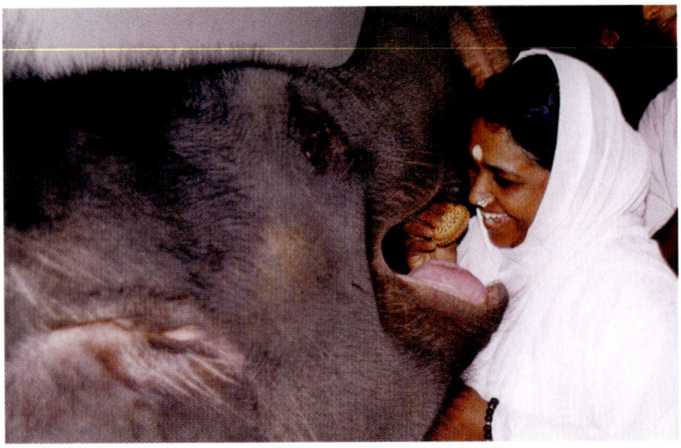

Avril 2000 : Amma joue avec l'éléphanteau Ram, tout jeune arrivé à l'*ashram*.

Un perroquet blanc piquetant le doigt d'Amma.

Amma embrasse un petit veau de l'*ashram*.

Avec les chiens de l'*ashram* Bhakti et Tumbhan à leur aise près d'Amma.

Amma avec sa mère Damayanti et son père Sougounanandan.

Amma avec sa mère Damayanti.

Amma, toute jeune, avec sa mère Damayanti.

Amma chantant les *bhajans*
(chants dévotionnels),
en communion avec le divin.

Être consolé dans sa vieillesse…

Amma chantant les *bhajans*.

Dans l'incroyable beauté
de sa jeunesse.

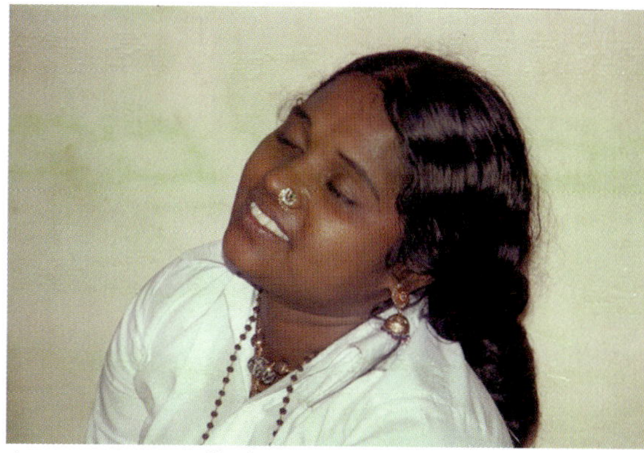

Amma en *samadhi* (extase spirituelle).

La petite Soudhamani en extase
spirituelle.

Amma au début des années quatre-vingt.

Amma dans les années
quatre-vingt.

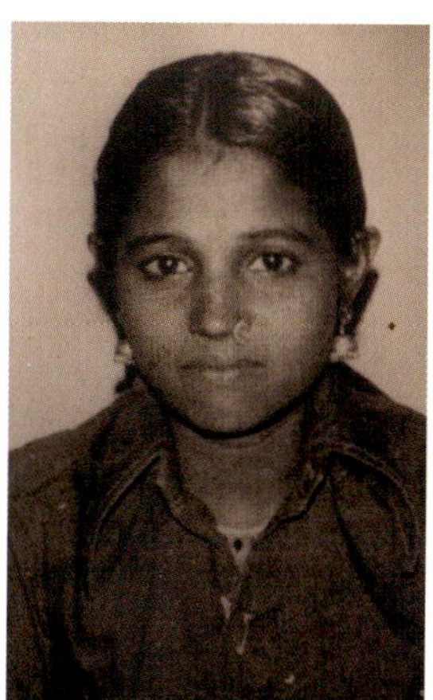

Quand l'adolescente
traçait son chemin.

La jeune Amma, cheveux
libres, dans toute sa beauté.

La fillette ivre de Dieu.

Années soixante-dix : Soudhamani dans la cour de la maison familiale.

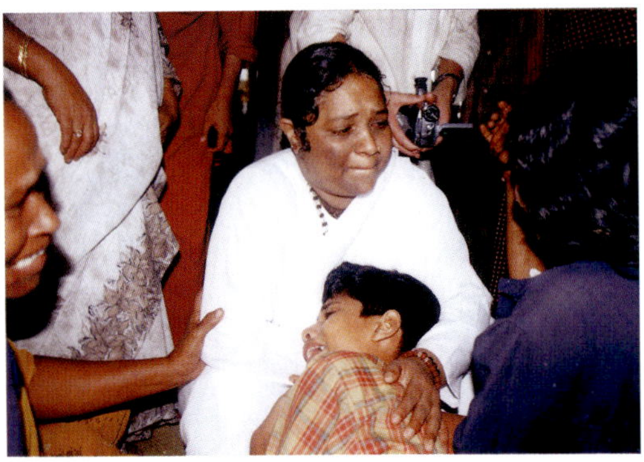

Amma en pleurs consolant les familles des victimes du tsunami de décembre 2004.

Amma se donnant jour et nuit pour les victimes du tsunami.

Qu'attend Amma de nous ? Que nous devenions les champions du monde des austérités ? Non. Que nous passions notre temps en yoga ou en méditation ? Non. Elle attend de voir notre cœur à l'œuvre. Donner un sourire, un moment de gentillesse pour l'autre, mon frère, vaut bien davantage aux yeux de Dieu que de prononcer mille fois son nom. Être serviable est une grâce qui vaut de l'or pour lui. Tendre la main au faible, au vieux, au malade, à celui qui est seul, cela s'appelle servir la cause de Dieu et nous pouvons tous le faire. Si nous ne sommes pas assez riches pour donner de l'argent, si nous n'avons pas l'héroïsme suffisant pour donner notre vie pour autrui, si nous ne sommes pas assez courageux pour soigner les malades, nous pouvons accomplir de tout petits gestes qui montrent que nous aimons Dieu. Être serviable et gentil envers les autres est possible à tous ; sourire et consoler sont à notre portée. Depuis son enfance, Amma nous donne l'exemple de cet amour pour les autres. Une formule inventée par un membre de sa famille me revient à l'esprit : « Il faut manger même quand on n'a pas faim car, si on ne mange pas, Kounjou prend la nourriture pour la donner à quelqu'un d'autre. Quand on a faim, il n'y a plus rien. » Ainsi était-elle et ainsi elle demeure. On hésitait même à lui montrer un objet de valeur, car elle l'aurait donné à un pauvre. Amma pensait à Dieu en permanence, à tel point qu'elle finissait par voir à travers lui, les créatures de la souffrance et de la faim. Pour elle, être spirituel revenait à agir, à apaiser cette souffrance. Ce principe lui est cher : prier sans agir pour plus malheureux que soi revient à « construire une maison sans porte ou sans chemin d'accès[1] ».

Amma a montré la voie avec une délicatesse extrême. Capable de tout pour les souffrants, elle n'a pas demandé à ceux qui la suivaient d'en faire autant : elle a simplement prêché par l'exemple. Elle ne leur a pas d'emblée parlé de service aux

---

1. Swamini Krishnamrita Prana, *Le voyage sacré*, p. 87.

autres : il fallait d'abord que leur âme soit emplie de l'amour de Dieu. Mais sans même qu'elle leur parle d'amour pour les autres, petit à petit naissait l'incroyable réseau humanitaire qui témoignait pour elle. Parler, faire des discours, sentir poindre l'émotion chaque fois que l'on parle de la souffrance, cela ne servait à rien. Quand quelqu'un souffre auprès de vous, il n'attend pas de vous un discours, il attend une main secourable. Il n'est plus possible de l'ignorer. Il suffit d'aller dans l'orphelinat d'Amma, dans ses hôpitaux pour comprendre et croire. Là se trouve l'irremplaçable complément du *darshan* d'Amma. Elle n'en fait pas une affaire d'État, une glorification, une quête de prix Nobel ; elle l'exprime avec simplicité. À un adolescent qui, un jour, la prie de prendre un peu de vacances, elle dit : « Mon enfant, nous venons au monde sans rien et nous le quittons sans rien… Alors autant essayer de faire quelque chose de bien pendant notre vie, quelque chose qui profite au monde, tant que nous sommes là et manifester ainsi notre gratitude[2]. » Amma ne donne pas de bonnes notes à certaines pratiques et pas à d'autres ; elle n'opère pas un classement de ses enfants en fonction de la plus ou moins grande aptitude à méditer sur Dieu. Certains parviennent à un haut degré d'ascèse, d'autres non. Ceux-là sont-ils moins grands que les premiers ? Non, leur cheminement vers Dieu est différent, voilà tout.

Servir n'est pas un verbe ordinaire pour Amma. C'est un verbe sacré qu'elle a reçu de Dieu ; il vaut plus que de l'or. Si on veut se laisser prendre par sa magie, il faut le voir à l'œuvre quand Amma visite des vieillards, des malades ou des orphelins. Ceux qui ont pu la suivre partout où on souffre ne l'oublieront jamais. Ceux qui n'ont pas eu ce bonheur, mais qui ont vu mère Teresa prendre dans ses bras des mourants ou l'abbé Pierre donner tout son temps au plus misérable, comprendront ce que je veux dire à travers ces mots : la grâce

---

2. *Op. cit.*

de servir pour l'honneur de Dieu. Il faut avoir vu Amma nettoyer les chambres des vieillards dans les hospices, les nourrir de ses mains, laver les malades atteints de graves maladies. On en reste sans voix. Sa compassion est sans limites ; elle est de l'amour en acte. Souvenons-nous : quand le lépreux Dattan vient à elle, elle le prend dans ses bras et lèche ses plaies. Amma vit le mot « servir » dans sa chair et son âme, aussi bien dans les grandes que dans les petites choses. Les anciens se souviennent de leur surprise quand ils virent Amma transporter le ciment destiné au temple de Kali, ou quand ils la virent balayer, peler les légumes ou vider la fosse septique. Non, la « Divine Mère » ne pouvait pas se conduire comme la dernière des souillons ! Ils se trompaient. Amma voulait être la servante des serviteurs. Sa mission divine n'était pas d'être une sainte hiératique, une enluminure pour livre de piété. Non, elle restait et resterait pour toujours l'humble fille de pêcheur qui nettoyait les maisons des aînés de son village. Dieu s'incarnait en elle pour cette mission : elle venait pour servir les pauvres, non pour incarner un dieu sans compassion.

C'est à cette marque qu'on reconnaît les vrais saints. J'avais vu l'abbé Pierre, pourtant très vieux, se consacrer au service des gueux, et sœur Emmanuelle, quasi centenaire, pousser des carrioles dans son bidonville. J'avais vu le père Pedro porter des briques pour les maisons des pauvres de Madagascar. Amma a toujours voulu travailler conjointement avec ses enfants pour construire ce qui devait l'être. Se disaient-ils incompétents qu'elle les persuadait du contraire. C'est l'humble fils d'un boulanger qui réussit à faire édifier le grand hôpital AIMS de Cochin sur un marécage et un autre qui fonda l'imprimerie d'Amritapuri. Il n'avait pourtant jamais vu de presse...

L'amour que diffuse Amma face à la souffrance humaine est tel que dix livres ne suffiraient pas à le raconter. On voudrait pourtant l'évoquer dans toute sa beauté et sa simplicité, comme dans les « *fioretti* » du saint d'Assise ou ceux du Christ, narrés par les évangélistes. Je ne suis qu'un bonhomme d'écrivain indigne de le restituer dans toute sa force, et je demande pour cela pardon au lecteur. Mais l'affaire est trop importante pour que je puisse me dérober. Il s'agit de dire qui est Amma, au-delà de cette dame souriante qui étreint tous ceux qui viennent à elle. Il s'agit de la montrer dans la vérité de sa mission sur terre, une vérité qui soudain se fait chair et qui s'appelle la compassion. Pour l'adopter, il faut aller au-delà de soi, au-delà même de tout pour épouser la souffrance de l'autre, la faire sienne, la laisser entrer dans son propre corps, dans son âme afin qu'elle se défasse un peu de l'âme et du corps de l'autre. Ouvrons grands nos yeux et grandes nos oreilles.

Certains diront qu'Amma étant unie à Dieu et participant de sa divinité, la compassion lui est évidemment naturelle. Dans ce cas, songent-ils, elle ne saurait souffrir de la souffrance de l'autre, car Dieu ne souffre pas. C'est une erreur. Incarnation de Dieu, Amma est une femme qui souffre, parce que Dieu souffre du mal infligé à son enfant. On raconte qu'une fois, il y a longtemps, un jeune homme est venu à l'*ashram* en compagnie de sa sœur adolescente. Celle-ci était atteinte d'une maladie mentale incurable. Quand elle avait une attaque, elle se roulait par terre, était prise de convulsions et vomissait[3]. Amma la prenait alors contre elle, lui essuyait le visage, lui caressait le dos et murmurait à son oreille. Elle lui disait qu'elle l'aimait : c'était l'amour d'une mère. Puis, la jeune fille devint violente. On dut l'enfermer dans une pièce gardée par des femmes. Tout le monde en avait peur. L'une de ces femmes recula devant la tâche. Quelle ne fut pas sa surprise ! Amma revint auprès de la jeune fille, la caressant et lui apportant son amour. La malade frappa Amma, mais celle-ci continua de la cajoler en souriant. Quand elle sortit de la pièce, elle croisa celle qui devait s'occuper de la jeune malade. Son visage reflétait une tristesse infinie. Elle ne pouvait pas retenir ses larmes : « Pourquoi ne l'as-tu pas considérée comme ta propre

3. *Matruvani*, n° 16, p. 24 et S.

fille ? » lui demanda-t-elle. Elle ajouta : « Le véritable Amour pour Amma, c'est la compassion que nous ressentons envers ceux qui souffrent. Nous devons regarder tous les êtres comme nos frères et nos sœurs. Sans cet amour, comment pourrions-nous servir Dieu ? » Ce fut une grande leçon.

« L'amour, nous dit Amma, peut tout. Il peut guérir des maladies, un cœur brisé, il peut transformer quelqu'un. L'amour permet de vaincre tous les obstacles. L'amour peut vous rendre immortel. » Elle a accompli de nombreux miracles, mais il en est un qui dépasse tous les autres. Comment Amma fait-elle pour que cet amour et cette compassion ne connaissent pas de limites ? Comment les diffuse-t-elle à tous de façon inconditionnelle, sans choisir entre ceux qui font le bien et ceux qui font le mal ? Là réside le miracle. Si je donne ma compassion, ce sera d'abord une fois, peut-être deux, guère davantage. Il me faudra reprendre souffle avant de recommencer. Mon « petit moi » me rappelle à l'ordre et me souffle à l'oreille : « Hé, pense à toi ! » Je suis incapable de pratiquer l'amour gratuit sur une longue distance. Incapable de mettre en vacances mon petit *ego* pour inviter l'autre, mon prochain, à vivre en moi. Cela me demande de tels efforts que je pratique l'exercice uniquement quand mon *ego* tourne le dos et que je réussis à lui fausser compagnie.

L'amour chez Amma est tout autre ; il coule comme une rivière depuis sa source et ne s'arrête jamais. Ce qui est normal, puisqu'il prend son élan chez Dieu. Ce que me dit Amma, c'est que nous sommes tous des créatures de Dieu, donc que nous pourrions, si nous le voulions, ne jamais nous lasser d'être en compassion. À l'évidence, j'en suis loin.

Amma ne cherche que cela : nous faire toucher un avant-goût de paradis. De temps à autre, ma raison me taquine un peu : « Hé, réveille-toi ! Il s'agit d'un mirage. » Mais elle est bien impuissante à dévaluer ce que je vois et ce que je sens : le rayonnement de ceux qui approchent Amma, les malades qui soudain ne le sont plus, les tristes qui se font joyeux, les lâches qui deviennent courageux, les désespérés qui se mettent à espérer. Finalement, je préfère passer pour un imbécile heureux que pour un subtil malheureux. C'est pour cela que j'aime Amma : elle a fait de moi un croyant heureux et m'a donné envie de la suivre. Elle m'a attiré sur un chemin escarpé plutôt que me laisser repu et satisfait. Tout le monde sait, ou devrait savoir, que les plaisirs du monde distillent un ennui prodigieux ; que la jouissance de propriétaire, la séduction d'une personne, la possession d'une voiture rutilante, d'une grande piscine, finissent par être fades.

À tous ceux qui se souviennent de l'amour d'une mère, je dis ceci : venez ! L'amour d'une mère ne s'arrête jamais, il est infini. Une maman se donne à fond pour ses enfants. Nous nous souvenons de notre mère fatiguée parce que nous étions malades ou avions fait des bêtises. De la même manière, Amma est fatiguée. L'incarnation s'est faite dans un corps de femme ; comme tout corps, il s'use. Mais ce qui l'use, c'est avant tout que nous ne soyons pas comme elle voudrait que nous soyons. Nous tous qui la regardons faire, nous souffrons pour elle, nous avons mal pour elle, nous avons peur pour elle. À force de donner de l'amour à l'humanité entière, nous avons peur qu'elle ne tombe malade, qu'elle ne résiste pas à ce rythme fou. Amma dort et mange peu, mais elle court le monde. Où cela s'arrêtera-t-il ? À tous ceux qui veulent la mettre en garde par amour, la supplier de prendre un peu de repos, elle répond qu'elle est venue sur terre pour aimer ses enfants, que c'est là sa mission et qu'elle ne cessera jamais. Oui, Amma est épuisée et joyeuse. Son corps parle pour elle, mais son sourire aussi et cette lumière dans le regard qui n'appartient qu'à elle. La clarté de son âme, le bonheur de donner l'emportent sur la fatigue du corps. Dieu veille en elle, il a choisi de la tenir à bout de bras pour le temps qu'ils auront, elle et lui, décidé. « Le but de l'existence de ce corps est de servir ses enfants. Son seul désir est que ses mains reposent toujours sur une épaule, consolant, caressant, essuyant des larmes, et ce jusqu'à son dernier souffle », dit-elle. Elle dépose ainsi en nos cœurs le terreau nécessaire à l'épanouissement de la fleur...

« Aimez vos ennemis », avait dit Jésus ; c'était une parole incendiaire, révolutionnaire. Qui peut aimer ceux qui vous font du mal ? Or, ce sont peut-être ceux qui ont le plus besoin d'être aimés. Jésus savait que l'amour du Père devait exister pour tous, même pour les méchants, car une rédemption reste possible, comme dans le cas du bon larron crucifié en même temps que lui qui manifestait du repentir pour le mal qu'il avait fait. « Aujourd'hui, tu seras avec moi dans le paradis », dit Jésus. Amma agit de même. Elle fait sienne une conviction qu'il nous est difficile de croire : même les assassins ont une mère. Ce qui signifie qu'eux-mêmes sont capables d'aimer. Un de ses disciples, un jour, se montra mécontent parce que Amma accueillait une personne qui avait fait du mal. « Amma, pourquoi le laisser venir à toi ? C'est un méchant. » Amma répondit : « Ce sont les êtres comme lui qui exigent le plus d'attention. Pour les aider, Amma est prête à renaître en ce monde d'innombrables fois. Comment pourrait-elle les abandonner ? Qui donc s'occuperait d'eux ? » Quand une personne fait quelque chose de mal, c'est l'acte que l'on doit détester et non la personne. Elle ajouta : « Si quelqu'un accomplit cent bonnes actions et commet une seule faute, les gens le mépriseront et le rejetteront. Mais s'il commet cent erreurs et accomplit une seule bonne action, Dieu l'aime et l'accepte. » Amma aime le diamant qui brille dans le cœur de chacun. C'est son bonheur à elle.

J'ai toujours aimé les animaux. Avant même que notre droit leur fasse une place parmi les êtres vivants doués de sensibilité, je leur avais octroyé ce statut. Mes chiens et mes chats font partie de ma famille et je suis parvenu à développer avec eux une communication singulière. Ils font partie de la création. Dieu les a créés comme il nous a créés. Il ne faut pas se satisfaire de ne pas leur faire de mal : il faut les aimer. Ce qui est vrai des animaux l'est autant des plantes. François d'Assise avait loué animaux et plantes avec le même amour ; en cela, il est un saint unique. Amma est la sœur de François. Un jour, elle vit une nuée de corbeaux qui attaquaient une chouette perchée dans un arbre. Elle les chassa, mais les blessures de la chouette étaient si graves qu'elle tomba de l'arbre. Amma la recueillit sur ses genoux et, avec tendresse, lava et désinfecta ses blessures. Comme une disciple se désolait de voir le sari blanc de la Mère taché de sang, Amma la réprimanda : « Au lieu de ressentir de la compassion, tu te soucies de mes vêtements. Je suis triste de voir mes enfants ne pas éprouver de compassion pour toutes les créatures. » Elle refusa de changer de sari afin que tous se souviennent de la souffrance de l'oiseau. Amma garda la chouette jusqu'à ce qu'elle guérisse puis, un jour, elle la lâcha dans le ciel.

Ce qu'elle fit avec la chouette, Amma le fit également avec un manguier. Négligé par ceux qui l'entouraient, il mourait. Elle s'en aperçut. Se penchant vers le manguier, elle l'embrassa. Puis, en larmes, elle se tourna vers ses disciples :

> *Ne détruisez plus la vie. Tout est rempli de conscience et de vie. Dieu est partout présent, pas seulement dans les êtres humains. Dieu est dans les montagnes, les rivières et les arbres, dans les oiseaux et les animaux, dans le soleil, la lune et les étoiles. Comment, ayant compris cela, pourriez-vous tuer et détruire*[4] *?*

Quelques jours plus tard, l'arbre revint à la vie.

Un mahatma n'a qu'un seul but : l'amour. Cet amour est comme un torrent qui déborde de son lit. Cet amour est présent dans chacune de ses paroles, dans chacun de ses gestes. Amma nous dit : « Mes enfants, l'amour et la compassion ne voient pas les défauts d'autrui. Ils ne distinguent pas entre bons et mauvais. Ils ne tracent nulle frontière entre deux religions ou deux pays. Ils sont infinis comme l'océan. Nous ne pouvons

---

4. Anecdote *Matruvani*, nº 19, septembre 1997, p. 53.

l'apercevoir qu'en surface. C'est l'affaire de Dieu. » Parmi toutes les paroles d'Amma, il en est une qui me touche à l'infini : « Il ne suffit pas de méditer assis dans un coin, les yeux fermés. Nous devrions servir autrui de manière désintéressée, sans même penser un seul instant à notre propre libération. Nous devrions consoler ceux qui sont dans la détresse, sourire aux autres et leur parler avec amour. Si nous nous brûlons la main, l'autre main refuse-t-elle de l'aider en disant : "ce n'est pas moi !" Ainsi il nous est possible d'éprouver comme nôtre la souffrance de la plus infime des créatures, car c'est la même conscience qui est présente dans chaque atome de la création. Alors traitez les autres comme vous vous traiteriez vous-mêmes… L'expression courante est "je t'aime", mais au lieu de dire cela, il vaudrait mieux dire : "je *suis* amour." C'est comme si l'amour était emprisonné entre "moi" et "toi". Ôtez-les, car le fossé qui existe entre eux est l'*ego*. Supprimez-les et vous verrez qu'il n'y a que l'amour, que vous *êtes* cet amour universel. Si vous traversez des moments difficiles, pensez : "je n'attends de l'amour de personne, car je n'en ai pas besoin. Je suis l'amour même, une source inépuisable d'amour, qui ne cessera jamais d'en donner, de ne répandre rien que de l'amour sur tous ceux qui m'approchent." »

Contribue à créer le paradis sur la terre !

« Les étoiles scintillent dans le ciel, les rivières coulent dans la béatitude, les branches des arbres dansent dans le vent, et les oiseaux chantent à tue-tête. Demandez-vous : "Pourquoi suis-je malheureux au milieu d'une célébration si joyeuse ?" »

AMMA

Chaque jour apporte son lot d'horreurs, mais chaque jour aussi apporte son lot de merveilles. Les médias parlent beaucoup des premières et peu des secondes. Elles sont pourtant nécessaires à notre équilibre. Dans son livre[1], Swamini Krishnamrita en rappelle une, bouleversante à mes yeux. C'était à Seattle, il y a longtemps. On y avait organisé des jeux sportifs pour des enfants gravement handicapés. J'admire que l'on propose aux handicapés des épreuves sportives où ils peuvent s'exprimer, car nous sommes tous des égaux aux yeux de Dieu. Ce jour-là, des enfants handicapés moteurs et mentaux couraient un cent mètres. Ils étaient neuf. À mi-course, un des enfants trébucha et tomba. Il se mit à crier. Les autres ralentirent, s'arrêtèrent de courir et revinrent vers lui. Une petite fille trisomique se pencha, l'embrassa et lui dit : « Voilà, avec un baiser, ça ira mieux ! » Ensuite, ils le relevèrent et s'en allèrent tous, en marchant vers

1. Swamini Krishnamrita Prana, *Le voyage sacré*, p. 122.

la ligne d'arrivée, qu'ils franchirent ensemble. Il n'y eut pas de gagnant : c'était l'amour qui avait gagné.

Assis auprès d'Amma durant le *darshan*, j'observai, étonné, qu'elle ne cessait de parler entre deux baisers. Que disait-elle ? Cela m'intriguait. Je ne comprends pas un traître mot de malayalam, je dus donc enquêter. Amma plaisantait avec les Indiennes qui l'entouraient mais, le plus souvent, elle s'inquiétait de toutes petites choses qui n'avaient l'air de rien, mais qu'elle avait remarquées. Elle parvenait à voir ce que les autres ne voyaient pas, parce que leur petit *ego* embrumait leur vue. Au milieu de la foule immense, elle discernait des vieux, des vieux malades, des handicapés, des pauvres harassés, et elle voulait leur accorder la priorité.

Durant les grandes chaleurs, elle se souciait qu'on ait pu distribuer de l'eau à tous, surtout durant les tournées en Inde. Non seulement elle était tout amour avec celui ou celle qu'elle étreignait, mais elle était tout amour avec tous ceux qui patientaient. Rien ne lui échappait : chaque menu fait, chaque pensée individuelle dans l'immense hall, elle les faisait siens.

J'étais stupéfait. Ce que l'on me racontait de sa faculté de voir, de sentir et de deviner au-delà, tout était donc vrai. Je savais que, tandis que j'attendais sagement à plus de cinquante mètres d'elle, elle savait tout de moi, de mes attentes, de mes désirs, de mes pensées. Je n'avais pas à m'inquiéter de la qualité de mes pensées, Amma prenait tout, acceptait tout, le bien comme le mal. L'acceptable comme l'inacceptable.

Comme beaucoup d'anxieux, j'aime rire : cela me sert à conjurer l'angoisse. Mais je n'en suis satisfait qu'à moitié, car mon rire n'a qu'une valeur curative, dont je me sers comme repoussoir contre le mal. Au lieu de rire pour, je ris contre ; la différence est de taille. À ceux qui me connaissent très joyeux et souriant, je dirais qu'il existe un rire beaucoup plus efficace que celui-là ; je l'ai rencontré chez Amma et chez beaucoup de ses disciples. Chez l'être réalisé qu'elle est, je l'ai senti très au-dessus, très au-delà de ce que j'avais l'habitude de voir.

Je crois que le rire sincère, le sourire et l'ironie sur soi peuvent sauver le monde ou, au moins, freiner son déclin. Supprimez ces vertus et vous êtes assurés de la fin du monde. Bien sûr, mon propos est exagéré : c'est presque une provocation. Cependant, j'ai envie de vous livrer une anecdote extraordinaire à propos du rire curatif. Son résultat ne se remarque certes pas à l'échelle du monde, mais il fait toute la différence à l'échelle individuelle ; or, ce qui vaut pour l'individu doit valoir pour des groupes entiers. Un jour, à San Francisco, un certain Norman Cousins, un journaliste, fut diagnostiqué d'une maladie incurable devant laquelle la médecine baissait les bras. Mais cette dernière étant têtue, on lui proposa de l'opérer sous quinzaine. Perdu pour perdu, Cousins accepta. Comme il résidait dans une cité très éloignée, il choisit d'attendre l'opération dans une chambre d'hôtel face à l'hôpital. Quinze jours, c'est long, surtout quand on est seul. S'en avisant, le brave Cousins loua une vingtaine de films comiques pour accompagner sa solitude. Sa propension à rire était grande et les comiques américains sont les meilleurs. Norman se mit à rire ; cela dura quinze jours. Quand arriva le jour J, on lui fit des analyses avant de l'opérer. Le mal avait disparu.

Je ne rapporte cette histoire que pour cette seule raison : prouver la vertu du rire. Revenons au rire et au sourire d'Amma. Chez elle, il s'agit d'une vertu *pour* et non *contre*. Le rire accompagne son amour. Me reviennent en mémoire le rire et le sourire de sœur Emmanuelle, que j'ai si bien connue. La vieille dame possédait un rire irrésistible. Les rires des âmes réalisées sont libérés. Chez nous, ce sont souvent des rires constipés, des sourires contraints ou publicitaires. Ce n'est déjà pas si mal, mais cela se situe à des années-lumière des leurs, qui sont issus de la joie profonde, totale, souveraine. La joie de donner, dépourvue de la joie falote de prendre. Quand vous donnez totalement pour le bonheur des autres, dit Amma, le monde alentour prend soin de vous. Vous n'aurez plus rien à perdre et toute peur sera abolie. N'est-ce pas cela, le paradis sur terre ? N'est-ce pas cet accord harmonieux au nom de l'amour ? Amma avait beaucoup souffert durant son enfance et son adolescence, mais cette souffrance pesait peu en contrepoint du bonheur que lui donnait sa générosité. Dieu et la nature, sa création, la lui rendaient au centuple. Ils lui rendaient un bonheur et une paix débarrassés de tout désir et de toute peur. Un bonheur qui rit.

Vous n'allez peut-être pas croire ce que je vais vous raconter, mais c'est pourtant la vérité. Amma n'aime ni le mensonge, ni l'enjolivement. Durant son enfance, elle demande à la nature de l'accueillir lorsque son frère la chasse et qu'elle doit quitter la maison familiale. Amma dort à même la terre ou dans la boue des étangs. Elle connaît la faim. Sa confiance en Dieu et en la mère Nature est si forte qu'elle ne s'inquiète cependant de rien. La nature se montre bienveillante : ses habitants, les animaux se relaient auprès d'elle et lui apportent sa nourriture quotidienne. Un jour, un aigle lui apporte du poisson entre ses serres. Un autre jour, c'est un chien ; un autre encore, une vache se couche à ses pieds et lui offre son lait. Quand elle pleure, les animaux de la forêt partagent son chagrin. La nature entière communie à ses joies comme à ses peines. Rien ne subsiste plus de la tristesse et du chagrin. Le paradis est bien là sur cette terre. En dépit de l'hostilité des villageois comme des siens. L'amour est plus fort que la haine.

Aux fidèles qui la voient épuisée, souffrante ; qui l'implorent de se reposer, de ralentir ses cadences folles, Amma sourit et dit : « J'ai fait offrande d'Amma au monde et un don ne doit jamais être repris. Ma prière sera de pouvoir m'en aller de ce monde en consolant celui ou celle qui aura posé sa tête contre mon épaule. » C'est sans nul doute ce qui va arriver.

L'enfant est en elle, aussi frais qu'aux premiers jours. Il est merveilleux de la regarder vivre ; c'est sa vie qu'elle donne au monde. Elle est le contraire des « donneurs de leçons », de ceux qui vous demandent de faire ce qu'eux-mêmes ne font pas. Le monde est rempli de gourous beaux parleurs, qui se comportent mal avec de beaux habits de prophètes. Amma vit dans la fraîcheur de son enfance éternelle, sans mensonge ni affectation. Elle est au monde telle qu'elle a toujours été. Nul doute qu'elle demeurera ainsi jusqu'à son départ.

Un jour, durant un voyage en Inde, on lui réserve une chambre luxueuse ; elle refuse de l'occuper. Ce serait de l'argent qu'on volerait aux pauvres. Elle nous demande de renoncer aux richesses et de nous contenter de peu ; ce sont des commandements qui sont valides pour elle également et qu'elle respecte à la lettre.

Si nous voulons comprendre les pauvres, encore faut-il se rapprocher d'eux. C'est parfois difficile, mais certains se donnent pour approcher de ce qu'elle fait. Parmi eux, il y a des anciens riches qui vivent désormais simplement : ils ont troqué leur luxe de l'avoir contre le luxe du don. Ils sont heureux ainsi ; l'être abolit l'avoir. Le pauvre et le souffrant ont cessé d'être des catégories virtuelles. Ce sont des frères et des sœurs vivants, dont la vie ne tient qu'à peu de choses. La moitié de ceux qui viennent voir Amma sont des pauvres. Elle dit que la misère est le pire fléau de la terre, celui qui engendre les autres : l'abus de drogue, la prostitution, le vol, la haine. Supprimons la pauvreté et une bonne part des malheurs du monde disparaîtra. Il lui arrive de faire ce rêve : si chacun des nantis travaillait une petite demi-heure de plus pour l'offrir au monde de ceux qui n'ont rien, le paradis reviendrait sur terre. Comme cela nous serait facile ! Il nous suffirait de prendre conscience qu'au-delà du nécessaire, l'argent ne génère aucun bonheur vrai. Nous mettons de l'argent de côté « pour le cas où » et la mort vient nous surprendre avant que nous puissions en profiter. Nous poursuivons des chimères alors que le bonheur est au-dedans de nous.

Le plus souvent, nous l'oublions. Nos désirs et notre amour de l'avoir agitent notre esprit et nous voudrions que les petits bonheurs qui en sont issus ne cessent jamais. C'est un leurre, une illusion. La vie est tissée, pour chacun, de bonheurs et de malheurs; aucune n'est un long fleuve tranquille. Le calme et l'orage y voisinent. Si on exige l'un en refusant l'autre, le combat est perdu d'avance. L'acceptation est une grâce qu'il faut cultiver comme une fleur. On chante nos louanges et nous sommes ébahis; on dit du mal de nous et nous sommes contrits. Comment vivre dans la paix de l'âme, comment être serein dans de tels changements? Louée dans le monde entier, Amma n'en ressent ni béatitude ni orgueil. Dépassons louanges et jugements; acceptons-les d'une manière égale, avec le sourire. Après tout, la nuit porte en elle la promesse du jour. Un bonheur vécu dans la sérénité l'emporte sur les chagrins. Accepter, c'est voir le verre à moitié plein plutôt qu'à moitié vide et songer qu'il y a infiniment plus malheureux que soi. Cette philosophie de vie est à l'usage de tous. Nul besoin d'aller l'apprendre dans des livres. Permettez-moi cet aveu : durant toutes les années où j'ai voyagé dans le monde sans voir ce qui se passait autour de moi, je suis demeuré centré sur mes malheurs. Quand j'ai commencé à ouvrir les yeux sur les gens réels, j'ai compris que mes chagrins ne pesaient rien au regard de ce que je voyais. Amma nous dit que nous avons le choix entre pleurer ou rire. Ce n'est pas un choix anodin, car la vie passe comme un éclair. Voulons-nous vivre tristement ou joyeusement? Il n'appartient qu'à nous de bâtir notre paradis sur terre.

Si j'avais à choisir, parmi le florilège des paroles d'Amma, celle qui me semble le mieux résumer sa philosophie de la vie, je retiendrais celle-ci : « Le bonheur ne se trouve pas dans le monde extérieur, mais en nous. » Cette parole est vraiment divine, elle est celle de tous les grands maîtres, de Jésus à Amma. Le message est clair : inutile de se « déguiser » en chercheur, de porter sari et dhoti, de s'asseoir en lotus en fermant les yeux, de se laisser pousser la barbe, de porter un anneau dans le nez et un tatouage de Krishna au-dessus de la fesse droite, si on oublie ces mots : le bonheur se trouve en nous. Je conviens qu'il n'est pas facile de s'abandonner, en renonçant à ce qui faisait le sel de notre vie : la reconnaissance d'autrui, la carrière, l'argent, le pouvoir, les honneurs. Hier, je souriais en entendant ce mot : « renonçant ». Hier, je faisais partie de ceux qui s'exclament : « Moi, je ne veux renoncer à rien ! » C'est que je ne comprenais rien à ces mots : « abandon de soi ». Renoncer m'apparaissait comme une faiblesse, une apathie, une résignation. Un renoncement à aller de l'avant. Une désespérance, la courbure d'échine de l'esclave. L'impuissance du corps comme celle de l'âme. Renoncer, c'était faire de moi un eunuque, un asexué, un mièvre. Je voulais alors être fort, conquérant, séducteur, épanoui, radieux, admiré, désiré, tout ce qui, selon moi, ressemblait à la vie et non à la mort lente ou à la résurrection pâlichonne, celle de Lazare.

Je pensais alors tout comprendre et tout maîtriser alors que je ne comprenais rien et ne maîtrisais rien. C'étaient en fait mes attachements qui faisaient de moi un esclave. Ils me persuadaient de posséder une vue aiguisée alors que je ne voyais rien. Rien de l'essentiel, en tout cas. Puis est arrivée Amma, qui m'a dit qu'il y avait en moi un diamant que je n'avais jamais vu. Je sais qu'il me faudra beaucoup de temps encore pour me détacher complètement, pour renoncer à l'inexistant, à l'illusion, à l'utopie de l'*ego*. L'*ego* est un vampire qui me suce le sang. Je me révolte, et il est toujours là, joyeux de m'infecter, de me persuader que je ne suis fait que de chair. De temps à autre, dans un sursaut, je le chasse et je ferme la porte. Mais il revient, l'animal… Il me fait penser aux tentations du démon qui poursuivirent le Christ dans le désert. Moi je ne suis pas le Christ, je ne suis qu'un faible. J'envie ceux chez qui la transformation est subite, comme sous l'effet d'un miracle, d'une grâce tombée du ciel, ou d'une chute de cheval, comme saint Paul sur le chemin de Damas. Je sais que je ne serai pas un converti de la grâce, mais un converti besogneux, sans illumination. Je tomberai et retomberai encore, je boirai de l'alcool, je penserai au sexe, je jouirai de l'admiration d'autrui. Mais je sais qu'un jour, je me redresserai pour ne plus jamais retomber.

Ce jour-là, la grâce d'Amma aura touché le pécheur que je suis. De l'eau coulera sous les ponts avant que je ne découvre avec des yeux neufs le paradis sur la terre. Je me console en songeant qu'il vaut mieux avancer à tâtons que trop vite, j'appelle à la rescousse La Fontaine et je récite la fable du « Lièvre et de la Tortue ». À aller trop vite en besogne, on retombe sûrement.

Si on demande aux gens où est Dieu et où le paradis se trouve, ils vous désignent le ciel, là-haut. C'est-à-dire un lieu inaccessible aux humains, très au-delà de tous les possibles du futur, un *nirvana* flottant dans le cosmos étoilé. À combien d'années-lumière se trouvent-ils ? Impossible de répondre. Suivez la première étoile qui apparaît dans les cieux, elle vous désigne une autre étoile, celle qui se situe au cœur de l'homme. Vous aurez trouvé le paradis. Le paradis, ce sont les autres auxquels vous ouvrez la porte ; c'est une humanité où chacun possède un toit, où chacun mange à sa faim, où chacun peut s'endormir sans aucune peur. Un jour, il y a fort longtemps, l'un des frères d'Amma la trouva assise au bord de l'océan. Elle pleurait. « Pourquoi pleures-tu ? » lui demanda-t-il. Elle lui répondit : « Je sens la douleur du monde. J'entends les pleurs de l'humanité qui souffre et je connais le remède à leur souffrance[2]. »

Dans toutes les croyances du monde, l'âge d'or et le paradis sur terre se confondent. Est-ce un rêve ? une utopie ? Je ne le crois pas. Amma vient nous dire aujourd'hui, surtout à ceux qui désespèrent, qu'il ne faut pas désespérer. La force de l'amour est telle que le mal reculera. Mais il y a deux conditions pour qu'elle fasse opérer sa magie : il faut imposer le silence aux excès de notre *ego* et la diffuser à ceux qui ne sont rien aux yeux de notre monde actuel, les pauvres. « N'ayez plus peur ! » nous dit Amma. Car du paradis, la peur est absente. Les sages de l'Inde et d'ailleurs l'ont compris depuis la nuit des temps : tant que nous serons attachés au corps et

2. Swamini Krishnamrita Prana, p. 203.

à l'*ego*, nous ne pourrons nous en libérer. Nous ne pourrons simplement que ruser avec elle, pas s'abstraire. Nous avons peur de la maladie, cet empêcheur de goûter les plaisirs du monde. La peur de la maladie chasse toute joie. Nous avons peur de perdre notre place dans la société ; cette peur nous pousse au goût de l'argent et à l'avidité. Nous avons peur qu'on ne nous honore plus. Nous avons peur de ne pas être célèbres, de demeurer obscurs et méprisés. Une jolie femme a peur de perdre sa beauté. Nous avons peur de vieillir. Nous sommes bons et nous avons peur que d'autres soient meilleurs que nous. En conclusion, nous avons peur de la mort. Nous sommes comme Alexandre le Grand au moment de mourir : « J'ai consacré, disait-il, toute mon énergie et chaque instant de ma vie à accumuler possessions et richesses et maintenant, à la fin de ma vie, je dois abandonner tout cela. »

« Mes filles, vous n'êtes pas des brebis, mais des lionnes »

« La puissance féminine est un complément pour l'homme de même que la puissance masculine en est un pour la femme. »
AMMA

Les Indiens ont dû être surpris : Dieu choisissait une femme pour s'incarner. Certes, Amma n'était pas la première femme regardée par eux comme un avatar. Mais, la parité des genres était loin d'être respectée : la quasi-totalité des grands maîtres était des hommes. Cela ne surprend pas si on s'avise du regard porté sur la femme au cours des millénaires. Je n'en suis pas choqué, à la condition cependant que les vertus féminines autant que les masculines y trouvent leur compte. Or, les incarnations divines sont riches de vertus féminines autant que masculines, Dieu n'étant par essence ni masculin ni féminin. Sans doute vais-je choquer, mais mon petit doigt me dit que Jésus et le Bouddha ne marquent pas le début et la fin. Dieu ne les aurait pas envoyés une fois pour toutes, il y a de cela longtemps pour nous laisser ensuite et à jamais orphelins de sa présence. Bien sûr, Jésus demeure vivant pour plus d'un milliard de nos frères et je me compte parmi eux. Mais pourquoi Dieu n'aurait-il pas envie de venir de temps à autre nous rafraîchir la mémoire? Les temps que nous traversons, zébrés de craintes, ne méritent-ils pas ce petit coup de pouce? Pourquoi Dieu, cette fois, n'aurait-il pas choisi de s'incarner dans la part féminine de l'humanité? Je comprends que Mâ Ananda Moyi et Amma soient considérées par des millions de gens comme avatars divins. Je suis heureux que Dieu ait choisi de s'incarner en elles, dans l'un des pays les plus convaincus de la supériorité masculine. J'y vois un trait d'humour de Dieu. Le fait que l'Inde considère Amma comme un avatar prouve incontestablement qu'il avait raison. D'ailleurs, Dieu a toujours raison.

Depuis que la femme s'est vue réduite au statut d'esclave, de sujette et au mieux de soumise, nous avons fait quelques progrès, quoiqu'il en reste tellement à faire, y compris chez nous. Certes, le temps où la femme, fille de l'Ève tentatrice, ne pouvait échapper à la malédiction qu'en se faisant nonne et en restant vierge, est révolu. Cela fait longtemps qu'on ne traque plus les sorcières. Les femmes aujourd'hui votent, exercent les métiers jadis réservés aux hommes, sont maîtresses de leur vie et de leur corps. Enfin presque... Elles sont moins bien payées, la place qu'on leur fait dans la direction des affaires publiques et privées est encore réduite, elles sont toujours victimes de la violence des hommes. Cela progresse, même si c'est lent. Mais l'Occident n'est pas le nombril du monde, et l'ailleurs représente de loin la part la plus importante de l'humanité. Qu'observons-nous ? La place de la femme en Inde, en Afrique, en Chine et au Moyen-Orient se situe à des années-lumière de celle des femmes d'Occident.

Amma l'Indienne a grandi dans un monde où la femme n'est rien, ou pas grand-chose : génitrice et servante, rien de plus. Depuis qu'elle est petite fille, son destin est de subir. Les filles sont élevées à la dure ; c'est en quelque sorte une habitude. Les mères, elles-mêmes soumises, transmettent à leurs filles l'idée qu'elles sont nées pour obéir. Damayanti, la mère d'Amma, avait coutume de dire que « la terre ne devrait même pas sentir les pas d'une femme et que les murs ne devraient pas l'entendre parler[1] ». S'il arrivait des invités, les filles restaient

1. Swamini, p. 188.

cloîtrées dans leur chambre. Elles devaient se lever quand leurs frères passaient le seuil, même s'ils étaient leurs cadets. Si Amma a tenu bon envers et contre tout, elle ne le doit qu'à sa force intérieure. Une force qui lui a permis de ne jamais renoncer : ni les punitions, ni les réprimandes, ni la haine de son frère aîné ne la font reculer. L'appel intérieur balaie la faiblesse, écarte le doute, et la protège dans son engagement, qui ne souffre pas le compromis. Pour lui interdire de faire ce à quoi elle s'est engagée, il faudrait la tuer. Cette force d'âme, j'ai pu l'observer chez beaucoup de femmes du tiers-monde. Ces femmes du bidonville du Caire, où j'accompagnais sœur Emmanuelle, tenaient leur famille à bout de bras. Leurs hommes, résignés, s'assommaient d'alcool. Elles élevaient leurs enfants et travaillaient sans jamais perdre espoir. J'ai été ébloui par les femmes malgaches, celles que père Pedro, avec respect, appelle « Mes Dames ». Elles l'épaulaient, elles faisaient vivre la famille, travaillant pour gagner leurs deux dollars journaliers en cassant du granit. Elles n'avaient peur de rien.

Ces femmes courage, ces femmes essentielles, il faut les louer ; leur dire à quel point on trouve beau leur combat. Des voix s'élèvent partout dans le monde. Des voix que l'on écoute. Chaque fois qu'une femme est honorée pour ce qu'elle fait, ce sont toutes les femmes du monde qui le sont. Puisse le plus grand nombre d'hommes se mêler à ces voix. Il y va de l'avenir harmonieux de l'humanité. Mère Teresa, Rigoberta Menchú et quelques autres furent prix Nobel de la paix. Amma se joint à ce concert de voix. Elle dit aux femmes de ne jamais désespérer, de continuer de se battre pour la justice, de dire leur refus de la violence, leur refus de la haine et leur amour de l'Amour. Elle leur dit que leur rôle dans l'humanité est plus grand et nécessaire que jamais et qu'une part de la révolution morale leur appartient. C'est là peut-être qu'Amma me touche au plus profond. Elle est la femme qui parle aux femmes. Elle leur parle du fond des âges, depuis leur douleur subie depuis des millénaires, depuis leur joie d'être mères, depuis leur bonheur d'apporter au monde un peu de la paix qu'il attend. Son exemple possède une force exemplaire. Née dans un monde qui ne lui pardonnait rien, elle a su par la simple beauté de son âme, par la contagion de son amour, convaincre ce monde de changer et il a changé. Ceux qui, hier, voulaient sa mort, aujourd'hui la défendent bec et ongles.

Un fait me fascine à Amritapuri : ce sont ces nuées de femmes aussi actives qu'un essaim d'abeilles. Elles sont occupées à tellement de tâches. Ô surprise ! des tâches masculines autant que féminines. On devine derrière cela un dessein délibéré d'Amma. C'est une découverte pour moi, car j'ai été élevé dans l'idée qu'il existe des travaux d'hommes et des travaux de femmes. Certes avec le temps, cette opinion s'est nuancée, mais pas au point d'être bouleversée. À l'homme, les travaux physiques et la gestion des deniers. À la femme, le quotidien de la maison et l'éducation de l'enfant. Voilà qu'Amma chamboule tout. Ma vision me paraît erronée, vieillie, retardataire. Ici, à Amritapuri, la femme est autonome et sait tout faire. Ce qui, peut-être, répond à une évolution chez nous ressemble, en Inde, à une révolution. Ici, charger la femme de s'occuper des achats et des comptes, lui accorder du pouvoir, relève de l'hérésie. Amma n'en a cure. Elle n'en est pas à une révolution près. Je vais de surprise en surprise. Je visite les facultés : les écoles, les services d'hôpitaux, et qu'est-ce que je vois ? Des femmes qui dirigent. La nécessité de l'égalité entre hommes et femmes est telle qu'Amma s'attaque même à la plus vieille des croyances : celle qui touche la force physique. Elle brise ce tabou. À Amritapuri, les femmes trimbalent des sacs, des pierres, des gravats comme des hommes. Il paraît qu'au moment du tsunami de 2004, Amma a envoyé des escouades de femmes dans les villages détruits. Il s'agissait de nettoyer et de reconstruire ! Avec elle, il n'y a pas de « faibles » femmes. Un corps qui porte neuf mois un bébé ne saurait être faible. Cela peut être dur de porter un enfant, mais ce corps résiste. Jamais je n'avais appris autant sur la résistance de la femme qu'en regardant Amma. La dame en sari blanc ne se repose jamais, conduit un rythme insensé et ne s'écoute jamais. Personne n'a jamais entendu Amma se plaindre.

Les relations entre les hommes et les femmes d'aujourd'hui ressemblent davantage à un champ de bataille qu'à une paix consentie. C'est vrai des sociétés inégalitaires comme l'Inde, mais c'est aussi vrai, d'une autre manière, pour les sociétés émancipées d'Occident. Il s'agit d'une guerre ouverte en Inde et d'une guerre froide chez nous. Et pour cause… L'égalité des genres n'est pas qu'affaire de lois, mais surtout d'état d'esprit. Aussi longtemps que les esprits ne changeront pas, le déséquilibre et les conflits persisteront. Cette métamorphose des esprits est une révolution, mais le bonheur de l'humanité passe par là. Ce n'est pas facile. Cela fait des millénaires qu'au nom de ses muscles et de son rôle de guerrier, l'homme est en haut et la femme est en bas. Pour dépasser une telle habitude, il faut de l'amour. Pas de l'amour faux-semblant, fondé sur le désir des corps qui aboutit à la soumission de l'un par l'autre, mais un véritable amour fondé sur le respect de l'autre et la reconnaissance de sa valeur. Même là où cela progresse, ce n'est encore qu'une fleur à demi éclose. En témoignent les violences conjugales et les viols. En Occident aussi demeurent une condescendance et parfois même du mépris. Devant ce regard de l'homme, la femme a le choix entre deux attitudes : se soumettre ou s'insurger. Se soumettre est indigne et ne répond pas au dessein de Dieu. S'insurger et déclarer la guerre aggravent l'inimitié, le ressentiment, la jalousie, la haine. Pour gagner une guerre, il faut être le plus fort. Il y aura donc toujours un esclave. Amma nous dit : « Il n'y a pas de meilleur, pas de plus fort. Il n'y a que deux égaux porteurs de talents différents et complémentaires. C'est à deux qu'on est plus forts, jamais l'un contre l'autre. Écraser l'autre, loin de grandir, rapetisse. »

Amma n'aime pas entendre que la femme se libère. La femme n'a pas à se libérer puisqu'elle est libre. La liberté est un droit inné dont l'homme s'est emparé pour lui seul, comme il s'était jadis emparé du feu. L'homme est un voleur de liberté comme il est un voleur de feu. Le temps est aujourd'hui révolu où l'homme tenait la femme en cage. Que celle-ci soit en fer ou en or ne change rien à l'affaire : la femme n'était pas libre et cela ne reposait sur rien, sinon sur le délice de l'homme de dominer et d'enfermer, comme on tient le chien en laisse ou l'oiseau en cage. La femme était compagne décorative, objet de plaisir, de désir et, évidemment, génitrice. Obéir et se taire correspondaient à l'idée de l'éternel féminin dans l'esprit des hommes. Certains allèrent jusqu'à se demander si les femmes avaient une âme, un peu comme on se demandait si l'Indien ramené des Amériques par Christophe Colomb en avait une. De siècle en siècle, nombreuses furent celles qui se sont rebellées. Celles-ci, qui fascinaient et inquiétaient, sentaient le soufre.

Comment l'humanité a-t-elle pu être bête et méchante à ce point ? Ne nous leurrons pas : un peu partout, elle continue de l'être. Amma nous le répète : la femme n'est pas faible ! Ses qualités sont la gentillesse et la compassion naturelle, ce qui est une force et même une force inouïe. La femme n'aime pas la guerre, car elle porte dans son ventre l'enfant qui pourrait, un jour, se faire tuer. Elle ne ressent pas, et pour cause, ces poussées de testostérone qui rendent l'homme violent. Elle aime la paix. Plus on mettra de femmes à la tête des États et moins il y aura de guerres. C'est un chemin où l'on avance à pas très lents, mais il est l'avenir du monde.

Dans le nécessaire compromis entre l'homme et la femme, Amma ne demande pas qu'à l'homme de faire des efforts. Un compromis, c'est une avancée mutuelle. Ce n'est pas un parti qui bouge et l'autre qui attend. Amma s'adresse aux femmes et leur demande beaucoup. Elles n'iront pas dans le bon sens si elles ne commencent pas par balayer devant leur porte, et chasser de leurs têtes l'idée fausse qu'elles sont impuissantes. Leur énergie est au contraire prodigieuse, quoique différente de celle de l'homme. Si l'homme a l'énergie brutale, la femme, elle, a l'énergie patiente. L'homme, nous dit Amma, fonce sur des sentiers à sens unique ; la femme avance comme le flot d'une rivière qui se faufile entre les cailloux. Mais une fois qu'elle a décidé d'avancer, c'est un rouleau compresseur. Mais cela ne doit pas la pousser à entrer en guerre contre les hommes, d'en tirer vengeance. La victoire doit être mutuelle, celle de la complémentarité et non de l'écrasement de l'un par l'autre. L'émancipation au nom de l'harmonie n'est pas une révolte d'esclaves pour prendre le pouvoir. La victoire doit être celle de l'humanité et ne dépendre que de l'amour.

Puissent les femmes enfin devenues les égales des hommes ne jamais oublier qu'elles détiennent un rôle qui, celui-ci, ne s'échange pas : elles sont des mères et ce sont elles qui durant neuf mois portent l'enfant et qui l'éduqueront durant ses premières années. Quel que puisse être le rôle de l'école, la mère est le premier maître de l'enfant. C'est auprès d'elle qu'il nourrit sa sensibilité, ses qualités de cœur et, comme elle est maman de garçons autant que de filles, c'est à elle qu'il appartient de faire de ses garçons des hommes respectueux de la beauté et du génie des femmes, désireux d'avancer avec une égale à leurs côtés et non avec une servante. Partout le combat est le même. Un jour, à Madagascar, le père Pedro me disait : « Tu vois, ces femmes merveilleuses, battantes ? Eh bien c'est plus fort qu'elles : leurs garçons se conduisent comme des petits rois à la maison et elles ne leur disent rien. C'est comme si elles poursuivaient depuis des siècles cette tradition du maître et de l'esclave ! » Pedro est impatient comme tous les Latins. J'ai pu constater que çà et là il avait tort, que les mères malgaches n'étaient nullement soumises à leurs garçons et qu'elles leur apprenaient le respect des filles. Quoi qu'il en soit, l'évolution des mœurs ne voyage pas en TGV, mais dans des carrioles.

En carriole ou en TGV, sans l'amour, c'est la panne assurée. « Il n'y a rien de plus profond, de plus puissant, de plus beau, que l'amour qui unit deux cœurs… C'est la plus belle fleur qui puisse éclore sur cette terre. » L'amour vrai, c'est la complémentarité dans la noblesse des émotions ; celle de l'homme et celle de la femme. L'amour jamais ne disparaîtra de la terre. « L'amour est en chacun de nous, semblable à une braise qui ne s'éteint jamais. Il suffit de souffler dessus pour que les flammes s'élèvent. »

Si tu aimes, alors tu es plus fort qu'un tsunami !

« Je me suis plongé dans l'océan ; là j'ai trouvé la nacre et je m'y suis transformé en perle : que m'importe l'océan ! »
Yunus EMRE, poète soufi

Il est des grades dans la peur. Il m'arrive de me souvenir d'un temps où la peur me saisissait dans des situations où je ne risquais rien. Ce ne sont pas des souvenirs glorieux ; si je confesse cela, c'est pour dire à ceux qui la ressentent que je suis des leurs. Je me souviens aussi d'avoir éprouvé la peur légère et le dégoût de l'autre. Quand je fréquentais les pauvres autour de quelques saints, je ne pouvais pas vraiment m'approcher d'eux. Je veux dire par là m'approcher d'eux comme s'ils étaient réellement mes frères ; en les touchant, en les embrassant, en partageant leurs vies, en partageant leurs repas. Ma peur était celle de l'odeur, de la saleté, des microbes, des maladies. Je ne les aimais donc pas. Mes trémolos à leur égard n'étaient que pure façade, un « faire-semblant ». Cela dura longtemps, et, je le pense profondément, bien peu des « clochards » de l'abbé Pierre et des chiffonniers de sœur Emmanuelle ont ressenti mon amour. Être simple, convivial et rigolard ne suffit pas.

Je me souviens… J'arrivais dans le bidonville du Caire. Sœur Emmanuelle m'accueillit et me fit visiter son « royaume ». J'appris que c'était celui des rats ; cela commençait bien. Ensuite, elle m'invita à la table d'une famille de chiffonniers qui vivait sous des tôles. On m'avança une gamelle remplie de pâtes, mais je n'y touchai pas. Je parlai comme une mitraillette pour donner le change. Cela n'échappa pas au regard bleu acier de la vieille dame :

« Tu n'as pas faim ?

— Euh… non, la fatigue du voyage, sans doute, balbutiais-je.

— Écoute mon cher, si tu n'es pas capable de manger avec eux, inutile de rester avec nous. Tu peux repartir », me dit sœur Emmanuelle.

Inutile de vous dire que j'engloutis la gamelle. Je n'en suis pas mort. J'avais vaincu une certaine peur, mais je n'étais franchement pas un héros.

Il est des peurs bien plus légitimes que les miennes et qui cependant furent vaincues. Vaincues par des gens qui n'étaient pas des héros et qui le sont devenus. À l'été 2004, à Amritapuri, Amma évoquait devant ses disciples des catastrophes imminentes. Il ne resterait plus qu'à prier et à faire le bien. Ces confidences firent boule de neige et une foule de gens venus d'un peu partout vinrent s'abriter à l'*ashram* sous l'aile protectrice de la sainte. Quand le 26 décembre 2004, lendemain de Noël, le tsunami ravagea l'Asie du Sud-Est et l'Inde du Sud, il se trouvait treize mille personnes à l'*ashram*. Le hasard fit que la vague frappa exactement où ils étaient. Ironie du destin. Par chance, cette vague n'eut pas la violence de celle qui frappa l'Asie du Sud-Est et la côte est de l'Inde. À l'*ashram*, personne ne perdit la vie ni ne fut blessé, mais alentour tout était ravagé et détruit. Les visiteurs étrangers qui, en temps normal, souffraient parfois de l'austérité des lieux et de la frugalité des repas, allaient connaître une épreuve bien plus terrible. L'*ashram* était sous les eaux et il fallut s'en aller de l'autre côté de la lagune, là où se trouvait l'université Amrita. Les gens partirent à la hâte sans bagages, avec ce qu'ils portaient sur le dos. Ils connurent alors le sort qui est celui de tous les réfugiés ou des rescapés : dormir entassés dans des halls et des salles de classe.

C'est alors qu'il se produisit chez ces gens meurtris et habitués à un certain confort ce qu'il faut bien appeler le miracle du bien. Au lieu de penser à eux, ils pensèrent aux autres, aux deux cent cinquante mille morts du tsunami dont peu à peu on mesurait l'horreur. L'immense majorité de ces morts étaient loin d'eux, en Thaïlande, sur la côte est de l'Inde, au Tamil Nadu et au Sri Lanka. Mais les pêcheurs du Kerala avaient payé eux aussi un lourd tribut et leurs morts se comptaient par dizaines. Les survivants avaient tout perdu. Ils n'avaient plus de maisons ni de bateaux ; les environs de l'*ashram* offraient un spectacle de désolation. C'est alors qu'il arriva ce miracle : des victimes qui allaient donner leurs bras et leur cœur à d'autres victimes. Au plus fort de la tristesse qui était la sienne, Amma eut la joie de voir à l'œuvre l'amour de ses enfants pour d'autres de ses enfants. Ces gens avaient tout perdu. Ils étaient ses frères de sang et tout ce à quoi Amma ne cessait d'appeler l'humanité se produisait sous ses yeux : l'amour en acte. Tous ses disciples, Indiens et étrangers, oublièrent leur propre dénuement pour se donner à de plus malheureux qu'eux. Certains nourrissaient, d'autres soignaient, d'autres encore consolaient. Jamais l'humanité ne fut aussi belle qu'en cet instant. Il n'y avait plus d'Indiens, d'Australiens, de Français, d'Américains, il n'y avait que des frères. Plus merveilleux encore, ce qui se passait dans le Kerala se voyait partout : en Thaïlande, au Sri Lanka ou au Tamil Nadu, à l'est de l'Inde. Un peu partout, beaucoup de ces héros étaient des disciples d'Amma qui se trouvaient là où le drame avait frappé. C'étaient des gens ordinaires, comme vous, comme moi, mais l'exemple et la grâce d'Amma leur faisaient accomplir des prodiges. L'amour et la compassion faisaient taire la peur.

Amma travaillait sans relâche. Depuis l'été de cette année-là, où elle avait eu un terrible pressentiment, elle vivait l'attente d'un malheur dans la prière. Le matin même de la catastrophe, durant le *darshan*, elle fut habitée par l'imminence du pire. Elle accéléra la fin du *darshan*. Un moine vint l'avertir d'un phénomène : les eaux de la mer se retiraient. Le temps retenait son souffle. Amma avait compris. Elle savait que les eaux allaient revenir. Elle ne s'affola pas et donna ses ordres. Elle fit faire une annonce au micro en plusieurs langues demandant à toutes les personnes présentes (elles étaient environ treize mille, dont un millier d'étrangers) de monter dans les étages supérieurs des immeubles. Tous les véhicules quittèrent l'*ashram* pour la terre ferme. Puis elle fit transférer dans les étages tout ce qui se trouvait en rez-de-chaussée. Elle fit couper l'électricité pour ne pas ajouter au danger de l'eau celui de l'électrocution. Enfin, elle ordonna l'évacuation de tous à l'université Amrita, de l'autre côté de la lagune. Tel un capitaine de navire, elle partit la dernière, non sans s'être assurée que tous ses enfants animaux, les chiens, les chats, les vaches et les éléphants se trouvaient en sûreté. La mer se retira trois fois et bondit trois fois. Ce n'était pas une vague : cela ressemblait plutôt au déferlement d'une masse d'eau dont la violence aurait fait sauter un barrage invisible. Tout n'était que chaos et confusion. Les maisons et les huttes étaient balayées. Les lignes électriques étaient arrachées. Partout on criait, on courait, on pataugeait. L'eau ne cessait de monter, mais Amma attendit que les vaches ainsi que les éléphants soient transférés dans les étages du temple. Les plus grands drames offrent parfois des scènes cocasses ; c'en était une que de voir les éléphants Ram et Lakshmi grimper les marches du temple avec les vaches qui les suivaient. Quand Amma accepta de s'en aller, il était plus de minuit. Arrivée à l'université, elle pouvait à peine parler, ses lèvres étaient sèches, elle avait refusé de boire la moindre goutte d'eau durant toute la journée. Elle voulait souffrir ce que tous avaient souffert. Elle allait pieds nus, elle avait refusé de se chausser, car ses frères, les pêcheurs, qui avaient tout perdu, allaient pieds nus. La vague s'était retirée, mais, plus que quiconque, elle savait que ce n'était pas fini, qu'il faudrait reconstruire vite, car elle connaissait son peuple riverain. C'étaient des travailleurs et des ardents. Or, ils se sentaient inutiles, car ils ne pouvaient ni nourrir, ni vêtir, ni abriter leurs familles. Les morts étaient avec les morts. Mais les vivants ? Ces pêcheurs, des rudes, se sentaient responsables des leurs. Si on ne les aidait pas vite à travailler, le désespoir les gagnerait. Amma le savait : cela pourrait aller jusqu'au suicide pour certains.

Dès l'aube du lendemain, elle rendit visite à tous les réfugiés, parlant avec chacun, demandant des nouvelles de leur famille. Elle entrait dans les détails, la nourriture, les médicaments, les bandages. On eût dit une infirmière de guerre sur un champ de bataille. Elle s'arrêta longuement auprès d'un homme qui avait perdu son jeune fils, puis auprès d'une femme qui avait perdu son mari, puis auprès d'enfants qui avaient perdu leur père. Pendant des heures, Amma pleura avec eux. Elle était simplement assise, essuyant les larmes de la mère, de l'épouse, du père, des enfants. « Ne vous inquiétez pas ! Amma sera toujours avec vous », disait-elle. Devant le désespoir des pêcheurs, elle n'hésita pas : elle leur construirait une nouvelle flottille de pêche.

On ne peut imaginer tout ce qu'elle fit dans les mois qui suivirent le drame. Une nuit, elle se mit à coudre des jupons pour les femmes de son village. Puis, elle leur acheta des machines à coudre et les femmes et les filles de pêcheurs se firent couturières. Amma donnait l'exemple, mais les autres, autour d'elle, se démenaient tout autant. Ce fut un spectacle incroyable que ces disciples qui nettoyaient tout au fur et à mesure que l'eau se retirait, enlevaient les gravats, rebâtissaient. Cela se faisait dans la joie, avec amour, et avec humour. On chantait, on priait, on travaillait. Quand elle ne travaillait pas, Amma était suspendue au téléphone pour s'aviser de l'avancée des travaux. Elle ne dormit pas durant dix jours. Durant des mois, elle nourrit et abrita vingt-sept mille réfugiés. Elle pria ses disciples de ne prendre leurs repas qu'après avoir donné à manger à tous les malheureux. Elle était consciente du fait que le Tamil Nadu, sur la côte est de l'Inde, avait beaucoup plus souffert que le Kerala et que les morts, là-bas, se chiffraient par dizaines de milliers. Tout y était ravagé. Les sinistrés étaient pour beaucoup des pêcheurs. Amma leur envoya des volontaires. Elle n'eut que l'embarras du choix : tous voulaient se rendre utiles. Amma a coutume de dire que le miracle, ce sont ses enfants. Un journaliste se montra stupéfait de l'entendre dire qu'elle attribuerait vingt-six millions de dollars aux victimes. Où allait-elle trouver une somme pareille? Amma lui répondit : « Tous ceux qui sont ici, et ils sont des milliers, peuvent travailler des mois et même des années sans le moindre salaire et tout, portes, briques, meubles sont fabriqués gratuitement ici. C'est simple, non? »

Dans les mois qui suivirent le tsunami, Amma donna son *darshan* à un raz-de-marée sans fin de survivants. Un jour, arrivèrent ceux de Nagapattinam, qui comptait huit mille morts. Elle garda l'un d'eux, un homme, dans ses bras pendant vingt minutes. Il se tordait de douleur sur les genoux d'Amma. Il avait perdu sept membres de sa famille : son père, sa mère, sa femme, sa belle-mère et ses trois jeunes enfants. Amma ne se contentait pas d'imaginer sa douleur. Elle était *devenue* sa douleur. Elle pleurait. Son regard allait vers le ciel et ses larmes coulaient. À cet homme, elle répétait sans cesse : « Amma va venir. Amma va venir. » « L'émotion était palpable dans l'air qu'on respirait[1] », raconte un témoin de la scène.

1. *Matruvani*, juin 2010.

Préserve en toi ton merveilleux esprit d'enfance

« Il n'est pas interdit de vieillir, il est interdit d'être vieux. »
Sagesse talmudique

Il m'est toujours apparu que les grands saints étaient habités d'un esprit d'enfance qui les gardait dans la fraîcheur des commencements. Même en vieillissant, ils restent des enfants. C'est ainsi que je vis l'abbé Pierre à notre première rencontre. Il possédait un regard d'adolescent qui tranchait avec les rides du visage et l'épuisement du corps. Le regard pétillant de sœur Emmanuelle presque centenaire demeurait celui de l'enfant qu'elle n'avait jamais cessé d'être. Tous les grands saints ont dû leur ressembler; sans cette innocence, il n'y a aucune chance d'approcher d'aussi près le royaume de Dieu. Jésus, qui savait par essence ce qui plaisait au Père, ne l'a pas exprimé différemment : « À moins que vous ne deveniez comme des petits enfants, vous n'entrerez jamais au Royaume des Cieux. » Il disait aussi : « Celui qui est humble comme ce petit enfant est le plus grand au Royaume des Cieux. » Ou encore : « Laissez venir à moi les petits enfants. »

De nos jours, on dirait que l'humanité est devenue vieille et racornie. Elle fait son âge et a perdu l'esprit d'enfance. Nous sommes semblables à des aigris revenus de tout. Dans nos sociétés de la consommation, il est presque vu comme intelligent de ne pas croire. Être athée représente, aux yeux de beaucoup, une forme d'aristocratie de la libération. Par absence de fraîcheur et d'esprit de contemplation, nous avons laissé peu à peu la matérialité vider notre esprit de la grâce divine. Notre âme est rouillée, parce que Dieu et l'esprit apparaissent rouillés. Pourtant, je suis convaincu qu'ils demeurent vivants sous une forme ou sous une autre, même chez le plus rationaliste des athées, chez le plus totalitaire des incroyants. L'esprit d'enfance possède une telle force qu'il est capable de refaire à neuf un vieux cœur blasé. Un cœur usé par les vanités du monde.

Essayez de songer ne fût-ce qu'un instant comment vous goûtiez la vie quand vous étiez enfant. Vous croyiez alors avec spontanéité. Vous ne passiez pas au crible du doute les choses de la vie. Vous les preniez à bras-le-corps, de toute votre âme. Vous vous lanciez en permanence dans la fraîcheur du présent ; vous ne jérémiez pas sur les nostalgies du passé ou le paradis perdu. Le paradis se conjuguait au présent. Il était sur terre et vous jouiez dans son jardin.

La tâche de ma vie fut de reconquérir mon esprit d'innocence, quelque peu abîmé par les illusions de la terre. Ce fut possible grâce aux grandes âmes qui m'ont accueilli près d'elles avec générosité. Amma arrive en dernier sur ma route ; grâce à elle, peut-être achèverai-je ma reconquête. Pour ce qui est de conserver son esprit d'enfance, elle n'a pas son pareil. Elle diffuse une grâce fluide et naturelle, celle précisément de l'enfant qu'elle a toujours été. Amma me dit : « Tu crains d'avoir perdu ton innocence ? Ne crois pas cela. Elle est toujours là bien vivante, elle est simplement cachée derrière ton orgueil, tes désirs et ton ambition. Détruis ces murailles et tu vas la retrouver intacte. »

Ce qui est inouï avec Amma, c'est qu'il n'est pas nécessaire de passer un très long temps auprès d'elle pour évoluer. Vous la voyez et vous comprenez. Jamais je n'avais croisé un pareil talent, capable de faire briller « l'enfant intérieur » chez la plus racornie des créatures. Elle possède l'art de faire sortir de vous tout ce qui est laid, tout ce qui est vieux, tout ce qui n'est pas

Dieu. Vous allez passer par de drôles de moments : ce qui est laid est aussi très coriace, aussi coriace que le diable que l'exorciste cherche à expulser. La béatitude passe toujours par la souffrance. L'esprit d'enfance est un enfant prodigue qui rentre dans une demeure souvent calcinée. Il m'a suffi d'approcher d'Amma, de la regarder, de me noyer dans son sourire pour m'aider, petit à petit, à comprendre que j'étais resté un enfant. Certains penseront peut-être : « Vous ? Un enfant ? À soixante-dix ans... Un enfant ? Vous n'avez pas honte d'affirmer une chose pareille ? » Avant, oui peut-être, j'aurais été gêné ; une si grande personne, un enfant ? Mais depuis qu'Amma m'a révélé que j'étais un enfant, je ne suis plus gêné le moins du monde, je n'ai plus honte. Depuis que j'ai pris conscience, grâce à Amma, de cette évidence, je m'avise que rester un enfant présente de sérieux avantages. On grandit rapidement. Il ne s'agit pas de croissance ordinaire, mais de celle qui permet au cœur de s'ouvrir vers la vraie croissance, pas celle du corps mais celles de l'amour, de la foi, de l'humilité. Amma a raison quand elle dit : « Pour grandir, il faut redevenir un enfant, c'est-à-dire apprendre à rester un débutant. »

Quand elle travaille en nous l'esprit d'enfance, Amma va plus loin que Jésus. L'esprit d'enfance n'est pas univoque ; il n'est pas le bien absolu qui lutterait contre un mal absolu. L'humain se révèle bien plus subtil. L'excès a toujours été l'ennemi du bien, du vrai. Je n'en veux pour preuve qu'un seul exemple : si je me mets à cultiver résolument en tout ce qui concerne ma vie le caractère d'un enfant, il y a de fortes chances pour qu'autour de moi on me regarde comme immature en paroles et en actes. Amma le sait : certes, les petits enfants ont des qualités que les adultes devraient continuer de cultiver, mais il en est d'autres dont il faut s'abstraire si on ne veut pas vieillir en esprits infantiles. Les enfants sont égoïstes, ils désirent, ils font des caprices, ils pleurent s'ils n'obtiennent pas ce qu'ils désirent. Les enfants manquent de discernement. Leur spontanéité les fait agir sans songer aux conséquences de leurs actes.

Leurs paroles peuvent blesser ; même si la vérité sort souvent de la bouche des enfants, toute vérité n'est pas forcément bonne à dire. L'irresponsabilité de l'enfant peut faire très mal. Elle peut même tuer. Tout ceci est vrai.

En revanche, Amma nous demande de regarder avec tendresse ce qui constitue le bon esprit d'enfance, celui qu'il faudrait garder durant toute sa vie. D'abord, l'enfant vit dans le présent, ce qui le rend insouciant. À quoi bon se préoccuper de ce qui est passé ? On ne peut y revenir. De la même manière, il est inutile de prendre trop de précautions pour l'avenir, puisque par nature il nous échappe. Ensuite, s'il est un trait de caractère à cultiver qui n'appartient qu'à l'enfant, c'est celui-ci : il traite tout le monde en égal. La femme ou l'homme, le juif, le musulman, l'animiste, le chrétien ou l'athée, le riche ou le pauvre, tout est égal. Ne sentant aucune différence entre les autres, l'enfant ne connaît pas la peur et développe un esprit de confiance. L'attachement de l'enfant paraît moins coriace que celui de l'adulte. Enlevez-lui un jouet, il en aura du chagrin, mais il passera rapidement à autre chose. Il n'est en réalité attaché d'une manière très forte qu'à sa famille. Est-il besoin de préciser qu'il n'est pas tourmenté par le sexe ? Mais plus que tout, ce qui doit être le fil d'Ariane du bonheur, c'est cette capacité permanente d'émerveillement qu'il possède au plus haut point. Une capacité d'émerveillement que possède encore la vieille Maude, l'héroïne d'*Harold et Maude*, et qui lui permet de faire redécouvrir la joie de vivre au jeune Harold, qui déjà commençait à perdre la sienne. C'est la capacité d'émerveillement qui était celle de François d'Assise devant les oiseaux, ou celle d'Amma seule face à l'océan.

Poussières de vie dans les pas d'Amma

« Si l'on a la foi et la confiance d'un enfant, tout devient possible. Ce sont l'innocence et la pureté de votre cœur qui vous sauveront. »

AMMA

Marie se frottait les mains. « Cette fois, je vais la coincer et elle ne pourra pas se dérober », songeait-elle. Cela faisait un an qu'elle attendait qu'Amma lui donne son nom, celui qui ferait d'elle une disciple du maître. Cela faisait longtemps qu'elle avait croisé le chemin de la sainte. C'était en France, durant les premières venues d'Amma. Marie s'était rendue près d'elle une fois, puis deux, puis elle n'avait plus cessé. La première fois ce fut par curiosité, puis ce fut par besoin d'en savoir davantage sur elle-même, enfin ce fut par amour. Le premier *darshan* est une expérience singulière, propre à chacun, et ce qu'on ressent est le plus souvent le fruit de ce qu'on est. Cela dépend aussi de ce qu'on attend. Si vous êtes bien, en parfaite forme physique et morale, en harmonie avec vous-mêmes, et assez heureux pour ne pas souhaiter changer de vie, que vous soyez à Lourdes aux piscines de la Grotte ou aux pieds d'Amma, vous serez intrigués, peut-être même surpris ; vous ressentirez une sorte d'onde bénéfique, une légèreté dans l'air, un souffle de bonheur. Vous aimerez son sourire et vous vous sentirez pénétrés de quiétude. Mais cela peut s'arrêter là. Si vous arrivez à ses pieds découragés de la vie, désespérés, abandonnés, seuls dans votre cœur, ce qui est la pire des solitudes, vous ressentirez le plus souvent une forte émotion, comme sous l'effet d'une révélation. Vous pleurerez de pleurs qui coulent comme une prière : « Amma, je veux rester avec toi. Ne m'abandonne pas. Je suis si seul. »

Ce jour-là, Marie, qui n'était ni seule, ni malheureuse, qui vivait un de ces bonheurs faits de hauts et de bas, mais de bas sans gravité, est arrivée aux pieds d'Amma, s'est agenouillée, a posé sa joue contre son épaule, s'est laissé étreindre, s'est redressée. C'est alors que leurs regards se sont croisés : « Je l'ai regardée et j'ai vu comme deux rayons laser qui pénétraient dans mes yeux. Ébranlée, je suis allée m'asseoir à une vingtaine de mètres d'elle au milieu d'un petit groupe. » Marie a vite repris ses esprits, elle s'est mise à observer le *darshan* et les gens qui défilaient, puis soudain, son bon sens ou son mauvais esprit lui ont soufflé à l'oreille : « Ce n'est pas possible ! Donner comme ça son amour à des milliers de gens, à la queue leu leu, ce n'est pas possible... C'est une mascarade ! » À la seconde où cette pensée est venue à l'esprit de Marie, Amma a tourné son visage vers elle et son regard l'a trouvée, au milieu de quarante personnes. Elle ne regardait ni sa voisine, ni son voisin, personne d'autre, non, c'était bien elle. « Son regard était si profond, j'aurais voulu me mettre dans un trou de souris. Elle avait donc capté ma pensée et son regard me disait : "Oui mon enfant, je suis Amour, je suis l'Amour avec un grand A." Ce n'était pas un reproche ; elle me souriait avec bonté. »

Marie est heureuse dans sa vie. Elle aime son Sud-Ouest, dont elle a l'accent ; sa famille et ses amis. Elle a toujours rêvé de fonder une famille, de rencontrer le prince charmant, d'avoir des enfants. Marie est bonne vivante, drôle, bavarde et enjôleuse. Elle ne connaît même pas ce vide de l'âme si répandu dans nos sociétés à force de trop d'objets, de trop de matériel : elle a le bon sens trop campagnard pour cela, et possède l'amour des choses de la terre, celles qui rapprochent de Dieu, c'est-à-dire les rivières, les montagnes, les prés et les fontaines. Elle est chrétienne pour la joie et non par contrition. Surtout, elle aime Jésus. Quand on aime Jésus comme elle l'aime, ce n'est pas la peine de chercher ailleurs. Mais il y a ce regard d'Amma qui de temps à autre revient… À force de revenir, il finit par devenir si familier qu'une question jusqu'alors vague se fait précise : « Bon ma fille, quel chemin doit être le tien ? La famille ? ou la recherche spirituelle à plein temps ? » Cette question vient, revient et toujours revient, trois ans durant. Marie a alors trente-sept ans. Heureuse et épanouie comme elle l'est, elle ne parvient pas à répondre. La réponse est plus facile sans doute pour les gens qui ne sont pas épanouis.

En 1996, elle se rend en Inde pour la première fois, pour savoir. Elle interroge l'astrologue de l'*ashram*, comme jadis ceux qui allaient en Grèce consulter l'oracle. La réponse de celui-ci est celle d'un Normand. Il va bien falloir s'aider soi-même, songe Marie. L'oracle choisit de lui répondre en France et non en Inde, car c'est ainsi avec les oracles : ils ont beaucoup de fantaisie et d'humour. Ce sera à l'issue d'une retraite spirituelle en Ariège. En effet, Dieu choisit souvent de nous parler dans les lieux que nous aimons, mais également à travers les personnes qui nous sont chères. Ainsi ce jour-là, l'amie avec qui elle était partie lui dit soudain, sans la moindre hésitation : « Mais qu'attends-tu pour aller vivre à l'*ashram* ? Tu n'as pas d'attachement, pas de mari, pas d'enfants… À ta place, il y a longtemps que je serais partie ! » Marie a compris. C'est la réponse, celle qu'elle attendait. Deux mois plus tard, comme chaque année, elle va voir Amma ; c'était à Ardennes, près de Saintes. Arrivée à ses pieds, elle prend son courage à deux mains et lui dit tout. Amma la regarde longuement, son visage est comme illuminé de l'intérieur, irradiant d'une lumière d'un blanc doré. Devant une telle beauté et un tel amour, Marie confie : « Mes larmes ont coulé. Mon cœur a fondu. » Amma lui parle et Marie entend grâce à son cœur : « Mon enfant, te voici ! Je suis heureuse. »

Marie a eu quelque mal à obtenir son nom. Cela fut plus difficile que de mettre un sari blanc. Ce n'est pas l'habit qui fait le moine, c'est l'âme. Or, le nom a une résonance avec l'âme. On peut porter le sari blanc à vie sans jamais porter le sari jaune des *brahmacharinis* sans que cela n'enlève rien à la beauté de l'âme. En revanche, le sari jaune ne garantit pas que vous possédiez plus d'amour. L'amour n'a pas de couleur. Or, le nom vous définit, il vous relie à une histoire qui est la vôtre et qui est aussi celle d'une relation avec Dieu. Ce nom, Marie y tenait et pourtant elle dut l'attendre. Amma éprouvait-elle par là la qualité de patience de Marie, qui n'était pas son fort ? Peut-être. Puis arriva le jour de grâce qui, comme toujours, survient quand on ne l'attend pas. Cela eut lieu un été, alors qu'Amma la recevait avec d'autres dans sa minuscule chambrette. Quand ce fut son tour d'approcher d'elle, Marie demanda : « Amma, peux-tu me donner mon nom ? » Amma sourit et dit quelques mots en malayalam, puis en anglais : « Sais-tu qui est Niraja ? » Marie secoua la tête. Alors Amma demanda à Shubamrita, l'un de ses proches, qui se tenait près d'elle, de lui raconter qui était Niraja. C'était une histoire si belle que je ne résiste pas au désir de vous la raconter. D'autre part, c'est un moyen de vous montrer qu'Amma ne choisit pas les noms au hasard.

Cette histoire d'amour collait parfaitement à Marie, épousait ce que furent sa vie et ses désirs, sa sensibilité et la beauté de son cœur.

Niraja était une « *gopi* », c'est-à-dire une bergère. Elle était arrivée au village de Vrindavan pour épouser un berger. À peine était-elle arrivée, que sa belle-famille l'avertit : « Méfie-toi de Krishna ! Ce petit pâtre à la couleur bleue a ravi le cœur de toutes les *gopis* du village. Surtout ne t'approche pas de lui ! » Ces gens-là ignoraient ce qu'était la force irrésistible de l'amour divin. Un jour, Niraja vit Krishna alors qu'il jouait de la flûte sous une tonnelle. Cela lui suffit. L'amour pour Dieu avait germé en elle. Chaque jour, Niraja alla sous la tonnelle s'immerger dans l'amour. Puis Krishna quitta Vrindavan. Seule désormais, Niraja alla sous la tonnelle, sans dormir ni manger. Elle dépérissait. Sa famille s'inquiétait. Mais il n'y avait rien à faire : elle voulait se fondre entièrement en Krishna. Les années passèrent. Elle était devenue squelettique, mais son visage rayonnait d'une clarté divine. Elle attendrait son bien-aimé coûte que coûte. À bout de forces, elle était près de la fin. Soudain, Krishna lui apparut. Il s'assit près d'elle et plaça la tête de Niraja sur ses genoux. Il la regarda tendrement et lui demanda : « Niraja, mon amour, quel est ton dernier souhait ? » « Mon amour, lui répondit-elle, les yeux dans les yeux, je voudrais t'entendre jouer de la flûte une fois encore. » Krishna se saisit alors d'un roseau, le cassa, et celui-ci devint flûte. Il se mit à jouer et c'est ainsi que, suspendue à ses lèvres, Niraja quitta son corps et se fondit dans le Soi suprême… C'est ainsi que s'éclairait le sens de ces mots entendus sur les lèvres d'Amma durant un *bhajan* : « L'amour pur est feu. Il consume. L'embrasement dévorant de l'amour réduit tout en cendres. Quand la force de vie vient au contact de l'éternel brasier divin de l'amour, seul l'amour, l'amour divin immuable demeure. "Je", l'*ego*, a été dissous. Il s'est fondu dans l'être immortel appelé Dieu. »

Marie ne s'appelait plus Marie. Elle était Niraja. Elle songea que si elle avait tant attendu, cela en valait la peine, car ce nom de Niraja était venu à Amma comme un éclair divin, en hommage à la clarté de cœur qui était celle de Marie. Et cet hommage était venu dans le mouchoir de poche qu'était la chambre d'Amma, cette chambre du strict minimum. Ce jour-là, Niraja, qui aimait tant Jésus, sut que non seulement elle ne l'avait pas perdu, mais aussi qu'elle l'avait retrouvé. Jésus et Amma ne faisaient qu'un, au-delà des siècles et des religions. Il n'y a qu'un seul Dieu. Combien de fois, tandis qu'elle suivait Amma vers les pauvres de l'Inde du sud, le visage de Jésus lui est-il apparu ? Combien de fois a-t-elle entendu son nom ? Quand Amma s'arrêtait dans son voyage et descendait un petit chemin qui serpentait vers une petite rivière suivie de femmes en sari blanc, Niraja songeait : « C'est le Jourdain. » Elle se revoyait alors, petite fille, feuilletant la bible illustrée qui lui avait été donnée au catéchisme. « Quelle chance ont-ils eue de vivre en ce temps-là avec Jésus ! Je mesure leur joie, puisque c'est celle que je ressens de suivre Amma ! » Une petite voix lui disait : « Le bonheur que tu cherches tant, il est ici et nulle part ailleurs. Tu l'as trouvé. »

Vivre aux côtés d'un saint est une grâce. Ce que l'on apprend de soi, de la vie, de l'amour, de Dieu, est un puits sans fond où l'on peut boire le nectar de la vérité. La grâce me fut donnée de vivre le quotidien de l'abbé Pierre et les fruits retirés continuent de produire leur suc depuis qu'il est parti. Je me suis promis un jour de les partager avec ceux qui en auront besoin, mais à voir les fruits dont me parlent d'autres que moi, je reconnais le même arbre. Il s'agit de l'arbre de vie, celui dont les fruits ne seront jamais des natures mortes. Ainsi, les souvenirs de ceux qui furent les plus proches d'Amma font le miel de ceux qui en furent plus éloignés. Ils nous disent comment une âme progresse au contact d'une sainte, par petites touches, avec un doigté subtil, parfois avec douceur, parfois avec violence, à travers des épreuves qui sont autant d'initiations.

Ainsi, aux premiers temps de l'*ashram*, alors qu'ils étaient encore si peu nombreux, il y avait une disciple qui supportait mal un autre disciple qu'elle considérait, avec exagération, comme un donneur de leçons. Par réaction, elle contrefaisait sa démarche et se moquait de lui. Comme on le voit, Amma avait fort à faire avec l'*ego* des gens qui l'entouraient. Ils avaient beau être tous de sincères chercheurs, ils traînaient des défauts qu'ils peinaient à corriger. Au moins les reconnaissaient-ils. Amma vit la moquerie de la disciple et lui dit : « Ma fille, un aspirant spirituel ne devrait jamais se moquer de quiconque, sous peine d'entraver son progrès spirituel. » Il n'empêche ! Comme c'était plus fort qu'elle, elle recommença à se moquer. Il advint que le lendemain, marchant dans la nuit noire, son pied buta contre une racine et qu'elle se fit très mal. Elle courut aussitôt vers Amma en la priant de regarder son pied. Amma y jeta à peine un regard, sans dire un mot. La disciple aux prises avec son *ego* se mit à maugréer que s'il s'était agi d'une autre qu'elle, Amma se serait mise en quatre pour apaiser sa douleur. La jalousie la dévorait. Un peu plus tard Amma lui fit comprendre que sa première leçon ayant été ignorée, il lui avait fallu passer par la manière forte. Le remords envahit le cœur de la disciple et une larme coula sur sa joue. Amma lui tendit les bras et lui dit simplement : « Viens ! Ma fille, Dieu demeure en chacun de nous. Se moquer d'autrui revient à insulter Dieu. » La leçon d'Amma avait une autre raison. À ses yeux un chercheur de Dieu doit toujours se montrer courageux. « Mes enfants doivent avoir des cœurs de lion, disait-elle. Les petites blessures, les fièvres légères, les incommodités du corps humain, tout cela est négligeable et ne doit jamais conduire à se plaindre. » Amma elle-même ne se plaignait jamais alors que ses souffrances lui en auraient donné mille fois l'occasion. Dans le cœur de la disciple rayonnaient désormais ces paroles d'amour : « Ma fille, Dieu est en chacun de nous… »

Pour Amma, l'*ashram* et le maître ne font qu'un. L'*ashram* n'est pas un enchevêtrement de briques et de ciment, mais un corps vivant. Un cœur bat en son sein et le sang de la vie irrigue la moindre de ses anfractuosités et de ses fissures. Nous, Occidentaux, si habitués aux choses et au matériel, avons du mal à imaginer un cœur battre dans du ciment et du béton. C'est que nous avons depuis longtemps perdu pied avec le sacré. Le sacré imprègne les choses comme les êtres et l'amour conditionne l'harmonie pour chacun d'eux. Un jour de 1986, vers la fin de la matinée, les disciples travaillaient sur le chantier du premier bâtiment de l'*ashram* quand Amma descendit de sa chambre pour donner le *darshan* dans la hutte qui lui était réservée. Les voyant accourir le sourire aux lèvres, Amma les arrêta net et leur dit : « Mes enfants, retournez à votre travail. » Tristes, ils lui obéirent. Quand vint le soir, elle les appela tous auprès d'elle, les serra contre elle avec effusion et leur dit : « Cet *ashram* même est mon corps. Apprenez à le considérer comme le corps d'Amma. Un disciple doit être attaché à l'*ashram* autant qu'au maître. » Cette parole troubla beaucoup Swami Amritaswaroupananda. D'un côté, se disait-il, Amma me demande de me libérer de mes attachements et je me suis donc libéré de ma famille, de mes amis et de tous les miens, et voilà que maintenant Amma me demande de m'attacher au maître et à l'*ashram* du maître... Le lendemain matin, il se rendit à huit heures à la méditation. Amma les rejoignit comme d'habitude, avec sa poche remplie de petits cailloux. Swamiji ne put réprimer un sourire. Amma, les yeux fermés, voyait tout. Omnisciente quand elle se fondait dans l'Un, elle devinait sans risque d'erreur la pensée indésirable qui s'infiltrait dans le mental de l'un ou l'autre de ses disciples. Elle lui lançait alors un caillou sans jamais rater sa cible. À l'issue de la méditation, elle s'adressa à Swamiji et, faisant écho à la pensée de celui-ci, lui dit : « L'attachement au maître et à l'*ashram* n'est pas un lien. Pour enlever une épine, on se sert d'une autre. Cet attachement délivre de tous les autres et nous mène à la libération. » Elle avait donc lu dans les pensées de Swamiji et celui-ci comprenait le sens de ces mots quand elle disait : « Chacune de vos pensées passe par Moi. »

Il n'était pas un jour où une divine surprise ne vienne troubler les habitudes de chacun. Les premières années, l'habitude était de n'en avoir aucune. Il n'y avait pas la moindre règle et chacun créait donc la sienne à sa guise. Cela devait avoir un charme fou car les disciples firent grise mine un beau matin, huit mois avant l'inauguration de l'*ashram*, quand Amma vint leur dire que c'était fini et qu'au délicieux désordre succéderait l'ordre. Parmi tous, une des très proches d'Amma en souffrit beaucoup. La méditation s'était accrue. Parfois elle y parvenait, parfois non, car elle possédait le mental vagabond. Souvent, elle s'endormait. Elle en parla à Amma, qui lui suggéra de méditer sur ses pieds. Cela paraîtra cocasse à nos amis Occidentaux mais les pieds du maître en Inde sont des sujets de vénération pour des raisons complexes qu'il est inutile de développer. Ainsi, la disciple, qui était une Occidentale, fit tous ses efforts pour visualiser les pieds divins, sans grand succès. « Ça ne s'améliore guère, ma fille, à ce que je vois ? » lui dit Amma. « Que faire, Amma, j'ai beau essayer de me concentrer sur tes pieds, ils m'échappent tout le temps en courant ! » Amma ne put s'empêcher de rire. La disciple à l'esprit vagabond faisait tout ce qu'elle pouvait, mais sans y parvenir. Elle fermait les yeux, puis quelqu'un passait ; elle ne pouvait s'empêcher d'ouvrir un œil pour savoir de qui il s'agissait. Voyant cela, Amma lui ordonna de rester vingt minutes sans ouvrir les yeux. « Il me semblait qu'un singe affligé de démangeaisons se démenait à l'intérieur de moi », confie-t-elle. Ce fut un échec programmé. « Ne t'inquiète pas ma fille, pour certains c'est plus rapide, pour toi ce sera plus lent. »

La disciple ne parvenait pas à se remettre de son échec, mais un soir, la voix d'Amma s'éleva lors des *bhajans*. Elle entendit cette voix comme jamais elle ne l'avait entendue. Elle se sentit partir vers des dimensions jusqu'alors inconnues d'elle, vers un monde de béatitude et de paix. C'était si beau, si grand, si fort qu'elle voulait être seule, que personne ne puisse la voir, de peur qu'on ne veuille lui dérober son bonheur. À cet instant, les lumières s'éteignirent à cause du vent et tout plongea dans les ténèbres. Seule vacillait dans le temple la lueur orangée de la lampe à huile. La disciple avait été exaucée. Amma chantait toujours et la disciple, elle, gravissait les cimes. Elle toucha l'extase, qu'elle n'avait encore jamais connue. Elle n'en sortit peu à peu qu'avec la voix de Damayanti, la mère d'Amma, qui lui disait : « Qu'y a-t-il ? Qu'y a-t-il ? » tandis que de sa main, elle lui secouait l'épaule. Elle ne reprit son état normal que petit à petit et demeura sans parler durant plusieurs jours. Elle comprit par la suite que ses efforts n'avaient pas été vains et que le *nirvana* survient sans que vous sachiez ni le lieu ni l'heure.

L'émotion est belle quand elle nous fait admirer ce qu'il y a de plus beau sur cette terre; en tout premier : l'amour désintéressé. Trop forte, elle peut nous aveugler et nous donner à voir en rose ce qui ne saurait être qu'en demi-teinte. Le propre de l'humain est davantage dans la demi-teinte que dans la couleur franche. Or, la tentation naturelle de celui qui, ayant beaucoup cherché, découvre enfin l'amour pur de toute attache, est de verser dans l'illusion. L'une de ces illusions est de croire que tout ce qui touche de près les saints est saint, ce qui conduit vers une imagerie d'Épinal où tout finit par devenir fade à force d'être trop beau, alors que l'humain est seulement trop humain. Cette illusion coïncide avec la fraîcheur des commencements et, s'il est bon de la perdre, c'est aussi en gardant la fraîcheur de l'aube. Cela paraît impossible et pourtant ne l'est pas. Je me souviens du temps lointain où, découvrant l'amour de Jésus derrière le pauvre secouru par l'abbé Pierre, comme d'autres dans le mourant de mère Teresa, je fonçai avec la fougue des nouveaux convertis. Or, trop de fougue aveugle. L'abbé Pierre était un saint, donc tous ceux qui le suivaient devaient l'être, pensais-je. J'avais tout faux.

D'abord, je me rendis compte que le saint est humain. Il a ses doutes, ses souffrances, ses « nuits », comme l'écrit mère Teresa. Ensuite, je compris que l'humain reste toujours terriblement humain, ce qui n'aurait pas dû m'étonner. D'où venaient tous ces gens qui suivaient l'abbé Pierre ? Il était évident qu'ils traînaient avec eux leur poids de drames et de « casseroles ». Le saint voisinait avec le bandit, comme Jésus était sur la Croix avec ses larrons. La belle âme en jouxtait une autre en demi-teinte, ou carrément plus sombre. Bref, c'était l'humanité et c'est aussi ce qui en faisait la richesse aux yeux de Dieu. Il n'y a pas de monde parfait : il y a seulement un monde en recherche à côté d'un autre qui ne l'est pas. Peu à peu, mes yeux s'étaient dessillés. À ma grande surprise, alors que j'attendais que tout s'effondre et qu'avec la lucidité s'en aille la fraîcheur, je demeurai plus enthousiaste de l'imperfection que je ne l'avais été de la perfection. Dieu m'avait fait la grâce d'étendre mon enthousiasme du délice de voir la perfection acquise à celui de voir à l'œuvre la recherche de la perfection. C'est une nuance d'importance. Le premier délice était celui de l'enfant, le second celui de l'adulte. Il fallait que je m'y fasse. L'avantage auprès d'une sainte comme Amma est de pouvoir conjuguer les deux délices par un travail vigilant sur le cœur attaqué par l'effraction de l'*ego*. Un *ego* sans cesse revenant et sans cesse repoussé, comme le rocher de Sisyphe. Il ne se maîtrise pas par une clé de judo qui le mettrait à terre pour le compte et une fois pour toutes. Il ne finit par s'en aller pour de bon qu'au bout d'une guerre d'usure, au bout d'un long dégoût, et encore reste-t-il toujours un risque de le voir renaître de ses cendres. Consolons-nous : si mère Teresa a eu des « nuits » de l'âme, nous pouvons bien avoir les nôtres !

Une disciple aimait follement Amma et, comme cela arrive souvent, cet amour s'était mué en possessivité. Amma évidemment s'en aperçut et, en bonne destructrice de l'*ego*, créa les conditions pour que le poison remonte à la surface afin d'en débarrasser l'amoureuse. Un jour donc arriva à l'*ashram* une jeune femme de seize ans qui portait en elle comme une grâce naturelle. Amma la combla de gentillesses et d'attention. Bien vite, la jalousie commença de poindre dans le cœur de celle qui aimait tant Amma. De toutes les laideurs de l'*ego*, la jalousie est sans doute la plus laide. C'est aussi la plus sournoise. Les jours et les nuits durant lesquels la disciple fut la seule invitée à partager la chambre d'Amma s'écoulèrent. Puis, un jour, celle-ci lui demanda soudain la raison pour laquelle la jeune femme ne les rejoignait pas. La disciple demeura muette et la jalousie en elle s'accrut. Ainsi furent-elles deux désormais à venir partager le repos d'Amma. Le poison devint insidieux dans le cœur de la première arrivée et, un jour, de rage, elle s'en prit à l'autre qui, effrayée par cette violence soudaine, s'enfuit. Quand la disciple revint, seule, auprès d'Amma, celle-ci lui tourna le dos et refusa de la recevoir. Il s'écoula ainsi plusieurs jours, puis Amma lui dit : « Quelle sorte de spiritualité est-ce là ? Plutôt que de dormir à côté d'un être rongé par la jalousie, je préfère dormir dehors. » Elle se leva d'un bond et sortit. La disciple la suivit. Décontenancée, elle ne savait que faire pour se faire pardonner. Elle pleura et promit que cela n'arriverait plus. Amma se tourna lentement vers elle, puis elle sourit : « Jamais plus ? Vraiment ? »

Ce qu'Amma enseigne, elle le vit…

« Jouez comme un enfant. Réveillez cette innocence en vous.
Passez du temps en compagnie des enfants.
Ils vous apprendront à croire, à rire et à jouer.
Les enfants vous aideront à sourire de tout votre cœur
et à regarder avec émerveillement. »
AMMA

Rares sont les grands maîtres qui enseignent *ex cathedra*, du haut d'une chaire, à hauteur médiane entre le ciel et la terre, pour montrer qu'ils sont titulaires d'un savoir qui leur vient de Dieu. Cela se vérifie davantage pour les maîtres « profanes », qui ont besoin de la chaire pour être reconnus et entendus. Les maîtres spirituels n'ont nul besoin d'être portés sur un pavois. Au contraire, alors qu'ils devraient être très haut, ils ont choisi d'être très bas, au contact direct de ceux à qui ils enseignent. Ils ont choisi d'être à niveau et non pas au-dessus. Ont-ils besoin de cela pour être suivis ? Leur aura vient de l'amour et l'amour ne réclame aucune autorité. Enseignent-ils vraiment ? Ils sont davantage des « catalyseurs », des révélateurs de ce que nous avons tous au fond de l'âme et, même s'ils ont des millions de disciples, ils sont en réalité pour chacun un précepteur particulier. Ils sont maîtres vis-à-vis de chacun et non vis-à-vis de tous car, en matière spirituelle, chacun est un cas particulier qui doit apprendre à se connaître et à emprunter le chemin qui est le sien. C'est ainsi que la relation maître-disciple possède cette saveur unique, cette touche aux multiples facettes dont la richesse naît de l'échange et non d'un monologue. C'était vrai des maîtres philosophes de l'Antiquité, en particulier de Socrate, qui inventait la « maïeutique », cet art d'enseigner qui s'apparentait à celui d'accoucher. Accoucher de son âme, c'est un peu comme accoucher d'un bébé. Simplement, accoucher de l'âme s'avère plus difficile que d'accoucher d'un bébé. La nature commande l'un, l'*ego* empêche l'autre. Le maître spirituel est l'« accoucheur de l'âme ». C'était vrai de Lao-Tseu, de Jésus, du Bouddha. C'est vrai aujourd'hui des mahatmas qui éclairent le monde quand le ciel s'assombrit. Les grands maîtres ont la faculté de vous deviner, d'entrer en vous, de vous démasquer. Ils aident à accoucher de votre vérité en vous tendant le balai, en vous désignant l'encoignure où vous auriez laissé un peu de poussière. Cela n'a l'air de rien, c'est fait avec l'air de ne pas y toucher, mais cette poussière invisible empêche parfois d'ouvrir et de fermer la porte. L'ouvrir à l'air pur, la fermer à la pestilence de l'*ego*.

Nous sommes des êtres tiraillés. Nous savons que la vie matérielle n'a pas de sens. Nous voulons changer afin d'entrer dans la vraie vie qui nous permettra d'aller vers la Conscience divine. Nous le savons et pourtant nous sommes tiraillés. Moi-même, je connais ce tiraillement depuis longtemps. Peut-être suis-je un mauvais chercheur, car je n'en ai jamais fait une affaire d'État, une crise existentielle, un « tout ou rien ». J'ai essayé de vivre cela avec humour. Au lieu de me révolter, j'attends paisiblement la grâce. Elle se fait attendre... Je comprends mes frères, parvenus à deux doigts d'attraper le pompon, qui le ratent, pleurent et se disent : « Ben, c'est pas gagné ! » C'est rageant et chacun réagit avec son tempérament. Les pleurs viennent plus facilement que le sourire et il y a plus de découragés que de facétieux. Pour ne pas se désespérer trop vite, regardons autour de nous... Que vois-je ? L'abbé Pierre avait en lui cette poussière qu'il ne parvenait pas à balayer. Il la confie avant de mourir dans son pathétique *Mon Dieu...*

pourquoi ? La sœur Emmanuelle livre en testament ses *Confessions d'une religieuse* et la mère Teresa confie au monde ses « nuits » dans ses lettres. Si des grands saints ont connu le tiraillement entre les choses de Dieu et l'attrait du monde, cela relativise mon propre tiraillement... Un jour, Amma répond à une de ses très proches ainsi « tiraillée » : « Courage ma fille, la foi véritable est inébranlable. Si elle vacille, c'est qu'elle n'est pas encore "authentique". Rassure-toi, une fois qu'on a passé cette étape, on ne perd plus jamais la foi. » Finalement, elle lui conseillait de ne pas se crisper...

J'ai dit que le vrai maître n'enseignait pas. Je veux dire par là qu'il n'enseigne pas comme on l'entend généralement, mais qu'il se donne à voir dans sa vie et dans sa façon de vivre. S'agissant d'Amma, c'est évident. Elle raconte des traits de son enfance ? Son visage s'éclaire de joie. Quand sa mère avait fini de cuisiner, elle commençait toujours par mettre de côté une partie de la nourriture pour les voisins ou pour quelqu'un qui aurait faim. Elle n'était pas différente des autres : en ce temps-là, dans les villages, tout le monde faisait ainsi. Si des visiteurs arrivaient, on les servait en premier avec le meilleur. Les enfants se contentaient de l'eau de riz. Amma se souvient qu'elle grimpait aux cocotiers et en arrachait les branches sèches pour faire chauffer le thé pour ceux qui arrivaient. Sa mère plaisantait : « Continue ainsi et personne ne t'épousera sauf un grimpeur de cocotier ! » Elle regorge d'anecdotes sur sa façon de vivre la joie et le don durant son enfance. Personne ne saurait la raconter aussi bien qu'elle. En l'écoutant, nous sommes au cinéma : elle écarquillait les yeux devant les merveilles du monde et voyait en tout la beauté de Dieu. Dieu était dans les arbres, les plantes, les oiseaux et les animaux. Il était dans les murs des maisons, dans le chaume et le ciment. Tout était Dieu. Elle poursuivait les abeilles et les libellules pour les attraper et même si elles la piquaient, elle souriait : elle voulait juste leur chanter une chanson. Aux plantes et aux fleurs, elle racontait des histoires, et que dire des dialogues qu'elle engageait avec l'océan ! Tout était enchantement, jusqu'aux toutes petites choses. Regardait-elle la lagune qu'elle se voyait en compagnie des petites filles qui n'avaient pas alors le droit de nager et qui trichaient en relevant leur robe au-dessus des genoux pour ne pas la mouiller. Regardait-elle un manguier ? Elle se voyait assise avec les enfants qui priaient pour qu'un souffle de vent fasse tomber le fruit. On raconte qu'un jour, à l'île Maurice, Amma voulut aller jusqu'à une maison éloignée afin de la bénir ainsi que la famille qui vivait là. « Mais Amma, il n'y a plus personne dans cette maison ! » Rien à faire, car dans ce lieu où elle avait jadis séjourné, elle voulait remercier les arbres, les plantes et même les murs qui l'avaient accueillie. C'est ainsi qu'Amma « enseigne ».

Les *swamis* ont été les premiers à bénéficier de la « maïeutique » d'Amma. Swami Ramakrishnananda nous raconte une histoire révélatrice de la méthode et du résultat. C'était il y a très longtemps et l'*ashram* était sans le sou. Un jour vint une femme du Tamil Nadu, sur la côte est. Elle voulait voir Amma et le *swami* parlait tamoul. Conquise par son aura, la femme avait fait don d'une grosse somme d'argent ; c'était une aubaine. Un mois plus tard, la généreuse donatrice revint. Amma était dans sa chambre. Balou (c'était encore son nom) se précipita pour annoncer la visite. Amma commençait de grignoter son repas.

« Que veux-tu ?

— C'est la personne du Tamil Nadu qui nous a fait ce don.

— Et alors ? Que dois-je faire ? »

Balou s'en alla penaud. Un peu plus tard, il revint, et Amma lui demanda :

« Y a-t-il des gens qui attendent de me voir ?

— Oui, Amma, il y a cette dame du Tamil Nadu.

— Je ne te parlais pas d'elle. Y a-t-il quelqu'un d'autre ? »

Balou alla voir et revint en disant qu'il y avait un couple avec leurs deux enfants. C'étaient des pauvres, presque des mendiants. Arrivés en retard, ils avaient raté le *darshan* et en étaient malheureux. « Fais les venir. » Elle les étreignit et les consola pendant une demi-heure. Quand ils furent partis, Balou ne put faire taire sa curiosité.

« Pourquoi agis-tu ainsi ?

— C'est simple. Ils sont si pauvres qu'ils économisent tout le mois pour payer l'autobus et venir ici. Et ils viennent de m'offrir les cinquante centimes qui leur restaient. »

Quelle leçon ! Cela signifiait qu'aux yeux d'Amma, le sacrifice de ces pauvres valait plus qu'un million de dollars[1]…

Cette leçon de vie m'en rappelait cette autre, que j'ai déjà racontée. L'abbé Pierre répétait sans arrêt ces mots : « Sers en premier le plus souffrant. » J'arrivai cette fois-là par le train au monastère de Saint-Wandrille, où l'abbé Pierre résidait. Il m'accueillit plutôt fraîchement, ne s'intéressant pas à ce que je lui disais. Il n'avait qu'une idée en tête : aller rechercher là où il aurait pu le trouver un misérable qui avait pris le même train que moi. Il ne revint qu'au bout de trois heures avec son homme. Il était redevenu radieux. Tel était l'abbé Pierre.

———

1. *Matruvani*, n° 22, été 1998.

Amma dans l'intimité de l'océan

« Si nous vivons en harmonie avec la Nature, dans l'amour et l'unité, nous aurons la force de surmonter n'importe quelle crise. »
AMMA

Amma aimait Lakshmi, qui l'assistait, auprès d'elle toujours, comme seule une femme pouvait l'être. Elle dormait avec elle, lui donnait son bain, s'occupait de ses vêtements et de tout ce dont elle avait besoin. Pourtant, Amma lui interdisait de l'accompagner la nuit auprès de l'océan. C'était très dur pour Lakshmi. La mer est une source d'inspiration infinie, un lieu de ressourcement, une énergie puissante qui nous attire et nous effraie. Peut-être la craignons-nous parce que nous ne l'aimons pas assez et que nous oublions de la respecter. La nature montre ses griffes si elle se sent agressée. Si nous aimons assez la mer, elle nous le rend cet amour, crée en nous un sentiment d'infini, nous fait don de sa beauté. Son ressac nous berce. Cet infini est semblable à celui qui est issu de la contemplation des étoiles. Puissance, immortalité, éternité, divinité sont les mots qui nous viennent à l'esprit face à la mer. La béatitude inonde notre cœur. Plus que tout, la mer est liberté. « Homme libre, toujours, tu chériras la mer », dit le poète. La mer n'est pas seulement face à nous : elle est en nous. En nous quand l'infini nous rejoint ou que nous rejoignons l'infini. En nous quand, au-delà de toutes les différences, nous percevons l'unité. L'amour est océan puisqu'il est infini. C'est ce que ressentent deux êtres qui s'aiment. La complémentarité devient unité. La distance est abolie. Le bonheur survient. La mer a nettoyé notre cœur. Quand on aime Dieu, l'unité n'est plus seulement entre deux êtres, mais avec tout et tous, avec toute la création. L'océan nous rappelle à notre vraie nature.

C'est peu dire qu'Amma aimait l'océan. Depuis l'enfance, il la fascinait. Elle l'aimait comme sa propre mère. Quand elle était, enfant, rejetée de tous et même des siens, elle allait vers la mer trouver sa consolation. Elle lui confiait tout, ses joies comme ses peines, elle partageait avec elle le plus intime de son être. Elle lui parlait, elle lui chantait, elle lui chuchotait des secrets. Plus qu'une mère peut-être, la mer était la confidente et l'amie à qui on dit tout, à qui on ne cache rien. L'amour se nourrit de la confiance. Amma ne perdit jamais cette habitude de prendre des moments intimes avec l'océan. De sa chambre, il ne faut guère plus de trois minutes pour l'atteindre. La plage est bordée d'une digue de gros rochers pour protéger le village de ses caprices. C'est sur ces rochers, à plus de deux mètres au-dessus de l'eau, qu'elle s'assied pour méditer deux ou trois heures. Puis elle chante quelques *bhajans* avant de marcher deux ou trois heures encore le long de la côte. Quand elle revient à sa chambre, il est presque l'aube. Au début, Lakshmi l'avait suivie une fois ou deux sans qu'Amma ne lui dise rien. Puis elle lui dit : « Amma a tant de choses à confier à la mer. En présence de quelqu'un d'autre, elle ne peut lui parler librement. » Lakshmi en fut triste à mourir, mais elle obéit.

Elle la vit ce soir-là quitter sa chambre, comme d'habitude déguisée sous un empilement de vêtements, pour ne pas être reconnue. Cela lui donnait une drôle d'allure, mais c'était efficace. Déguisée et de nuit, Amma allait *incognito*. Les fois où elle l'avait accompagnée, Lakshmi avait assisté à des faits extraordinaires ; de ceux qui traduisent l'amour d'Amma pour tous les êtres vivants. Un jour, juste avant son anniversaire, Amma se tenait devant la hutte où elle recevait ses disciples. Juste à côté se trouvait un bosquet de jasmin et des fleurs jonchaient le sol. Amma songea : ces fleurs pleurent car elles craignent de ne plus rien valoir aux yeux de Dieu. Elle se mit alors à les ramasser une à une pour en faire un bouquet. Quelqu'un lui demanda : « Vas-tu faire une guirlande pour la mer ? » Deux ou trois autres personnes lui dirent la même chose. Durant la nuit, Amma prit une aiguille, se mit à enfiler les fleurs et la nuit suivante, elle emmena la guirlande. Cette fois-là, Lakshmi la suivit sans qu'Amma y prenne garde. Assise sur le rocher, Amma prit la guirlande dans une main, ferma les yeux et médita. Elle murmurait : « Voyons. Si la mer veut réellement cette guirlande, qu'elle vienne m'enlacer et la prendre elle-même de ma main. » Lakshmi souriait. Ce qu'Amma demandait était impossible, car l'eau se trouvait à deux mètres au-dessous d'elle et la marée ne montait jamais jusque-là. Soudain, une vague atteignit Amma et arracha la guirlande de sa main. Lakshmi était subjuguée.

Lakshmi n'était pas au bout de ses surprises. Elle savait que se nourrir était le cadet des soucis pour Amma. Elle mangeait peu et simplement quand l'envie lui prenait. Quand Amma se rendait près de l'océan, elle dînait à son retour, vers trois heures du matin. Lakshmi lui donnait alors un morceau de gâteau. Elle ne le mangeait pas et l'emportait avec elle la nuit suivante. Une nuit, Lakshmi venait de ranger le reste du gâteau dans son sac quand une vague vint lécher les pieds d'Amma : « Tiens ! dit Lakshmi en plaisantant. Il semble que la mer ait faim ce soir et qu'elle veuille une deuxième portion. » Amma réclama le restant du gâteau, elle le prit dans la main et dit avec une certaine malice : « Si tu as faim, ô ma Mère, et que tu en veux davantage, viens le prendre ! » La vague s'éleva soudain et vint prendre le gâteau dans la main d'Amma. Lakshmi apprit cette nuit-là que la conscience est présente partout, dans tous les aspects de la création. Amma était parvenue à un niveau de conscience tel qu'elle ne faisait plus qu'un avec la nature.

Quand Lakshmi dut la laisser aller seule au bord de la mer, elle en fut triste. Elle en fut aussi inquiète : des voyous traînaient la nuit, souvent ivres. Ce n'était pas rassurant, au point que la première nuit, Lakshmi désobéit et décida de suivre Amma en secret. Une fois assise en méditation, face à l'océan, Amma ne pourrait la voir et Lakshmi pourrait surveiller tout autour d'elle. Les heures passèrent et Lakshmi s'endormit. Elle se réveilla juste avant l'heure à laquelle Amma regagnait sa chambre et elle se hâta de rentrer pour l'attendre l'air innocent. « J'ai le sentiment étrange qu'il y avait quelqu'un avec moi cette nuit », lui dit Amma en entrant. Puis, l'air malicieux, elle ajouta : « Mais cela ne peut sûrement pas être toi, n'est-ce pas ? » Lakshmi bredouilla quelques mots et passa vite à autre chose. Le visage d'Amma se ferma et son sourire disparut : « Dis-moi la vérité : étais-tu sur la plage avec moi ? » Lakshmi avoua. Elle sut ce soir-là que rien ni personne ne pouvait s'approcher d'Amma sans qu'elle le devine. Lakshmi eut une autre occasion de percevoir cette omniscience. Elle aimait particulièrement un *bhajan* composé par Amma que celle-ci n'avait plus chanté depuis vingt ans. Cette nuit-là, à la plage, Amma demanda soudain à Lakshmi quel *bhajan* elle devait chanter. Malheureusement, Lakshmi avait oublié l'air et le titre du *bhajan* auquel elle songeait. Elle se sentit triste : elle ratait l'occasion de l'entendre chanter son chant favori. L'instant d'après, Amma donna le titre de ce *bhajan* et l'entonna. Elle avait tout deviné.

Amma apprit un jour que de nombreux disciples enviaient Lakshmi. Elle eut cette parole très profonde : « Il ne suffit pas d'être avec Amma. Tu es comme un poisson dans l'océan qui meurt de soif, qui veut boire mais qui ne parvient pas à avaler l'eau. C'est la mort. » Cela voulait dire qu'il ne suffit pas d'être physiquement auprès d'Amma. Nous devons être avec elle par le cœur et par la pensée.

Elle sait de nous ce que nous ne savons pas

« Une vraie exploration ne consiste pas à découvrir des paysages nouveaux mais à regarder d'un œil neuf. »
Marcel PROUST

La mémoire des *swamis* est précieuse tant ils ont vécu des choses incroyables. Un jour, Swami Pûrnamritânanda, qui s'appelait alors Sri Koumar, traversa une épreuve douloureuse. Arrivé un des premiers auprès d'Amma, après avoir obtenu son diplôme d'ingénieur, il n'eut plus qu'un souhait : rester à l'*ashram*. C'était sans compter la volonté de son père. Celui-ci exigea qu'il gagne Bangalore, où il lui avait trouvé un poste. Sri Koumar consulta Amma, qui lui conseilla de ne pas s'opposer à la volonté de son père, car cela entrait dans le dessein de Dieu. Sri Koumar obéit et prit le train la mort dans l'âme. Il s'allongea sur la couchette et s'endormit. Il se réveilla en sursaut avec la sensation qu'une main lui caressait le front. Il ouvrit les yeux et vit Amma assise sur la couchette auprès de lui. Puis Amma disparut. Plus tard, à Bangalore, Sri Koumar continua d'éprouver de curieuses sensations : tantôt des fleurs tombaient sur son corps, tantôt il entendait tinter des bracelets de cheville, tantôt encore le parfum d'Amma se répandait dans sa chambre et il entendait sa voix. Plus tard, Amma lui fit comprendre le sens de ces manifestations : n'étant pas limitée à son corps physique, elle pouvait être avec lui quand elle le désirait. Pourtant la souffrance de Sri Koumar allait croissant.

Bientôt elle devint insupportable. Une nuit, il alla en compagnie d'un ami visiter un lieu dont la beauté, disait ce dernier, saurait l'apaiser. La nuit arriva et ils s'endormirent auprès d'un piton rocheux qui surplombait la vallée. Sri Koumar ne dormait pas et une pensée étrange lui vint : « Puisque c'est le corps qui est la cause de ma séparation avec Amma, alors détruis ce corps. » Il marcha jusqu'au bord de la crevasse décidé à se jeter dans le vide. Mais il se sentit violemment tiré en arrière et tomba à la renverse. Son compagnon dormait paisiblement. Il n'y avait personne d'autre. Sri Koumar sut que c'était Amma. Sa voix résonna en lui : « Mon enfant, le suicide est pour les lâches. Le corps est précieux. Il est l'instrument qui nous permet de connaître Dieu. Ne le détruis pas[1]. »

L'omniscience d'Amma traduit un état de conscience fusionnée avec Dieu. Dans son enfance, son père avait été éberlué en l'entendant un jour lui dire ces mots : « Je sais tout. » Agacé, il avait voulu la mettre à l'épreuve et lui avait demandé de réciter le contenu du livre d'études de sa sœur aînée, un livre neuf qui n'avait encore jamais été ouvert. La petite le récita en entier. Son père en resta sans voix. Swamini Krishnamrita Prana a elle aussi vécu de drôles d'aventures auprès d'Amma. Elle se promenait ce jour-là sur la galerie qui surplombait le hall de prière quand elle vit un panier rempli de paquets de biscuits destinés aux *brahmacharis*. « Pourquoi ne pas prendre ma part, tout de suite avant qu'il ne reste plus rien ? » songea-t-elle. Elle s'assura que personne ne la voyait, prit le paquet et le cacha sous son sari. Deux heures après, Amma lui envoya le message suivant : « Amma demande si tu manges à ta faim à l'*ashram*. » Swamini, morte de honte, bafouilla un « oui ». « Amma savait ce que j'avais fait même si elle ne l'avait pas vu. » C'est stupéfiant pour nous, qui ne voyons que la surface des choses, « mais sa vision pénètre sous la surface et voit le

1. *Matruvani*, n° 15, automne 1996.

passé, le présent et le futur de toutes les situations[2]. » Être en sa compagnie est parfois déroutant. Il arrive qu'elle vous gronde pour une faute que vous n'avez pas commise, juste pour voir comment vous allez réagir. Ou bien, elle répondra à une question simple d'une manière totalement insolite et on ne comprendra le sens de la réponse que bien plus tard. Ou encore, elle ne vous répond pas si elle estime que c'est une chose que vous devrez apprendre de la vie et non d'elle. Ce qui est sûr, c'est qu'elle a cette extraordinaire faculté de deviner le désir le plus profond de chacun.

Swamini assista un jour à Santa Fe à cette scène : un disciple vint au *darshan* avec un de ses amis, sourd de naissance. Amma lui parla à l'oreille et l'autre entendit. Le nombre des miracles d'Amma occuperait un livre entier. Cela ne surprendra que ceux qui ne connaissent pas les bouleversements qu'induisent sur le corps la prière et la foi. Qu'Amma puisse guérir l'inguérissable ne me surprend pas. Tous les grands saints ont eu ce pouvoir de guérir, à commencer par Jésus. À son niveau de conscience, l'énergie qui émane d'Amma dépasse l'entendement[3].

Amma sillonne le monde et à chaque étape donne un « *satsang* », un enseignement sacré, qui est traduit instantanément dans la langue du pays où elle se trouve et en Inde dans la langue propre à chaque région. Observez-la bien ! Au fur et à mesure qu'elle écoutait la traduction, elle la corrigeait sur des points parfois très précis et pourtant elle ignorait la langue dans laquelle le traducteur s'exprimait. Estomaqué par la justesse de ses corrections, l'un d'eux un jour hasarda la question : « Amma, comprends-tu toutes les langues ou bien lis-tu dans mes pensées ? » Elle lui répondit : « Même si je ne parle pas ta langue, mon esprit m'avertit si tu fais une erreur. » L'autre en resta sans voix. Elle n'avait fait que des études sommaires et pourtant son savoir époustouflait tous

2. Swamini Krishnananda Prana, *Le voyage sacré*, p. 154.
3. Je renvoie ici à mon ouvrage : Pierre LUNEL, *Les guérisons miraculeuses*, Plon, 2002.

ceux qu'elle rencontrait. Il fallait l'entendre discuter avec des spécialistes de physique nucléaire, de mathématiques, de relativité, de mécanique quantique et mettre l'accent sur des points auxquels ils n'avaient jamais pensé ou qu'ils n'avaient qu'imparfaitement compris. On ne savait d'où venait ce savoir ; on observait seulement son jaillissement. Swamini se souvient qu'une nuit, à l'issue d'un *darshan* qui s'était terminé à quatre heures du matin, elle lui avait raconté par le menu toute l'histoire de l'Inde depuis les temps anciens. Au milieu de son récit, voulant préciser de tête un point de chronologie, elle avait calculé : 680 000 divisé par 28, cela fait 24 285, et multiplié par 18, ça donne 437 140, qu'en penses-tu ? Swamini n'en pensait rien. Sa tête tournait.

Un jour lointain, l'une des premières disciples d'Amma eut la surprise de l'entendre lui demander, à brûle-pourpoint : « Es-tu malade ? » « Malade ? Non, je ne pense pas », répondit-elle. Elle en fut cependant troublée... Peut-être Amma voulait-elle lui indiquer quelque chose dont elle n'avait pas conscience ? Le lendemain, lors du *darshan*, Amma lui donna une gorgée de tisane d'hibiscus comme « *prasad*[4] ». Comme elle ne donnait cela qu'aux malades cela ne fit qu'aggraver le trouble de la disciple. Finalement, Amma la fit appeler : « Ma fille, l'intuition d'Amma dit que tu es gravement malade. » Celle-ci fit des examens médicaux et le verdict tomba : c'était un cancer aux ovaires. Ce fut, on l'imagine, un choc. Il fallait l'opérer sans plus tarder. Voyant son courage ébranlé, Amma lui dit avec fermeté : « Où est ta foi, ma fille ? Chaque jour on opère des milliers de gens. Pourquoi avoir peur ? Un chercheur spirituel ne connaît pas la peur. » La disciple fut stupéfaite quand Amma lui parla du cancer de sa grand-mère et de celui de la sœur de son père, qu'elle n'avait jamais évoqués. Comment Amma le savait-elle ?... Elle conclut en lui disant :

---

4. Offrande ou nourriture présentée à une divinité ou à un maître spirituel afin qu'elle soit bénie avant d'être redistribuée aux fidèles.

« N'aie pas peur, tu échapperas à ce destin car tu es sous la protection d'Amma. Rien de fâcheux ne t'arrivera. » Tout se déroula comme prévu et Amma se montra étonnamment distante avec elle. La raison en est simple : la malade tendait ses bras comme un enfant qui voulait être dorlotée, mais aux yeux d'Amma, cet enfant était en âge de grandir et de dépasser sa peur. Finalement, elle fut opérée et elle guérit, comme Amma le lui avait annoncé.

La disciple eut l'occasion de le vérifier dans une autre circonstance. Peu de temps après son opération, lors d'un voyage avec Amma, elle éprouva une fatigue subite. C'étaient les symptômes de la jaunisse, qu'elle avait déjà eue et qu'elle connaissait bien. Elle fit des examens et attendit. Elle s'assit aux pieds d'Amma comme elle le faisait souvent. Amma souleva ses pieds et les posa sur son abdomen. On pouvait remarquer chez elle une concentration d'une intensité particulière et inhabituelle. La disciple se leva pour aller chercher ses résultats au laboratoire : c'était bien une jaunisse ! Elle dut alors faire des compléments d'examens à l'hôpital où on l'avait opérée. Au bout de quelques jours, les médecins lui avouèrent qu'il n'y avait plus la moindre trace de jaunisse et qu'ils ne comprenaient pas ce qui avait pu se passer ! Amma l'avait guérie[5].

Cette omniscience balaie tous les registres, du plus grave au plus léger et même au plus cocasse. Pendant qu'elle donne le *darshan*, Amma veut que les responsables de la file demandent à chaque personne sa langue maternelle pour pouvoir éventuellement leur dire deux ou trois mots dans sa langue. Un jour, pendant un Devi Bhava en Suisse, le responsable demanda à un homme quelle était la sienne. Il répondit : « Le français. » Le *darshan* de cet homme passé, Amma s'adressa au responsable : « Cet homme n'est pas de langue française, il parle iranien. » Or l'individu venait au *darshan* pour la première

5. *Matruvani*, n° 2 1999.

fois et n'avait dit à personne qu'il était iranien. Le responsable s'activa pour retrouver l'homme dans la foule pour satisfaire sa curiosité. Cela fait, il lui demanda quelle était sa langue maternelle.

« L'iranien, » répondit l'autre.

Le responsable ajouta :

« Peux-tu me dire ce qu'Amma t'a dit à l'oreille ?

— Bien sûr ! répondit-il. Elle m'a dit : "la paix soit avec toi", en... iranien ! »

Tout ceci est sidérant et pourtant attesté par de nombreux témoins. Tout aussi surprenante est l'aventure que connut un jour un *brahmachari* qui vivait à l'*ashram* depuis longtemps. Celui-ci ne voyageait jamais et, comme il était très timide, il n'osait jamais parler à Amma directement. À sa place, il s'adressait à sa photo et c'était ainsi qu'il lui soumettait tous ses problèmes. Un jour, il se rendit au *darshan* privé dans sa chambre et, comme d'habitude, il se tut. Stupéfait, il entendit Amma répondre point par point à toutes les questions qu'il gardait pour lui, dans l'ordre exact où il les avait posées devant la photo.

« Comment est-ce que je sais toutes ces choses, mon fils ? lui demanda-t-elle tout sourires.

— Mais Amma, c'est parce que tu es Devi, dit-il.

— Pas du tout fils, c'est parce que tu as parlé devant la photo », répondit-elle.

La mort n'est pas une fin

« Quand on ne sait pas ce qu'est la vie,
comment pourrait-on connaître la mort ? »
CONFUCIUS

Les mahatmas se soucient peu de leur corps et n'y sont jamais attachés. Amma n'est pas son corps et elle n'est pas limitée par lui. Elle est une conscience fusionnée avec la Conscience, l'infini. Elle a choisi de nous apparaître sous la forme d'un être humain et c'est ce qui parfois nous induit en erreur, comme jadis les disciples des débuts, qui voulaient prendre soin du corps physique du maître. Cela peut se comprendre, car tous nous aimons Amma et nous souffrons de la voir servir autrui au-delà d'elle-même, au détriment de sa santé. Nous souffrons quand nous la voyons se donner jusqu'à l'épuisement. Pourtant, les chercheurs spirituels auraient dû savoir qu'elle n'était pas un corps, mais la divinité dans un corps, ce qui est différent. Ainsi un jour, Nealou l'Américain s'inquiétait-il de voir qu'elle ne se reposait pas, ne mangeait pas convenablement, ne dormait pas. Sans doute le fait que Nealou était un Occidental expliquait-il cela. Tous les jours, il se plaignait à Amma de ce qu'elle mortifiait son corps. Il avait beau insister, la supplier, rien à faire… Elle restait plusieurs jours sans se nourrir. Il lui apportait à manger, elle distribuait tout autour d'elle et se contentait d'une bouchée. Un jour, Amma venait de jouer avec les enfants du village comme elle le faisait souvent quand elle accourut vers Nealou et lui demanda s'il avait quelque chose à manger. Nealou, radieux, lui donna ce qu'il restait du repas et elle l'avala. Puis elle en redemanda. Nealou lui fit confectionner des crêpes, mais elle eut encore faim. Il alla lui acheter des bananes à la boutique voisine. Elle n'était toujours pas rassasiée. Nealou prit alors un bateau, traversa la lagune et alla acheter au village un plat de riz aux légumes. Amma le dévora et en redemanda. C'est alors que Nealou comprit : Amma lui donnait une leçon. Il se prosterna : « Pardonne-moi d'avoir cru que je pourrais apporter assez de nourriture pour te rassasier. Je sais que les trois mondes sont contenus en toi. » Amma éclata d'un rire très joyeux.

Qu'est-ce qu'une vie humaine? Tout et rien. Ce n'est pas bien long. Le temps est infini. Notre vie ne l'est pas. Dans le *continuum* infini du temps, quatre-vingt-dix ou cent ans ne sont qu'une bulle minuscule qui ne dure que quelques instants. L'enfance, l'adolescence, la jeunesse et la vieillesse vont et viennent en un clin d'œil. La mort est la vérité unique qui nous regarde fixement. La vie est un jeu; tant que nous sommes en vie, nous pensons peut-être : « Je suis grand, je suis riche, je suis beau. » Mais nous oublions que la mort peut en vérité surgir à chaque instant. Cette question du corps qui nous obsède tant nous ramène au tabou qui effraie la plupart d'entre nous : la disparition de ce corps, autrement dit la mort.

À un *brahmachari* qui l'interrogeait tandis qu'assise au bord de l'océan elle s'émerveillait de la beauté de la lune et des étoiles, qui ressemblaient à des joyaux éparpillés sur le fond bleu-noir du ciel, elle répondit :

« C'est la pensée que la mort va détruire tout ce que vous possédez, tout ce à quoi vous êtes attachés, c'est cela qui cause tant de peur et de souffrance. La mort vous enlève tout ce que vous proclamez vôtre. Tout ce qui vous est cher et qui vous enchante, votre famille, l'amour et le rire de vos proches, ce monde splendide avec tous ses trésors... Tout va se dissoudre et disparaître. Cette idée ébranle votre être entier. Vous voulez oublier la mort car vous craignez de sombrer dans l'oubli et ne plus exister. »

Le *brahmachari* lui demanda :

« Tu dis parfois que la mort est une expérience comme une autre. Que veux-tu dire ? »

Amma lui répondit :

« La naissance et la mort sont deux expériences inévitables. Un être qui perçoit la naissance et la mort comme parfaitement naturelles est en mesure de vivre une vie heureuse et de garder un sourire qui vient de l'intérieur. Il jouit de la vie avec l'émerveillement et l'innocence d'un enfant. Comme d'autres moments joyeux de la vie, la mort peut être, elle aussi, une expérience joyeuse. La naissance est joyeuse. Pourquoi la mort ne le serait-elle pas ? L'une et l'autre sont deux transitions normales. Vous devriez apprendre à considérer la mort comme une transition normale, comme les autres changements du corps. La naissance n'est pas le début de la vie et la mort n'en est pas la fin. Le début et la fin ne sont que relatifs. La vie en son essence n'est jamais première ni dernière, ni nouvelle ni ancienne. Elle est sans commencement ni fin. La vie est un autre nom de Dieu. La mort est une pause ; une période de préparation avant une autre vie. Les expériences se succèdent, mais le Sujet intérieur, le Soi, Dieu ou la Vie, reste immuable. Au cours de ces deux événements de la Vie que sont la naissance et la mort, nous sommes entièrement impuissants. Ces deux expériences font reculer l'*ego* à l'arrière-plan, si bien qu'il n'a plus aucun pouvoir. Mes enfants, vous n'êtes pas conscients de ce qui vous arrive pendant ou après la mort. Pour vous ouvrir à cette expérience, vous devez être sans crainte et pleinement conscients. Si vous avez peur, vous vous fermerez à l'expérience.

— Mais Amma, lui demanda le *brahmachari*, si le Soi est omniprésent, ne devrait-il pas subsister dans un corps qui meurt ? Dans ce cas, comment la mort peut-elle se produire ?

— Le Soi est partout. Dieu est partout. La mort arrive, non pas à cause de l'absence du Soi, mais à cause de la destruction de l'instrument appelé corps. Au moment de la mort, le corps cesse de manifester la conscience du Soi. La mort marque donc la fin de l'instrument et non pas une quelconque imperfection du Soi. Mes enfants, apprenez à mourir dans la béatitude. De la même manière que vous célébrez l'anniversaire de votre naissance, que la mort et le processus de la mort deviennent un moment de fête et de béatitude. Votre vie entière devrait être une préparation à une mort heureuse, car il n'est pas possible de mener une vie joyeuse sans apprendre à accueillir la mort de bon gré, avec joie. Vous découvrirez alors que la mort, comme la vie, est une vérité et que, loin de vous anéantir, elle vous libère de l'emprise de l'*ego*. Soyez aimables avec elle et elle deviendra votre amie. Toute peur disparaîtra. Le moment qui vient ne nous appartient pas. Seul le présent est nôtre. La vraie vie consiste à vivre dans le présent en lâchant le passé et en oubliant le futur. Nous ignorons si l'instant qui vient nous trouvera encore en vie. Il se peut que nous expirions pour ne plus jamais inspirer. Qui sait si nous nous réveillerons demain matin ? Les grands saints et les sages ont tous vécu dans l'instant présent. Mais n'oubliez pas ! Tant que l'*ego* subsiste, la peur de la mort persiste. Une fois l'*ego* transcendé, on devient sans *ego* et la peur de la mort, elle aussi, disparaît. Pour celui qui vit dans l'instant, la mort n'est pas une expérience terrifiante ; elle devient au contraire une expérience remplie de paix et d'amour. En réalité, une personne sans *ego* ne peut pas mourir, car elle n'est plus le corps. Elle est pure conscience. Seuls les êtres identifiés au corps meurent[1]. »

Amma parle ainsi en vérité. Inutile de disserter, de commenter, de gloser, d'apporter des tempéraments, des atermoiements dont nous sommes friands. Non, la mort n'est pas une fin... Me reviennent en mémoire ces paroles

---

1. *Matruvani*, n° 2, 1999.

prononcées par l'abbé Pierre tandis que nous parlions un jour de la mort. D'abord il se mit à rire : « Un déchirement ? Mais voyons tu n'y penses pas… Ce seront pour moi les grandes vacances, enfin ! Ne les aurais-je pas bien méritées ? » Puis il ajouta : « À propos, as-tu remarqué que j'ai légèrement modifié le *Je vous salue Marie* ? Écoute bien. » Et il se mit à me réciter cette prière. Quand il parvint aux derniers mots je compris. Il avait remplacé « à l'heure de notre mort » par « à l'heure de la Rencontre ».

Pleurer est une vertu, jamais un défaut…

« Les épines que j'ai recueillies viennent de l'arbre que j'ai planté. »
Lord Byron

Dans sa jeunesse, Soudhamani-Kounjou pleurait autant qu'elle riait. Elle passait du rire aux larmes pour parler de sa joie et de sa tristesse. Elle pleurait pendant des heures en appelant Krishna. Elle pleurait en étreignant et en embrassant son image. Elle pleurait en appelant la Mère de l'univers, elle pleurait dans les champs, elle pleurait en cousant, elle pleurait en conduisant sa barque, elle pleurait en chantant des *bhajans*. Ces larmes lui venaient de son extase extérieure, parfois de la souffrance que représentait pour elle la séparation avec Krishna ou la Mère divine. Ces larmes étaient des offrandes à son bien-aimé et à sa bien-aimée. Quand elle ne pleurait pas, Soudhamani riait. Elle riait surtout avec les enfants. Tout sentiment, si nous l'éprouvons avec force et le dirigeons vers Dieu, peut tirer notre sourire aussi bien que nos larmes. Nous pouvons pleurer pour Dieu de mille manières, en éprouvant de la joie, de la gratitude, de l'amour, du chagrin, de la souffrance, du remords, du repentir. Mais le sentiment le plus important pour Amma est celui d'un amour brûlant ou celui d'une soif dévorante de se fondre en Dieu. Pour nous aider à comprendre, elle nous dit : « Au fond de son cœur, chacun est un petit enfant de Dieu. Qu'il rencontre une présence divine, que se manifeste quelque part la présence de Dieu, et le petit enfant se sent chez lui. Il sent cette présence et s'efforce de sortir de sa coquille. Il faut que la coquille qui entoure l'enfant craque et fonde. Les larmes en sont l'expression. Qui peut pleurer ainsi a beaucoup, beaucoup de chance, car ce qu'il est impossible d'atteindre par des centaines de naissances consacrées à la méditation, au renoncement et au contrôle de soi s'obtient en cinq minutes grâce à de telles larmes, tant est grand leur pouvoir de purification. »

J'aime la franchise avec laquelle Amma s'exprime. Toutes les méditations, les austérités, tous les mantras n'arrivent pas à la cheville de cet attrait vers Dieu, de ce manque de lui ressenti comme un déchirement qui nous tire des larmes. Les larmes valent tous les efforts de concentration que nous pouvons faire. Ce sont les larmes que j'ai lues dans les carnets intimes de l'abbé Pierre ou dans les lettres de mère Teresa, les larmes de saint François d'Assise ou de Bartolomé de Las Casas. Ces larmes qui transfiguraient leur prière, qui leur faisaient vivre une métamorphose qui s'appelle le miracle. Le miracle de Dieu. Pleurer vers Dieu comme un appel à fusionner avec Lui. De rituelle, la prière devenait torrent de vie. Une prière baignée de larmes qui voulait dire : « Je ne suis rien, je ne suis personne ; tu es tout. » Mon moi se dissolvait dans le néant tandis que s'ouvraient les portes de l'infini. De ce désespoir jaillissait une force indestructible, celle qui naissait de la mort de l'*ego*.

Servez en premier les plus souffrants

« Amma n'est pas là pour se reposer ou vivre dans le confort, mais pour servir autrui et soulager sa souffrance. »
AMMA

L'Inde a ses *sadhus* ; le christianisme a ses moines du désert. Leur dépouillement les conduit à l'ascèse. La purification par le manque de tout les nourrit de la plénitude du Tout. Siméon le Stylite vécut une vie entière au sommet d'une colonne ; des ermites se nourrissent de glands dans les forêts. Plus près de nous, les Franciscains et les Capucins menèrent une vie dépouillée jusqu'à l'extrême. Les Trappistes travaillent, prient et cessent de dormir. Les Carmélites ne voient plus l'ombre d'un humain pour se dévouer à Dieu corps et âme. Les mystiques chrétiens n'ont rien à envier aux ermites de l'Inde perdus dans l'immensité des déserts dans la seule et unique quête de Dieu.

Amma ne pense pas que la paix de l'esprit et la fusion avec le divin ne s'obtiennent qu'ainsi. Le service de ceux qui souffrent lui semble mieux convenir à notre nature de gens d'Occident. Elle ne veut pas dissuader ceux qui ont en eux le charisme du dépouillement. Mais elle nous avertit : « Si nous choisissons cette voie, nous devons être prêts à endurer le soleil, la pluie, le froid, la faim… Nous devons ressentir une profonde aversion vis-à-vis du monde et même de notre propre corps. » Qui le peut le fasse ! Qui ne le peut pas ne doit pas se sentir inférieur s'il possède au fond de son cœur l'amour du service.

Depuis qu'elle était enfant, Amma a sillonné l'un et l'autre chemin. Elle fut capable de les emprunter tous les deux, car sa nature divine le lui permettait même si son incarnation ne lui épargnait aucune des souffrances du corps. Elle les dépassait, les transcendait grâce à ce fluide d'amour qui se faisait énergie invincible. Amma connaît notre nature humaine et si elle nous propose les deux voies pour aller vers Dieu, ce n'est pas pour minorer l'une par rapport à l'autre. Le service à l'autre n'est pas un pis-aller à l'usage de ceux qui ne parviendraient pas à l'ascèse. Ce service est aussi beau, aussi vrai aux yeux de Dieu. Il répond aussi davantage aux possibilités humaines que le mysticisme. Si je regarde dans l'histoire chrétienne ceux ou celles parmi les saints qui furent des mystiques et ceux et celles qui pratiquèrent le service, le déséquilibre est immense. Les serviteurs du pauvre ne sont pas moins nobles que les mystiques aux yeux de Dieu. Saint Vincent de Paul vaut autant que sainte Thérèse d'Ávila. Ceux parmi mes contemporains que j'eus la grâce de connaître étaient tous des serviteurs du pauvre ; ce n'étaient pas des mystiques. L'abbé Pierre, sœur Emmanuelle, mère Teresa, le père Pedro se donnaient corps et âme vingt-quatre heures sur vingt-quatre à relever leurs frères. Il ne faut pas se sentir inférieur, il ne faut pas éprouver de la honte en servant le plus souffrant. Il n'y a pas une voie ordinaire et une voie extraordinaire pour marcher vers Dieu : les deux voies sont sublimes.

Il était une fois auprès d'Amma une proche qui ne parvenait pas à méditer. Elle ressentait tout de même de la joie à servir Amma, car elle éprouvait le sentiment de servir Dieu. « La servir était une force plus grande que la simple compréhension intellectuelle de sa divinité. Faute de mots pour décrire l'indescriptible, disons que cette force était l'amour. La puissance en était telle qu'il était clair que cet amour ne venait pas de moi, mais d'Amma, la source de tout amour. » Au bout d'un certain temps, elle commença d'éprouver une forme de frustration, le sentiment de rater quelque chose en voyant les autres absorbés en méditation. Que lui restait-il à elle une fois son travail accompli ? Tout juste un petit temps de silence chaque jour. Peu à peu, la confusion envahit son esprit. « Et si tout ce travail était ma façon d'éviter une véritable "*sadhana*" ? » La question se fit agitation, puis désespoir. Amma la surprit un jour en pleurs. Elle lui dit : « Ma fille ne devrait pas se sentir triste. Le travail qu'elle fait est équivalent à n'importe quelle forme de méditation. Tout ce que tu fais est l'occasion de parvenir à plus de désintéressement et de pureté de cœur. Le service désintéressé est le passeport vers Dieu. » La disciple sécha ses larmes. Les paroles d'Amma la calmèrent. Elle y puisa une force et une inspiration nouvelles. Jamais plus elle ne mit en doute la valeur du service désintéressé.

Quelques pépites de compassion

« L'amour et la compassion sont les principes sous-jacents de toutes les religions authentiques. »
AMMA

Le service et le respect de l'autre, l'amour et la compassion se vérifient dans des grandes comme dans des petites causes. Ils vont du simple sourire affectueux jusqu'aux grands sacrifices. Existe-t-il une grande ou une petite compassion ? Non, la compassion est une, et ce qui en fait son prix, c'est la réponse qu'elle apporte au désarroi de celui qui se noie. Le besoin de tendresse est universel, qu'on soit riche ou pauvre, heureux ou malheureux, vieux ou jeune, homme ou femme. L'histoire qui va suivre témoigne de la force de compassion d'Amma, dans les cas souvent inattendus.

Il existait jadis une coutume, celle d'apporter des petites bouteilles de lait en hommage à Sri Krishna. Elle s'observait en particulier lors des Krishna Bhavas. Nous étions aux tout premiers temps de l'*ashram* et, cette nuit-là, juste après cette célébration et avant qu'elle n'honore le Devi Bhava, Amma se retira dans l'arrière-cour et vomit. Elle se lava le visage et revint comme si de rien n'était. Son visage n'exprimait pas la moindre trace de malaise. Elle riait et rayonnait. Juste avant de rentrer dans le temple, elle alla s'isoler pour la seconde fois et vomit à nouveau. Elle se lava une seconde fois et entra dans le temple, radieuse, empreinte d'une lumineuse beauté. Une heure s'écoula puis elle interrompit le Krishna Bhava.

Elle le reprit pour l'interrompre à nouveau. Que se passait-il? Était-elle malade? Ses proches l'implorèrent d'interrompre la cérémonie et de la remettre à plus tard, mais Amma refusa : « Mes enfants, la plupart des gens qui sont venus sont très pauvres. Ils ont économisé plusieurs jours pour venir. Ils viennent chercher auprès d'Amma un peu de réconfort, une parole affectueuse, une consolation. Il est inconcevable pour moi de leur causer du chagrin. Si je m'effondre, il faudra l'accepter, car ce sera la volonté de Dieu. » Le *darshan* se poursuivit donc toute la nuit, interrompu ponctuellement par ses nausées. Quand tout fut fini, elle se confia à l'une de ses disciples : à la fin du Krishna Bhava, une femme lui avait offert du lait. Amma savait que ce lait avait été empoisonné par le vendeur, un athée notoire qui voulait se débarrasser d'elle. Il avait été empoisonné à l'insu de celle qui l'avait acheté. Pourquoi donc Amma l'avait-elle bu? La réponse était simple : la femme qui le lui offrait était innocente. Allait-elle lui faire de la peine en refusant son offrande? Elle l'avait donc bu par amour pour cette femme.

Le lendemain, Amma avait totalement récupéré et elle reçut les visiteurs qui apportaient à leur tour du lait. On avait fait le nécessaire pour que le drame ne se renouvelle pas et retiré du lot une bouteille qui avait une drôle d'odeur. Celui qui l'avait offerte en fut témoin; c'était un vieillard très pauvre. Il en fut triste. Amma le consola, le prit contre elle et lui dit en souriant : « Mon fils, apporte une banane à Amma. Elle la mangera. » Le vieux sourit, s'exécuta et Amma mangea la banane en bavardant avec lui[1].

François d'Assise avait eu ses « *fioretti* », une sorte de tapisserie de Bayeux que l'artiste consacre aux actions d'amour du saint. On pourrait aussi raconter les « *fioretti* » d'Amma. Les témoignages abondent sur les gestes d'amour de la sainte. Ils sont innombrables. On a l'impression qu'il ne se passe pas

1. *Matruvani*, n° 14, été 1996.

un jour sans qu'elle ne donne son cœur d'or à une personne en détresse. Tous les grands saints sont ainsi : leur amour brille comme un phare dans la tempête pour sauver les naufragés de la vie. Ce lumignon aimante les détresses et même les désarrois. Amma l'a dit, elle est venue sur terre pour cela; pour accomplir une révolution qui bouleversera l'avenir de l'humanité, celle de l'amour. Rien d'autre.

Parmi des milliers d'actes de compassion, j'aime me souvenir de l'un d'eux que rapporte Swami Amritagîtananda Puri. Je l'estime particulièrement. Il nous montre que la compassion d'Amma touche toute la création. Un jour, à Seattle aux États-Unis, Amma rentrait au milieu de la nuit après avoir donné le *darshan* pendant douze heures d'affilée. Elle traversait le jardin pour atteindre la porte d'entrée quand soudain elle s'arrêta, persuadée d'avoir marché sur quelque chose. Elle se baissa et trouva un escargot légèrement blessé. Elle s'exclama : « Oh non! le pauvre! » Elle le ramassa et le tint dans le creux de ses mains. Elle regarda le petit escargot et dit avec tristesse : « La compagne de cette pauvre créature va bientôt la chercher. Elle sera très inquiète et se demandera ce qui lui est arrivé. » Elle le regarda longuement puis ferma les yeux, porta l'escargot à son front et l'embrassa. Elle le posa doucement par terre sous une plante et plaça des feuilles autour de lui pour le protéger.

Swami se souvient encore d'une histoire semblable qui remonte au temps premier, alors qu'ils n'étaient que quelques-uns. Cette histoire me bouleverse, car je suis un amoureux des plantes. Des *brahmacharis* avaient déraciné un jeune manguier pour le transplanter. Malheureusement il dépérit et mourut. En le découvrant mort, Amma éprouva du chagrin. Elle se pencha pour embrasser l'arbre et le prit entre ses bras. Elle ressemblait à une mère tenant contre elle son enfant blessé. Elle pleurait : « Mes enfants! Je vous en prie, ne détruisez pas la vie ainsi. Vous devriez toujours vous rappeler que tout est empli de conscience et de vie. Dieu est en tout, pas seulement dans les êtres humains. Dieu est dans les montagnes, les rivières et les arbres, dans les nuages, le soleil, la lune et les étoiles, dans les êtres animés et inanimés. Comment, si on comprend cela, peut-on tuer ou détruire ? » Ce qui survint alors fut extraordinaire : quelques jours plus tard, l'arbre mort revint à la vie et commença à faire de nouvelles feuilles. L'amour avait redonné vie à l'arbre mort.

À ceux qui penseraient que mon amour de la nature me fait oublier les humains, je raconterai cet épisode que relate encore Swami. C'était un jour à Singapour, où Amma visitait un foyer pour personnes âgées. Parmi eux se trouvait un vieux Chinois défiguré et au corps couvert de plaies qui faisaient peine à voir. Amma étreignit tout le monde et, quand elle arriva vers lui, le vieux Chinois se détourna et se cacha le visage entre ses mains. Il se savait repoussant et indigne d'être regardé. Amma le regarda avec beaucoup d'amour, s'approcha de lui et le prit dans ses bras. Elle le serra contre elle, le caressa comme s'il était l'enfant le plus beau de la terre. Le vieil homme sanglotait[2].

Je ne résiste pas à l'envie de vous raconter un autre de ses gestes. Un jour, près de Zurich, une femme très pauvre et dont la vie n'avait été qu'un chapelet de misères, vint voir Amma. En approchant d'elle, lors du *darshan*, prenant conscience qu'elle ne pourrait vider son cœur car elle ne parlait ni l'anglais ni le malayalam, elle se mit à pleurer doucement. À travers ses larmes, elle vit une autre dame devant elle donner ses bracelets d'or à Amma. Elle s'en attrista, car elle n'avait rien à offrir. Quand ce fut son tour, elle pleura sur les genoux d'Amma sans dire un mot. Amma la regarda avec une compassion infinie, enleva les deux bracelets d'or de ses bras et les lui tendit. « Ne les vends surtout pas, lui dit-elle. Mets-les en gage pour avoir de l'argent et prendre soin de ton enfant. Ne t'inquiète pas, tu verras ! » La femme fit ce qu'elle lui dit et sa situation

2. *Matruvani*, n° 25, printemps 1999.

s'améliora. L'année suivante, elle revint, mais c'était une femme nouvelle qui s'agenouillait devant Amma. Elle lui remit aux poignets les bracelets d'or qu'Amma lui avait offerts.

On ne peut se lasser d'entendre des histoires aussi belles. Elles nous permettent de redoubler de courage quand nous aurions envie d'abandonner… Girja avait trente-deux ans et trois enfants quand elle donna naissance à un bébé prématuré de sept mois. Son mari l'avait abandonnée quand elle était à l'hôpital. De désespoir, Girja se jeta dans une rivière avec ses quatre enfants. La rivière emporta le bébé, mais Girja et les trois autres enfants furent repêchés par des gens. Girja, terrassée par la douleur, fut envoyée en prison, et les enfants, répartis dans des orphelinats. En prison, Girja rencontra Sushma, une gardienne qui la traita avec douceur et lui parla d'Amma. Ce fut le désir intense de la rencontrer qui empêcha Girja de faire une nouvelle tentative de suicide. Sa peine purgée, elle vint aussitôt à Amritapuri auprès d'Amma. « J'ai senti la culpabilité se dissoudre de mon corps. Amma m'aimait. J'ai repris mes enfants », confiera-t-elle.

Amritapuri est un « hôpital de l'âme », qui reste ouvert jour et nuit à tous ceux qui frappent à sa porte. Ce jour-là, le *brahmachari* qui tient les clés de l'international office hésite. L'homme devant lui qui demande une chambre, ou plutôt l'exige, empeste l'alcool.

« Monsieur, revenez demain, finit-il par lui dire. Je pense que vous irez mieux. »

L'homme s'emporte :

« Quoi ? Vous ne savez pas depuis quand j'attends de venir ici. Et vous voulez me renvoyer ? »

Il tremble. De peur ? de rage ? à cause de l'alcool ? Sans doute les trois à la fois.

« Vous avez de l'alcool sur vous ? L'alcool est interdit ici, vous savez ?

— Oui j'en ai, répond l'homme en lui tendant une bouteille de vodka. Tenez ! C'est ce que je bois tous les jours ! »

Le *brahmachari* se tâte. Que faire ? Il est alcoolique, certes mais il est animé de bonnes intentions.

« Je vais vous présenter à Amma. Venez. C'est elle qui décidera.

— Quoi ? Maintenant ? là ? Tout de suite ? Non… J'ai peur.

— Peur de quoi, monsieur ?

— J'ai peur… de pleurer. »

Le *brahmachari* esquisse un sourire.

« Avec Amma, ce n'est pas la peine d'avoir peur, vous savez. Elle aime les gens comme ils sont. »

L'homme intégra la queue du *darshan*. Quand Amma le prit contre elle, elle lui dit :

« Qu'est-ce qui ne va pas, mon fils ? »

Elle le serra un long moment. À la fin du *darshan*, le *brahmachari* demanda :

« Amma, est ce que je peux lui donner une chambre ? »

Amma regarda l'homme longuement. Elle comprenait tout. Sa vie, ses malheurs, l'alcool, les drames.

« Oui, donne-lui une chambre », dit-elle.

Les jours passèrent. Le *brahmachari*, entre mille tâches, avait oublié l'homme. Soudain, Amma lui demanda :

« Comment va-t-il ?

— Euh… Bien… mieux… sans doute, bafouilla-t-il.

— Il faut que tu prennes de ses nouvelles tous les jours ! » conclut Amma d'un air sévère.

Quand il revit l'homme, il allait mieux. Il ne buvait plus. Il s'était lavé et rasé. Il avait bonne mine.

« Amma demande de vos nouvelles tous les jours », lui dit le *brahmachari*.

L'homme resta à l'*ashram*. Amma s'occupa même personnellement de la prolongation de son visa.

« Elle m'aime donc tant que ça ? » hasarda-t-il, ému.

Il dut aller à Madras pour régler ses affaires.

« Ne bois pas », lui dit Amma en le serrant dans ses bras.

L'homme, qui s'appelait Éric, plus jamais ne but une goutte d'alcool. L'amour d'Amma avait fait ce miracle.

De nombreuses gens qui ne voient en Amma que « celle qui dispense des câlins » me demandent souvent : « Mais enfin, qui est-elle ? » Pris au dépourvu, je réponds : « C'est un mahatma, une sainte. » Avec un peu de recul, je répondrais : « Elle est la Compassion. Une compassion vaste comme l'océan. » Plutôt que de jouer au philosophe, je me contenterai de mon rôle, celui d'un conteur, en évoquant deux faits. Le premier est celui-ci : un jour, le *darshan* venait de s'achever et on préparait comme de coutume la salle pour le Devi Bhava quand un enfant atteint de trisomie se présenta accompagné de sa maman[3]. Le petit voulait absolument recevoir le baiser d'Amma, il en rêvait ; mais ils arrivaient en retard, car la route avait été longue. Il appelait Amma « la reine du palais », car il l'avait vue en photo portant la couronne du Devi Bhava. On répondit à la mère que ce serait impossible ce jour-là, mais qu'ils pourraient tous deux recevoir le *darshan* à la fin du Devi Bhava. Ce ne serait pas possible, car la route était trop longue et il leur fallait repartir bientôt, répondit-elle. Elle suggéra une solution pour le moins stupéfiante : pourrait-on trouver une Indienne qui ressemble un peu à Amma et qui jouerait son rôle pour étreindre l'enfant ? Après tout, quel mal y aurait-il ? On consulta Amma, qui répondit : « Ne faites jamais cela. Plus tard, l'enfant se rendrait compte de ce qui se serait passé et en serait désespéré ! Persuadez la mère de rester pour le Devi Bhava. C'est mieux. » Ainsi fut fait. L'enfant, aux anges, fut embrassé parmi les premiers et il remercia Amma par ces mots : « Bonjour Votre Majesté ! » C'était bouleversant.

Voici l'autre histoire. Amma n'y figure pas, mais je ne trouve pas une meilleure définition de ce qu'est la compassion. Deux malades graves partageaient la même chambre dans un hôpital. Le lit de l'un était près de l'unique fenêtre. L'autre devait rester

---

3. *Matruvani*, décembre 2010.

constamment allongé. Tous les après-midi, celui qui était près de la fenêtre racontait à l'autre tout ce qu'il voyait au-dehors et, comme il avait un talent de conteur, c'était merveilleux pour l'autre. Puis, un jour, le malade allongé eut cette pensée : « Pourquoi devrait-il être le seul à voir tout cela? Ce n'est pas juste. » Petit à petit, cette pensée se fit ressentiment, puis colère. Une nuit, l'homme près de la fenêtre eut une crise, mais l'autre ne fit rien et n'appela pas. Au matin, l'infirmière constata que le premier était mort. Le second demanda alors qu'on lui donne le lit près de la fenêtre; il pourrait ainsi voir par lui-même. On accéda à sa requête. Dès qu'il fut seul, il se redressa pour voir. La fenêtre donnait sur un mur aveugle. Il se demanda alors ce qui avait bien pu pousser son ex-compagnon à le faire rêver avec ce qu'il racontait. Il se confia à l'infirmière et celle-ci lui dit : « Il était aveugle et il ne pouvait même pas voir le mur. Il voulait peut-être simplement vous rendre heureux[4] ! »

Amma nous livre ce secret : « À moins que votre cœur ne fonde de compassion pour les autres, vous ne connaîtrez jamais le sens réel du mot "amour", il ne restera qu'un mot dans le dictionnaire[5]. »

4. *Matruvani*, décembre 2010.
5. Swamini Krishnamrita Prana, *Le parfum de l'amour pur*, p. 47.

L'amour ne connaît qu'une seule religion !

« La beauté se trouve dans la foi, et la foi réside dans le cœur. »
AMMA

Amma est-elle hindoue ? Oui, elle l'est. Mais elle a transcendé les rites pour aller jusqu'à l'essence. L'essence de l'hindouisme, comme celle des autres religions, c'est l'amour. Ce que fait Amma depuis son enfance, c'est de transcender la religion pour aller droit au cœur de la spiritualité. De la même façon que l'habit ne fait pas le moine, l'institution, quelle qu'elle soit, n'est jamais l'amour. Tous les saints et les grandes âmes en ce monde ont tous en commun, à quelque religion qu'ils appartiennent, de ne connaître que la spiritualité. S'ils ont pu y accéder avec une telle profondeur, c'est parce qu'ils l'ont vécue. La spiritualité se vit, elle ne s'institutionnalise pas. Amma est profondément hindoue. Elle voit le divin en tout ; il est présent en toute personne. À chacun de le retrouver à sa manière, à travers d'innombrables voies… Dans l'hindouisme, tout est Dieu. Il n'existe rien qui ne le soit pas. Amma est hindoue puisque l'hindouisme enseigne à aimer et à se mettre au service du vivant sous toutes ses formes : les oiseaux, les animaux, les vers, les arbres, les montagnes, les rivières, l'océan, la lune et les étoiles. L'univers n'est pas séparé de l'humain et l'humain se fond dans l'univers. Oui, Amma est hindoue et cependant elle est bien plus que cela.

Quand les gens venus du monde entier assistent au *darshan*, ils s'interrogent : Quand a-t-elle commencé cette curieuse pratique ? C'est simple : cela remonte au temps de sa jeunesse. Quand les pauvres de son village venaient vers elle, Amma partageait leur souffrance et donnait sa compassion, au sens propre ; elle souffrait avec eux, désirait prendre leurs souffrances en elle. Le geste est venu tout seul : elle a pris leur tête sur ses genoux, elle les a caressés, les a pris dans ses bras. Exactement comme une mère qui console son enfant. Elle a pris contre son cœur le premier qui venait vers elle, puis elle a continué en accomplissant le même geste pour tous. Cela dure depuis bientôt quarante ans. Ce qu'elle a eu très tôt devant les yeux, c'est la souffrance à l'état pur, celle qui est issue de la misère. La douleur de la famille qui n'a plus de toit, parce que le vent l'a arrachée ; la douleur du papa qui, après avoir conduit son enfant à l'hôpital, ne peut pas acheter les médicaments ; la douleur de la mère qui ne peut pas acheter une feuille de papier pour que son fils puisse aller en classe. D'emblée, Amma a vécu la religion sous sa forme la plus noble, ce qui ne veut pas dire qu'elle méprise les rites de l'hindouisme. Il y a beaucoup de beauté dans les rites si on sait voir au-delà des gestes : la cendre, la « *vibhuti* » que l'on applique sur le front, symbolise que tout finit en cendres et que rien n'est permanent ni destiné à durer. Le camphre que l'on brûle signifie que l'on renonce à tout *ego*, puisqu'il ne laisse aucune trace.

Amma est hindoue, mais n'est pas prosélyte. Elle n'encourage qu'une seule chose : que l'on puisse voir Dieu en chacun d'entre nous et dans tous les fruits de la création. Elle ne demande que cela. Son cœur saigne quand elle voit qu'on tue au nom de la religion, que certains sont prêts à mourir en martyrs pour elle, et que si peu nombreux sont ceux prêts à vivre pour elle. Elle prend l'exemple d'une philosophie indienne, le Vedanta. Si l'on accepte de ne voir que son essence, que dit-il ? « Je suis sur terre pour aider les autres et pour les aider dans leur bonheur pour le plus grand bonheur du monde. » Il n'est rien de plus simple que d'aller au cœur de la religion et, cependant il semble qu'on ne veuille rester qu'à la surface. On se contente de l'écorce plutôt que d'en goûter le fruit, de la même manière qu'on préfère le mot à l'expérience. Quelle erreur ! L'expérience pure est tellement plus belle que les mots. La religion d'Amma, c'est l'amour en train de vivre, en train de palpiter, en train d'être offert.

L'amour est universel, comme Dieu qui est unique. Il n'y a pas un Dieu par religion ; un pour les chrétiens, un pour les musulmans, un pour les juifs et un pour les hindous. Il y a Dieu. Il y a l'homme. Les religions du monde sont le fruit de l'histoire et des cultures et, si l'on veut respecter l'autre, il faut les respecter elles aussi. Amma respecte et aime Jésus aussi bien que Mahomet. Le respect est sacré. Quand elle envoie des disciples au Cachemire meurtri par un tremblement de terre en 2005, elle leur demande d'apporter leur aide en respectant les croyances et de ne choisir parmi les chants sacrés que ceux qui ne heurteraient pas la sensibilité des musulmans. Jamais Amma n'a voulu convertir qui que ce soit, si ce n'est à aimer son prochain comme soi-même. Vous ne croyez pas en Dieu ? Ce n'est pas pour autant qu'Amma vous regardera comme un méchant. Vous n'allez pas à la messe, ni au temple ? Vous critiquez les Églises et les serviteurs du culte ? Qu'importe aux yeux d'Amma. En revanche, si vous n'aimez pas votre prochain, si vous ne levez pas le petit doigt pour le bien des autres, alors gare à vous.

Les religions sont regardées comme des fauteurs de troubles, des obstacles à l'harmonie. Elles s'opposent plutôt que de se respecter. La variété est pourtant ce qui fait leur richesse, la beauté du monde et celle de la vie. Un bouquet multicolore est mille fois plus beau qu'un bouquet composé de fleurs identiques. Apprenons à aimer la diversité, à faire de ce qui est différent un surplus de beauté plutôt qu'un sujet de haine. Toutes nos diversités de nations, d'origines, de langues, de religions se traduisent par une seule vérité : nous sommes les mêmes êtres humains qui aspirons tous à la paix, à l'harmonie, à vivre décemment, à voir grandir nos enfants, à leur donner une bonne instruction, à voir croître nos familles, à contempler les rivières, les montagnes, l'océan, à tirer bénéfice du soleil et des étoiles, à caresser nos animaux familiers. Il ne faut pas être grand clerc pour voir que nous sommes tous semblables, que nous vivons sur la terre et que celle-ci est notre mère à tous. Pourquoi nous déchirer ? Pourquoi dresser le Christ, Allah, Krishna et Yahvé les uns contre les autres ? Eux-mêmes ne le demandent pas. Eux-mêmes ne sont qu'amour et message de paix. Jésus dit « aime ton prochain comme toi-même » ; l'hindouisme dit « nous devrions prier pour que les autres aient ce que nous désirons pour nous-mêmes » ; l'islam dit « si l'âne de ton ennemi tombe malade, tu dois le soigner » ; le judaïsme dit « haïr son voisin, c'est se haïr soi-même ». Tous les grands maîtres le savent. Pourquoi leurs disciples ne le savent-ils pas ?

J'aime me souvenir d'un geste dans la vie de Gandhi. Désespérant de voir s'arrêter les massacres entre hindous et musulmans à Calcutta, il choisit de jeûner jusqu'à ce que cessent les massacres, et jusqu'à la mort s'il le fallait. Jusqu'à ce que les massacreurs déposent les armes par amour pour lui et se reconnaissent tous comme des frères. Nous sommes tous les maillons d'une grande chaîne de vie, et non pas des associés pour donner la mort. Pourquoi, alors que la planète entière n'est plus qu'un grand village, nos cœurs ne se sont-ils pas rapprochés ? Nous sommes peut-être religieux, mais nous ne sommes pas spirituels. À défaut de l'être, la religion n'est souvent rien de plus qu'une foi aveugle qui nous lie. Pratiquer une religion et la vivre sans se laisser habiter par sa spiritualité revient, nous dit Amma, « à construire une tour en se contentant d'empiler des briques, sans jamais utiliser de ciment. Elle s'effondrera au moindre coup de vent ». Si nous étions spirituels, nous ne serions qu'amour, fraternité, sympathie, tendresse, tolérance et humilité. Mais non, nous préférons brandir la bannière des rites, des faux-semblants, des traditions qui nous opposent plutôt que les beautés qui nous unissent. C'est pourquoi nous trahissons la vérité profonde des messages originels, qui parlaient tous d'une même voix.

Amma nous conte ceci : « Les chefs de trois religions, A, B et C, décidèrent d'organiser une réunion pour établir la paix. Dieu, ravi de leurs efforts, leur envoya un ange. Celui-ci leur demanda ce qu'ils désiraient. Le chef de la religion A déclara : "La religion B est la cause de tous les problèmes. Je t'en prie, raye-la de la surface de la terre !" Le dirigeant de la religion B dit : "C'est la religion A qui est à l'origine de toutes nos difficultés. Il faut la réduire en cendres !" Quelle déception pour l'ange ! Il se tourna avec espoir vers le troisième participant. Avec une mine grave et humble, celui-ci dit : "Je n'ai aucun désir personnel. Il me suffit que tu exauces le désir de mes deux collègues[1] !" »

Amma sait bien ce qui bloque l'éveil et suscite la haine : tant que la moitié de l'humanité mourra de faim et vivra dans la misère, sans les soins, sans le pain, sans l'école, la fraternité restera une utopie. La seule vraie guerre qui vaille est celle-là, aucune autre. Détruisons la misère, ce terreau sur lequel pousse l'herbe de la haine. Mais nous ne la détruirons pas sans accomplir la métamorphose de notre être intérieur. Cette métamorphose est double ; elle consiste en un double refus : celui de l'*ego* du pouvoir et de l'argent et celui de l'*ego* intégriste, celui qui crie : « Ma religion est la seule qui compte aux yeux de Dieu. Elle seule est la fille aimée de Dieu ; les autres sont des bâtardes. » Ce double refus n'est pas impossible. Dans certaines occasions, on assiste à une sorte de miracle, comme si l'être humain se métamorphosait d'un coup. Il n'est plus égoïste, il ne pense plus à son petit confort, à son train-train, à ses idées reçues. Il devient sauveur. Amma l'a vécu lors de l'épouvantable tsunami de 2004, qui a arraché tant de vies. Soudain, il n'y avait plus de chrétiens, de juifs, d'hindous ni de

1. *Matruvani*, décembre 2000.

musulmans ; il n'y avait plus que des hommes et des femmes qui souffraient pour leurs frères et leurs sœurs qui avaient tout perdu. Tous les cœurs ont eu mal, tous les yeux ont pleuré, toutes les mains se sont tendues. Pourquoi cet élan ne durerait-il que le temps d'un éclair ? Pourquoi ne réussirions-nous pas à conserver vivante cette petite flamme qui soudain s'allume et illumine le ciel ? Amma sait que c'est possible. Elle a si souvent vu le petit filet de compassion se transformer en flot torrentiel, et l'étincelle d'amour devenir éblouissante comme un soleil.

Chers amis, n'allez pas chercher midi à quatorze heures. Ne gaspillez pas votre temps à compulser des tonnes de livres pour savoir ce qui sépare les religions entre elles. Vous n'y parviendriez pas... Nul besoin de théologie pour savoir ceci : deux *ego* pourrissent l'homme. Ceux du pouvoir et de l'argent et, plus redoutable encore, celui qui pense : « Ma religion est la seule qui vaille ! les autres ne valent rien. » Cela revient à peu près à dire : « Ma mère est une sainte. La tienne est une putain ! » Avec une telle idée, inutile d'imaginer une paix durable dans le monde. Pourtant, regardez bien... Quand une catastrophe survient ; un tremblement de terre, un tsunami ; tous oublient leur religion et se cotisent pour sauver ce qui peut l'être. Il n'y a plus que des cœurs pour compatir et des mains pour aider. Mais cela dure à peine le temps des éclairs... Une fois le calme retrouvé, chacun revient cultiver son *ego*. C'est plus fort que nous. Amma nous livre une définition merveilleuse de la véritable religion : « Elle est comme une rivière qui emporte tout dans ses flots, jusqu'à la destination finale, la mer. Une religion qui ne prendrait pas en charge dans son courant toutes les épreuves de la vie, qui ne conviendrait pas à tous les styles de vie, qui ne s'adapterait pas aux sentiments de chaque individu, cette religion-là ne serait pas une religion vivante. »

Faites du mal un bien

« Lorsque vous considérez la vie et tout ce qu'elle apporte comme un cadeau précieux, vous dites "oui" à tout. »
AMMA

En tous les endroits de la terre, où que l'on soit né, personne n'aime souffrir. Nous nous révoltons contre les drames qui nous frappent. La maladie d'un enfant, sa mort prématurée, la maladie grave de l'adulte jeune, le coup du sort qui déchire un couple, le chômage de longue durée. Que sais-je encore… La liste semble infinie. Si nous avons la générosité de regarder au loin, au cœur des pays les plus pauvres du monde, dans l'infra-monde des bidonvilles du tiers et du quart-monde, là où Dieu semble avoir déserté le champ de bataille, que voyons-nous? Des enfants qui meurent faute de soins, faute de nourriture, faute d'amour, faute de tout. Des tsunamis, des tremblements de terre qui tuent par centaines de milliers. La souffrance est partout. Elle nous interroge, nous met en colère. Elle fait de nous des désespérés, des aigris, des laissés-pour-compte. Récemment, le père Pedro de Madagascar, ce pays qui semble oublié de Dieu, est venu parler en France au milieu de gens qui eux-mêmes n'allaient pas bien, ne pouvaient pas joindre les deux bouts, ne pouvaient pas offrir un jouet à leurs enfants pour Noël. Il leur a dit comprendre leur souffrance, mais il leur a dit aussi de penser à leurs frères au loin qui doivent vivre avec un dollar et demi par jour, sans repos et sans Sécurité sociale. Le mal parfois semble tellement plus fort que le bien.

Et pourtant, une goutte de bien, par contagion, fait reculer un océan de mal.

La souffrance est-elle impossible ? Non, car elle est partie de notre nature humaine. Nous révolter contre elle ? Pourquoi pas ? La révolte fait aussi partie de notre nature. Nous révolter, oui, comme un cri, un appel, une plainte, tout ce qu'on voudra, mais en sachant que cette révolte est illusoire et vaine. La vie, le destin, le hasard, la malchance, tout cela fait que la souffrance est inhérente au fait de vivre. Nous avons le choix entre deux attitudes : l'accepter ou ne pas l'accepter. En sachant bien que la seconde attitude, le refus, est synonyme d'échec. Reste l'acceptation. Accepter ne signifie pas se complaire, se laisser aller, se laisser écraser. C'est tout le contraire. Amma nous dit : « Traverser une souffrance intense en l'accueillant d'un cœur ouvert, c'est en retirer une vision toute nouvelle de la vie. » Tout ceci semble abstrait, me direz-vous, et vous aurez sans doute raison. La souffrance et l'acceptation ne sont pas des mots, des concepts, mais c'est de la vie, de la chair. La souffrance, c'est un cœur qui saigne, un corps qui a mal. Rien d'autre.

Voici un exemple parmi un million. Un exemple qui vaut beaucoup mieux que toutes les philosophies. Cela se passa à Zurich, en 2000, lors d'une visite d'Amma. Une femme en pleurs s'approcha d'elle et un Indien traduisit l'histoire triste que voici : la jeune femme racontait que son père avait quitté la maison alors qu'elle n'avait que cinq ans. Petite, elle ne cessait de demander à sa mère où se trouvait son père. Mais celle-ci, meurtrie d'avoir été abandonnée, n'avait rien de bon à lui raconter. Peu à peu, en grandissant, le désir de savoir s'évanouit dans le cœur de la petite. Puis, quand elle eut vingt-cinq ans, sa mère mourut. En triant les affaires de sa mère, la jeune femme trouva l'adresse de son père dans un vieil agenda, avec son numéro de téléphone. Elle l'appela. Ce fut une joie mutuelle, une joie sans bornes. Ils se fixèrent un rendez-vous. Mais le destin se montra sans pitié : en se rendant au rendez-vous qu'ils avaient fixé, le père eut un accident de voiture qui lui coûta la vie. À l'hôpital, on demanda à la jeune femme de venir reconnaître le corps de son père. Pour couronner le tout, les médecins lui dirent qu'il avait eu une crise cardiaque en conduisant et que c'était sans doute la cause de l'accident. Peut-être l'émotion de la rencontre ? Elle ne le saurait jamais. Amma prit la jeune femme contre elle. Elle la garda longtemps, lui disant : « Mon enfant, ma fille, ne pleure pas. » Il n'y eut pas d'autre mot. Amma pleurait. La jeune femme dira peu après : « Amma m'a dit d'accepter. Elle m'a dit de voir la vie avec d'autres yeux. J'ai dit oui. » Amma n'avait presque rien dit. Devant la plus grande souffrance, les mots sont inutiles. Le regard suffit. La communion des cœurs remplace les mots. On pleure ensemble, c'est tout. C'est profond, intime, violent. J'ai entendu Amma dire : « Nous apprenons plus de la souffrance que de la joie. La joie est souvent légère, elle manque de profondeur et ne s'exprime qu'avec les lèvres. La vraie joie, la joie ineffable, qui se manifeste à travers chaque atome de notre être, la joie de la communion avec Dieu, nous est la plupart du temps inconnue. » Comme cela est vrai ! Nous savons, pour l'avoir éprouvée, que la souffrance possède un point culminant. Si nous avons le courage et la force d'aller jusque-là, jusqu'à toucher le fond, ce peut être une leçon de vie ; une révélation. Une vision renouvelée de la vie.

Nous grandissons dans la joie, mais nous grandissons aussi par la souffrance, qui nous force à grandir. Notre force intérieure est là, mais elle sommeille souvent. La joie n'a pas besoin de la solliciter ; la souffrance si. La souffrance peut être une nourriture pour l'*ego*. Elle peut être aussi, grâce à la force qui ne demande qu'à se réveiller en nous, un contrepoison à cet *ego*. Plus je rencontre des histoires de vie à Amritapuri et en Europe durant les visites d'Amma, plus j'apprends sur l'être humain et plus je suis convaincu qu'Amma est dans le vrai quand elle nous dit : « Mes enfants, vous êtes tous des lions et des lionnes. Vous avez en vous un potentiel infini inexploité. »

La souffrance est, davantage que la curiosité, ce qui nous conduit vers Amma. Les questions et les réponses à Amritapuri tournent presque toutes autour de la souffrance. C'est dire à quel point celle-ci est le passage obligé du cheminement spirituel. Je résumerai les réponses d'Amma en un petit nombre de messages : quand nous souffrons, il s'agit d'un état plus profond que la joie, qui est la plupart du temps éphémère. La joie s'évapore vite ; la souffrance s'accroche. Elle résiste à tous nos efforts pour la chasser. Pourtant, loin de nous affaiblir, elle révèle peu à peu notre force cachée, une force que nous ne nous connaissions pas. Une force qui nous est révélée. Une force qui nous éveille à nous-mêmes. Amma nous livre un exemple : « Imaginez que nous cheminions dans la faible lumière du crépuscule et que nous marchions sur une épine qui nous entre dans la plante du pied. Nous l'enlevons et continuons notre route mais désormais, nous sommes plus vigilants, afin d'éviter d'autres épines... Soudain, nous voyons un cobra. La vigilance suscitée par l'épine nous a permis d'éviter le pire. Si nous n'avions pas fait attention, le cobra aurait pu nous mordre... Vous allez donc d'abord maudire l'épine, mais ensuite, en allant plus loin, vous comprendrez qu'elle vous a aidé à être plus conscients. »

Je tiens les comiques pour de grands philosophes. Aussi je laisse Charlie Chaplin conclure cette histoire ainsi : « En ce monde cruel, rien n'est permanent, pas même nos ennuis » ou encore de cette manière : « Pour rire vraiment, il faut pouvoir prendre sa douleur et jouer avec ! »

Swamini Krishnamrita nous raconte une histoire stupéfiante qui nous prouve à quel point le don de nous-mêmes dans les pires moments est un antidote à la souffrance. Cette histoire est celle d'un médecin. Tout va bien pour lui : il aime son métier et il gagne bien sa vie. Soudain, son épouse qu'il adore, meurt. Huit ans de dépression s'ensuivent, la tentation du suicide se fait de plus en plus forte. Puis un jour, pourquoi ? Comment ? il regarde à la télé les images d'une catastrophe dans un pays lointain. Ces images, il les a vues cent fois, mille peut-être. Comment se fait-il que ce jour-là, elles nourrissent sa force d'âme ? Lui, le suicidaire, plante là ses idées noires et s'engage comme médecin auprès des plus pauvres. Sa dépression disparaît. Sa douleur s'est métamorphosée en joie d'aider les autres. L'accablement, l'apathie, la volonté de mort, tout cela n'existe plus. L'alchimie du don de soi a opéré[1].

Nous voulons tous éloigner de nos lèvres le calice de la souffrance. Nous implorons le miracle, le droit de grâce exercé par Dieu qui peut tout. Beaucoup viennent vers Amma dans ce désir. Comment les en blâmer ? Amma a tellement exercé de ce droit de grâce par la volonté de Dieu ; elle a guéri tellement de maladies, accompli tant de bouleversements heureux dans l'existence des êtres. « Encore un petit miracle de plus, Amma, je t'en supplie », l'implore-t-on. Oui, Amma peut nous épargner les souffrances, mais elle n'attend pas que nous cherchions en elle un thaumaturge ou un médecin. Elle attend que notre esprit et notre cœur soient purs. Elle veut nous faire comprendre que ce qui nous arrive n'est pas une punition, mais une étape vers la libération. Elle rêve de nous voir renoncer à l'idée selon laquelle Dieu est cruel d'avoir créé un monde de souffrances. Elle rêve de nous voir accepter notre destin, quel qu'il soit, et à travers lui de nous efforcer de voir la beauté de la vie.

---

1. Swamini Krishnamrita Prana, *Le parfum de l'amour pur*, p. 62.

La colère ? C'est un boomerang qui nous détruit !

« Ne pas lâcher la colère revient à tenir un charbon ardent dans l'intention de le jeter sur quelqu'un. C'est vous qu'il brûle ! »
BOUDDHA

La colère est parfois considérée d'un bon œil. Elle serait une marque de forte personnalité ; un rempart contre qui nous agresse. On rappelle volontiers les colères des saints, des mahatmas, de Jésus lui-même. Souvenez-vous… Jésus entre dans le Temple de Jérusalem et là, pris d'une colère subite, il renverse les étals des marchands. Je me souviens des colères de mes amis les saints, l'abbé Pierre ou sœur Emmanuelle, quand la bêtise ou la méchanceté venaient contrarier leurs plans. Mais attention ! il ne s'agissait pas là d'une colère pour diminuer l'autre, ou l'écraser, ni même d'un trait constitutif de caractère. C'étaient des colères pour la bonne cause : des « saintes colères ». D'ailleurs, ces colères retombaient comme des soufflés. La colère ressemble à l'éruption d'un volcan dérangé dans son sommeil. Or, cette éruption est un danger, car on ignore jusqu'où la colère du volcan peut cracher la lave. Il arrive même qu'on tue sous son effet. Au mieux, on écrase, on blesse, on souille. C'est le début, même timide, d'une forme de haine. Or, la haine s'oppose à l'amour ; elle est le poison qu'on lui adresse. Même si on sait que l'amour vaincra toujours, est-il nécessaire de susciter la haine ? En outre, ce poison, non seulement empoisonne-t-il l'autre, mais il nous empoisonne nous-mêmes. La plupart du temps, la colère ne résout rien et provoque même les effets contraires à ceux que l'on attend. Bref, elle n'a aucune utilité et elle nous fait du mal.

L'*ego* est le nid de la colère. La colère, c'est quand l'*ego* se fait arrogant. C'est notre nature originelle, celle que l'humilité n'a pas encore travaillé ; c'est la nature qui nous souffle : « Je suis le chef », « je dois tout avoir », « je veux tout ». La colère est une arme au service de cet *ego* aveugle et omnipotent. « Il se peut, nous dit Amma, que l'on parvienne à guider les aveugles, car bien qu'il leur manque le sens de la vue, leur cœur est peut-être rempli d'amour. Par contre, si l'*ego* nous aveugle, nous sommes dans une obscurité totale. » La colère nous égare dans le noir.

Sans l'humilité, son contrepoison, nous nous mettons en colère quand notre *ego* se fait impérieux. Faut-il l'exprimer ou la réprimer ? On dit qu'il ne faut pas la réprimer, car elle brûle au-dedans de soi comme des braises et nous rend malades. Or, si nous l'exprimons, cela nous rend malades tout autant, car elle est une épée à double tranchant et sans manche : ainsi blesse-t-elle à la fois celui qui la brandit et sa cible. Les blessures qu'elle cause sont plus dangereuses qu'on ne le croit. Les dommages physiques guérissent relativement vite alors que ceux qui sont provoqués par des paroles de colère ne guériront que rarement.

Que faire ? À défaut de la supprimer, apprenons au moins à la contrôler. Après tout, nous contrôlons bien notre sourire, et pourtant ce n'est guère souhaitable. Beaucoup de gens réfléchissent à deux fois avant de sourire à quelqu'un ! Ils se disent : « Si je lui souris, il va prendre cela pour une invitation et peut-être me demandera un service. Pire même... de l'argent ! » On mesure son sourire, on le quantifie, on le conditionne, jusqu'à perdre sa spontanéité. Avec la colère, nous prenons beaucoup moins de précautions. Nous nous oublions. Avez-vous remarqué un fait ? Quand vous vous mettez en colère contre un subordonné, un employé, votre enfant, il se retiendra de réagir. Vous-même, si votre patron se met en colère contre vous, vous resterez muet, car vous craindrez de perdre votre emploi ou de subir une sanction. Si la colère est injuste, vous ruminerez ses effets pendant longtemps en secret. Il se peut même que cela vous paralyse dans le futur. Dites-vous bien que c'est exactement ce qui se passe quand votre propre colère s'abat sur plus faible que vous.

Soyons perspicaces. Quand nous grondons quelqu'un, visons toujours la faute commise, non la personne qui la commet. Nous devons là-dessus, nous dit Amma, garder une vigilance extrême, ainsi qu'en témoigne cette histoire[1]. Il fut un temps où les bouffons à la cour étaient chargés d'amuser les rois. Il se trouve qu'un jour, un roi ne comprit pas le sens d'une histoire que venait de lui raconter le bouffon. Il songea que le bouffon se moquait de lui, se mit fort en colère et lui donna un violent coup de poing. Le bouffon accusa le coup, ne dit rien mais, trouvant l'affaire injuste, il se mit en colère à son tour et il frappa la première personne à côté de lui. Celle-ci, interloquée, demanda au bouffon : « Qu'est-ce qu'il te prend ? Je ne t'ai rien fait. » Le bouffon lui répondit : « Si quelqu'un te frappe, va frapper ton voisin. Ainsi va la vie. C'est une roue qui tourne. »

Cette histoire nous dit beaucoup de vrai sur ce qui se passe dans nos sociétés. Nous nous défoulons de nos colères et de nos frustrations sur tous ceux qui vivent près de nous, sans qu'ils en comprennent la raison. C'est absurde, inutile et dangereux. Dans nos sociétés occidentales, nombreuses sont encore les femmes battues qui ne se rebellent pas. Mais de plus en plus nombreuses sont celles qui, battues, se rebiffent. Dans des sociétés traditionnelles comme l'Inde, le mari est souvent vu comme inatteignable aux yeux de sa femme et, si celui-ci lève la main sur elle, elle subit sans rien dire. Mais il arrive que la frustration et la colère qu'à son tour elle ressent d'avoir été injustement frappée se retournent sur plus faibles

---

1. *Matruvani*, décembre 2006.

qu'elle : ses enfants. Un enfant qui sourit à la vie, qui s'émerveille devant les beautés qui l'entourent, qui ne songe qu'à rire et à jouer tombe ainsi dans l'engrenage de relations entre adultes qui lui échappent. C'est ainsi que des relations fondées sur l'égoïsme et la colère finissent par détruire l'harmonie qui devrait emplir la vie de l'enfant.

Aussi grands que l'amour…

Cela fait plus de quarante ans que je sillonne la terre pour trouver une réponse à une question qui me hante : dois-je à l'homme, mon frère, de lui tendre la main dès qu'il tombe à terre, dans un geste spontané et le cœur compatissant, sachant que ce petit geste n'est rien d'autre qu'une gouttelette de rosée dans un océan de misère ? Il est sûr que ma main tendue n'est d'aucun effet immédiat sur la misère, cette lèpre qui enlaidit notre terre, mais je sais aussi que ce geste n'est pas à mettre en rapport avec les deux milliards et demi de ceux dont la vie est un calvaire. Dans la réalité de la vie, Superman n'existe pas. Il n'y a que des héros du quotidien qui apportent chacun un peu de leur sacrifice de travail et de temps pour abolir un tout petit peu de souffrance autour d'eux. Aucun de ces héros n'a pensé avant d'agir que la misère avait toujours existé sur la terre et qu'elle continuerait sans doute jusqu'à la fin des temps. On tend la main et c'est tout. Pour l'honneur de l'homme, pour celui de Dieu. Peu importe… Le cœur commande et la main agit. La compassion ne raisonne pas ; elle œuvre.

Avant d'aller vers Amma, je ne savais pas. Je ne savais pas que j'allais au-devant d'une découverte qui ressemblerait au trésor enfoui de mon enfance. J'étais dans l'idée qu'elle saurait me guérir d'un manque et de mes peurs. Je m'imaginais souffrant alors que je n'étais qu'inachevé. C'est alors que je compris peu à peu, à force de fréquenter son sourire, que l'achèvement que je cherchais me portait ailleurs, au-delà de moi, vers cet autre qu'au fond je ne voyais pas puisque ma vue n'atteignait que moi-même. Grâce au sourire d'Amma, je vis enfin cet autre que je cherchais inconsciemment afin que la fraternité ne soit pas seulement un mot, mais également un acte. Je n'imaginais pas une seconde, alors que je me noyais dans ce sourire, que la prière cachait une puissance capable de métamorphoser l'univers.

C'est alors que je vis vraiment Amma. Je la vis avec des yeux neufs. La sainte avait créé par le sourire et la prière un nouveau monde où des milliers de petites mains, des milliers de grands cœurs avaient fait jaillir par millions les gouttelettes de l'amour. Le résultat était un prodige. Je m'avançais, ébloui, au milieu d'une forêt qui chantait la compassion du monde. Je découvrais les plus belles inventions que notre terre ait portées : des hôpitaux contre la maladie et la souffrance, des orphelinats pour sauver les enfants sans parents, des villages par centaines qui reprenaient goût à la vie, des maisons pour des pauvres qui n'en avaient jamais eu, des écoles et des universités sans lesquelles tout est vain, des dizaines de projets qui fleurissaient partout et qui redonnaient le goût de l'espoir. Durant ma vie, j'en avais vu des choses belles ; des pauvres sauvés, des malades guéris et des petits enfants des rues qui allaient à l'école. L'abbé Pierre, la sœur Emmanuelle et le père Pedro avaient soulevé des montagnes. Mais là, j'étais devant une sorte de prodige qui donnait le tournis. Cette sainte qui donnait toutes ses journées à ceux qui, en file indienne, venaient toucher du doigt sa tendresse et se remplir de son sourire, avait créé un empire de l'amour. Pour montrer au monde le sens de ce sourire et de cette tendresse qui était la compassion de Dieu. Comment faisait-elle ? Quand avait-elle le temps de prendre soin d'autant de gens un peu partout ? J'oubliais qu'Amma était d'une autre essence. Ses idées s'agençaient selon un plan qu'aucun architecte n'aurait pu concevoir. C'est alors que l'« ignorante », comme elle se désignait, devenait visionnaire. Les ingénieurs, les économistes, les financiers, les médecins étaient étonnés de la justesse de ses analyses, de la précision et de la sagacité de ses décisions. Amma avait créé un empire : celui du bien.

C'était enthousiasmant. Les vieux que je rencontrais rechignaient à me raconter tout ce qu'ils avaient vu, sans doute parce que l'enthousiasme décline avec l'âge, mais les jeunes, qui ont l'enthousiasme débordant, m'en parlaient les yeux remplis d'étoiles. Prasida, la trentaine rayonnante, me racontait pourquoi elle s'engageait auprès des laissés-pour-compte dans les rues de Paris. Yamouna, elle, disait son bonheur d'aller vivre dans les villages les plus pauvres du nord de l'Inde pour enseigner l'hygiène et mille autres choses aux femmes qui l'avaient accueillie comme une sœur. Un livre ne suffirait pas pour dire au monde ce qu'Amma l'« ignorante » créait à travers ce formidable réseau. « *Embracing the World.* » Embrasser, serrer dans ses bras... Ce ne sont pas les trente-neuf millions d'êtres humains qui ont reçu son *darshan*, c'est bien davantage tous ceux, beaucoup plus nombreux, qui s'embrasent au contact de ce rayon d'humanité créé par son sourire. Quelle différence y a-t-il entre le *darshan* d'Amma et cette compassion active qu'elle fait naître partout où elle passe ? Aucune. C'est le même sourire. Certains viennent auprès d'elle pour devenir des saints ; ils obtiennent comme conseil celui de retrousser leurs manches et d'aller vers les affligés.

Si l'amour d'Amma fait des miracles, le premier d'entre eux est de pénétrer le cœur de la plupart de ceux qui viennent se réchauffer auprès de son sourire. Jeunes ou vieux, hommes ou femmes, ils font de ce miracle une source d'énergie infinie. Sans Amma, il n'y aurait rien de toutes ces merveilles. Sans ceux et celles qui diffusent autour d'eux l'amour d'Amma, il n'y aurait rien non plus. « Le miracle, c'est vous », leur dit-elle. Mais ils savent aussi que ce qu'ils accomplissent s'évaporerait comme neige au soleil s'il ne se ressourçait pas à la source pure. Elle est cette source. Sans la source d'eau vive, jamais Lila, de l'*ashram* de San Ramon en Californie, n'aurait tenu bon depuis plus de quinze ans. Jamais elle n'aurait pu envoyer le nécessaire pour que, à l'hôpital d'AIMS près de Cochin, on puisse soigner plus de deux millions de malades. Un jour, Lila eut une alerte cardiaque. Tandis qu'on l'emmenait à l'hôpital, elle demanda au brancardier ce qu'ils faisaient des vieilles civières. « On les jette ! » lui dit-il. « Ne les jetez plus ! Je connais en Inde un hôpital où elles pourraient encore servir », lui répondit Lila. Même souffrante, elle n'avait de pensée que pour ses malades qui avaient besoin d'elle...

Avec Amma, tout part de rien et se transforme en tout. Une confidence, un regard, un témoignage, une prière, des pleurs... et une idée vient, suivie d'un plan. La volonté et l'amour font le reste. Un jour, des pauvres viennent lui dire qu'ils vivent dans des huttes en palmes de cocotier tressées, sans porte, et que leurs filles ne sont pas en sécurité la nuit. Amma se lance dans la construction de logements les héberger. Comme elle ne fait rien en petit, quarante-sept mille maisons sont construites et données. Un autre jour, d'autres pauvres lui disent qu'ils ne peuvent pas s'acheter des analgésiques. Amma leur construit un gigantesque hôpital, l'hôpital Amrita, près de Cochin, qui a offert pour quatre-vingt-cinq millions d'euros de soins gratuits aux pauvres. Amma est Merlin l'Enchanteur ; pas celui qui enchante les rêves, mais un Merlin du concret, celui qui dispose d'une baguette magique contre le mal qui détruit les rêves. Les « petites mains » d'Amma, ces disciples qui travaillent pour elle, font le reste. Elle veut un hôpital, on le lui construit. Elle veut un orphelinat, on l'organise. Elle veut une université, on la bâtit. C'est possible, car tout se fait à mains nues, gratuitement, pour la beauté du don et au nom de l'amour. Au nom de cet amour, on déplacerait l'Himalaya, s'il le fallait. Au nom de cet amour, on reconstruit des milliers de villages de pêcheurs ravagés par la vague monstrueuse de 2004.

Au nom de l'amour, *Embracing the World* a décidé d'offrir son étreinte au monde. C'est cela la révolution du cœur. Le plus beau, c'est qu'elle n'en fait pas étalage. Les ONG planétaires courent le monde avec tambours et trompettes ; Amma procède discrètement, sans publicité. L'amour n'a nul besoin de télévision. L'amour ne plastronne pas ; le service est humble. L'*ego* entacherait la beauté du geste. Pour que le « *seva* », le service, serve vraiment, il faut qu'il soit pur. Les héros d'Amma sont les héros de cette pureté.

Nous sommes devenus des machines à calculer. Nous alignons des chiffres comme autant de trophées. Les ONG, partout dans le monde, bombent le torse à coups d'exploits chiffrés : ici mille, là dix mille... Mais l'être humain n'est pas un numéro. Il est de la vie, de la chair, un regard, une larme, un sourire, de la souffrance et de la joie. Amma n'a jamais compté. Sait-elle seulement combien de lits comptent ses hôpitaux, combien de maisons ont été construites pour les pauvres, combien de doses de médicaments ont été distribuées, combien d'étudiants étudient dans ses universités, combien de femmes ont retrouvé le goût de sourire dans les villages ? Sans doute pas. En revanche, elle, comme ses « petites mains » savent tout de la vie et de ses désarrois. Que voient-elles ? des huttes en pisé dans les villages, couvertes d'herbe qui pourrit et se décompose à cause du mauvais temps et de la pluie, des bâches qui essaient sans succès de boucher les trous par où passe l'eau qui dégringole. On entre et que voit-on ? Ils ne sont pas deux ou trois à survivre là-dedans, mais huit ou dix ! Toute la famille est là : les parents, les vieux, les enfants, les bébés. Les filles sont vêtues de chiffons déchirés. Autour de la hutte, des cochons se vautrent dans les trous et les enfants jouent avec eux. Devant la porte déglinguée, un vieux tout ridé mange une boule de riz dans une assiette cassée.

C'est cela, les villages du nord de l'Inde. Je me garderai bien désormais de m'esbaudir sur la beauté des pauvresses en sari brodé que je croisais en traversant les villages du nord. Je ne voyais plus que l'atroce réalité. Dieu est là, dans ce pauvre devant moi. Si je prie, si je médite, si je lis les livres sacrés, c'est uniquement pour mieux le voir. Pour laver le miroir devant mes yeux qui m'empêche de voir. Pour aiguiser ma compassion. Amma dit qu'elle est plus heureuse quand, le miroir lavé, elle me voit aller vers les pauvres plutôt que chanter des *bhajans*. Qu'attendre d'autre d'une Mère qui depuis qu'elle est au monde a passé toute sa vie à essuyer les larmes ? Depuis que je la connais, je ne sais plus qu'un seul mantra, qui est celui-ci : « Mes enfants, ne soyez pas tristes si vous ne pouvez pas donner d'argent aux pauvres. On peut leur parler avec amour, n'est-ce pas ? Leur donner un regard rempli d'amour et un sourire ? » En récitant ce mantra, me reviennent à l'esprit le regard et le sourire de Prasida, aux pieds du SDF dans les rues de Paris, et ceux de Yamouna en compagnie des femmes des villages du nord de l'Inde. Yamouna me disait qu'elle ne les abandonnerait pour rien au monde. Il n'y avait pas de confort, pas de luxe, pas de voiture, mais des êtres humains. Yamouna venait là se ressourcer.

Partout on suivait Amma à la trace. Ici, c'étaient cent un villages sauvés de la misère. Là, des milliers de femmes formées à la couture. Là encore, des centaines d'hommes devenus chauffeurs grâce à un permis de conduire. Là encore des milliers de jeunes, comme Renuka, passée de sa hutte enduite de bouse de vache à l'université, ou Babita, qui terminait ses études de génétique, ou Kalpana, devenue mathématicienne. C'était par la grâce des bourses d'Amma. Une grâce qui se diffusait aussi pour les plus petits, car sans petite école, il n'y a pas d'université. Combien d'enfants dans ces pauvres villages étaient encore interdits d'école ? Il me suffit ici de contempler cette petite fille, là, debout devant sa hutte. Elle porte son petit frère sur ses hanches. Elle a peut-être cinq ou six ans. L'enfant, presque aussi gros qu'elle, glisse ; elle le remonte sur ses hanches. Leurs yeux écarquillés à tous deux respirent l'innocence. C'est un jour d'école, mais la petite fille ne peut pas y aller. Sa mère est aux champs et elle doit surveiller l'enfant. Sans cela, l'unique repas de la journée serait perdu. La petite ira à l'école, de temps en temps, quand elle le pourra. L'école est si loin, mais elle doit s'y rendre à pied. Cette petite fille est semblable à des dizaines de milliers, des centaines de milliers en Inde. Mais un jour Amma a décidé qu'elle et toutes ses petites sœurs iraient à l'école. Sans école, inutile de rien espérer.

Un jour je suis dans un village, un autre dans un orphelinat, un autre encore à l'université, dans un centre de recherches, à l'hôpital AIMS, ou bien devant les photos d'un deuxième hôpital à New Delhi, encore plus grand que le premier... Le chiffre de 2 000 lits serait bientôt dépassé. Je consulte les brochures d'*Embracing the World* et j'ai le vertige... Les pensions mensuelles pour les veuves, cent mille maisons pour les sans-abri, des opérations à cœur ouvert, l'éducation pour les pauvres, le sauvetage des victimes du tremblement de terre du Gujarat, un repas chaud et un toit. On ne peut essayer d'en dresser la liste sans que cela paraisse impossible. C'est presque inhumain et cependant si humain. Je n'avais jamais vu un réseau aussi gigantesque pour la seule cause qui vaille, géré par des seuls bénévoles. Désormais je regarde Amma avec d'autres yeux. Tout, absolument tout, l'argent des boutiques, celui payé pour les repas et le dévouement de centaines de milliers de gens construisent un nouveau monde. La révolution de l'amour est là. Il n'y a plus rien à dire, ni à écrire, ni à débattre. C'est devenu aussi évident que le simple fait de respirer.

Je contemple la rangée de maisons flambant neuves en plein cœur d'un bidonville en reconstruction. « Je revis », me disait cet homme auquel on venait de remettre les clés. Dans sa vie misérable, le don de sa maison était si énorme qu'il le ressentait comme une renaissance. Sa vie n'était que laideur et Amma y avait introduit quelque chose de beau. Cet homme n'avait guère de mots pour le dire. Sa reconnaissance était silencieuse, presque sacrée. Pour comprendre cela, il faudrait soi-même avoir vécu dans un taudis dans une ruelle de boue, avoir dormi par terre, être allé chercher avec des pots l'eau d'un camion-citerne qui n'arrive pas. Sans eau, comment être propre et comment rester en bonne santé? Il faudrait connaître la condition du malade que personne ne viendra soigner. Il faudrait être un de ceux qui ne possèdent rien. Ni électricité, ni médicaments, ni vêtements décents. À défaut de vivre comme eux, il faudrait vivre avec eux. Autrement, tout n'est que littérature. Ce n'est pas facile de travailler pour Amma : vous construisez des maisons dans des forêts, sur des pentes vous faites naître un hôpital d'un marécage avec vos seules mains ! Vous êtes un médecin qui court les villages de montagne et les semi-déserts. C'est à ce prix que la joie vous inonde ; cette joie qui fait dire à Kastouri, la sœur aînée d'Amma : « Il me semble que c'est seulement maintenant que je comprends. Je comprends ce qu'est la pauvreté. » Nous autres en Occident, nous voyons la misère en photos. Quelle photo pourra rendre compte de la misère ? En 2001, Amma et ses enfants sont dans le Gujarat en ruines après un tremblement de terre. Des photos, il y en a par milliers ; elles sont vraies et pourtant fausses. L'une nous montre une maison en ruines. Mais elle ne montre pas la maison d'à côté sur la gauche, ni celle de droite, ni celle qui se trouve en face de l'autre côté de la rue. Ni même le grand trou là où on aurait dû trouver cette rue. Ni les maisons plus loin. Toutes ces ruines ne rentrent pas dans la photo. Il faudrait une vue d'avion et encore, l'altitude fait perdre en précision. Vous pourriez aligner côte à côte cent de ces photos... Vous aligneriez des tas de ruines. Il ne vous reste pour comprendre un tout petit peu qu'à imaginer la vie des gens dans leurs maisons avant qu'elles ne deviennent ruines, de repérer dans les gravats une armoire cabossée, une poupée d'enfant, un panneau sur lequel est écrit le mot « école ». Amma et ses enfants sont venus relever ces ruines, soigner les blessés, évacuer les cadavres et les mourants, apporter des vivres et de l'eau. Les « petites mains » ont vécu des moments terribles. Leur âme a gagné des moments de grâce. Amma demanda : « Tu as été là-bas ? Comment cela s'est-il passé ? » On lui répondit : « Les maisons sont effondrées et les esprits sont élevés... »

Les enfants sont le ciel bleu d'Amritapuri. Pour eux, Amma n'est plus la Mère, mais la grande sœur qu'elle n'a jamais cessé d'être. À vingt ans, elle leur consacrait le temps de ses jeux et les plus sonores de ses rires. Cela n'a pas changé. Le sourire d'Amma est celui de l'éternelle enfance. Celle qui se nourrit de l'espérance du présent. Je ferme les yeux. Je me laisse habiter par le rêve. Je vois autour d'elle tout un peuple d'enfants en uniforme bleu clair et bleu foncé ; ce sont les cinq cents enfants de l'orphelinat situé à une cinquantaine de kilomètres de là. Ils ne sont pas fatigués, car ils ont dormi sur la galerie qui surplombe le temple. Allongés, serrés les uns contre les autres, ils ressemblent à un grand tapis tissé de bleu clair et de bleu foncé.

C'est la nuit du Devi Bhava, qui ne s'achève qu'à l'aube. Ils dorment. Soudain, Amma lève les yeux. Des grappes d'orphelins, debout, la regardent. Amma se tait et les contemple. Son visage rayonne d'amour comme je ne l'avais encore jamais vu. Elle leur fait signe : « Venez... » Les petits se fraient un chemin parmi la foule. Amma les prend dans ses bras, un à un et distribue bonbons et sourires. Elle les emmène, rayonnante, sur le toit-terrasse du temple. Elle leur raconte des histoires, leur récite des poèmes. Elle chante. C'est comme une veillée familiale au coin du feu ; la grande sœur et ses enfants. Des enfants qui ne sont plus orphelins.

RENSEIGNEMENTS UTILES

MATA AMRITANANDAMAYI MATH
Amritapuri PO, Kollam Dt
Kerala 690 525
INDE
Tel : (0091)476 289 6399 /6278/7578
www.amritapuri.org

Pour plus d'informations :
Initiatives humanitaires : www.embracingtheworld.org
France : www.etw-france.org
Europe : www.amma-europe.org
Facebook : *facebook.com/MataAmritanandamayi*

Il existe deux centres en France :

Centre AMMA – Ferme du Plessis
(siège de l'association ETW-France)
Ferme du Plessis, 28190 PONTGOUIN
centreamma@etw-france.org
02 37 37 44 30
www.etw-France.org

Centre AMMA-Lou Paradou
Lou Paradou, Les Ferrages, RN7
83170 TOURVES
contact@amma-louparadou.org
09 83 20 16 75
www.amma-louparadou.org

Table

Achevé d'imprimer par
Nouvelle Imprimerie Laballery,
Allée Louis Blériot, 58500 Clamecy
en septembre 2019

N° d'imprimeur : 908241
Dépôt légal : octobre 2019

Imprimé en France